東洋古典譯註叢書 89

譯註 荀子集解 4

著者 荀況 集解 王先謙
譯註 宋基采

전통문화연구회

國譯委員

譯　註　宋基采
潤　文　南賢熙
校　訂　李孝宰 田炳秀 咸明淑
出　版　鄭珍羅
管　理　咸明淑
普　及　徐源英

東洋古典譯註叢書를 발간하면서

우리의 古典國譯事業은 민족문화 진흥의 기초사업으로 1960년대부터 政府 支援으로 古文獻 現代化 작업을 추진하여 많은 成果를 거두었다. 당시 이 사업 추진의 先行課題로 東洋古典이라 일컬어지는 중국의 基本古典을 먼저 飜譯하여야 한다는 學界의 주장이 있었음에도 불구하고 우리 고전이 아니라는 일부의 偏狹한 視角과 財政 事情 등으로 인하여 배제되어 왔다.

전통적으로 중국의 기본고전은 우리 歷史와 함께 숨쉬며 각종 교육기관의 敎科書로 활용됨은 물론이고 지식인들의 必讀書가 되어 왔으며, 우리 文化의 基底에 자리잡고 거의 모든 방면의 體系와 根幹을 형성하여 왔다. 그래서 학문연구의 기본서 역할을 해 왔을 뿐만 아니라 오늘날에도 우리의 國學徒 및 東洋學 硏究者들에게 같은 역할을 하고 있음은 주지의 사실이다. 그럼에도 불구하고 中國古典은 우리 것이 아니라 하여 專門機關의 飜譯對象에 포함하지 않음으로써, 대부분 原典에서의 직접 번역이 아닌 重譯이나 拔萃譯의 방식이 주를 이루면서 敎養水準으로 出版되어 왔다.

오늘날 東洋 三國 중에서 우리의 東洋學 연구가 가장 부진한 이유는, 東洋基本古典에 대한 폭넓은 이해의 부족과 漢文古典 讀解力의 저하에 기인함을 우리는 솔직히 인정하여야 한다. 따라서 이들 중국고전에 대한 신뢰할 만한 國譯이 이루어지는 것이 한국학 연구를 촉진시키는 시급한 先行課題라 할 수 있다.

이에 韓國學 및 東洋學의 연구와 古典現代化의 基盤構築을 위해서는, 전문기관으로 하여금 동양고전을 단기간에 각 분야의 專門 硏究者와 漢學者가 상호 협동하여 연구번역하여 飜譯의 傳統性과 效率性, 硏究의 專門性을 높일 수 있도록 政策的 配慮가 있어야 한다.

이에 本會에서는 元老 및 中堅 漢學者와 斯界의 專攻者로 하여금 協同硏究飜譯하여 공부하는 사람들이 믿고 引用하거나 깊이 있는 註釋 등을 활용할 수 있게 하고, 知識人들의 敎養을 증진시켜 줄 수 있는 東洋古典의 國譯書 간행을 지속적으로 추진해 왔다. 근래에 다행히 이 사업에 대하여 각계 지도층의 폭넓은 이해와 지원에 힘입어 2001년도부터 國庫補助를 받아 東洋古典譯註叢書를 간행하게 되었다. 이를 계기로 우리 先學의 註釋과 見解를 반영하는 등 국역사업의 內實을 기하게 되었음을 이 자리를 빌어 衷心으로 감사드리며, 아울러 國譯에 參與하신 관계자 여러분의 勞苦에 깊은 謝意를 표한다.

끝으로 우리의 이러한 작업은 오랜 역사 위에 축적된 先賢들의 業績과 現代學問을 이어주는 튼튼한 架橋와 礎石이 되어 진정한 韓國學과 東洋學 발전에 기여할 것을 굳게 믿으며, 21세기를 우리 文化의 世紀로 열어 가는 밑거름이 되도록 우리의 力量을 本 事業에 경주하고자 한다. 江湖諸賢의 부단한 관심과 지원을 기대해 마지않는다.

社團法人 傳統文化硏究會 會長 李啓晃

凡 例

1. 본서는 ≪譯註 荀子集解≫의 제4책이다.
2. 본서의 底本은 ≪荀子集解≫(王先謙, 中華書局, 1998)로 하되, ≪荀子今註今譯≫(熊公哲, 臺灣商務印書館, 1975), ≪荀子全譯≫(蔣南華 등, 貴州人民出版社, 1995), ≪荀子校釋≫(王天海, 上海古籍出版社, 2005), ≪荀子詁譯≫(楊柳橋, 齊魯書社, 1985) 등을 참고하였다.
3. 본서는 원전의 傳統性과 번역의 現代性을 구현하기 위해 노력하였다.
4. 原文에는 우리나라 전통방식의 懸吐를 하였다.
5. 原文은 저본의 體制에 따라 단락을 구분하고, 각 단락마다 일련번호를 부여하였다.
6. 飜譯은 原義에 충실하게 하되, 이해가 어려운 부분은 意譯 또는 補充譯을 하였다.
7. 飜譯文은 한글과 漢字를 混用하였으며, 맞춤법과 띄어쓰기는 한글 맞춤법과 표준어 규정을 따르는 것을 원칙으로 하였다.
8. 譯註는 校勘, 異說, 인용문의 出典, 故事, 역사적 사건, 전문용어, 難解語, 人物, 制度, 官職 등에 관한 사항을 밝혔다.
9. 校勘은 원문의 誤字, 脫字, 衍字, 倒文 등을 대상으로 하였다.
10. 각 篇마다 간략한 해설을 달아 독자의 이해를 돕고자 하였다.
11. ≪荀子集解≫에서 諸家들이 참고한 書目의 略稱과 概要는 다음과 같다.
    - 宋本 : 南宋의 呂夏卿(1018? ~1070)이 神宗 熙寧 연간(1068~1077)에 간행한 大字本이다. 呂本이라고도 한다.
    - 宋台州本 : 南宋의 唐仲友(1136~1188)가 台州의 지방관으로 재직할 때 간행한 판본이다. 台本 혹은 監本이라고도 한다.
    - 建本 : 福建 建陽府 建陽縣에서 간행한 판본이다. 閩本이라고도 한다.

- 監本 : 일반적으로 각 朝代의 國子監에서 간행한 판본을 말하는데, 여기서는 唐仲友의 台州本을 말한다.
- 錢佃本 : 宋의 錢佃이 편찬한 ≪荀子考異≫를 가리킨다. 錢本이라고도 한다.
- 蜀本 : 宋나라 때 四川에서 간행한 판본이다.
- 元刻 : 元나라 때 민간에서 간행한 ≪纂圖分門類題註荀子≫ 10책이다.
- 世德堂本 : 明의 顧春이 嘉靖 12년(1533)에 校刻한 ≪六子全書≫본이다.
- 謝本 : 淸나라 盧文弨(1717~1795)의 교감에 謝墉(?~1795)이 자기의 교감을 합쳐 간행한 ≪荀子箋釋≫을 가리킨다. 謝刻이라고도 한다. 盧本 혹은 盧校本이라고도 한다.

12. ≪荀子集解≫에서 王先謙이 인용한 주요 註釋家는 다음과 같다. 맨 뒤 ( ) 안의 숫자는 ≪荀子集解≫에 인용된 횟수이다.
    - 劉向(B.C. 77~B.C. 6) : 西漢 沛邑 사람으로, 본명은 更生, 자는 子政. 楚元王 劉交의 4대손이며 劉歆의 부친이다. 황궁의 서적을 교열하고 ≪別錄≫을 편찬하여 중국 目錄學의 시조로 불린다. 본래 ≪孫卿書≫는 333편이었는데, 중복된 290편을 刪削하고 32편으로 확정하였다. (7건)
    - 楊倞 : 생졸년 미상. 唐 虢州 弘農 사람으로 楊汝士의 아들이다. 憲宗 元和 13년(818)에 大理評事, 穆宗 長慶 3년(823)에 大理司直, 武宗 會昌 연간(841~846)에 汾州刺史를 지냈으며, 主客郎中을 역임하였다. ≪荀子注≫를 편찬하였다. (3,413건)
    - 王應麟(1223~1296) : 宋 慶元 鄞縣 사람으로, 자는 伯厚, 호는 深寧居士, 별호는 厚齋. 浙西安撫司干辦公事 등을 역임하고, 禮部尙書 兼給事中까지 지냈다. 관직을 떠난 뒤 20년 동안 저술에만 전념하였으며, ≪玉海≫, ≪困學紀聞≫, ≪玉堂類稿≫, ≪掖垣類稿≫, ≪通鑑地理考≫, ≪漢藝文志考≫, ≪深寧集≫ 등이 유명하다. (3건)
    - 盧文弨(1717~1795) : 淸 浙江 仁和 사람으로, 저명한 校勘學者이다. 자는 紹弓, 호는 磯漁, 室名은 抱經堂. ≪荀子箋釋≫을 편찬하였다. 淸 乾隆 嘉慶 연간에 餘姚盧氏 刊本으로 ≪抱經堂叢書≫가 있는데, 그가 교감한 21종의 서적을 모아 263권으로 간행하였다. (578건)
    - 謝墉(1719~1795) : 淸 浙江 嘉善 사람으로, 자는 昆城, 호는 金圃·東墅. 吏部左侍

郎을 역임하였고 文衡을 아홉 번이나 맡았다. 그가 ≪荀子≫를 교감한 내용은 盧文弨의 ≪荀子箋釋≫에 포함되어 있다. ≪荀子集解≫에 그가 직접 거론되지는 않았다.

- 郝懿行(1755~1823) : 淸 山東 棲霞 사람으로, 자는 恂九, 호는 蘭皐. 하급관리인 戶部主事로 21년간 재직하며 곤궁하였으나 訓詁學과 考證學에 조예가 깊었다. ≪荀子補注≫, ≪爾雅義疏≫, ≪山海經箋疏≫, ≪竹書紀年校正≫, ≪晉宋書故≫, ≪曬書堂集≫ 등이 있다. (372건)
- 郭嵩燾(1818~1891) : 淸 湖南 湘陰 사람으로, 자는 筠仙, 호는 伯琛·玉池老人. 光緖 元年(1875)에 兵部左侍郞으로 駐英公使를 역임하였으며, ≪禮記質疑≫, ≪養知書屋集≫ 및 외국에서의 견문을 기록한 日記와 奏疏가 있다. (24건)
- 王念孫(1744~1832) : 淸 江蘇 高郵 사람으로, 자는 懷祖, 호는 石臞. 戴震에게 수학하였다. 工部主事, 永定河道 등을 지냈다. 音韻學, 文字學, 訓詁學에 조예가 깊었으며, 校勘을 잘하였다. 그의 저서 ≪讀書雜志≫에 ≪荀子≫ 교감이 있다. (556건)
- 王引之(1766~1834) : 王念孫의 아들로, 자는 伯申, 호는 曼卿. 編修 등을 역임하고 宣宗 때 工部尙書까지 지냈다. 부친의 학통을 이어받아 訓詁學의 높은 경지에 이르렀고, ≪經義述聞≫, ≪經傳釋辭≫ 등을 저술하였다. (106건)
- 顧廣圻(1766~1835) : 淸 江蘇 元和 사람으로, 자는 千里, 호는 澗薲·思適居士. 당대의 저명한 校勘學者로, 阮元·胡克家·孫星衍의 초빙을 받아 고서를 교감하였다. ≪思適寓齋記≫를 저술하였으며, 王念孫의 ≪讀書雜志≫의 ≪荀子雜志≫ 8권에 그의 교감이 있다. (27건)
- 兪樾(1821~1907) : 淸 浙江 德淸 사람으로, 자는 蔭甫, 호는 曲園. 編修, 河南學政 등을 지냈다. 관직을 그만둔 뒤 蘇州 紫陽書院, 上海 求志書院, 杭州 詁經精舍 등에서 후학을 가르쳤다. 王念孫 부자의 학문경향을 추종하여 당대의 큰 스승으로 추앙받았다. ≪群經平議≫, ≪諸子平議≫, ≪古書疑義擧例≫, ≪春在堂隨筆≫, ≪茶香室叢鈔≫, ≪詁經精舍自課文≫, ≪賓萌集≫, ≪春在堂詩編≫ 등 많은 저술을 남겼다. 그의 ≪荀子平議≫ 4권은 ≪諸子平議≫에 들어 있다. (246건)
- 汪中(1744~1794) : 淸 江蘇 江都 사람으로, 자는 容甫. 어릴 적에 가난하여 서점에서 서적을 빌려 보았는데, 한 번 보면 암기하였다. 經學에 밝았고 諸子도 함께 연구

하였다. 같은 고장의 王念孫・劉台拱과 교제하였다. ≪荀卿子通論≫, ≪廣陵通典≫, ≪春秋後傳≫, ≪容甫先生遺詩≫, ≪述學內外篇≫을 저술하였다. (8건)

- 洪頤煊(1765~1833) : 清 浙江 臨海 사람으로, 자는 筠軒. 경전의 訓詁에 밝았고 天文과 地理에도 조예가 있었다. ≪禮經宮室答問≫, ≪漢志水道疏證≫, ≪平津館讀碑記≫ 등을 저술하였다. (4건)
- 劉台拱(1751~1805) : 清 江蘇 寶應 사람으로, 자는 端臨. 天文, 音樂, 文字에 이르기까지 두루 관통하였다. ≪荀子補注≫, ≪論語駢枝經傳小記≫, ≪國語補校≫, ≪漢學拾遺≫ 등을 저술하였다. (49건)
- 郭慶藩(1844~1896) : 清 湖南 湘陰 사람으로, 자는 孟純, 호는 子靜. 郭嵩燾의 조카로, 音韻・文字學에 조예가 깊었다. ≪許書轉注說例≫, ≪說文經字正誼≫, ≪合校方言≫, ≪莊子集釋≫ 등을 저술하였다. (2건)

13. 본서에 사용된 주요 符號는 다음과 같다.

“　” : 對話, 각종 引用

‘　’ : “　” 안에서 再引用, 强調

「　」 : ‘　’ 안에서 再引用, 强調

(　) : 원문에서는 讀音이 특수한 글자나 僻字의 音
　　번역문에서는 간단한 譯註

〔　〕 : 번역문과 뜻은 같으나 音이 다른 漢字나 句節, 譯註에서 인용한 原文.

≪ ≫ : 書名이나 典據

〈　〉 : 篇章名, 作品名, 補充譯

○ : 저본에 사용된 楊倞의 注와 王先謙의 集解 구분 표시 遵用

14. 본서의 校勘에 사용된 符號는 다음과 같다.

( )〔 〕 : (저본의 誤字)〔교감한 正字〕

〔　〕 : 저본의 脫字 補充

(　) : 저본의 衍字

參考書目

1. 底本

• ≪荀子集解≫, 王先謙 集解, 中華書局, 1988.

2. ≪荀子≫ 注解書

• ≪宋本荀子≫, 楊倞 注, 國家圖書館出版社 영인본, 2017.
• ≪荀子≫, 楊倞 注, 明 顧春 編, 嘉靖 12年(1533) 世德堂刊, 吉林出版集團公司 영인본, 2010.
• ≪荀子≫, 楊倞 注, 王鵬 整理, 上海世紀出版集團, 2010.
• ≪讀荀子≫, 物雙松(日本), 寶曆 14년(1764) 京師水玉堂 판각본.
• ≪讀荀子札記≫, 包遵信 撰, ≪文史哲≫ 連載, 1978~1979.
• ≪荀子簡釋≫, 梁啓雄 著, 中華書局, 2010.
• ≪荀子考異≫, 錢佃 著, 中國哲學書電子化計劃 DB.
• ≪荀子校詁叢書≫, 李中生 撰, 高等教育出版社, 2001.
• ≪荀子校釋≫, 王天海 校釋, 上海古籍出版社, 2005.
• ≪荀子斷≫, 冢田虎(日本), 寬政 7년(1795) 京師水玉堂刊本.
• ≪荀子補釋≫, 劉師培 撰, 寧武南氏校印, 1936.
• ≪荀子補遺≫, 猪飼彦博(日本), 日本國會圖書館藏 필사본.
• ≪荀子補正≫, 駱瑞鶴 撰, 寧漢大學出版社, 1997.
• ≪荀子補注≫, 郝懿行 撰, 齊魯先喆遺書本.
• ≪荀子述≫, 朝川鼎(日本), 昭和 8년(1933) 활자본.
• ≪荀子新箋≫, 高亨 撰, 齊魯書社, 1980.
• ≪荀子略說≫, 安積信(日本), 昭和 8년(1933) 활자본.
• ≪荀子零箋≫, 金德建 撰, ≪中華文化論叢≫ 1980.
• ≪荀子箋釋≫, 盧文弨 校, 謝墉 輯校, 上海古籍出版社, 1986.
• ≪荀子訂補≫, 鍾泰 撰, 上海商務印書館出版社, 1936.
• ≪荀子正名篇釋詁≫, 劉念親 撰, ≪華國月刊≫ 連載, 1923~1926.

- ≪荀子增注≫, 久保愛(日本), 文政 3년(1820) 平安書林水玉堂 판각본.
- ≪荀子集解≫, 富山房編輯部 編輯, ≪漢文大系 第15≫, 富山房, 1913.
- ≪荀子札迻≫, 孫詒讓 撰, 光緖二十年刊本.
- ≪荀子標注≫, 帆足萬里(日本), 昭和 2년(1927) 활자본.
- ≪荀學源流≫, 馬積高 著, 上海古籍出版社, 2000.
- ≪雙劍誃荀子新證≫, 于省吾 撰, 北京大業印刷局, 1940.
- ≪諸子箋校新志≫, 劉如瑛 撰, 正中書局, 1998.
- ≪增評荀子箋釋≫, 村岡良弼(日本), 明治 17년(1884) 東京 판각본.
- ≪香草續校書≫, 于鬯 撰, 中華書局, 1982.

3. ≪荀子≫ 譯註書

- ≪荀子≫, 김학주 옮김, 을유문화사, 2003.
- ≪荀子≫, 이운구 옮김, 한길사, 2006.
- ≪荀子≫, 장현근 옮김, 책세상, 2010.
- ≪荀子≫ 藤井專英(日本) 著, ≪新釋漢文大系 第5, 6≫, 明治書院, 1983.
- ≪荀子詁譯≫, 楊柳橋 著, 齊魯書社, 1985.
- ≪荀子今註今譯≫, 熊公哲 註譯, 臺灣商務印書館, 1975.
- ≪荀子讀本≫, 王忠林 注譯, 三民書局, 2009.
- ≪荀子譯注≫, 高長山 譯注, 黑龍江人民出版社, 2003.
- ≪荀子譯注≫, 張覺 譯注, 上海古籍出版社, 2012.
- ≪荀子全譯≫, 蔣南華等 注譯, 貴州人民出版社, 1995.

4. 中國 文獻

〔經部〕

- ≪經典釋文≫, 陸德明 撰, 文淵閣四庫全書, 臺灣商務印書館, 1986.
- ≪廣雅≫, 張揖 撰, 文淵閣四庫全書, 臺灣商務印書館, 1986.
- ≪群經音辨≫, 賈昌朝 撰, 文淵閣四庫全書, 臺灣商務印書館, 1986.
- ≪論語注疏≫, 何晏 注, 邢昺 疏, 北京大學出版社, 1999.
- ≪唐韻正≫, 顧炎武 撰, 文淵閣四庫全書, 臺灣商務印書館, 1986.
- ≪大戴禮記詳解≫, 王聘珍 撰, 中華書局, 1989.
- ≪孟子注疏≫, 趙岐 注, 孫奭 疏, 焦循 正義, 北京大學出版社, 1999.
- ≪毛詩正義≫, 毛公 傳, 鄭玄 箋, 孔穎達 正義, 北京大學出版社, 1999.

- ≪方言≫, 楊雄 撰, 文淵閣四庫全書, 臺灣商務印書館, 1986.
- ≪尙書正義≫, 孔安國 傳, 孔穎達 正義, 北京大學出版社, 1999.
- ≪說文通訓定聲≫, 朱駿聲 撰, 中華書局, 1984.
- ≪說文解字≫, 許愼 撰, 文淵閣四庫全書, 臺灣商務印書館, 1986.
- ≪說文解字注≫, 段玉裁 撰, 文淵閣四庫全書, 臺灣商務印書館, 1986.
- ≪詩三家義集疏≫, 王先謙 撰, 中華書局, 1987.
- ≪呂氏家塾讀詩記≫, 呂祖謙 撰, 文淵閣四庫全書, 臺灣商務印書館, 1986.
- ≪禮記正義≫, 鄭玄 注, 孔穎達 正義, 北京大學出版社, 1999.
- ≪玉篇≫, 顧野王 撰, 文淵閣四庫全書, 臺灣商務印書館, 1986.
- ≪龍龕手鑑≫, 釋行均 撰, 潘重規 編, 中華書局, 1988.
- ≪韻補≫, 吳棫 撰, 文淵閣四庫全書, 臺灣商務印書館, 1986.
- ≪六書正譌≫, 周伯琦 撰, 文淵閣四庫全書, 臺灣商務印書館, 1986.
- ≪儀禮注疏≫, 鄭玄 注, 賈公彦 疏, 北京大學出版社, 1999.
- ≪爾雅注疏≫, 郭璞 注, 邢昺 疏, 北京大學出版社, 1999.
- ≪一切經音義≫, 釋元應 撰, 文淵閣四庫全書, 臺灣商務印書館, 1986.
- ≪周禮注疏≫, 鄭玄 注, 賈公彦 疏, 北京大學出版社, 1999.
- ≪周易正義≫, 王弼・韓伯康 注, 孔穎達 正義, 北京大學出版社, 1999.
- ≪春秋穀梁傳注疏≫, 范寧 注, 楊士勛 疏, 北京大學出版社, 1999.
- ≪春秋公羊傳注疏≫, 何休 注, 徐彦 疏 北京大學出版社, 1999.
- ≪春秋左傳正義≫, 杜預 注, 孔穎達 疏, 北京大學出版社, 1999.
- ≪孝經注疏≫, 唐玄宗 注, 邢昺 疏, 北京大學出版社, 1999.

〔史部〕
- ≪國語≫, 韋昭 注, 文淵閣四庫全書, 臺灣商務印書館, 1986.
- ≪東觀漢記≫, 劉珍等 撰, 文淵閣四庫全書, 臺灣商務印書館, 1986.
- ≪史記≫, 司馬遷 撰, 裴駰 集解, 中華書局, 1959.
- ≪水經注≫, 酈道元 撰, 文淵閣四庫全書, 臺灣商務印書館, 1986.
- ≪晏子春秋≫, 晏嬰 撰, 文淵閣四庫全書, 臺灣商務印書館, 1986.
- ≪隷釋≫, 洪适 撰, 文淵閣四庫全書, 臺灣商務印書館, 1986.
- ≪戰國策≫, 高誘 注, 文淵閣四庫全書, 臺灣商務印書館, 1986.
- ≪漢書≫, 班固 撰, 中華書局, 1962.
- ≪後漢書≫, 范曄 司馬彪 撰, 中華書局. 1965.

〔子部〕

- ≪賈子新書≫, 賈誼 撰, 文淵閣四庫全書, 臺灣商務印書館, 1986.
- ≪鶡冠子≫, 無名氏 撰, 文淵閣四庫全書, 臺灣商務印書館, 1986.
- ≪敬齋古今黈≫, 李治 撰, 文淵閣四庫全書, 臺灣商務印書館, 1986.
- ≪古今譚概≫, 馮夢龍 撰, 文淵閣四庫全書, 臺灣商務印書館, 1986.
- ≪古今事文類聚≫, 祝穆 撰, 文淵閣四庫全書, 臺灣商務印書館, 1986.
- ≪困學紀聞≫, 王應麟 撰, 文淵閣四庫全書, 臺灣商務印書館, 1986.
- ≪公孫龍子≫, 公孫龍 撰, 文淵閣四庫全書, 臺灣商務印書館, 1986.
- ≪孔子家語≫, 王肅 注, 文淵閣四庫全書, 臺灣商務印書館, 1986.
- ≪管子≫, 管仲 撰, 文淵閣四庫全書, 臺灣商務印書館, 1986.
- ≪老子≫, 王弼 注, 文淵閣四庫全書, 臺灣商務印書館, 1986.
- ≪論衡≫, 王充 撰, 文淵閣四庫全書, 臺灣商務印書館, 1986.
- ≪讀書雜記≫, 王紹蘭 撰, 中華書局, 1988.
- ≪獨異志≫, 李冘 撰, 文淵閣四庫全書, 臺灣商務印書館, 1986.
- ≪墨子≫, 墨翟 撰, 文淵閣四庫全書, 臺灣商務印書館, 1986.
- ≪白虎通義≫, 班固 撰, 文淵閣四庫全書, 臺灣商務印書館, 1986.
- ≪法言≫, 揚雄 撰, 李軌・柳宗元 注, 文淵閣四庫全書, 臺灣商務印書館, 1986.
- ≪本草綱目≫, 李時珍 撰, 文淵閣四庫全書, 臺灣商務印書館, 1986.
- ≪辭通≫, 朱起鳳 撰, 上海古籍出版社, 1982.
- ≪山海經≫, 郭璞 注, 文淵閣四庫全書, 臺灣商務印書館, 1986.
- ≪說苑≫, 劉向 撰, 文淵閣四庫全書, 臺灣商務印書館, 1986.
- ≪世說新語≫, 劉義慶 撰, 文淵閣四庫全書, 臺灣商務印書館, 1986.
- ≪尸子≫, 尸佼 撰, 李守奎 譯注, 黑龍江人民出版社, 2003.
- ≪新序≫, 劉向 撰, 文淵閣四庫全書, 臺灣商務印書館, 1986.
- ≪愼子≫, 愼到 撰, 文淵閣四庫全書, 臺灣商務印書館, 1986.
- ≪申子≫, 申不害 撰, 文淵閣四庫全書, 臺灣商務印書館, 1986.
- ≪呂氏春秋≫, 呂不韋 編, 高誘 注, 文淵閣四庫全書, 臺灣商務印書館, 1986.
- ≪列子≫, 張湛 注, 文淵閣四庫全書, 臺灣商務印書館, 1986.
- ≪鹽鐵論≫, 桓寬 撰, 文淵閣四庫全書, 臺灣商務印書館, 1986.
- ≪藝文類聚≫, 歐陽詢 撰, 文淵閣四庫全書, 臺灣商務印書館, 1986.
- ≪日知錄≫, 顧炎武 撰, 文淵閣四庫全書, 臺灣商務印書館, 1986.
- ≪莊子集釋≫, 莊周 撰, 郭象 注, 陸德明 釋文, 成玄英 疏, 郭慶藩 輯, 王孝魚 點校, 中華書局, 1961.
• ≪諸子學述≫, 羅焌 撰, 岳麓書社, 1995.
• ≪太平御覽≫, 李昉 等 撰, 文淵閣四庫全書, 臺灣商務印書館, 1986.
• ≪太玄經≫, 揚雄 撰, 文淵閣四庫全書, 臺灣商務印書館, 1986.
• ≪通雅≫, 方以智 撰, 文淵閣四庫全書, 臺灣商務印書館, 1986.
• ≪韓非子≫, 韓非 撰, 文淵閣四庫全書, 臺灣商務印書館, 1986.
• ≪淮南子≫, 劉安 撰, 高誘 注, 文淵閣四庫全書, 臺灣商務印書館, 1986.

〔集部〕
• ≪群書治要譯注≫, 魏徵 等 撰, 中國書店出版社, 2012.
• ≪經義述聞≫, 王引之 撰, 世界書局, 1975.
• ≪經傳釋詞≫, 王引之 撰, 黃侃 楊樹達 批本, 岳麓書社, 1982.
• ≪讀書雜志≫, 王念孫 著, 江蘇古籍出版社, 2000.
• ≪讀諸子札記≫, 陶鴻慶 撰, 中華書局, 1959.
• ≪文選≫, 蕭統 撰, 文淵閣四庫全書, 臺灣商務印書館, 1986.
• ≪諸子平議≫, 兪樾 著, 中華書局, 1954.
• ≪集韻≫, 丁度 等 編, 上海古籍出版社, 1985.
• ≪楚詞補註≫, 洪興祖 撰, 文淵閣四庫全書, 臺灣商務印書館, 1986.
• ≪韓詩外傳≫, 韓嬰 撰, 文淵閣四庫全書, 臺灣商務印書館, 1986.

5. 韓國 文獻
• ≪星湖先生僿說≫, 李瀷 著, 驪江出版社, 1984.
• ≪順菴先生文集≫, 安鼎福 著, 韓國文集叢刊, 民族文化推進會, 1999.

6. 電子 資料
• 電子版 文淵閣四庫全書, 迪志文化出版社, 北京, 1999.
• 尙友千古(http : www.s-sangwoo.kr), 宋基采
• 韓國古典綜合DB(http : db.itkc.or.kr)
• 東洋古典綜合DB(http : db.cyberseodang.or.kr)

目 次

致士篇 第十四　제14편 賢士를 불러들이는 방법

士는 뜻과 품행이 고결하고 재능이 뛰어난 賢士를 가리킨다. 군주에 대해 '賢士를 존중하고 재능이 있는 사람을 부려야 한다.〔尙賢使能〕'는 원칙 아래 다른 사람의 의견을 공정하게 청취하고, 숨은 인재를 발굴하고, 명철한 사람을 귀중하게 여기고, 사악한 사람을 물리치고, 賢良한 사람을 임용하는 방법을 구체적으로 제시하였다.

아울러 인재를 얻기 위해서는 반드시 禮義를 강구하고 인재를 존중하여 임용하되, 말과 행동이 상반되지 않아야 한다고 하였다. 그리고 지금 군주 가운데 능히 자기의 美德을 드러내 밝힌 사람이 있다면 천하 사람이 그에게 돌아오는 것이 마치 매미가 밝은 등불을 보고 돌아오는 것과 같을 것이라고 하였다.

明致賢士之義라

楊倞注：賢士를 불러들이는 취지를 밝혔다.

14-1 衡(횡)聽顯幽重明退姦進良之術이라

다른 사람의 의견을 널리 청취하고, 숨은 賢士를 세상에 드러내고, 이미 드러난 賢士를 더 높이 드러내고, 사악한 사람을 물리치고, 賢良한 사람을 임용하는 방법은 다음과 같다.

衡은 平也니 謂不偏聽也라 顯幽는 謂使幽人明顯하여 不壅蔽也라 重明은 謂旣明하되 又使明也니 書曰 德明惟明이라하니라 能顯幽則重明矣요 能退姦則良進矣라 ○ 兪樾曰 按楊注에 衡은 平也라하고 下文衡至는 注曰 衡은 讀爲橫이라하여 前後兩字異訓하니 失之라 衡聽之衡도 亦當讀爲橫이니 蓋彼以衡至라 故亦以衡聽也라 古橫衡同字라 詩衡門篇의 釋文曰 衡은 古文橫字라하니 是其證也라 漢書王莽傳에 昔帝堯橫被四表라하고 魏志文帝紀에 引獻帝傳曰 廣被四表[1)]라하니 是橫廣音近義通이라

1) 魏志文帝紀……廣被四表：≪三國志≫〈魏書 文帝紀〉의 裴松之 주에 인용되어 있다.

流言之屬이 一時而竝至라 故曰橫至라하니 猶曰大至矣라 先謙案 重明은 猶書堯典之明明이라 此言用人之術이라

楊倞注 : 衡은 '平'의 뜻이니, 한쪽 의견만 듣지 않는 것을 이른다. 顯幽는 숨은 사람을 드러내 막히거나 가려져 있지 않게 하는 것을 이른다. 重明은 이미 세상에 드러났는데 또 더 드러나게 하는 것을 이르니, ≪書經≫ 〈呂刑〉에 "德明惟明(덕이 밝은 자에 대해서는 더 드러나게 하였다.)"이라 하였다. 능히 숨은 賢人을 드러냈으니 더 드러나게 할 수도 있고, 능히 사악한 사람을 물리쳤으니 賢良한 사람을 임용할 수도 있다는 것이다.

○ 兪樾 : 살펴보건대, 楊氏의 注에 "衡은 '平'의 뜻이다."라 하고, 아래 글(14-5) '衡至'에서는 注에 "衡은 '橫'으로 읽어야 한다."라고 하여 앞뒤 두 자의 뜻을 다르게 풀이하였으니, 이는 잘못되었다. '衡聽'의 '衡'도 마땅히 '橫'으로 읽어야 하니, 저쪽에서 '衡至'라 하였기 때문에 여기서 또 '衡聽'이라 했을 것이다. 옛날에 '橫'과 '衡'은 같은 글자였다. ≪詩經≫ 〈衡門篇〉의 ≪經典釋文≫에 "衡은 古文의 '橫'자이다."라고 하였으니, 이것이 그 증거이다. ≪漢書≫ 〈王莽傳〉에 "昔帝堯橫被四表(옛날 堯임금의 명성과 위엄이 널리 사방을 덮었다.)"라 하고, ≪三國志≫ 〈魏書 文帝紀〉에 〈獻帝傳〉을 인용하여 "廣被四表(널리 사방을 덮었다.)"라고 하였으니, 이로 볼 때 '橫'과 '廣'은 발음이 비슷하여 뜻이 서로 통했던 것이다. 근거 없는 말들이 일시에 모두 들어오기 때문에 '橫至'라고 말한 것이니, 이는 '大至'라는 말과 같다.

先謙案 : 重明은 ≪書經≫ 〈堯典〉의 '明明(이미 드러난 사람을 더 드러낸다.)'과 같다. 이는 인재를 임용하는 방법을 말한 것이다.

14-2 朋黨比周之譽를 君子[2)]不聽하고 殘賊加累之譖을 君子不用하고

긴밀하게 黨派를 지어 서로 찬양하는 말을 군자는 받아들이지 않고, 賢人을 해치고 억울하게 죄명을 덮어씌우는 참소를 군자는 채용하지 않고,

殘賊은 謂賊害人이라 加累는 以罪惡加累誣人也라

楊倞注 : 殘賊은 賢人을 해치는 것을 이른다. 加累는 죄악을 덮어씌워 賢人을 무고하는 것이다.

14-3 隱忌雍蔽之人을 君子不近하고

2) 君子 : 여기서는 군주를 가리킨다.

賢人을 시기하여 덮어버리는 사람을 군자는 가까이하지 않고,

隱도 亦蔽也라 忌는 謂妬賢이라 雍은 讀曰擁이라 ○ 王念孫曰 楊誤分隱忌爲二義라 且下文言雍蔽하니 則隱忌는 非雍蔽也라 隱忌는 卽意忌니 謂妬賢也라 史記平津侯傳云 弘爲人意忌하여 外寬內深이라하고 酷吏傳云 張湯文深意忌라하니 唯其意忌라 是以雍蔽라 秦誓曰 人之有技를 冒疾以惡之라하니 所謂意忌也요 又曰 人之彥聖을 而違之俾不達이라하니 所謂雍蔽也라 意隱은 聲相近하니 意忌之爲隱忌는 若左氏春秋經之季孫意如 公羊作隱如矣①라

① 史記孝文紀의 故楚相蘇意 漢紀作蘇隱이라 凡之部之字는 或與諄部相轉하니 上去聲도 亦然이라 樂記의 天地訢(희)合의 鄭注에 訢는 讀爲熹라하고 射義의 耄期稱道不亂者 大雅行葦傳作耄勤이라 左傳의 曹公子欣時 公羊作喜時하고 荀子性惡篇의 驊騮騹驥는 卽騏驥니 皆其例也라

≪史記≫〈孝文帝紀〉'故楚相蘇意'의 〈蘇意가〉≪漢紀≫에는 '蘇隱'으로 되어 있다. 대체로 '之'部의 글자는 간혹 '諄'部와 서로 전용하기도 하니, 上聲과 去聲도 마찬가지이다. ≪禮記≫〈樂記〉'天地訢合'의 鄭玄 注에 "訢는 '熹'로 읽어야 한다."라 하고, ≪禮記≫〈射義〉'耄期稱道不亂者'의 〈耄期가〉≪詩經≫〈大雅 行葦〉의 〈毛傳〉에는 '耄勤'으로 되어 있다. ≪春秋左氏傳≫ '曹公子欣時'의 〈欣時가〉≪春秋公羊傳≫에는 '喜時'로 되어 있고, ≪荀子≫〈性惡篇〉'驊騮騹驥'의 〈騹驥는〉 곧 '騏驥'이니, 이들이 모두 그 사례이다.

楊倞注 : 隱은 또한 덮는다는 뜻이다. 忌는 賢人을 시기하는 것을 이른다. 雍은 '擁'자로 읽는다.

○ 王念孫 : 楊氏는 잘못하여 '隱忌'를 나누어 두 가지 뜻으로 풀이하였다. 그리고 〈본문의〉 아래 글에 '雍蔽'라고 말했으니, '隱忌'는 '雍蔽'가 아니다. 隱忌는 곧 '意忌'이니, 賢人을 시기하는 것을 이른다. ≪史記≫〈平津侯傳〉에 "弘爲人意忌 外寬內深(公孫弘은 사람됨이 시기하여 겉으로는 관대하면서도 속마음은 깊어 헤아릴 수 없었다.)"이라 하고, ≪史記≫〈酷吏傳〉에 "張湯文深意忌(張湯은 법을 집행하는 것이 혹독하고 속마음이 사람을 시기하였다.)"라 하였으니, 오직 내심 시기하여 이로 인해 그를 덮어버리는 것이다. ≪書經≫〈秦誓〉에 "人之有技 冒疾以惡之(다른 사람이 재능을 지닌 것을 질투하여 미워한다.)"라 하였으니 이것이 이른바 '意忌'이고, 또 "人之彥聖 而違之俾不達(다른 사람의 재능과 미덕을 덮어버려 군주로 하여금 모르게 한다.)"이라 하였으니 이것이 이른바 '雍蔽'이다. 意와 隱은 발음이 서로 가까우니, '意忌'를 '隱忌'로 표기하는 것은 ≪春秋左氏傳≫ 經文의 '季孫意如'가 ≪春秋

公羊傳≫에는 '季孫隱如'로 되어 있는 경우와 같다.

14-4 貨財禽犢[3]之請을 君子不許라

재물이나 禽犢을 뇌물로 주면서 행하는 청탁을 군자는 허용하지 않는다.

行賂請謁者也라

楊倞注 : 뇌물을 주면서 행하는 청탁이다.

14-5 凡流言流說과 流事流謀와 流譽流愬 不官[4]而衡[5]至者에 君子愼之하여

대체로 근거 없는 말과 근거 없는 학설, 근거 없는 사정과 근거 없는 계책, 근거 없는 칭찬과 근거 없는 하소연 등 통제를 받지 않고 광범위하게 전해오는 것들에 대해 군자는 신중한 태도를 견지하여

流者는 無根源之謂라 愬는 譖也라 不官은 謂無主首也라 衡은 讀爲橫이니 橫至는 橫逆而至也라

楊倞注 : 流는 근원이 없는 것을 이른다. 愬는 하소연한다는 뜻이다. 不官은 우두머리가 없는 것을 이른다. 衡은 '橫'으로 읽어야 하니, 橫至는 무리한 처사로 가해온다는 뜻이다.

14-6 聞聽而明譽[6]之하고

그런 말을 들은 뒤에는 그것들을 공개적으로 열거하고

君子聞聽流言流說하면 則明白稱譽니 謂顯露其事하여 不爲隱蔽라 如此면 則姦人不敢獻其謀也라

楊倞注 : 군자가 근거 없는 말과 근거 없는 학설을 들으면 그것을 명백하게 들추어내

3) 禽犢 : 오리, 거위와 송아지 등을 말한다.
4) 官 : '管'과 통용하는 글자로, 통제한다는 뜻이다.
5) 衡 : '橫'과 통용하는 글자로, 여기서는 광범위하다는 뜻이다.
6) 譽 : '擧'와 통용하는 글자로, 열거한다는 뜻이다.

는 것이니, 이는 그와 같은 일을 드러내어 은폐하지 않는 것을 이른다. 이렇게 하면 간사한 사람이 감히 그의 계책을 올리지 못할 것이다.

14-7 定其當(而)〔不〕[7)]當이라 然後(士)〔伺〕[8)]其刑賞而還與之니라

그것들이 합당한가 합당하지 않은가를 판정한다. 그런 다음 처벌할 것인지 포상할 것인지를 살펴 그 행위에 걸맞게 되돌려주어야 한다.

士는 當爲事니 行也라 言定其當否하여 既當之後에 乃行其刑賞하여 反與之也라 謂其言當於善이면 則事之以賞하고 當於惡이면 則事之以刑이라 當은 丁浪反이라 ○ 郝懿行曰 士者는 事也라 古士仕事俱通用이라 此士는 謂事其事也라 王引之曰 士字는 義不可通하니 士는 當爲出字之誤也①라 高注淮南說林篇曰 當②은 猶實也라 言定其善惡之實하여 而當然後에 出其刑賞而還與之也라 楊讀士爲事하고 又訓事爲行하여 展轉以求其通하니 鑿矣라 先謙案 王說是라

① 隷書에 出字或省作士라 故諸書中出字或誤作士하니 說見大略篇教出下라
隷書에 '出'자가 간혹 획이 생략되어 '士'로 되어 있기도 하다. 이 때문에 여러 문헌 가운데 '出'자가 간혹 '士'로 잘못 되어 있기도 하니, 이에 관한 설명은 〈大略篇〉의 '教出' 아래에 보인다.

② 丁浪反이라
〈當은 음이〉 丁과 浪의 반절이다.

楊倞注 : '士'는 마땅히 '事'로 되어야 하니, 행한다는 뜻이다. 그것들이 합당한가의 여부를 판정하여 이미 합당한 뒤에 비로소 그에 대해 처벌과 포상을 행하여 그 행위에 걸맞게 되돌려주는 것을 말한다. 그 하는 말이 善에 해당되면 그에 대해 포상을 행하고 惡에 해당되면 그에 대해 처벌을 행하는 것을 이른다. 當은 음이 丁과 浪의 반절이다.

○ 郝懿行 : '士'는 곧 '事'이다. 옛날에 '士', '仕', '事'는 모두 통용하였다. 여기의 '士'는 그 일을 일삼아 하는 것을 이른다.

王引之 : '士'자는 그 뜻이 통하지 않으니, '士'는 마땅히 '出'자의 잘못으로 보아야 한다. ≪淮南子≫ 〈說林篇〉의 高誘 注에 "當은 '實'과 같다."라 하였다. 그것이 좋은 것인지 나쁜

---

7) (而)〔不〕: 저본에는 '而'로 되어 있으나, 劉師培의 설에 의거하여 '不'로 바로잡았다.

8) (士)〔伺〕: 저본에는 '士'로 되어 있으나, 朱駿聲의 ≪說文通訓定聲≫에 의거하여 '伺'로 바로잡았다.

것인지의 실상을 판정하여 사실과 부합한 뒤에 처벌하거나 포상하는 조처를 취해 그 행위에 걸맞게 되돌려주는 것을 말한다. 楊氏는 '士'를 '事'로 간주해 읽고 또 '事'의 뜻이 행한다는 것이라고 하여 말을 돌려가며 뜻이 통하게 하려고 하였으니, 억지로 끌어다 붙인 것이다.

先謙案 : 王氏의 설이 옳다.

14-8 如是면 **則姦言姦說**과 **姦事姦謀**와 **姦譽姦愬**를 **莫之試也**리라 **忠言忠說**과 **忠事忠謀**와 **忠譽忠愬**를 **莫不明通**하고 **方起以尙盡矣**[9]리니

이렇게 하면 간사한 말과 간사한 학설, 간사한 사정과 간사한 계책, 간사한 칭찬과 간사한 하소연 등을 누구도 감히 시도할 수 없을 것이다. 〈반면에〉 충실한 말과 충실한 학설, 충실한 사정과 충실한 계책, 충실한 칭찬과 충실한 하소연 등이 분명하게 소통되지 않는 일이 없고 〈그런 일이〉 광범위하게 일어나 충성을 다하는 행위를 중시할 것이니,

明通은 謂明白通達其意라 方起는 竝起라 尙은 與上同이라 上盡은 謂盡忠於上也라 ○ 兪樾曰 盡忠於上而曰上盡은 甚爲不詞라 盡은 當讀爲進이라 列子天瑞篇의 終進乎아 不知也의 張湛注曰 進은 當爲盡이라하니 是其證也라 漢書高帝紀의 主進의 顔師古注曰 進은 字本作賮하고 又作贐하니 音皆同耳라 古字叚借라 故轉而爲進이라하니라 然則以盡爲進은 猶以進爲贐矣라 爾雅釋詁에 藎은 進也라하니라 藎은 從盡聲하니 則盡도 亦進也라 尙盡은 猶言上進이라 忠言忠說과 忠事忠謀와 忠譽忠愬를 皆願進於上이라 故曰 莫不明通하고 方起以上進矣라하니라 楊氏知尙之爲上이나 而不知盡之爲進하니 於古人叚借之義에 未盡得也라

楊倞注 : 明通은 그 뜻을 명백하게 통달한 것을 이른다. 方起는 아울러 일어난다는 뜻이다. 尙은 '上'과 같다. 上盡은 윗사람에게 충성을 다하는 것을 이른다.

○ 兪樾 : 〈楊氏의 주에서〉 윗사람에게 충성을 다한다는 뜻을 '上盡'이라 말한 것은 매우 말이 안 된다. 盡은 마땅히 '進'으로 읽어야 한다. ≪列子≫ 〈天瑞篇〉 "終進乎 不知也

9) 方起以尙盡矣 : 駱瑞鶴은, 方은 ≪說文解字≫의 段玉裁 주를 근거로, '旁'과 통용하여 넓다는 뜻이라 하고, 尙은 숭상의 뜻이라고 하였다. 王天海도 이 설에 동의하면서 '尙盡'의 뜻에 대해 충성을 다하는 것을 중시하는 것이라고 하였다. 이에 따라 번역하였다.

(〈천지가〉 끝나는 때가 있는가? 이는 알 수 없다.)"의 張湛 注에 "進은 마땅히 '盡'으로 되어야 한다."라 하였으니, 이것이 그 증거이다. ≪漢書≫ 〈高帝紀〉 '主進'의 顔師古 注에 "進은 글자가 본디 '賮'으로 되어 있고 또 '贐'으로 되어 있기도 하니, 그 음은 모두 같다. 옛 글자는 假借하여 쓰기 때문에 바뀌어 '進'이 되기도 한다."라고 하였다. 그렇다면 '盡'을 '進'으로 쓰는 것은 '進'을 '贐'으로 쓰는 것과 같은 것이다. ≪爾雅≫ 〈釋詁〉에 "藎은 '進'이다."라 하였다. 藎은 盡이 聲符가 되니, 그렇다면 盡 또한 '進'이다. 尙盡은 '上進(윗사람에게 올린다.)'이란 말과 같다. 충실한 말과 충실한 학설, 충실한 사정과 충실한 계책, 충실한 칭찬과 충실한 하소연 등을 모두 윗사람에게 올리기를 원한다는 뜻이기 때문에 "분명하게 소통되지 않는 일이 없고 〈그런 일이〉 광범위하게 일어나 윗사람에게 올릴 것이다."라고 말한 것이다. 楊氏는 尙이 '上'자가 된다는 것은 알았으나 盡이 '進'자가 된다는 사실은 몰랐으니, 옛사람이 글자를 假借하는 뜻에 대해 완전히 깨닫지 못했던 것이다.

14-9 **夫是之謂衡聽顯幽重明退姦進良之術**이니라

이것을 '다른 사람의 의견을 널리 청취하고, 숨은 賢士를 세상에 드러내고, 이미 드러난 賢士를 더 높이 드러내고, 사악한 사람을 물리치고, 賢良한 사람을 임용하는 방법'이라 이르는 것이다.

○ **盧文弨曰 下似當別爲一條**라 **先謙案 盧說是**라 **今從之**라

○ 盧文弨 : 이 아래는 마땅히 따로 한 문단으로 만들어야 할 것 같다.
先謙案 : 盧氏의 설이 옳다. 여기서는 그 설을 따랐다.

14-10 **川淵深而魚鼈歸之**하고 **山林茂而禽獸歸之**하고 **刑政平而百姓歸之**하고 **禮義備而君子歸之**라 **故禮及身而行修**하고 **義及國而政明**하며 **能以禮挾而貴名白**하여 **天下願**[10)]하여 **令行禁止**하여 **王者之事畢矣**리라

강과 호수가 깊으면 각종 魚類가 모여들고, 산림이 무성하면 각종 禽獸가 모여들고, 법률과 정책이 공평하면 백성들이 모여들고, 禮義가 갖추어지면 군자들이 모여든다. 그러므로 禮義가 자기 몸에 행해지면 품행이 단정해지고 도의가 국가에 행해지면 정치가 밝아지며, 능히 禮義를 각 방면에 실행하게 되면 존귀한 명성

---

10) 願 : '慕'와 통용하는 글자로, 흠모한다는 뜻이다.

이 드러나, 천하 사람이 그를 흠모함으로써 명령하면 행해지고 금하면 중지하여 王者로서의 정사가 완성될 것이다.

挾은 讀爲浹이라 能以禮浹洽者는 則貴名明白하여 天下皆願從之也라 ○ 盧文弨曰 貴名白은 王制篇에 作名聲日聞이라 此恐有訛라 王念孫曰 儒效篇曰 貴名白而天下治라하고 君道篇曰 文王欲立貴道하고 欲白貴名이라하니 則貴名白三字不訛라 韓詩外傳에 作貴名自揚하니 義亦同也라 王制篇에 作名聲日聞은 乃後人所改니 辯見王制라 顧千里曰 禮下에 疑當有義字니 承上禮義備而君子歸之라 故禮及身而行修하고 義及國而政明言之라 楊注에 已無義字하니 非也라 韓詩外傳五에 有此句하여 作能以禮扶身하니 疑扶身二字도 亦義挾二字之誤라

楊倞注 : 挾은 '浹'으로 읽어야 한다. 능히 禮義를 각 방면에 실행한 사람은 존귀한 명성이 드러나 천하 사람이 모두 그를 따르기를 원하는 것이다.

○ 盧文弨 : '貴名白'은 〈王制篇〉(9-15)에 '名聲日聞'으로 되어 있다. 여기의 〈'貴名白'은〉 오류가 있는 것 같다.

王念孫 : 〈儒效篇〉에 "貴名白而天下治(그 존귀한 명성이 드러나 천하 사람이 그를 따르기를 원한다.)"라 하고, 〈君道篇〉에 "文王欲立貴道 欲白貴名(文王이 존귀한 도를 세우고 싶고 존귀한 명성을 드러내고 싶어 하였다.)"이라 하였으니, '貴名白' 세 글자는 잘못되지 않았다. ≪韓詩外傳≫에 '貴名自揚'으로 되어 있으니, 그 뜻이 또한 같다. 〈王制篇〉에 '名聲日聞'으로 되어 있는 것은 곧 후세 사람이 고친 것이니, 이에 관한 논변은 〈王制篇〉에 보인다.

顧千里 : 〈能以禮挾의〉 '禮' 밑에 아마도 마땅히 '義'자가 있어야 할 듯하니, 위의 "禮義備而君子歸之 故禮及身而行修 義及國而政明"을 이어받아 말한 것이다. 그런데 楊氏의 注에 이미 '義'자가 없으니, 틀렸다. ≪韓詩外傳≫ 권5에 이 문구가 나와 '能以禮扶身'으로 되어 있는데, 아마도 '扶身' 두 자 또한 '義挾' 두 자의 잘못인 듯하다.

14-11 詩曰 惠此中國하여 以綏四方이라하니 此之謂也니라

≪詩經≫에 "이 中原 백성에게 은혜 베풀어 사방의 제후국을 안정시키네."라고 하였으니, 이를 두고 하는 말이다.

詩는 大雅民勞之篇이라 中國은 京師也라 四方은 諸夏也라 引此以明自近及遠也라

楊倞注 : ≪詩經≫은 〈大雅 民勞〉의 편이다. 中國은 도성이다. 四方은 각 지역의 제후국이다. 이것을 인용하여 가까운 데서 시작하여 먼 곳까지 미친다는 것을 밝힌 것이다.

14-12 **川淵者**는 **龍魚之居也**요 **山林者**는 **鳥獸之居也**요 **國家者**는 **士民之居也**라 **川淵枯**면 **則龍魚去之**하고 **山林(險)〔儉〕**[11]이면 **則鳥獸去之**하고

강과 호수는 용과 물고기가 사는 곳이고, 산림은 鳥獸가 서식하는 곳이고, 국가는 민중이 거주하는 곳이다. 강과 호수가 마르면 용과 물고기가 떠나고, 산림이 빈약하면 조수가 떠나고,

○ 郝懿行曰 險은 當爲儉이니 儉與險은 古通用이라 儉은 如山之童이어나 林木之濯濯이 皆是라 王念孫曰 險은 乃儉借字①라 山林儉則鳥獸無所依而去之는 猶川淵枯而龍魚去之也니 此與上文山林茂로 正相反이라

① 否象傳에 君子以儉德辟難의 虞注에 儉은 或作險이라하고 大戴記文王官人篇에 多稽而儉貌가 逸周書에 儉作險이라 襄二十九年左傳에 險而易(이)行이 杜注에 險은 當爲儉이라하니라

≪周易≫ 否卦 〈象傳〉에 "君子以儉德辟難(군자는 이것을 보고 근검절약하는 미덕을 견지하여 재난을 피해야 한다.)"라고 한 곳의 虞翻 注에 "儉은 간혹 '險'으로 되어 있기도 한다."라 하고, ≪大戴禮記≫ 〈文王官人篇〉에 "多稽而儉貌(고려하는 일이 많고 용모가 겸손하다.)"라고 한 것이 ≪逸周書≫에는 '儉'이 '險'으로 되어 있다. ≪春秋左氏傳≫ 襄公 29년에 "險而易行(박자가 빠르지만 노래하기는 쉽다.)"라고 한 곳의 杜預 注에 "險은 마땅히 '儉'으로 되어야 한다."라고 하였다.

○ 郝懿行 : 險은 마땅히 '儉'으로 되어야 하니, '儉'과 '險'은 옛날에 통용하였다. 儉은 산이 벌거숭이가 되었거나 숲과 나무가 말끔하게 없어진 것과 같은 것이 모두 이 뜻이다.

王念孫 : '險'은 곧 '儉'의 假借字이다. 산림이 빈약하면 조수가 의지할 곳이 없어 떠나는 것은 강과 호수가 마르면 용과 물고기가 떠나는 것과 같으니, 이는 윗글의 '山林茂(산림이 무성하다.)'와 정확히 상반된다.

14-13 **國家失政**이면 **則士民去之**라 **無土**면 **則人不安居**하고 **無人**이면 **則土不守**하고

---

11) (險)〔儉〕 : 저본에는 '險'으로 되어 있으나, 郝懿行의 주에 의거하여 '儉'으로 바로잡았다.

無道法이면 **則人不至**하고 **無君子**면 **則道不擧**라 **故土之與人也**와 **道之與法也者**는 **國家之本作也**요

국가의 정치가 잘못되면 민중이 떠난다. 국토가 없다면 백성들이 편안히 거주하지 못하고, 백성이 없다면 국토를 지켜내지 못하고, 道義와 법도가 없다면 백성들이 모여들지 않고, 군자가 없다면 도의가 행해지지 않는다. 그러므로 국토와 백성, 도의와 법도는 국가의 근본이고

本作은 猶本務也라 ○ 王念孫曰 楊未解作字之義라 國家之本作과 道法之總要는 相對爲文이라 作者는 始也라 始도 亦本也며 總도 亦要也라 上文云 無土면 則人不安居하고 無人이면 則土不守하고 無道法이면 則人不至라 故此四者는 爲國家之本始也라 魯頌駉篇傳曰 作은 始也①라하고 皐陶謨의 烝民乃粒하여 萬邦作乂는 作與乃相對爲文하니 言烝民乃粒하여 萬邦始乂也라 禹貢의 萊夷作牧은 言萊夷水退하여 始放牧也라 沱潛旣道에 雲夢土[12]作乂는 作與旣相對爲文하니 言沱潛之水旣道에 雲夢之土始乂也②라

① **廣雅同**이라
≪廣雅≫도 같다.

② **竝見經義述聞**이라
모두 ≪經義述聞≫에 보인다.

楊倞注：本作은 '本務'와 같다.

○ 王念孫：楊氏는 '作'자의 뜻을 이해하지 못했다. '國家之本作'과 〈아래의〉 '道法之總要'는 서로 대를 맞춰 글이 된 것이다. '作'은 '始'이다. 始도 '本'이며, 總도 '要'이다. 윗글에 "국토가 없다면 백성들이 편안히 거주하지 못하고, 백성이 없다면 국토를 지켜내지 못하고, 도의와 법도가 없다면 백성들이 모여들지 않는다."라고 하였기 때문에 이들 네 가지는 국가의 근본이 되는 것이다. ≪詩經≫ 〈魯頌 駉篇〉의 〈毛傳〉에 "作은 '始'이다."라 하고, ≪書經≫ 〈皐陶謨〉의 '烝民乃粒 萬邦作乂'는 '作'과 '乃'가 서로 대를 맞춰 글이 되었으니, 이는 백성들이 쌀밥을 먹게 되어 각 제후국이 비로소 다스려진〔烝民乃粒 萬邦始乂〕

12) 雲夢土：지금 판본의 ≪書經≫에는 '雲土夢'으로 되어 있다. 이에 대해 ≪經義述聞≫의 주에 "지금 판본에는 '雲土夢'으로 되어 있으니, 곧 宋 太宗이 고친 것이다. 이에 대한 설명이 段若膺(段玉裁)의 ≪古文尙書撰異≫에 보인다."고 하였다.

것을 말한다. ≪書經≫〈禹貢〉의 '萊夷作牧'은 萊夷 지방에 홍수가 빠져나가 비로소 가축을 놓아 기르게 된〔萊夷水退 始放牧〕 것을 말하고, '沱潛旣道 雲夢土作乂'는 '作'과 '旣'가 서로 대를 맞춰 글이 되었으니 沱水와 潛水의 물길이 이미 소통되자 雲夢의 땅이 비로소 다스려진〔沱潛之水旣道 雲夢之土始乂〕 것을 말한다.

14-14 **君子也者**는 **道法之摠要也**니 **不可少頃曠也**라 **得之**[13]**則治**하고 **失之則亂**하며 **得之則安**하고 **失之則危**하며 **得之則存**하고 **失之則亡**이라 **故有良法而亂者**는 **有之矣**어니와 **有君子而亂者**는 **自古及今**히 **未嘗聞也**라 **傳曰 治生乎君子**하고 **亂生乎小人**이라하니 **此之謂也**라

군자는 도의와 법도의 핵심이니, 잠시라도 군자를 빼놓을 수 없다. 그를 얻으면 국가가 다스려지고 그를 잃으면 국가가 혼란해지며, 그를 얻으면 국가가 안정되고 그를 잃으면 국가가 위험해지며, 그를 얻으면 국가가 보존되고 그를 잃으면 국가가 멸망하는 것이다. 그러므로 좋은 법이 있더라도 국가가 혼란한 경우는 있으나, 군자가 있어서 국가가 혼란한 경우는 예로부터 이제까지 들어본 적이 없다. 옛 글에 "治世는 군자로부터 생기고 亂世는 소인으로부터 생긴다."라고 하였으니, 이를 두고 하는 말이다.

○ **盧文弨曰 前王制篇亦有此數語**[14]하니 **或是脫簡於彼**라

○ 盧文弨 : 앞서 〈王制篇〉에도 이 몇 구절이 있으니, 혹시 그쪽에서 竹簡이 떨어져 들어오지 않았는가 싶다.

14-15 **得衆動天**하고

民心을 얻는다면 하늘을 감동시키고,

得衆則可以動天이니 **言人之所欲**을 **天必從之**라

楊倞注 : 민심을 얻으면 하늘을 감동시킬 수 있다는 것이니, 사람들이 원하는 것을 하

---

13) 之 : 군자를 가리킨다. 아래의 경우도 같다.

14) 此數語 : 〈王制篇〉에 '故有良法而亂者'부터 '此之謂也'까지 그대로 반복해서 나온다.

늘이 반드시 따른다는 것을 말한다.

14-16 美意延年하고

마음이 즐거우면 壽命을 연장하고,

美意는 樂意也라 無憂患則延年也라

楊倞注：美意는 즐거운 마음이다. 근심·걱정이 없으면 수명을 연장한다.

14-17 誠信如神하고

마음이 진실하면 神明과 다름없고,

誠信則如神明이니 言物不能欺也라

楊倞注：마음이 진실하면 神明처럼 된다는 것이니, 外物이 그를 속이지 못하는 것을 말한다.

14-18 夸誕逐魂이라

교만하고 속이면 정신을 내쫓는다.

逐魂은 逐去其精魂이니 猶喪精也라 矜夸妄誕하여 作僞心勞라 故喪其精魂이라 此四者는 皆言善惡之應也라 ○ 郝懿行曰 按四句一韻으로 文如箴銘하고 而與上下頗不相蒙하니 疑或它篇之誤脫이라 魂者는 神也라 夸는 奢요 誕은 謾이라 所謂逐物意移하고 心動神疲[15]者也라 先謙案 郝說是라 今別爲一條라

楊倞注：逐魂은 그 정신을 쫓아버린다는 뜻이니, 정신을 잃는 것과 같다. 교만하고 허황되어 거짓을 자행하고 마음이 수고롭기 때문에 그 정신을 잃어버린다. 이상 네 가지는 모두 善과 惡에 대한 결과를 말한 것이다.

○ 郝懿行：살펴보건대, 네 구가 한 聲韻으로 글 구성이 箴·銘과 같고 위아래 글과 매우 서로 관련되지 않으니, 혹시 다른 편의 글이 실수로 탈락되어 〈이곳으로 들어온 것은 아닌지〉 의심된다. 魂이란 정신이다. 夸는 '奢(교만하다)'의 뜻이고, 誕은 '謾(속이다)'의

15) 逐物意移 心動神疲：周興嗣의 ≪千字文≫ 내용이다.

뜻이다. 이른바 '물욕을 추구하면 심지가 바뀌고 마음이 흔들리면 정신이 피곤하다.'는 경우이다.

先謙案 : 郝氏의 설이 옳다. 여기서는 〈다음 글을〉 따로 한 문단으로 만들었다.

14-19 人主之患은 不在乎不言用賢이요 而在乎〔不〕[16]誠必用賢이니라

군주의 병폐는 賢者를 임용하는 일을 말하지 않는 데 있지 않고 충심으로 과감하게 賢者를 임용하지 않는 데에 있다.

○ 盧文弨曰 此句有誤하니 當作而在乎不誠用賢이라 王念孫曰 案當作而在乎不誠必用賢이니 言用賢之不誠不必也라 管子九守篇曰 用賞者貴誠하며 用刑者貴必이라하고 呂氏春秋論威篇曰 又況乎萬乘之國而有所誠必乎아하고 賈子道術篇曰 伏義誠必謂之節이라하고 淮南兵略篇曰 將不誠必이면 則卒不勇敢이라하고 枚乘七發曰 誠必不悔하고 決絶以諾이라하여 皆以誠必連文하니 則必字不可刪이라 先謙案 群書治要에 作不在乎不言이요 而在乎不誠이라 治要引書는 多節刪而不增字어늘 其引此文은 誠有不字하니 此脫不字之明證이라

○ 盧文弨 : 이 문구는 오류가 있으니, 마땅히 '而在乎不誠用賢'으로 되어야 한다.

王念孫 : 살펴보건대, 마땅히 '而在乎不誠必用賢'으로 되어야 하니, 賢人을 임용하는 것이 충실하지도 않고 과감하지도 않다는 것을 말한다. ≪管子≫ 〈九守篇〉에 "用賞者貴誠 用刑者貴必(포상을 행하는 것은 충실한 마음가짐을 귀하게 여기며 형벌을 가하는 것은 결단을 귀하게 여긴다.)"이라 하고, ≪呂氏春秋≫ 〈論威篇〉에 "又況乎萬乘之國而有所誠必乎(또 더구나 전차 만 대를 소유한 대국으로서 충실한 마음가짐과 과감한 용기로 목적을 이루려 하는 경우이랴.)"라 하고, ≪賈子(新書)≫ 〈道術篇〉에 "伏義誠必謂之節(도의를 지녀 충실하고 과감한 것을 절개라 이른다.)"이라 하고, ≪淮南子≫ 〈兵略篇〉에 "將不誠必 則卒不勇敢(장수가 충실하고 과감하지 않으면 병사가 용감하지 않다.)"이라 하고, 枚乘의 〈七發〉에 "誠必不悔 決絶以諾(충실하고 과감하여 후회하지 않고 이미 허락한 것은 단호하게 실천한다.)"이라 하여 모두 '誠必'을 붙여 글이 되었으니, '必'자를 삭제하면 안 된다.

先謙案 : ≪群書治要≫에 '不在乎不言 而在乎不誠'으로 되어 있다. ≪群書治要≫에서 글을 인용할 때는 일반적으로 삭제하고 글자를 더 추가하지 않았는데, 이 글을 인용한 곳에서는 '誠' 위에 '不'자가 있으니, 이는 '不'자가 빠졌다는 분명한 증거이다.

---

16) 〔不〕 : 저본에는 '不'이 없으나, 王念孫과 王先謙의 주에 의거하여 보충하였다.

14-20 夫言用賢者口也요 卻賢者行也니

賢者를 임용하겠다고 말하는 것은 입으로만 할 뿐이고 賢者를 거부하는 것은 행동으로 하니,

無善行이면 則賢不至也라

楊倞注 : 훌륭한 행동이 없다면 賢人은 찾아오지 않는다.

14-21 口行相反而欲賢者之至하고 不肖者之退也는 不亦難乎아 夫耀蟬者는 務在明其火하고 振其樹而已니

말과 행동이 상반되면서 賢者가 찾아오고 불초한 자가 물러나기를 바란다는 것은 또한 어렵지 않겠는가. 불을 비춰 매미를 잡는 사람은 그 불을 환히 밝히고 그 나무를 흔드는 데에 힘써야 하니,

○ 郝懿行曰 耀는 俗燿字라 燿者는 照也라 燿蟬者는 火必明而後蟬投焉하니 蟬以陽明爲趨也라 照蟹者는 火必闇而後蟹赴焉하니 蟹以陰闇爲居也라 二者는 君子小人之分途也라 故明主求賢如燿蟬하고 闇主蒐慝如照蟹라

○ 郝懿行 : 耀는 속자로 '燿'자이다. 燿는 불빛을 비춘다는 뜻이다. 불을 비춰 매미를 잡는 사람이 〈알아야 할 것은〉 불빛이 반드시 밝은 뒤에 매미가 나무로 날아든다는 점이니 매미는 陽의 밝은 빛을 지향하기 때문이다. 불을 비춰 게를 잡는 사람이 〈알아야 할 것은〉 불빛이 반드시 어두운 뒤에 게가 달려든다는 점이니 게는 陰의 어두운 빛을 보금자리로 삼기 때문이다. 이 두 가지는 군자와 소인의 갈림길이다. 그러므로 현명한 군주는 賢人 구하기를 밝은 불빛을 비춰 매미를 잡듯이 하고, 어리석은 군주는 간사한 사람 모으기를 불을 비춰 게를 잡듯이 하는 것이다.

14-22 火不明이면 雖振其樹라도 無益也리라

불이 밝지 않다면 비록 그 나무를 흔들더라도 아무런 소득이 없을 것이다.

南方人照蟬하여 取而食之라 禮記에 有蜩范하니 是也라

楊倞注 : 남쪽 지방 사람들은 불을 비춰 매미를 잡아 그것을 취해 먹는다. ≪禮記≫

〈內則〉에 〈소개된 식품 중에〉 매미와 벌도 있으니, 바로 〈먹기 위해 잡는〉 것이다.

14-23 **今人主有能明其德〔者〕**[17)]면 **則天下歸之 若蟬之歸明火也**리라

지금 군주 가운데 능히 자기의 美德을 드러내 밝힌 사람이 있다면 천하 사람이 그에게 돌아오는 것이 마치 매미가 밝은 등불을 보고 돌아오는 것과 같을 것이다.

14-24 **臨事接民**에 **而以義變應**하고 **寬裕而多容**하며 **恭敬以先之**니 **政之始也**라

정사에 임하고 민중을 접촉할 때 도의에 따라 각종 변수에 대응하고 너그러운 마음으로 많이 포용하며, 공경하는 태도로 그들을 인도하여야 하니, 이것이 정치의 첫 단계이다.

多容은 **廣納也**라

楊倞注 : 多容은 널리 받아들인다는 뜻이다.

14-25 **然後中和**[18)]**察斷以輔之**니 **政之隆也**라

그런 다음 관대함과 엄격함이 중도를 얻고 정사를 분명하게 결단함으로써 그들을 보조하여야 하니, 이것이 정치의 중간 단계이다.

政之崇高는 **在輔以中和察斷**이라 **斷**은 **丁亂反**이라 ○ **王念孫曰 政之隆**은 **謂政之中也**라 **孝經曰 夫孝**는 **始於事親**하고 **中於事君**하고 **終於立身**이라하니라 **彼以中對始終**하고 **此以隆對始終**하니 **是隆卽中也**라 **楊以隆爲崇高**하니 **失之**라 **又正論篇**에 **凡議**는 **必將立隆正然後可也**니 **無隆正**이면 **則是非不分而辯訟不決**이라하니 **隆正**은 **謂中正也**[①]라 **下文天下之大隆**도 **亦謂大中也**라 **楊以隆爲崇高**하니 **亦失之**라

① **王霸篇曰 君臣上下**와 **貴賤長幼**로 **至于庶人**히 **莫不以是爲隆正**이라하니라
〈王霸篇〉에 "군신상하와 존귀하고 미천한 자, 어른과 어린 자들부터 일반 백성에 이

17) 〔者〕 : 저본에는 '者'가 없으나, ≪呂氏春秋≫ 〈期賢〉에 의거하여 보충하였다.

18) 中和 : 〈王制篇〉에 "中和者 聽之繩也(中和란 정무를 처리하는 규범이 된다.)"라고 한 곳의 楊倞 주에 "中和 謂寬猛得中也(中和는 관대함과 엄격함이 중도를 얻는 것을 이른다.)"라고 한 것에 따라 번역하였다.

르기까지 모두 이 예법을 中正〔隆正〕으로 삼지 않는 일이 없다."라고 하였다.

楊倞注 : 정치로서 숭고한 것은 관대함과 엄격함이 중도를 얻고 정사를 분명하게 결단하는 것으로 돕는 데에 달려 있다. 斷은 〈음이〉 丁과 亂의 반절이다.

○ 王念孫 : 政之隆은 政之中(정치의 중간 단계)을 이른다. ≪孝經≫에 "夫孝 始於事親 中於事君 終於立身(대체로 효도란 어버이를 섬기는 데서 시작되고 군주를 섬기는 것이 중간 단계이고 온전한 사람이 되는 데서 마무리된다.)"이라 하였다. 그쪽에서는 '中'으로 '始'·'終'과 대를 맞췄고 여기서는 '隆'으로 '始'·'終'과 대를 맞췄으니, 이 '隆'은 곧 '中'이다. 楊氏는 隆을 숭고의 뜻으로 풀이하였으니, 잘못되었다. 또 〈正論篇〉에 "凡議 必將立隆正然後可也 無隆正 則是非不分而辯訟不決(대체로 논변이란 반드시 中正한 준칙을 세워야 하니, 中正한 준칙이 없다면 시비가 구분되지 않아 다투어 변론하는 것도 해결될 수 없을 것이다.)"이라 하였으니, 隆正은 中正을 이른다. 아래(18-173) 글 '天下之大隆' 또한 大中을 말하는데, 〈거기서도〉 楊氏는 隆을 숭고의 뜻으로 풀이하였으니, 이 또한 잘못되었다.

14-26 然後進退誅賞之니 政之終也라 故一年與[19]之始하고 三年與之終이라

그런 다음 〈賢人을〉 진출시키고 〈간사한 자를〉 물리치며 〈죄가 있는 자를〉 징벌하고 〈공이 있는 자를〉 포상하여야 하니, 이것이 정치의 마지막 단계이다. 대체로 첫해에는 그것으로 시작하고 삼 년이 지난 뒤에야 그것으로 마무리를 하여야 한다.

夫不教而殺을 謂之虐[20]이라 故爲政之始에 寬裕多容하고 三年政成이면 然後進退誅賞也라

楊倞注 : 대체로 가르치지 않고 죽이는 것을 학정이라 이른다. 그러므로 정치를 행하는 처음에는 너그러운 마음으로 많이 포용하고 삼 년이 지나 정치가 잘 이루어지면 그 다음에 사람을 진출시키거나 물리치며 처벌과 포상을 행하는 것이다.

14-27 用其終爲始면 則政令不行하고 而上下怨疾하리니 亂所以自作也라

만약 마지막 단계를 첫 단계로 삼아 사용한다면 정책과 법령이 실행될 수 없

19) 與 : '以'자와 통용한다. 다음 구의 경우도 같다.

20) 不教而殺 謂之虐 : ≪論語≫ 〈堯曰〉에 보인다.

고 위아래 사람들이 원망하고 증오할 것이니, 혼란이 이로 인해 저절로 생기는 것이다.

先賞罰하고 後德化면 則亂이라

楊倞注 : 포상과 처벌을 우선으로 하고 덕으로 교화하는 것을 뒤로 하면 어지러워진다.

14-28 書曰 義刑義殺이라도 勿庸以卽이라 女惟曰 未有順事[21]하라하니 言先敎也라

≪書經≫에 "정당한 처벌과 정당한 사형이라도 즉시 집행해서는 안 된다. 그대는 오직 '나는 아직도 정사를 순리대로 하지 못하고 있다.'고 말해야 한다."라고 하였으니, 이것은 먼저 가르치는 일부터 해야 한다는 것을 말한다.

書는 康誥라 言雖義刑義殺이라도 亦勿用卽行之하고 當先敎後刑也라 雖先後不失이라도 尙謙曰 我未有順事라 故使民犯法이로다하여 躬自厚하고 而薄責於人[22]也라

楊倞注 : ≪書經≫은 〈康誥〉이다. 비록 정당한 처벌과 정당한 사형이라 하더라도 즉시 집행하지 말고 마땅히 먼저 가르친 다음에 처벌해야 한다는 것을 말한다. 〈더 나아가〉 선후의 순서는 비록 잘못되지 않았더라도 오히려 겸손한 마음으로 "내가 아직 정사를 순리대로 하지 못하므로 백성들로 하여금 법을 범하게 하였다."라고 하여, 자기를 많이 책망하고 다른 사람에 대해서는 적게 책망해야 한다는 것이다.

14-29 程者는 物之準也요

도량형이란 물품을 헤아리는 기준이고

程者는 度量之摠名也라

楊倞注 : 程이란 度量의 포괄적인 명칭이다.

---

21) 書曰……未有順事 : 지금 판본의 ≪書經≫에는 "用其義刑義殺 勿庸以次汝封 乃汝盡遜 曰時敍 惟曰 未有遜事"로 되어 있다.

22) 躬自厚 而薄責於人 : ≪論語≫ 〈衛靈公〉에 나오는 말이다.

14-30 **禮者**는 **節之準也**라

예법이란 君臣 등의 차등을 정하는 표준이다.

節은 謂君臣之差等也라

楊倞注 : 節은 君臣의 차등을 이른다.

14-31 **程以立數**하고 **禮以定倫**하며

도량형으로는 물품의 수량을 확정하고 예법으로는 인륜의 질서를 확정하며,

言有程則可以立一二之數하고 有禮則可以定君臣父子之倫也라

楊倞注 : 도량형이 있으면 하나, 둘 등 숫자의 기준을 세울 수 있고, 예법이 있으면 君臣, 父子 등 인륜을 정할 수 있다는 것을 말한다.

14-32 **德以敘位**하고 **能以授官**이라

덕에 따라 직위를 배열하고 능력에 따라 관직을 부여하여야 한다.

度(탁)其德以序上下之位하고 考其能以授所任之官이니 若夔典樂하고 伯夷典禮[23]之比也라

后夔典樂圖

伯夷典禮圖

楊倞注：그 덕을 헤아려 상하의 직위를 배열하고 그 능력을 살펴 담당할 관직을 주는 것이니, 이를테면 夔는 음악을 맡고 伯夷는 禮를 맡은 경우와 같다.

14-33 凡節奏欲陵이나 而生民欲寬이니

대체로 禮義의 제도는 엄밀해야 하지만 백성을 보살피는 데에는 관대해야 하니,

節奏는 謂禮節奏라 陵은 峻也니 侵陵도 亦嚴峻之義라 生民은 謂以德教生養民也라 言人君自守禮之節奏는 則欲嚴峻不弛慢이요 養民은 則欲寬容不迫切之也라 ○ 王念孫曰 楊說陵字之義와 及下節奏陵而文注는 皆非是라 節奏欲陵 而生民欲寬者의 陵은 謂嚴密也라 故與寬相反이라 富國篇曰 其於貨財取與計數也엔 寬饒簡易(이)하되 其於禮義節奏也엔 陵謹盡察이라하니 陵謹與寬饒도 亦相反이라 節奏陵謹은 即此所云節奏欲陵也①라

① 楊訓陵爲侵陵하여 誤與此注同이라

楊氏는 〈〈富國篇〉에서도〉 陵의 뜻을 '侵陵'이라고 풀이하여 그 오류가 여기 注와

---

23) 夔典樂 伯夷典禮：夔와 伯夷는 堯와 舜의 신하이며, 이들이 음악과 禮를 맡았다는 말은 ≪書經≫ 〈虞書 舜典〉에 보인다.

같다.

楊倞注 : 節奏는 禮義의 제도를 이른다. 陵은 곧 '峻(엄하다)'이니, '侵陵' 또한 '嚴峻(준엄하다)'의 뜻이다. 生民은 덕으로 교화하는 방법을 가지고 백성을 보살피는 것을 이른다. 군주가 스스로 禮義의 제도를 지키는 일은 준엄하여 해이하지 않도록 힘써야 하고 백성을 보살피는 일은 관대하게 포용하여 박절하지 않도록 해야 한다는 것을 말한다.

○ 王念孫 : 楊氏가 '陵'자의 뜻을 설명한 것과 아래에 보이는 '節奏陵而文'의 注는 모두 옳지 않다. '節奏欲陵 而生民欲寬'이라 한 곳의 '陵'은 엄밀하다는 뜻을 이른 것이므로 '寬'과 상반된다. 〈富國篇〉에 "其於貨財取與計數也 寬饒簡易 其於禮義節奏也 陵謹盡察(그들이 재화의 수입 지출에 대한 계산에는 관대하여 데면데면하면서도 禮義의 제도에 대해서는 엄밀하고 근엄하여 빠짐없이 살핀다.)"이라 하였으니, '陵謹'과 '寬饒' 또한 상반된다. 그 '節奏陵謹'은 곧 이곳의 이른바 '節奏欲陵'이다.

14-34 節奏陵而文하고 生民寬而安이라

禮義의 제도가 엄밀하면 삶의 양상이 발전되고 백성을 보살피는 것이 관대하면 백성들이 안락하게 된다.

節奏雖峻이나 亦有文飾하여 不至於刻急이라 ○ 郝懿行曰 陵者는 丘陵이니 喻高峻也라 節奏는 以禮言하니 欲其高峻防踰越也요 生民은 以田畜言하니 欲其寬饒不陜隘也라 節奏陵而文은 敦禮讓也요 生民寬而安은 樂太平也라 王念孫曰 而는 猶則也①니 言節奏陵則文하고 生民寬則安也라 節奏密則成文章이라 樂記曰 節奏合以成文이라하니 是也라 陵字는 或作淩하니 管子中匡篇曰 有司寬而不淩이라하니라

① 孟子公孫丑篇의 可以仕則仕하며 可以止則止하며 可以久則久하며 可以速則速이 萬章篇에 作可以速而速하며 可以久而久하며 可以處而處하며 可以仕而仕라하니라
≪孟子≫ 〈公孫丑篇〉의 "可以仕則仕 可以止則止 可以久則久 可以速則速(벼슬을 할 만하면 벼슬하며, 벼슬을 그만둘 만하면 벼슬을 그만두며, 오래 거주할 만하면 오래 거주하며, 빨리 떠날 만하면 빨리 떠난다.)"이 ≪孟子≫ 〈萬章篇〉에는 "可以速而速 可以久而久 可以處而處 可以仕而仕"로 되어 있다.

楊倞注 : 禮義의 제도가 비록 엄준하더라도 꾸미는 것이 있으므로 너무 가혹한 정도까지는 이르지 않는다.

○ 郝懿行 : 陵은 丘陵(언덕)이니, 높은 것을 비유한 것이다. 節奏는 禮를 가지고 말한

것이니 그 한계를 높게 하여 넘어가는 것을 막기 위함이고, 生民은 농사를 짓고 가축을 기르는 것을 가지고 말한 것이니 그에 대한 행정을 관대하게 하여 조이지 않게 하기 위해서이다. '節奏陵而文'의 〈文은〉 예절과 겸양하는 풍속을 도탑게 하는 것이고, '生民寬而安'의 〈安은〉 태평한 삶을 즐기는 것이다.

王念孫 : 而는 '則'과 같으니, 禮義의 제도가 엄밀하면 삶의 양상이 발전되고 백성을 보살피는 것이 관대하면 백성들이 안락하게 되는 것을 말한다. 〈음악에서〉 가락이 엄밀하면 문장(악장)을 이룬다. ≪禮記≫ 〈樂記〉에 "節奏合以成文(여러 가락이 어울려 악장을 이룬다.)"이라 하였으니, 〈'節奏陵而文'이〉 이와 같은 형식이다. '陵'자는 간혹 '淩'으로 되어 있기도 하니, ≪管子≫ 〈中匡篇〉에 "有司寬而不淩(관리가 관대하여 엄격하지 않았다.)"이라 하였다.

14-35 **上文下安**은 **功名之極也**니 **不可以加矣**리라

위로는 삶의 양상이 발전되고 아래로는 백성들이 안락한 것은 공적과 명성이 정점에 도달한 것이니, 여기에 더 추가할 것은 없을 것이다.

14-36 **君者**는 **國之隆也**요 **父者**는 **家之隆也**라

군주는 국가에서 가장 존귀한 사람이고, 부친은 가정에서 가장 존귀한 사람이다.

隆은 **猶尊也**라

楊倞注 : 隆은 '尊'과 같다.

14-37 **隆一而治**하고 **二而亂**하니 **自古及今**히 **未有二隆爭重**[24)]**而能長久者**니라

가장 존귀한 사람이 하나가 있으면 안정되고 둘이 있다면 혼란이 생기는 법이니, 옛날부터 지금에 이르기까지 두 사람의 가장 존귀한 사람이 서로 권력을 다투면서 국가가 오랫동안 안정된 경우는 없었다.

---

24) 重 : 중대하다는 뜻으로, 여기서는 권력을 말한다.

14-38 師術有四나 而博習[25)]不與(예)焉이라

스승이 되는 방법에는 네 가지가 있으나 널리 많은 지식을 학습하는 것은 그 안에 포함되지 않는다.

術은 法也라 言有四德이면 則可以爲人師니 師法不在博習也라 與는 音豫라

楊倞注 : 術은 곧 '法'이다. 네 가지 덕을 지니면 남의 스승이 될 수 있으니, 스승이 될 수 있는 방법이 널리 배우는 일에 있지 않다는 것을 말한다. 與는 음이 '豫'이다.

14-39 尊嚴而憚하면 可以爲師요 耆艾而信하면 可以爲師요

몸가짐이 존엄하여 남들이 경외한다면 남의 스승이 될 수 있고, 나이가 많으면서 信義가 있다면 남의 스승이 될 수 있고,

五十曰艾요 六十曰耆[26)]라

楊倞注 : 나이 50세를 '艾'라 하고, 60세를 '耆'라 한다.

14-40 誦說而不陵不犯하면 可以爲師요

經典을 외우고 해설하되 〈그 가르침을〉 무시하지 않고 어기지 않는다면 남의 스승이 될 수 있고,

誦은 謂誦經이요 說은 謂解說이라 謂守其誦說하여 不自陵突觸犯이니 言行其所學이라 ○ 先謙案 不陵不犯은 謂謹守師說者라 下知微而論은 如喪欲速貧하고 死欲速朽를 有若以爲非夫子之言이 是也[27)]라

25) 博習 : 博學과 같은 것으로, 널리 배운다는 뜻이다.

26) 五十曰艾 六十曰耆 : ≪禮記≫ 〈曲禮 上〉에 나오는 말이다.

27) 知微而論……是也 : 有若은 孔子의 제자이고 夫子는 공자를 가리킨다. 春秋 宋 景公 때 司馬로 있으면서 권력을 행사하던 桓魋가 자기가 죽은 뒤에 들어갈 石棺을 화려하게 만드느라 3년이 지나도 완성되지 않자, 이를 못마땅하게 여긴 공자가 "죽은 뒤에는 빨리 썩는 것이 좋다.〔死欲速朽〕"라고 지적하였고, 魯나라 南宮敬叔이 관직을 잃은 뒤에 수레에 보물을 가득 싣고 군주를 찾아다니면서 뇌물을 주며 관직을 얻으려고 시도하였는데, 이에 대해 공자가 "관직을 잃은 뒤에는 빨리 가난해지는 것이 좋다.〔喪欲速貧〕"라고 지적하였다. 공자의 이 두 말

楊倞注：誦은 經典을 외우는 것을 이르고, 說은 해설하는 것을 이른다. 그것을 외우고 해설하는 태도를 지켜 스스로 모욕하거나 침범하지 않는 것을 이르니, 그가 배운 그대로 행하는 것을 말한다.

○ 先謙案：不陵不犯은 스승의 학설을 잘 지키는 것을 이른다. 아래의 '知微而論(정밀한 이치를 알아 그 뜻을 설명한다.)'은 '관직을 잃은 뒤에는 빨리 가난해지는 것이 좋고 죽은 뒤에는 빨리 썩는 것이 좋다.〔喪欲速貧 死欲速朽〕'는 말을 有若이 그것은 夫子의 말씀이 아니라고 말한 것과 같은 경우가 그것이다.

14-41 知微而論하면 可以爲師라

정밀한 이치를 알아 그 뜻을 설명한다면 남의 스승이 될 수 있다.

知精微之理하여 而能講論이라 論은 盧困反이라 ○ 郝懿行曰 論與倫은 古字通이라 言知極精微하여 而皆中倫理也라 注非라

楊倞注：정밀한 이치를 알아 능히 강론한다는 뜻이다. 論은 〈그 음이〉 盧와 困의 반절이다.

○ 郝懿行：'論'과 '倫'은 옛 글자에 통용하였다. 정밀한 이치를 깊이 알아 모두 조리에 들어맞는 것을 말한다. 〈楊氏의〉 注는 틀렸다.

14-42 故師術有四나 而博習不與焉이라 水深而回하고

그러므로 스승이 되는 방법에는 네 가지가 있으나 널리 많은 지식을 학습하는 것은 그 안에 포함되지 않는 것이다. 물이 깊으면 돌면서 흐르고

回는 流旋也라 水深不湍峻하면 則多旋流也라

楊倞注：回는 물이 돌면서 흐른다는 뜻이다. 물이 깊어 빨리 흐르지 않으면 돌면서 흐르는 경우가 많다.

14-43 樹落則糞本하고

씀에 대해 曾子는 공자의 일반론으로 알았으나 有若은 이는 공자의 일반론이 아니고 비정상적인 경우를 꼬집어 지적한 말씀이라고 간파하였다. '知微而論(정밀한 이치를 알아 그 뜻을 설명한다.)'은 有若의 그와 같은 경우가 해당된다고 하는 말이다.(≪禮記≫ 〈檀弓 上〉)

나뭇잎이 떨어지면 뿌리에 거름이 되고

謂木葉落하여 糞其根也라 ○ 謝本從盧校하여 作水深則回하고 樹落糞本이라 盧文弨曰 宋本에 作水深而回하고 樹落則糞本이나 今從元刻이라 郝懿行曰 回는 旋流也라 糞은 壅根也라 二句는 喩弟子於師에 不忘水源木本之意라 兪樾曰 樹落下當有則字라 此以上二句로 喩下一句하니 若無則字면 句法不一律矣라 盧從元刻이나 其實宋本是也라 古書에 每以而則互用이라 孟子告子篇의 人有雞犬放則知求之로되 有放心而不知求와 墨子明鬼篇의 非父則母요 非兄而姒와 史記欒布傳의 與楚則漢破하고 與漢而楚破 皆其證也라 宋本에 上句[28]用而字하고 下二句[29]用則字하니 必荀子之原文이라 先謙案 兪說是하니 今從宋本이라

楊倞注 : 나뭇잎이 떨어져 그 뿌리에 거름이 되는 것을 이른다.

○ 謝本은 盧校本에 따라 '水深則回 樹落糞本'으로 되어 있다.

盧文弨 : 宋本에는 '水深而回 樹落則糞本'으로 되어 있으나, 여기서는 元刻本을 따랐다.

郝懿行 : 回는 물이 돌면서 흐른다는 뜻이다. 糞은 뿌리를 북돋는다는 뜻이다. 이 두 구는 제자가 스승과의 관계에 대해 물이 근원을 잊지 않고 나무가 뿌리를 잊지 않는다는 뜻으로 비유한 것이다.

兪樾 : '樹落' 밑에 마땅히 '則'자가 있어야 한다. 여기서는 위의 두 구로 아래의 한 구를 비유한 것이니, 만약 '則'자가 없다면 句法이 같은 형식이 되지 않는다. 盧氏가 元刻本을 따랐으나 사실은 宋本이 옳다. 옛 문헌에는 늘 '而'와 '則'을 통용하였다. ≪孟子≫ 〈告子篇〉의 "人有雞犬放則知求之 有放心而不知求(사람들이 자기 집에 기르던 닭이나 개가 도망가면 그것을 찾을 줄을 알면서도 선한 본심이 도망가면 찾을 줄을 모른다.)"와, ≪墨子≫ 〈明鬼篇〉의 "非父則母 非兄而姒(아비가 아니면 어미이고 형이 아니면 형수이다.)"와, ≪史記≫ 〈欒布傳〉의 "與楚則漢破 與漢而楚破(楚를 도우면 漢이 패배하고 漢을 도우면 楚가 패배한다.)"가 모두 그 증거이다. 宋本에는 위의 구에 '而'자를 쓰고 아래의 두 구에 '則'자를 썼으니, 이는 분명 ≪荀子≫의 원문일 것이다.

先謙案 : 兪氏의 설이 옳으니, 여기서는 宋本을 따랐다.

14-44 弟子通利則思師라

28) 上句 : '水深而回'를 가리킨다.

29) 下二句 : '樹落則糞本'과 '弟子通利則思師'를 가리킨다.

제자가 현달하여 생활이 순탄하면 스승을 생각하게 된다.

思其厚於己也라

楊倞注 : 〈스승이〉 자기에게 은덕을 크게 끼쳐준 것을 생각한다는 것이다.

14-45 詩曰 無言不讎하고 無德不報라하니 此之謂也니라

≪詩經≫ 〈大雅 抑〉에 "좋은 말엔 반응이 없을 수 없고 베푼 은덕 보답이 없을 수 없네."라고 하였으니, 이를 두고 하는 말이다.

此言爲善則物必報之也라

楊倞注 : 이 시는 선을 행하면 남들이 반드시 보답한다는 것을 말한다.

14-46 賞不欲僭하고 刑不欲濫이라 賞僭則利及小人하고 刑濫則害及君子라 若不幸而過면 寧僭無濫이니 與其害善으론 不若利淫이니라

포상은 분수를 벗어나면 안 되고 형벌도 남용하면 안 된다. 포상이 분수를 벗어나면 이익이 小人에게까지 미치고 형벌을 남용하면 피해가 君子에게까지 미친다. 만약 불행히도 그 처리가 지나칠 수밖에 없다면 차라리 포상이 분수를 벗어날지언정 형벌을 남용하지 말아야 하니, 선량한 사람을 해치는 것보다는 사악한 사람이 이익을 얻는 편이 낫다.

○ 盧文弨曰 此數語全本左傳[30]이라 考荀卿은 以左氏春秋로 授張蒼하고 蒼授賈誼하니 荀子固傳左氏者之祖師也라

○ 盧文弨 : 이 몇 마디 말은 온전히 ≪春秋左氏傳≫에 근본을 두었다. 살펴보건대, 荀卿은 ≪春秋左氏傳≫을 張蒼에게 전수하고 張蒼은 賈誼에게 전수하였으니, 荀子는 실로 ≪春秋左氏傳≫을 전수한 시조이자 스승이다.

30) 此數語全本左傳 : ≪春秋左氏傳≫ 襄公 26년에는 "賞不僭而刑不濫 賞僭則懼及淫人 刑濫則懼及善人 若不幸而過 寧僭無濫 與其失善 寧其利淫"으로 되어 있다.

議兵篇 第十五 제15편 用兵術에 관한 토론

用兵術에 관해 荀子의 사상이 구체적으로 드러났다. 전쟁에서 승리하려면 戰略과 戰術로 적을 제압하기에 앞서 민중과 군주가 일치단결하여 三軍이 힘을 합쳐야 한다고 하였다. 그러기 위해서는 군주가 禮法을 숭상하고, 道義를 귀하게 여기고, 현능한 인물을 좋아하고, 백성을 사랑하고, 정책과 법령이 신의가 있고, 상벌을 분명히 하고, 지휘통제권이 한 곳에 있어야 한다는 등 그 해법을 제시하였다. 아울러 장군이 갖춰야 할 여러 가지 원칙도 천명하였다.

그 사상의 핵심은 '仁義'를 중시하여 횡포를 금지하고 위해를 제거하며 덕으로써 다른 나라를 합병하는 방법이라고 주장하였다.

이 편은 대부분 대화체로 되어 있는데, 荀子를 孫卿子로 표기한 점으로 볼 때 그의 문인이 기록한 것으로 추정된다.

15-1 臨武君與孫卿子[1)]議兵於趙孝成王[2)]前이라

臨武君과 孫卿子가 趙 孝成王 앞에서 用兵術에 관해 토론하였다.

臨武君은 **蓋楚將**이니 **未知姓名**이라 **戰國策曰 天下合從**에 **趙使魏加見楚春申君**[3)]

---

1) 孫卿子 : 荀卿子와 같다. 荀을 '孫'이라 한 것은 漢 宣帝의 이름자가 詢이므로, 후대에 황제의 이름자와 음이 같은 것을 피하기 위해 음이 비슷한 글자로 바꾸어 썼다. 卿과 子는 존칭이다.

2) 趙孝成王 : 전국시대 趙나라 군주로, 이름은 丹이다. 재위기간은 B.C. 265~B.C. 245년이다. 즉위 초에 秦나라의 공격을 받아 3개의 성을 빼앗겼고 7년에 秦나라의 이간책에 말려들어 명장 廉頗 대신 趙括을 장수로 임명하여 秦나라 長平과 교전한 끝에 군사 40여만 명을 잃었다. 이때 秦나라 군대가 진격하여 도성 邯鄲을 포위하였는데, 楚나라와 魏나라의 도움으로 포위에서 풀려났다. 15년에 燕나라가 공격해올 때는 廉頗가 장수가 되어 대승을 거두었고 18년에는 秦나라의 공격을 받아 楡次 등 37개의 성을 빼앗겼다. 이렇듯 그가 재위한 21년 동안 큰 전쟁을 많이 겪었으므로 전쟁의 승패에 관해 관심이 많았을 것으로 보인다.

3) 趙使魏加見楚春申君 : 魏加는 趙나라 사람이다. 楚 考烈王 22년(B.C. 241)에 楚나라가 趙·

曰 君有將乎아하니 春申君曰 有矣라 僕欲將臨武君이라하니라 魏加曰 臣少之時好射라 臣願以射譬하니 可乎아하니 春申君曰 可라하니라 魏加曰 異日者에 更嬴(영)[4]與魏王處京臺之下라가 更嬴曰 臣能爲王引弓虛發而下鳥리이다하니라 有間에 鳴雁從東方來어늘 更嬴以虛發而下之라 王曰 射之精이 乃至於此乎아하니 更嬴曰 此孼也니이다하니라 王曰 先生何以知之오하니 對曰 其飛徐者는 其故創痛也요 其鳴悲者는 久失群也라 故創未息而驚心未去하여 聞弦音에도 烈而高飛라 故隕也니이다하니라 今臨武君은 嘗爲秦孼하니 不可以爲距秦之將하리이다하니라 趙孝成王은 晉大夫趙夙之後니 簡子十世孫이라 或曰 劉向敍云 孫卿至趙하여 與孫臏으로 議兵趙孝成王前[5]이라하니 臨武君은 卽孫臏也라하니라 今案史記年表컨대 齊宣王二年에 孫臏爲軍師하니 則敗魏於馬陵至趙孝成王元年은 已七十餘年이라 年代相遠하니 疑臨武君은 非此孫臏也라 ○ 盧文弨曰 案楊氏改書名作荀卿子하되 而此篇正文仍作孫卿子하여 依漢以來相傳之舊也하니 本篇內微子開封於宋注甚明이라 注更嬴은 楚策作更羸(리)라 又其故創痛也는 策無其字하고 此注脫故字하여 今增이라 又故創未息은 作故創痛未息이나 今從策刪痛字라

楊倞注 : 臨武君은 楚나라 장수로 보이는데, 그 성명은 알 수 없다. ≪戰國策≫ 〈楚策〉에 “천하의 제후들이 연합하여 〈秦나라에 대항할 당시에〉 趙나라가 魏加을 파견하여 楚나라 재상 春申君을 만나 물어보게 하였다. ‘당신은 군대를 거느릴 대장을 정했습니까?’ 하니, 春申君이 ‘그렇소, 나는 臨武君을 대장으로 삼으려고 합니다.’ 하였다. 魏加가 ‘신은 어릴 적에 활쏘기를 좋아하였습니다. 그래서 신이 활 쏘는 것을 가지고 이 문제를 비유해볼까 하는데 괜찮겠습니까?’ 하니, 春申君이 ‘좋습니다.’라고 하였다. 魏加가 ‘어느 날 更嬴이 魏나라 왕과 京臺 밑에 서 있다가 〈고개를 들어 날아가는 새를 보았습니다.

魏·韓 등 5개국과 秦나라를 공격할 계획을 세웠는데, 이때 趙 悼襄王이 그를 파견하여 春申君을 만나 楚나라는 대장을 누구로 임명할 것인지에 관해 물어보게 하였다.(≪戰國策≫ 〈楚策4〉)

春申君은 楚나라 재상으로 이름은 黃歇이다. 선비를 좋아하여 문하에 식객이 3천 명이나 되었으며, 齊 孟嘗君·趙 平原君·魏 信陵君과 함께 당대에 비중 있는 명사였다.

4) 更嬴(영) : 魏나라 사람으로, 활을 잘 쏘았다고 한다. 일설에는 甘蠅이라고도 한다.

5) 劉向敍云……議兵趙孝成王前 : 劉向敍는 劉向의 ≪孫卿子≫ 〈後敍〉를 가리킨다. 劉向의 ≪新序≫ 권3에 이 내용이 들어 있는데, 거기에 ‘孫卿 與臨武君 議兵於趙孝成王前(孫卿이 臨武君과 함께 趙 孝成王 앞에서 용병술에 관해 토론하였다.)’으로 되어 있고 ‘孫臏’은 언급하지 않았다. 이로 볼 때 혹자가 인용한 〈後敍〉의 내용은 잘못된 것으로 보인다.

이때〉 更嬴이 魏나라 왕에게 「신이 왕을 위해 활을 빈 시위만 잡아당겨 새를 떨어뜨려보겠습니다.」라고 하였습니다. 조금 뒤에 끼룩끼룩 우는 기러기가 동쪽에서 날아오자, 更嬴이 활을 빈 시위만 잡아당겨 떨어뜨렸습니다. 왕이 「신묘한 활솜씨가 마침내 이 정도까지 도달했단 말이오.」라고 하니, 更嬴이 「이것은 병든 기러기이기 때문입니다.」라고 하였습니다. 왕이 「선생은 어떻게 그것을 알았소?」라고 하니, 대답하기를 「날아가는 모양이 느린 것은 예전에 상처를 입어 아프기 때문이고, 울음소리가 처량한 것은 오래전에 그의 무리를 잃었기 때문입니다. 예전에 입은 상처가 아직 아물지 않은 데에다 놀란 가슴이 진정되지 않아 시위 소리만 듣고도 놀라 솟구쳐 높이 날았기 때문에 〈예전의 상처가 터져〉 땅으로 떨어진 것입니다.」라고 하였습니다. 지금 臨武君도 일찍이 秦나라 군대에 패배하였으니, 秦나라 군대에 대항할 대장으로 삼을 수 없습니다.'라 했다."라고 하였다. 趙 孝成王은 晉나라 大夫 趙夙의 후예니, 簡子의 10대손이다. 혹자는 "劉向의 〈後敍〉에 '孫卿이 趙나라에 이르러 孫臏과 趙 孝成王 앞에서 용병술에 관해 토론하였다.'라 하였으니, 臨武君은 곧 孫臏이다."라고 하였다. 지금 ≪史記≫ 〈年表〉를 살펴보건대, 齊 宣王 2년에 孫臏이 軍師가 되었으니, 그가 馬陵에서 魏나라 군대를 격파한 때부터 趙 孝成王 원년까지는 이미 70여 년이나 되어 연대가 크게 차이가 나니, 아마도 臨武君은 이 孫臏이 아닐 것이다.

○ 盧文弨 : 살펴보건대, 楊氏가 책이름은 ≪荀卿子≫로 바꿨으나 이 편의 본문에서는 원래대로 '孫卿子'라 하여 漢나라 이후 전해오는 옛 명칭을 따랐으니, 〈그 이유가〉 이 편 안(15-112)에 나오는 '微子開封於宋(微子 開는 宋나라에 봉해졌다.)'이라 한 곳의 〈楊氏〉 주에 매우 분명히 드러나 있다. 〈楊氏〉 주의 '更嬴'이 ≪戰國策≫ 〈楚策〉에는 '更羸'로 되어 있다. 또 '其故創痛也'는 ≪戰國策≫ 〈楚策〉에는 '其'자가 없고 여기 〈楊氏〉 주는 '故'자가 누락되었기에 여기서는 보충하였다. 또 '故創未息'은 '故創痛未息'으로 되어 있으나 여기서는 ≪戰國策≫ 〈楚策〉에 따라 '痛'자를 삭제하였다.

15-2 王曰 請問兵要하노이다 臨武君對曰 上得天時하고

왕이 말하였다.
"용병술의 요령에 관해 알고 싶소이다."
臨武君이 대답하였다.
"위로는 천체 운행의 기운을 얻고

若順太歲하고 反孤虛[6]之類也라 ○ 先謙案 反은 各本譌及하여 據宋台州本改正이라

楊倞注 : 이를테면 〈작전을 할 때〉 太歲의 길한 기운에 순응하고 孤虛한 날을 피해야 한다는 경우와 같다.

○ 先謙案 : 反은 각 판본에 '及'으로 잘못되어 있어 宋 台州本에 따라 고쳐 바로잡았다.

15-3 下得地利하며

아래로는 지리상 유리한 형세를 얻으며

若右背山陵하고 前左水澤之比也라

楊倞注 : 이를테면 〈진을 칠 때〉 오른쪽과 뒤쪽으로는 산을 의지하고, 앞쪽과 왼쪽으로는 물을 의지해야 한다는 경우와 같다.

15-4 觀敵之變動하여 後之發하고 先之至니 此用兵之要術也니이다 孫卿子曰 不然하니이다 臣所聞古之道는 凡用兵攻戰之本이 在乎壹民하니이다 弓矢不調면 則羿[7]不能以中微하고 六馬不和면 則造父(보)[8]不能以致遠하며 士民不親附면 則湯武不能以必勝也라 故善附民者 是乃善用兵者也라 故兵要在乎善附民而已니이다

적이 움직이는 정황을 관찰하여 적보다 늦게 출발하고 적보다 먼저 도착하여야

---

6) 順太歲 反孤虛 : 太歲와 孤虛는 術數家에서 방위와 날짜를 가지고 길흉화복을 따지는 오행설의 일종이다. 太歲는 12년을 주기로 천체를 한 바퀴 도는 木星인데, 여기서는 술수가에서 말하는 太歲의 신을 말한다. 12방위 중에 太歲의 신이 있는 방위, 그리고 그 반대의 방위를 불길하다고 하여 아무 일도 하지 않는다. 예를 들면 太歲가 寅年일 경우 寅方인 동동북방과 申方인 서서남방이 그에 해당된다. 孤虛는 干支로 날짜를 기록할 때 10干을 12支에 짝을 맞추고 나머지 2支를 완전하지 못하다 하여 불길한 날로 여기는데, 이날을 가리킨다.

7) 羿 : 后羿, 혹은 夷羿라고도 한다. 夏나라 때 有窮國의 군주로, 활을 잘 쏘았다. 황제 太康이 사냥에 빠져 정사를 다스리지 않자, 그를 축출하고 자기가 황제가 되었다. 그러나 그 또한 사냥을 좋아하여 寒浞에게 정사를 맡겼고, 결국 寒浞에게 살해되었다.

8) 造父(보) : 西周 사람으로 마차를 잘 몰아 周 穆王의 총애를 받았다. 穆王이 八駿馬가 끄는 마차를 타고 崑崙山의 西王母를 만나러 갈 때 그 마차를 몰았으며, 또 穆王이 徐偃王의 반란군을 토벌하러 갈 때도 穆王을 위해 마차를 몰았다. 그 공으로 趙나라에 봉해지고 趙氏가 되었다.

하니, 이것이 용병술의 요령입니다."

孫卿子가 말하였다.

"그렇지 않습니다. 신이 들은 고대의 방법은 대체로 용병과 공격하여 싸우는 근본이 민중과 자기가 일치단결하는 데에 있다고 하였습니다. 활과 화살이 조절되지 않는다면 后羿라 할지라도 작은 목표물을 쏘아 맞힐 수 없고, 수레를 끄는 여섯 마리의 말이 화합하지 않는다면 造父라 할지라도 먼 곳까지 달릴 수 없으며, 민중이 군주를 가까이하고 따르지 않는다면 湯王과 武王이라 할지라도 싸움에서 반드시 이기지 못할 것입니다. 그러므로 민중으로 하여금 자기를 잘 따르게 하는 사람이 곧 용병을 잘하는 사람이기 때문에 용병술의 요령은 민중으로 하여금 자기를 잘 따르게 하는 데에 있을 뿐입니다."

湯王

武王

○ 王念孫曰 元刻엔 無善字①라 案無善字者是也라 下文臨武君曰豈必待附民哉는 正對此句而言이니 則無善字明矣라 宋本有善字者는 涉上文善附民者而衍[9]이라

9) 涉上文善附民者而衍 : 이 내용이 인용된 ≪新序≫ 권3에 "善兵者 務在於善附民而已(용병을 잘하기 위해서는 힘써야 할 것이 민중으로 하여금 자기를 잘 따르게 하는 데에 있을 뿐이다.)"로 되어 있으므로 '善'자는 잘못 덧붙여진 것이 아니다.

群書治要에도 亦無善字라

① 宋龔本同이라
宋 龔本도 같다.

○ 王念孫 : 元刻本에는 〈故兵要在乎善附民而已의〉 '善'자가 없다. 살펴보건대, '善'자가 없는 것이 옳다. 아래(15-5~8) 글 '臨武君曰……豈必待附民哉'는 이 문구와 정확히 대를 맞춰 말한 것이니, 본디 '善'자가 없었다는 것이 분명하다. 宋本에 '善'자가 있는 것은 윗글 '善附民者'와 연관되어 잘못 덧붙여졌기 때문이다. ≪群書治要≫에도 '善'자가 없다.

15-5 臨武君曰 不然하니이다 兵之所貴者는 埶(세)利也며

臨武君이 말하였다.
"그렇지 않습니다. 용병에서 중시할 것은 형세를 이용하여 유리함을 다투는 것이며

乘埶爭利라

楊倞注 : 〈埶利는〉 형세를 이용하여 유리함을 다투는 것이다.

15-6 所行者는 變詐也니이다

시행할 것은 임기응변과 속임수입니다.

奇計라 ○ 盧文弨曰 所行은 新序三에 作所上이라

楊倞注 : 〈變詐는〉 기묘한 계책이다.
○ 盧文弨 : '所行'은 ≪新序≫ 권3에 '所上'으로 되어 있다.

15-7 善用兵者는 感忽悠闇하여 莫知其所從出하니이다

용병을 잘하는 사람은 기민하고 신묘하여 적에게 자기들이 어디서 나올지 알 수 없게 합니다.

感忽悠闇은 皆謂倏忽之間也라 感忽은 恍忽也요 悠闇은 遠視不分辨之貌라 莫知所從出은 謂若九天之上과 九地之下[10)]하여 使敵人不測이라 魯連子[11)]曰 弃感忽

之恥하고 立累世之功也라하니라 ○ 盧文弨曰 案齊策載魯連與燕將書云 除感忿之恥하고 而立累世之功이라하나 彼上文云 去忿恚之心하고 而成終身之名이라하니 則下句不當又云感忿이라 此引作感忽하니 是也라 新序엔 又作奄忽하니 義亦同이라 注立字舊脫일새 今補라 郝懿行曰 案感은 讀如撼이라 撼撼은 古今字也라 感忽은 搖疾之意요 悠闇은 神秘之意라 兵貴神速하니 如處女脫兎[12]之喩也라

楊倞注：感忽과 悠闇은 모두 잠깐 사이를 이른다. 感忽은 황홀하다는 뜻이고, 悠闇은 멀리서 볼 때 사물을 구분하지 못하는 모양이다. 莫知所從出은 마치 九天의 위와 九地의 아래처럼 신비로워 적으로 하여금 헤아리지 못하게 하는 것을 이른다. 魯連子가 "弃感忽之恥 立累世之功也(잠깐의 치욕을 견뎌내고 대대로 공적을 세웠다.)"라고 하였다.

○ 盧文弨：살펴보건대, ≪戰國策≫ 〈齊策〉에 魯仲連이 燕나라 장수에게 보낸 편지가 실려 있는데 거기에 '除感忿之恥 而立累世之功'이라 하였으나 그곳의 윗글에 '去忿恚之心 而成終身之名(분개하는 마음을 버리면 일생의 功名을 성취한다.)'이라 하였으니, 아래 문구에 또 '感忿'이라 말한 것은 적합하지 않다. 이곳에 인용한 글은 '感忽'로 되어 있으니, 이것이 옳다. ≪新序≫에는 또 '奄忽'로 되어 있으니, 뜻이 또한 같다. 〈楊倞〉 주의 '立'자는 옛 판본에 누락되었으므로 여기서는 보충하였다.

郝懿行：살펴보건대, 感은 '撼'자처럼 읽는다. '撼'과 '撼'은 고금의 〈시대에 따라 달리 쓰는〉 글자이다. 感忽은 흔들리는 모양이 빠르다는 뜻이고, 悠闇은 신비롭다는 뜻이다. 용병술은 신비롭고 빠른 것을 귀하게 여기니, 다소곳한 처녀와 도망가는 토끼의 비유와 같다.

---

10) 九天之上 九地之下：하늘의 가장 높은 곳의 위와 땅의 가장 낮은 층의 아래라는 뜻으로, 용병술이 워낙 높고 또 깊어 그 실체를 알 수 없는 것을 말한다. ≪孫子≫ 〈軍形〉에 "잘 수비하는 사람은 九地 아래에 감추고 잘 공격하는 사람은 九天 위에서 움직인다.〔善守者 藏於九地之下 善攻者 動於九天之上〕"라고 하였다.

11) 魯連子：전국시대 齊나라의 웅변가인 魯仲連을 말한다. 용기와 높은 절개로 유명하다. 齊나라 장수 田單이 燕나라에 빼앗겼던 齊나라 땅을 탈환하는 과정에 聊城을 공격하였으나 燕나라 장수가 결사적으로 그곳을 지켜 함락시키지 못하자, 魯仲連이 燕나라 장수에게 편지를 보내 상황을 분석하고 이해를 개진하여 그를 감동시킴으로써 군대를 철수하여 본국으로 돌아가게 했다.

12) 處女脫兎：≪孫子≫ 〈九地〉의 "전쟁을 개시하기 전에는 처녀처럼 다소곳하여 적이 경계를 늦추게 하고, 전투를 전개한 뒤에는 도망가는 산토끼처럼 빠르게 행동하여 적이 미처 저항하지 못하게 해야 한다.〔始如處女 敵人開戶 後如脫兎 敵不及拒〕"라고 한 데서 나온 말이다.

15-8 孫吳[13]用之하여 無敵於天下하니 豈必待附民哉리잇가

孫武와 吳起도 이 방법을 써서 천하에 대적할 자가 없었으니, 어찌 민중으로 하여금 따르게 할 필요가 있겠습니까."

孫은 謂吳王闔閭將孫武라 吳는 謂魏武侯將吳起也라

楊倞注：孫은 吳王 闔閭의 장수 孫武를 이른다. 吳는 魏 武侯의 장수 吳起를 이른다.

15-9 孫卿子曰 不然하니이다 臣之所道는 仁人之兵이요 王者之(志)〔事〕[14]也니이다

孫卿子가 말하였다.

"그렇지 않습니다. 신이 말씀드리는 것은 어진 사람이 운용하는 군대이고 王者가 행하는 일입니다.

帝王之志意如此也라

楊倞注：제왕이 지향하는 의지는 이 아래에서 말하는 것과 같다.

15-10 君之所貴는 權謀埶利也요 所行은 攻奪變詐也니 諸侯之事也니이다 仁人

13) 孫吳：孫武와 吳起를 가리킨다. 孫武는 춘추시대 齊나라의 병법가이다. 吳나라 왕 闔廬가 그의 재능을 시험해보기 위해 궁중의 미녀 180명을 대상으로 전투기술을 가르쳐보게 하였다. 그는 이들을 두 부대로 나누고 왕이 가장 총애하는 두 여자를 뽑아 隊長으로 삼은 다음, 명령을 여러 번 되풀이하였으나 따르지 않고 모두 큰소리로 웃어댔다. 그러자 두 隊長을 참수하여 공개하니, 전후좌우의 대열이 똑바로 잡혔고 앉았다 일어섰다 하는 동작이 모두 법도에 들어맞았다고 한다. 이로 인해 闔廬가 장수로 등용하여 楚나라와의 전투에서 다섯 번 싸워 다섯 번을 모두 이겼고 강대국인 齊나라와 晉나라에 위협을 가하였다. 저서에 ≪孫子兵法≫이 있다.

吳起는 전국시대의 명장으로, 衛나라 사람이다. 처음에 魏 文侯를 섬기다가 뒤에 楚 悼王의 재상이 되어 남쪽으로는 百越을 평정하고, 북쪽으로는 陳・蔡를 합병하고 三晉을 물리쳤으며, 서쪽으로는 秦을 정벌함으로써 국력이 강성해졌다. 그의 병법은 孫武, 孫臏과 병칭된다. ≪吳子≫ 6편이 있다.

14) (志)〔事〕：저본에는 '志'로 되어 있으나, ≪新序≫ 권3의 "臣之所言者 王者之兵 君人之事也(신이 말씀드리는 것은 王者의 용병술이고 군주가 행하는 일입니다.)"에 의거하여 '事'로 바로잡았다. 朝川鼎은 ≪韓詩外傳≫에 '聖王之事也'로 되어 있다 하여 마땅히 '事'로 되어야 한다 하였고, 王天海는 '事'와 음이 비슷하여 잘못된 것이라고 하였다.

之兵은 不可詐也니이다 彼可詐者는 怠慢者也요 路亶(단)者也며

그대가 중시하는 것은 권모술수와 형세를 이용하여 유리함을 다투는 것이고 행하려는 것은 공격과 약탈, 임기응변과 속임수이니, 이는 제후들이 하는 일입니다. 어진 사람이 운용하는 군대는 속일 수가 없습니다. 속일 수 있는 상대는 태만한 군대이고 피곤한 군대이며,

路는 暴(폭)露也요 亶은 讀爲袒이니 露袒은 謂上下不相覆蓋라 新序엔 作落單이라 ○ 郝懿行曰 路亶은 新序에 作落單하니 蓋離落單薄之意라 楊注非라 王念孫曰 路單은 猶羸憊也라 上不恤民하면 則民皆羸憊라 故下句云 君臣上下之閒이 滑然有離德也라하니라 孟子滕文公篇是率天下而路也의 趙注云 是率導天下之人以羸路也①라하고 管子五輔篇云 匡貧窶하며 振罷露하며 資乏絶이라하고 韓子亡徵篇云 好罷露百姓이라하고 呂氏春秋不屈篇云 士民罷潞라하니라 路露潞竝通하니 是路爲羸憊也라 爾雅云 癉은 病也라하고 大雅板篇에 下民卒癉의 毛傳云 癉은 病也라하니 病亦謂羸憊也라 緇衣引詩下民卒擅하니 釋文擅作亶이라 癉擅亶竝通이라 秦策士民潞病於內의 高注云 潞는 羸也라하니 潞病與路亶亦同義라 新序雜事篇作落單하고 晏子外篇云 路世之政 單事之教라하여 或言路亶하고 或言路單하고 或言落單이나 其義一而已矣라 楊說皆失之라

① 今本엔 羸路作羸困之路하니 乃後人所改라 辯見管子五輔篇이라
지금 판본에는 '羸路'가 '羸困之路'로 되어 있으니, 이는 후세 사람이 고친 것이다. 이에 관한 설명은 ≪管子≫ 〈五輔篇〉에 보인다.

楊倞注 : 路는 겉으로 드러난다는 뜻이고 亶은 '袒'으로 읽어야 하니, 露袒은 위아래가 서로 덮어 감싸지 못하는 것을 이른다. ≪新序≫에는 '落單'으로 되어 있다.

○ 郝懿行 : 路亶은 ≪新序≫에 '落單'으로 되어 있으니, 대체로 마음이 떠나고 몸이 허약하다는 뜻이다. 楊氏의 주는 틀렸다.

王念孫 : 路單은 〈피곤하다는 뜻인〉 '羸憊'와 같다. 윗사람이 백성을 구제하지 않으면 백성들은 모두 피곤하기 때문에 아래 구에 "君臣上下之閒 滑然有離德也(군주와 신하 위아래 사이가 유대감이 풀려 마음이 서로 떠난 군대이다.)"라고 하였다. ≪孟子≫ 〈滕文公篇〉에 '是率天下而路也'라 한 곳의 趙岐 주에 "是率導天下之人以羸路也(이는 천하 사람들을 인도하여 바삐 뛰어다니느라 피곤하게 하는 것이다.)"라 하고, ≪管子≫ 〈五輔篇〉에 "匡貧窶 振

罷露 資乏絶(가난한 자를 보살피며 피곤한 자를 구휼하며 극빈자를 구제한다.)"이라 하고, ≪韓非子≫ 〈亡徵篇〉에 "好罷露百姓(백성들을 피곤하게 하는 것을 좋아한다.)"이라 하고, ≪呂氏春秋≫ 〈不屈篇〉에 "士民罷潞(병사와 백성들이 매우 피곤하였다.)"라고 하였다. 路·露·潞는 모두 통용하니, 이 '路'는 피곤하다는 뜻이다. ≪爾雅≫에 "癉은 病이다."라 하고, ≪詩經≫ 〈大雅 板篇〉에 "下民卒癉(백성들 피로 쌓여 병이 들었네.)"이라 한 곳의 〈毛傳〉에 "癉은 病이다."라고 하였으니, 病 또한 피곤한 것을 이른다. ≪禮記≫ 〈緇衣〉에 ≪詩經≫의 '下民卒癉'을 인용하였는데, ≪禮記釋文≫에는 '癉'이 '亶'으로 되어 있다. 癉·癉·亶은 모두 통용한다. ≪戰國策≫ 〈秦策〉에 "士民潞病於內(병사와 백성들은 국내에서 피곤하여 병들었다.)"라고 한 곳의 高誘 주에 "潞는 피곤하다는 뜻이다."라고 하였으니, 潞病과 路亶 또한 같은 뜻이다. ≪新序≫ 〈雜事篇〉에는 '落單'으로 되어 있고, ≪晏子春秋≫ 〈外篇〉에는 "路世之政 單事之教(세상을 피곤하게 하는 정사이고 국사를 병들게 하는 교화이다.)"라 하여, 혹은 '路亶'이라 말하고 혹은 '路單'이라 말하고 혹은 '落單'이라 말하였으나 그 뜻은 동일할 뿐이다. 楊氏의 설은 모두 잘못되었다.

15-11 君臣上下之閒이 (滑)〔渙〕[15]然有離德者也니이다

군주와 신하 위아래 사이가 유대감이 풀려 마음이 서로 떠난 군대입니다.

滑은 亂也요 音骨이라 言彼可欺詐者皆如此之國이라 ○ 王引之曰 滑은 當爲渙이라 序[16]卦曰 渙者는 離也라하고 雜卦曰 渙은 離也라하며 下文事大敵堅엔 則渙然離耳의 是渙도 爲離貌라 故曰 渙然有離德이라하니라 俗書渙字作渙하고 滑字作滑하여 二形略相似라 故渙譌爲滑이라 新序雜事篇엔 正作渙然有離德하니라 韓詩外傳作奐然有離德하니 奐乃奐之譌라 渙奐古字通①이라

① 文選琴賦注引蒼頡篇云 奐은 散也라하니라
≪文選≫ 〈琴賦〉의 주에 ≪蒼頡篇≫을 인용하여 "奐은 흩어진다는 뜻이다."라고 하였다.

楊倞注 : 滑은 어지럽다는 뜻이고 그 음은 '骨'이다. 저 속일 수 있는 것은 모두 이와 같은 국가임을 말한 것이다.

---

15) (滑)〔渙〕: 저본에는 '滑'로 되어 있으나, 王引之의 주에 의거하여 '渙'으로 바로잡았다.

16) 序 : 저본의 원주에 "序는 原本에 '說'로 잘못되어 있으나, 여기서는 고쳤다.〔序 原本誤爲說 今改〕"라고 하였다.

○ 王引之 : 滑은 마땅히 '渙'으로 되어야 한다. ≪易經≫ 〈序卦傳〉에 "渙이란 떠난다는 뜻이다."라 하고, ≪易經≫ 〈雜卦傳〉에 "渙은 떠난다는 뜻이다."라 하였으며, 아래 글(15-44) "事大敵堅 則渙然離耳(대규모의 전쟁과 강한 적군을 상대할 때는 군대의 사기가 흐트러진다.)"의 '渙'도 떠나는 모양이다. 그러므로 여기서 '渙然有離德'이라고 말한 것이다. 통속적인 서체에서 '渙'자를 '涣'으로 쓰고 '滑'자를 '滑'로 써 두 글자의 모양이 약간 비슷하기 때문에 '渙'이 잘못되어 '滑'로 된 것이다. ≪新序≫ 〈雜事篇〉에는 '渙然有離德'으로 바르게 되어 있다. ≪韓詩外傳≫에는 '突然有離德'으로 되어 있으니, '突'은 '奐'의 오자이다. 渙과 奐은 옛 글자에 통용하였다.

15-12 **故以桀詐桀**이면 **猶巧拙有幸**[17]**焉**이어니와 **以桀詐堯**는 **譬之**컨대 **若以卵投石**하고 **以指撓沸**하며

그러므로 桀王이 桀王을 속인다면 교묘하고 졸렬한 속임수의 차이로 인해 요행히 승리를 거둘 수 있으나, 桀王이 堯임금을 속인다는 것은 비유하건대 마치 달걀로 바위를 치고 손가락으로 끓는 물을 휘젓는 것과 같으며,

撓는 **攪也**라 **以指撓沸**는 **言必爛也**라 **新序**엔 **作以指繞沸**라

楊倞注 : 撓는 휘젓는다는 뜻이다. 손가락으로 끓는 물을 휘젓는다는 것은 〈손가락이〉 반드시 데인다는 것을 말한다. ≪新序≫에는 '以指繞沸'로 되어 있다.

15-13 **若赴水火**하여 **入焉焦沒耳**라

물이나 불 속에 뛰어드는 것과 같아서 들어가면 곧 타버리거나 빠져죽을 것입니다.

○ **王念孫曰 案焉**은 **猶則也**니 **說見釋詞**라

○ 王念孫 : 살펴보건대, 焉은 '則'과 같으니, 이에 관한 설명은 ≪經傳釋詞≫에 보인다.

15-14 **故仁人上下**

그러므로 어진 사람은 위아래가

17) 幸 : '倖'과 같다.

說仁人上下相愛之意라

楊倞注 : 〈여기서부터는〉 어진 사람은 위아래가 서로 사랑한다는 뜻을 말하였다.

15-15 (百將)[18]一心하고 三軍[19]同力하여 臣之於君也와 下之於上也 若子之事父하고 弟之事兄하며 若手臂之扞頭目而覆胸腹也니이다 詐而襲之라도 與先驚而後擊之와 一也니이다

한마음이 되고 三軍이 힘을 합쳐 신하가 임금을 대하는 것과 아랫사람이 윗사람을 대하는 것이 마치 자식이 아버지를 섬기고 아우가 형을 섬기는 것과 같으며, 마치 손과 팔이 머리와 눈을 보호하고 가슴과 배를 가려주는 것과 같습니다. 그러니 적이 속임수로 습격하더라도 먼저 알린 뒤에 공격해오는 것이나 다름이 없습니다.

先擊頭目하여 使知之而後擊之하니 豈手臂有不救也리오 ○ 先謙案 言此兩者俱無所用이라 注義似隔이라

楊倞注 : 먼저 머리와 눈을 공격하여 장차 공격할 것이라는 것을 알게 한 뒤에 공격해오니, 어찌 손과 팔이 머리와 눈을 구제하지 않겠는가.

○ 先謙案 : 〈적이 속임수로 습격하든 먼저 알리고 공격하든〉 이 두 가지가 다 소용이 없다는 것을 말한다. 〈楊氏의〉 주는 뜻이 막힌 것 같다.

15-16 且仁人之用[20]十里之國이면 則將有百里之聽하고

게다가 어진 사람이 사방 십 리의 나라를 다스린다면 사방 백 리의 耳目이 있고,

18) (百將) : 저본에는 '百將'이 있으나, ≪群書治要≫ 卷38 〈孫卿子〉에 의거하여 잘못 덧붙여진 것으로 처리하였다.

19) 三軍 : 周나라 제도에서 규모가 큰 제후국의 군대로, 一軍은 12,500명이다. 군대의 범칭으로 쓰이기도 한다.

20) 用 : '爲'와 같은 것으로, 다스린다는 뜻이다.

聽은 猶耳目也라 言遠人自爲其耳目이라 或曰 謂間諜者라

楊倞注 : 聽은 耳目과 같다. 먼 지방 사람들이 스스로 그의 귀와 눈이 되는 것을 말한다. 혹자는 "간첩으로 활동하는 자를 이른다."라고 하였다.

15-17 用百里之國이면 則將有千里之聽하고 用千里之國이면 則將有四海之聽하여 必將聰明警戒하며 和(傳)〔摶〕[21]而一하리이다

사방 백 리의 나라를 다스린다면 사방 천 리의 이목이 있고, 사방 천 리의 나라를 다스린다면 온 세상의 이목이 있어 그의 군대가 반드시 귀와 눈이 밝아 경계하고 대비하며, 화합하고 단결하여 마음이 통일될 것입니다.

耳目〔聰〕[22]明而警戒하며 相傳以和하여 無有二心也라 一云 傳은 或爲博이라 博은 衆也요 而一은 如一也니 言和衆如一也라 ○ 先謙案 傳은 爲摶字之誤니 說見儒效篇이라

楊倞注 : 귀와 눈이 밝아 경계하고 대비하며, 서로 마음이 통하고 화합하여 두 마음이 없다는 것이다. 어떤 사람은 "傳은 간혹 '博'으로 되어 있기도 한다. 博은 많다는 뜻이고, 而一은 '如一'과 같으니, 〈和摶而一은〉 많은 사람과 화합하여 한 사람과 같다는 것을 말한다."라고 하였다.

○ 先謙案 : 傳은 '摶'자의 잘못이니, 이에 관한 설명은 〈儒效篇〉에 보인다.

15-18 故仁人之兵은 聚則成卒[23]하고 散則成列하며

그러므로 어진 사람이 운용하는 군대는 모이면 隊伍를 이루고 흩어져도 행렬을 이루며,

卒은 卒伍요 列은 行列이니 言動皆有備也라

楊倞注 : 卒은 대오이고 列은 행렬이니, 움직일 때마다 모두 대비가 있다는 것을 말

---

21) (傳)〔摶〕: 저본에는 '傳'으로 되어 있으나, 王先謙의 주에 의거하여 '摶'으로 바로잡았다.
22) 〔聰〕: 저본에는 '聰'이 없으나, 冢田虎의 설에 따라 보충하였다.
23) 卒 : 周나라 때 군대조직의 한 단위로, 100명의 대오를 말한다.

한다.

15-19 **延則若莫邪**(야)[24]**之長刃**하여 **嬰**[25]**之者斷**하고 **兌**(예)**則若莫邪之利鋒**하여 **當之者潰**하며

가로로 길게 진을 치면 莫邪의 긴 날과도 같아 접근한 자는 잘려나가고 모아서 뾰족하게 진을 치면 莫邪의 날카로운 끝과도 같아 맞서는 자는 패하여 흩어지며,

兌는 猶聚也니 與隊同이라 謂聚之使短이라 潰는 壞散也라 新序엔 作銳則若莫邪之利鋒也라하니라 ○ 盧文弨曰 延은 新序에 作鋋이라 韓詩外傳三엔 作延居하고 又兌作銳居라 案延讀延袤(무)之延이니 東西曰延이라 嬰은 今攖字니 謂橫布則其鋒長하여 攖之者皆斷也라 兌는 讀爲銳니 謂直擣則其鋒利하여 遇之者潰也라 外傳兩居字는 與下文圜居一例니 可知注未是矣라 郝懿行曰 延者는 長也라 兌與銳同이라 荀書皆然하니 古字通也라 延은 新序에 作鋋하니 誤字어나 或叚借耳라 延訓長이라 故云若莫邪之長刃이라하고 兌訓利라 故言若莫邪之利鋒이라하니 楊注非라 韓詩外傳에 作延居銳居하여 與下圜居爲儷하니 其義甚明이라 兪樾曰 楊訓兌爲聚하니 不如盧說之長이나 惟依外傳延居銳居爲說은 則非也라 延則若莫邪之長刃과 兌則若莫邪之利鋒은 與上文聚則成卒 散則成列句法一律하니 不得有居字라 下文云圜居而方止는 此自以圜居方止相對成義어늘 外傳因圜居之文하여 改作方居以對之하고 遂於此文延下銳下各衍居字라 盧據以說荀子하니 誤矣라 延之言은 長也라 故若長刃하고 銳之言은 利也라 故若利鋒이라 以文義論이라도 亦不當有居字라

楊倞注 : 兌는 모인다는 뜻과 같으니, '隊(무리)'자와 같다. 병사들을 한 곳으로 모아 진을 짧게 치는 것을 이른다. 潰는 패하여 흩어진다는 뜻이다. ≪新序≫에는 '銳則若莫邪之利鋒也'로 되어 있다.

○ 盧文弨 : '延'은 ≪新序≫에 '鋋'으로 되어 있다. ≪韓詩外傳≫ 권3에는 '延居'로 되어 있고 또 '兌'는 '銳居'로 되어 있다. 살펴보건대, 延은 '延袤(길게 이어지다)'의 延으로 읽어야 하니, 동서로 이어진 것을 延이라 말한다. '嬰'은 지금의 '攖(접근하다)'자이니, 진을 가로로 펼쳐 배치하면 긴 칼날처럼 거기에 접근하는 자는 모두 잘려나가는 것을 이른다.

---

24) 莫邪(야) : 干將과 함께 고대의 名劍으로 불린다.

25) 嬰 : '攖(접근하다)'과 통용한다.

'兌'는 '銳(날카롭다)'로 읽어야 하니, 진을 세로로 뾰족하게 배치하여 공격하면 날카로운 칼끝처럼 거기에 맞서는 자는 패하여 흩어지는 것을 이른다. ≪韓詩外傳≫의 두 '居'자는 아래 글 '圜居'와 같은 형식이니, 〈楊氏의〉 주가 옳지 않다는 것을 알 수 있다.

郝懿行 : 延이란 길다는 뜻이다. 兌는 '銳'와 같다. ≪荀子≫의 글은 모두 이와 같으니, 옛 글자에 통용하였다. '延'은 ≪新序≫에 '鋋'으로 되어 있으니, 오자이거나 혹은 假借字일 것이다. 延은 길다는 뜻이므로 '若莫邪之長刃'이라 하고, 兌는 날카롭다는 뜻이므로 '若莫邪之利鋒'이라 하였으니, 楊氏의 주는 틀렸다. ≪韓詩外傳≫에 '延居', '銳居'로 되어 있어 아래의 '圜居'와 대가 되었으니, 그 뜻이 매우 분명하다.

兪樾 : 楊氏는 兌를 모인다는 뜻으로 풀이하였으니, 盧氏의 설이 오히려 더 나은 것만 못하다. 다만 〈盧氏의 설에서〉 ≪韓詩外傳≫의 '延居'와 '銳居'를 근거로 설명한 것은 틀렸다. '延則若莫邪之長刃'과 '兌則若莫邪之利鋒'은 윗글 '聚則成卒', '散則成列'과 句法이 같은 형식이니, '居'자가 있어서는 안 된다. 아래 글에 말한 '圜居而方止'는 그 자체로 '圜居'와 '方止'가 서로 대가 되어 뜻을 이루었는데, ≪韓詩外傳≫은 '圜居'의 문구로 인해 〈方止를〉 '方居'로 고쳐 대를 맞추고 더 나아가 여기 글 '延' 아래와 '銳' 아래에 각각 '居'자를 덧붙였다. 그런데 盧氏는 이것을 근거로 삼아 ≪荀子≫를 설명하였으니, 잘못되었다. 延이란 말은 길다는 뜻이므로 長刃과 같고, 銳라는 말은 날카롭다는 뜻이므로 利鋒과 같다. 글 뜻으로 논하더라도 마땅히 '居'자가 있어서는 안 된다.

15-20 圜居而方止면 則若盤石然하여 觸之者角摧[26]하여

둥글게 진을 치거나 모나게 진을 치면 盤石처럼 견고하여 거기에 부딪치는 것들은 깨져서

圜居方止는 謂不動時也니 則如大石之不可移動也라 ○ 盧文弨曰 方止는 各本에 作方正이나 今從新序라 案外傳엔 作方居라 郝懿行曰 韓詩外傳엔 作圜居則若丘山之不可移也하고 方居則若盤石之不可拔也하여 語尤明晰이라 此方止는 卽方居니 變文以儷句耳라 先謙案 郝說方止는 非也니 說詳上이라

楊倞注 : 圜居와 方止는 군대가 움직이지 않는 때를 이르니, 마치 큰 바위를 옮기거나 움직일 수 없는 것과 같다.

---

26) 觸之者角摧 : 위의 '嬰之者斷'과 '當之者潰'의 사례에 비춰볼 때 '角'자는 잘못 덧붙여진 것으로 보인다. ≪新序≫에는 '觸之者隴種而退耳'로 되어 있다.

○ 盧文弨 : 方止는 각 판본에 '方正'으로 되어 있으나 여기서는 ≪新序≫를 따랐다. 살펴보건대, ≪韓詩外傳≫에는 '方居'로 되어 있다.

郝懿行 : ≪韓詩外傳≫에는 "圜居則若丘山之不可移也 方居則若盤石之不可拔也(둥글게 진을 치면 마치 언덕과 산을 옮길 수 없는 것 같고, 모나게 진을 치면 마치 반석을 뽑을 수 없는 것과 같다.)"라 하여, 말이 더욱 분명하다. 이 '方止'는 곧 '方居'니, 글자를 바꿔 句끼리 짝을 맞춘 것이다.

先謙案 : 郝氏가 方止에 관해 말한 내용은 틀렸으니, 이에 관한 설명은 위(15-19)에서 자세히 하였다.

15-21 案(角)[27]鹿埵隴種東籠而退耳리이다

곧 사기가 꺾여 전의를 상실하고 비실대며 물러날 것입니다.

其義未詳이라 蓋皆摧敗披靡之貌라 或曰 鹿埵는 垂下之貌니 如禾實垂下然이라하니라 埵는 丁果反이라 隴種은 遺失貌니 如隴之種物然이라 或曰 卽龍鍾也라하니라 東籠은 與涷瀧同하니 沾溼(습)貌라 如衣服之沾溼然이라 新序엔 作隴種而退하고 無鹿埵字라 ○ 盧文弨曰 垂下之貌는 舊脫垂字니 今補라 案說文에 禾實垂下謂之穛하고 丁果切이라 楊意埵讀爲穛이라 故音義皆與之同也라 又卽龍鍾也는 舊脫龍字라 龍鍾은 乃當時常語니 今補라 又案方言에 瀧涿은 謂之霑漬라하고 廣韻에 涷瀧은 霑漬也라 故楊云 涷瀧은 沾溼貌라하니라 舊誤作涷隴하니 今改正이라 沾亦霑之誤字也라 劉台拱曰 鹿埵上角字는 涉上而誤衍이라 案은 語詞라 郝懿行曰 鹿埵隴種東籠은 蓋皆摧敗披靡之貌라 顧氏炎武①引舊唐書竇軌傳我隴種車騎는 未足給公과 北史李穆傳籠涷軍士아 爾曹主何在하고 爾獨住此오하고 蓋周隋時人 尙有此語라하니라 此等皆古方俗之言이라 不必强解어늘 楊氏旣云未詳하고 又引或說鹿埵龍鍾涷瀧[28]하니 似皆失之라 新序엔 止有隴種하고 無鹿埵라

① 見日知錄廿七
≪日知錄≫ 권27에 보인다.

---

27) (角) : 저본에는 '角'이 있으나, 劉台拱의 주에 의거하여 잘못 덧붙여진 글자로 처리하였다.
28) 或說鹿埵龍鍾涷瀧 : 涷瀧은 楊倞이 한 말인데, 郝懿行이 혹자의 설로 잘못 포함하였다. 그러나 郝懿行의 글대로 번역하였다.

楊倞注 : 그 뜻은 알 수 없다. 대체로 모두 꺾이고 패하여 戰意를 상실한 모양일 것이다. 혹자는 "鹿埵는 고개를 떨군 모양이니, 벼 열매가 아래로 드리워진 것과 같다."라고 하였다. 埵는 〈그 음이〉 丁과 果의 반절이다. 隴種은 잃어버린 모양이니, 메마른 언덕바지에 식물을 심은 것과 같다. 혹자는 "이는 곧 '龍鍾'이다."라고 하였다. 東籠은 '涷瀧'과 같으니, 물에 젖은 모양이다. 마치 의복이 물에 흠뻑 젖은 것과 같다. ≪新序≫에는 '隴種而退'로 되어 있고 '鹿埵'라는 글자는 없다.

○ 盧文弨 : 〈楊倞 주의〉 '垂下之貌'는 옛 판본에 '垂'자가 누락되었으므로 여기서는 보충하였다. ≪說文解字≫를 살펴보건대, 벼 열매가 아래로 드리워진 것을 '穑'라 이르고 〈그 음이〉 丁과 果의 반절이라고 하였다. 楊氏가 埵는 '穑'로 읽어야 한다고 생각하였기 때문에 그 음과 뜻을 모두 '穑'와 동일하게 풀이하였다. 또 '卽龍鍾也'는 옛 판본에 '龍'자가 누락되었다. '龍鍾'은 곧 그 당시에 일반적으로 사용하는 말이니, 여기서는 보충하였다. 또 살펴보건대, ≪方言≫에 "瀧涿은 물에 젖은 것을 이른다."라 하고, ≪廣韻≫에 "涷瀧은 물에 젖었다는 뜻이다."라고 하였으므로, 楊氏가 "涷瀧은 물에 젖은 모양이다."라고 한 것이다. 옛 판본에는 '涷隴'으로 잘못되었으므로 여기서는 고쳐 바로잡았다. '沾' 또한 '霑'의 오자이다.

劉台拱 : '鹿埵' 위의 '角'자는 위와 연관되어 잘못 덧붙여진 것이다. 案은 어조사이다.

郝懿行 : 鹿埵, 隴種, 東籠은 대체로 모두 꺾이고 패하여 전의를 상실한 모양일 것이다. 顧炎武가 ≪舊唐書≫ 〈竇軌傳〉의 "我隴種車騎 未足給公(나의 비실거리는 車騎는 공에게 지급할 만한 것이 못 된다.)"과, ≪北史≫ 〈李穆傳〉의 "籠涷軍士 爾曹主何在 爾獨住此(이놈 비실대는 군사야, 네 주인은 어디 있고 너만 여기 있느냐?)"를 인용하고, "대체로 周·隋 당시 사람들 사이에 아직 이와 같은 말이 있었다."라고 하였다. 이와 같은 것들은 모두 옛날 지방풍속에서 유행하던 말이므로 굳이 무리하게 풀이할 것이 없는데, 楊氏는 이미 그 뜻은 알 수 없다 하고 이어서 또 鹿埵, 龍鍾, 涷瀧에 관한 혹자의 설을 인용하였으니, 이 모두 잘못된 것 같다. ≪新序≫에는 '隴種'만 있고 '鹿埵'는 없다.

15-22 **且夫暴國之君**이 **將誰與至哉**리잇가 **彼其所與至者**는 **必其民也**리이다 **而其民之親我 歡若父母**하고 **其好我 芬若椒蘭**이로되 **彼反顧其上**은 **則若灼黥**[29)]하고

그리고 저 강포한 나라의 군주가 장차 누구와 함께 공격해오겠습니까? 저쪽이

29) 灼黥 : 烙刑과 墨刑을 말한다. 烙刑은 불에 달군 쇠로 몸을 지지는 형벌이고, 墨刑은 죄인의 얼굴에 살을 파고 홈을 내어 먹물로 죄명을 찍어 넣는 형벌이다.

무리 지어 공격해올 자들은 반드시 그의 백성일 것입니다. 그런데 그 백성들이 나를 친근하게 여기는 것이 마치 부모를 반기듯이 하고 나를 좋아하는 것이 마치 난초의 향기를 좋아하듯 하는 반면에, 그들의 군주를 돌아보는 것은 마치 烙刑과 墨刑을 〈두려워하듯〉 하고

如畏灼黥이라

楊倞注 : 烙刑과 墨刑을 두려워하듯이 한다는 것이다.

15-23 若仇讐하리이다 人之情이 雖桀跖이라도 豈又[30]肯爲其所惡(오)하여 賊其所好者哉리잇가

원수를 미워하듯 할 것입니다. 사람의 본성이 비록 夏桀이나 盜跖처럼 〈나쁘다 하더라도〉 어찌 그들이 증오하는 군주를 위해 그들이 좋아하는 대상을 해치려 할 사람이 있겠습니까.

○ 盧文弨曰 豈又는 新序에 作豈有라

○ 盧文弨 : 豈又는 ≪新序≫에 '豈有'로 되어 있다.

15-24 是猶使人之子孫自賊其父母也니이다 彼必將來告之하리니 夫又何可詐也리잇가

그것은 마치 남의 아들이나 손자로 하여금 스스로 그의 부모를 해치도록 하려는 것과 같습니다. 그들은 반드시 와서 적의 정황을 알려줄 것이니, 적이 또 어떻게 속임수를 쓸 수 있겠습니까.

不可得詐襲也라

楊倞注 : 속임수를 써 습격해올 수 없다는 것이다.

15-25 故仁人用國日明하여

---

30) 又 : '有'자와 음이 같아 통용한다.

그러므로 어진 사람이 나라를 다스리면 나날이 강성해져서

日益明察이라 ○ 兪樾曰 楊注非也라 明之言盛也라 淮南子說林篇曰 長而愈明의 高注曰 明은 猶盛也라하고 禮記明堂位正義曰 明은 堂盛貌라하니 然則明之訓盛은 蓋古誼也라 國日明은 猶言國日盛矣라

楊倞注 : 날로 더욱 분명히 살핀다는 뜻이다.

○ 兪樾 : 楊氏의 주는 틀렸다. 明이란 말은 성대하다는 뜻이다. ≪淮南子≫ 〈說林篇〉에 "長而愈明(장성한 뒤에는 그 소질이 더 강성해진다.)"의 高誘 주에 "明은 '盛'과 같다."라 하고, ≪禮記≫ 〈明堂位〉의 ≪禮記正義≫에 "明은 堂이 성대한 모양이다."라고 하였으니, 그렇다면 明이 성대하다는 뜻을 지닌 것은 고대의 글자 뜻이라 할 수 있다. 國日明은 국력이 날로 강성해진다는 말과 같다.

15-26 諸侯先順者安하고 後順者危하며 慮敵之者削하고 反之者亡하리이다

제후들 중에 먼저 순종하는 자는 안정되고 나중에 순종하는 자는 위태로우며, 대체로 그와 대적하는 자는 영토가 깎이고 그를 배반하는 자는 멸망할 것입니다.

謀慮與之爲敵者는 土地必見侵削이라 反은 謂不服從也라 ○ 先謙案 慮는 大氐也니 說見王制篇이라

楊倞注 : 그와 대적하려고 꾀하는 자는 토지가 반드시 깎일 것이라는 뜻이다. 反은 복종하지 않는 것을 이른다.

○ 先謙案 : 慮는 '대체로'의 뜻이니, 이에 관한 설명은 〈王制篇〉(9-58)에 보인다.

15-27 詩曰 武王載發(패)하고 有虔秉鉞하시니 如火烈烈하여 則莫我敢遏이로다하니 此之謂也니이다

≪詩經≫에 '용맹하신 湯임금 깃발 세우고 경건히 도끼 잡아 공격하시니, 그 기세 활활 타는 불길 같아서 그의 앞길 뉘 감히 막지 못했네.'라 하였으니, 이를 두고 한 말입니다."

詩는 殷頌이라 武王은 湯也라 發는 讀爲旆라 虔은 敬이라 遏은 止也라 湯建旆興師는

本由仁義니 **雖用武持鉞**이라도 **而猶以敬爲先**이라 **故得如火之盛**하여 **無能止之也**라 ○ **郝懿行曰 發**은 **揚起也**니 **猶書之言我武惟揚也**라 **毛詩**엔 **作載旆**하고 **傳云 旆**는 **旗也**라하니라 **毛詩本出荀卿**하니 **不應有異**라 **說文**에 **引詩又作載坺**(패)하니 **然則 坺發**는 **蓋皆旆之同音叚借字耳**라 **韓詩外傳**에 **引亦作旆**라

楊倞注：≪詩經≫은 〈殷頌(商頌) 長發〉이다. 武王은 湯王이다. 發는 '旆(깃발)'로 읽어야 한다. 虔은 '敬'의 뜻이다. 遏은 저지한다는 뜻이다. 湯王이 깃발을 세우고 군사를 일으킨 것은 본디 仁義를 행하기 위해서이니, 비록 무력을 사용하여 도끼를 잡았더라도 오히려 敬을 우선으로 하였기 때문에 거세게 타오르는 불길과 같아 그 앞길을 저지할 수 없게 되었다는 것이다.

○ 郝懿行：發은 드러내 일으킨다는 뜻이니, ≪書經≫ 〈泰誓〉에 "我武惟揚(우리 무력을 발휘하여)"이라 한 것과 같다. 그러나 ≪毛詩≫에는 '載旆'로 되어 있고 〈毛傳〉에 "旆는 깃발이다."라고 하였다. ≪毛詩≫는 본디 荀卿에게서 나왔으니, 당연히 다른 뜻으로 표기할 리가 없다. ≪說文解字≫에 ≪詩經≫의 이 시를 인용한 곳에서 또 '載坺'로 되어 있으니, 그렇다면 '坺'와 '發'는 대체로 모두 '旆'와 음이 같은 假借字일 뿐이다. ≪韓詩外傳≫에 인용한 곳에서도 '旆'로 되어 있다.

15-28 **孝成王臨武君曰 善**하오 **請問王者之兵**은 **設何道何行而可**오

孝成王과 臨武君이 말하였다.

"좋은 말씀이오. 王者의 용병술은 어떤 방법을 쓰고 어떤 행동을 취해야 되겠소?"

設은 **謂制置**라 **道**는 **謂論說教令也**라 **行**은 **動用也**라 ○ **王念孫曰 道**는 **術也**라 **楊以道爲論說教令**하니 **失之**라 **先謙案 設**은 **猶用也**니 **說見君道篇**이라

楊倞注：設은 처리하는 것을 이른다. 道는 정치교화와 율령을 논설하는 것을 이른다. 行은 행동한다는 뜻이다.

○ 王念孫：道는 방법이다. 楊氏는 道를 정치교화와 율령을 논설하는 것이라고 하였으니, 이는 잘못되었다.

先謙案：設은 '用'과 같으니, 이에 관한 설명은 〈君道篇〉에 보인다.

15-29 孫卿子曰 凡在大王[31]하니 **將率**(수)**末事也**니이다 **臣請遂道王者諸侯彊弱存亡之效**와 **安危之埶**하리이다

孫卿子가 대답하였다.

"모든 것은 대왕에게 달려 있으니, 장수에 관한 일은 지엽적인 문제입니다. 신이 王者와 제후의 强弱·存亡에 관해 증험해본 것과 안정되고 위험해지는 상황에 대해 남김없이 말씀드리겠습니다.

率는 與帥同하니 所類反이라 道는 說也라 效는 驗也라 孝成王見荀卿論兵에 謂王者以兵爲急이라 故遂問用兵之術이라 荀卿欲陳王道하여 因不答其問하고 故言凡在大王之所務하니 將帥乃其末事耳요 所急敎化也라하고 遂廣說湯武五霸及戰國諸侯之事라 ○ 先謙案 以下文凡在於軍하니 將率末事也證之하면 是謂凡在大王之將率者는 皆末事也라 楊注誤라

楊倞注 : 率는 '帥'와 같으니, 〈그 음이〉 所와 類의 반절이다. 道는 말한다는 뜻이다. 效는 증험한다는 뜻이다. 孝成王이 荀卿이 용병술에 관해 논하는 것을 볼 적에 王者는 용병을 급선무로 여기는 것으로 생각되었기 때문에 마침내 용병의 방법에 관해 물은 것이다. 荀卿은 王者의 방법을 개진하고 싶어 그 질문에는 대답을 하지 않고 의도적으로 '모든 것은 대왕이 힘쓰는 데에 달려 있으니, 장수에 관한 일은 곧 그 지엽적인 문제이고 급히 힘써야 할 것은 교화이다.'라는 뜻으로 말하고, 이어서 범위를 넓혀 湯王, 武王과 五霸 및 전국시대 제후들의 일을 말하였다.

○ 先謙案 : 아래(15-140) 글의 "凡在於軍 將率末事也(모든 것은 군사행동에 달려 있으니, 장수에 관한 일은 지엽적인 문제이다.)"라는 말로 논증해보면, 이것은 '대체로 대왕의 장수에 관한 일은 모두 지엽적인 문제이다.'라는 뜻으로 말한 것이다. 楊氏의 주는 잘못되었다.

15-30 君賢者其國治하고 **君不能者其國亂**하며 **隆禮貴義者其國治**하고 **簡禮賤義者其國亂**하니 **治者强**하고 **亂者弱**하니이다 **是强弱之本也**니이다 **上足卬**(앙)이면 **則下可用也**요 **上不卬**이면 **則下不可用也**니

31) 凡在大王 : 원칙을 세우고 군대를 운용하는 계책들이 모두 대왕에게 달려 있다는 뜻이다.

군주가 현능하면 그 나라는 잘 다스려지고 군주가 무능하면 그 나라는 어지러워지며, 군주가 禮法을 숭상하고 道義를 귀하게 여기면 그 나라는 잘 다스려지고 군주가 예법을 소홀히 하고 도의를 천하게 여기면 그 나라는 어지러워지니, 잘 다스려진 나라는 강성하고 어지러운 나라는 허약한 법입니다. 이것이 나라가 강성해지고 허약해지는 근본 원인입니다.

군주가 우러러볼 만한 인물이면 백성들을 부릴 수 있고 군주가 우러러볼 만하지 않으면 백성들을 부릴 수 없으니,

卬은 古仰字라 不仰은 不足仰也라 下託上曰仰이니 宜向反이라 能教且化하며 長養之면 是足仰이라 ○ 謝本엔 作上不足卬이라 盧文弨曰 以注觀之면 正文當本是上不卬이니 衍足字라 先謙案 盧說是라 此後人妄加니 今依注文刪足字하여 以復唐人注本之舊라

楊倞注 : 卬은 고대의 '仰'자이다. 不仰은 우러러볼 만하지 않다는 뜻이다. 아랫사람이 윗사람에게 의탁하는 것을 '仰'이라 말하니, 〈그 음이〉 宜와 向의 반절이다. 능히 가르치고 또 변화시키며 길러주고 보살핀다면 충분히 우러러볼 만한 것이다.

○ 謝本에는 〈上不卬이〉 '上不足卬'으로 되어 있다.

盧文弨 : 〈楊氏의〉 주로 살펴보면 본문은 분명히 본디 '上不卬'일 것이니, 〈謝本의〉 '足'자는 잘못 덧붙여진 것이다.

先謙案 : 盧氏의 설이 옳다. 이것은 후세 사람이 함부로 보탠 것이니, 여기서는 〈楊氏〉 주의 글에 따라 '足'자를 삭제하여 唐나라 사람이 주를 붙인 저본의 옛 모습을 복구하였다.

15-31 下可用則强하고 下不可用則弱하니이다 是强弱之常也니이다 隆禮效功은 上也요 重祿貴節은 次也요 上[32]功賤節은 下也니이다 是强弱之凡也니이다

백성들을 부릴 수 있는 나라는 강성하고 백성들을 부릴 수 없는 나라는 허약합니다. 이것이 나라가 강성해지고 허약해지는 일반적인 원칙입니다.

禮法을 숭상하고 戰功을 심사하는 것은 상급의 방법이고, 俸祿을 신중하게 지급하고 節義를 귀하게 여기는 것은 중급의 방법이고, 戰功만 중시하고 절의를 천시

32) 上 : '尙'과 통용한다.

하는 것은 하급의 방법입니다. 이것이 국가의 强弱에 관한 일반적인 정황입니다.

效는 驗也라 功은 戰功也라 效功은 謂不使賞僭也요 重祿은 重難其祿하여 不使素餐也라 節은 忠義也라 君能隆禮驗功則强하고 上戰功하며 輕忠義則弱하니 大凡如此也라

楊倞注 : 效는 증험한다는 뜻이다. 功은 戰功이다. 戰功을 증험하는 것은 상을 분수에 지나치게 주지 않게 하는 것을 이르고, 重祿은 그 봉록을 신중하게 지급하여 하는 일 없이 놀고먹지 않게 하는 것이다. 節은 충성과 절의이다. 군주가 능히 禮法을 숭상하고 戰功을 증험한다면 강성해지고, 戰功만 중시하며 충성과 절의를 경시한다면 허약해지는 것이니, 〈국가가 강성해지고 허약해지는 갈림길이〉 대체로 이와 같다.

15-32 好士者强하고 不好士者弱하니이다

군주가 현능한 인물을 좋아하는 나라는 강성하고 현능한 인물을 좋아하지 않는 나라는 허약합니다.

士는 賢士也라

楊倞注 : 士는 현능한 인물이다.

15-33 愛民者强하고 不愛民者弱하니이다 政令信者强하고 政令不信者弱하니이다

〈군주가〉 백성을 사랑하는 나라는 강성하고 백성을 사랑하지 않는 나라는 허약합니다. 〈백성들이〉 정책과 법령을 신뢰하는 나라는 강성하고 정책과 법령을 신뢰하지 않는 나라는 허약합니다.

信은 謂使下可信이라

楊倞注 : 信은 아랫사람으로 하여금 믿을 수 있게 하는 것을 이른다.

15-34 民齊者强하고 民不齊者弱하니이다

민중이 단결한 나라는 강성하고 민중이 단결하지 않는 나라는 허약합니다.

齊는 謂同力이라 ○ 謝本은 從盧校하여 作不齊者弱이라 王念孫曰 案元刻엔 不齊上亦有民字하니 是也①라 上文之政令과 下文之賞刑械用[33)]兵革이 皆於上下句兩見하니 則民字亦當兩見이라 先謙案 王說是하니 今依元刻增民字라

① 宋龔本同이라

宋 龔本도 이와 같다.

楊倞注 : 齊는 힘을 합하는 것을 이른다.

○ 謝本은 盧校本에 따라 〈民不齊者弱이〉 '不齊者弱'으로 되어 있다.

王念孫 : 살펴보건대, 元刻本에는 '不齊' 위에 또 '民'자가 있으니, 그것이 옳다. 윗글의 '政令'과 아래 글의 '賞', '刑', '械用兵革'이 모두 위아래 구에 두 번 나왔으니, '民'자도 마땅히 두 번 나와야 한다.

先謙案 : 王氏의 설이 옳으니, 여기서는 元刻本에 따라 '民'자를 보충하였다.

15-35 賞重者强하고 賞輕者弱하니이다

포상을 신중히 하는 나라는 강성하고 포상을 쉽게 하는 나라는 허약합니다.

重難其賞하여 使必賞有功則强하고 輕易(이)其賞則弱也라

楊倞注 : 그 포상을 신중히 하여 반드시 공이 있는 사람에게 상을 주게 한다면 나라가 강성해지고, 그 상을 쉽게 준다면 나라가 허약해진다는 것이다.

15-36 刑威者强하고 刑侮者弱하니이다

형벌이 무서운 나라는 강성하고 형벌이 무시되는 나라는 허약합니다.

刑當罪하여 使民可畏則强하고 不當罪則人侮慢이라 故弱也라

楊倞注 : 형벌이 지은 죄에 걸맞아 백성들을 두려워하게 한다면 나라가 강성해지고, 형벌이 지은 죄에 걸맞지 않다면 사람들이 형벌을 하찮게 보기 때문에 나라가 허약해진다는 것이다.

---

33) 械用 : '기물'이란 뜻이다.

15-37 **械用兵革攻完**하여 **便利者强**하고

기물과 무기가 정밀하고 견고하여 사용하기에 편리한 나라는 강성하고

攻은 當爲功이라 功은 精好加功者也라 器械牢固하여 便利於用則强也라 ○ 盧文弨曰 攻與工功은 古多通用이라 攻은 治也니 卽依本字不改亦可라

楊倞注 : 攻은 마땅히 '功'이 되어야 한다. 功은 정밀하고 좋게 만드는 것이다. 기물이 견고하여 사용하기에 편리하면 나라가 강성하다.

○ 盧文弨 : 攻과 工·功은 고대에 많이 통용하였다. 攻은 다스린다는 뜻이니, 곧 본 글자를 그대로 놓아두고 고치지 않더라도 괜찮다.

15-38 **械用兵革窳楛**(유고)하여 **不便利者弱**하니이다

기물과 무기가 찌그러지고 조잡하여 사용하기에 불편한 나라는 허약합니다.

窳는 器病也라 音庾라 楛는 濫惡이니 謂不堅固也라

楊倞注 : 窳는 기물이 결함이 있다는 뜻이다. 그 음은 庾이다. 楛는 조잡하다는 뜻이니, 견고하지 않은 것을 이른다.

15-39 **重用兵者强**하고 **輕用兵者弱**하니이다

용병을 신중히 하는 나라는 강성하고 용병을 가볍게 하는 나라는 허약합니다.

重難用兵者强이라

楊倞注 : 용병을 신중히 하는 나라는 강성하다는 것이다.

15-40 **權出一者强**하고 **權出二者弱**하니이다

권력이 한 곳에서 나오는 나라는 강성하고 권력이 두 곳에서 나오는 나라는 약합니다.

政多門則弱也라

楊倞注 : 정치의 권력이 나오는 문이 많으면 허약하다는 것이다.

15-41 是强弱之常也니이다 齊人隆技擊[34)]하니이다

이것이 강성해지고 허약해지는 일반적인 법칙입니다. 齊나라 사람은 技擊을 중시합니다.

技는 材力也라 齊人以勇力擊斬敵者를 號爲技擊이라 孟康曰 兵家之技巧라 技巧者는 習手足하고 便器械[35)]하며 積機關하여 以立攻守之勝[36)]이라

楊倞注 : 技는 재능이다. 齊나라 사람은 씩씩한 힘으로 적을 공격하여 목을 베는 것을 技擊이라 부른다. 孟康이 "〈技擊은〉 전술가의 技巧이다. 技巧란 손발을 민첩하게 놀리는 기술을 익히고 무기류를 자유자재로 사용하며, 쇠뇌를 사용하는 기술을 익숙하게 훈련하여 공격과 수비에 우세를 확보하는 것이다."라고 하였다.

15-42 其技也는 得一首者는 則賜贖錙金하며 無本賞矣니이다

그 技擊의 규칙은 적군의 수급 하나를 얻은 자는 〈죄를 지었을 때 관아에서〉 황금 1錙를 주어 그것을 바치고 贖罪하게 하며, 〈승리한 뒤에 마땅히 내려야 할〉 本賞은 없습니다.

八兩曰錙(치)라 本賞은 謂有功同受賞也라 其技擊之術은 斬得一首는 則官賜錙金贖之라 斬首하면 雖戰敗亦賞하고 不斬首하면 雖勝亦不賞하니 是無本賞也라 ○ 郭嵩燾曰 此與秦首虜之法同하니 以得首爲功賞하고 不問其戰事之勝敗라 故曰無本賞이라 漢世軍法에 抵罪得贖免은 當亦起於戰國之季라 言苟得首者 有罪當贖엔 僅納錙金이라 以得首爲重하니 取決一夫之勇也라

楊倞注 : 여덟 냥을 '錙'라 한다. 本賞은 공이 있을 때 그에 상응하는 상을 이른다. 그 技擊의 규칙은 적군의 수급 하나를 베어 얻은 자는 〈죄를 지었을 때〉 관아에서 황금 1錙를 주어 그것을 바치고 속죄하게 한다. 적군의 수급을 베면 비록 전투에서 패하였더라도 상을 주고 수급을 베지 않았다면 비록 승리하였더라도 상을 주지 않으니, 이는 本賞이

---

34) 技擊 : 맨손으로 공격하여 상대를 쓰러뜨리는 무술로, 개인기를 말한다.

35) 器械 : 일반적으로 기물을 말하는데, 여기서는 무기류를 가리킨 것으로 보인다.

36) 孟康曰……以立攻守之勝 : 孟康은 三國 魏나라 安平 사람으로, 자는 公休이다. 魏 文帝 때 외척으로 散騎侍郞이 되었고 뒤에 中書令이 되었으며, ≪漢書≫의 주를 저술하였다. 이 내용은 ≪漢書≫ 권23 〈刑法志〉 "齊愍以技擊彊(齊 愍王은 技擊으로 강해졌다.)"의 주에 보인다.

없는 것이다.

○ 郭嵩燾 : 이는 秦나라 때 적군을 참수하고 포로로 잡았을 때 상을 주는 법과 같으니, 수급을 얻은 것을 공으로 삼아 상을 주고 전투에서의 勝敗는 따지지 않는다. 그러므로 本賞이 없다고 말한 것이다. 漢나라 시대 군법에 죄를 지어 벌을 받게 되었을 때 돈을 바치고 면제받는 법은 분명히 이것도 전국시대 말기에 생겼을 것이다. 〈이 구절은〉 만약 적군의 수급을 얻은 자가 죄가 있어 마땅히 재물로 속죄할 경우에는 황금 1錙만 겨우 바치게 한 것을 말한다. 적군의 수급을 얻는 것을 중시하니, 이는 필부의 용맹에 달려 있다.

15-43 是事小敵毳(취)엔 則偸可用也나

이 방법은 소규모의 전쟁과 약한 적군에 대해서는 그런대로 사용할 수 있으나

可偸竊用之也라 毳는 讀爲脆라 史記에 聶政謂嚴仲子曰 屠可以旦夕得甘脆以養親也라하니라 ○ 先謙案 晉語에 其下偸以幸의 韋注에 偸는 苟且也라하니 偸可用은 謂苟且用之猶爲可也라 楊注非라

楊倞注 : 그 방법을 훔쳐 사용할 만하다는 것이다. 毳는 '脆(약하다)'로 읽어야 한다. ≪史記≫ 〈刺客列傳〉에 聶政이 嚴仲子에게 말하기를 "屠可以旦夕得甘脆以養親也(개 잡는 일로 아침저녁에 달고 부드러운 음식을 얻어 노모를 봉양할 수 있다.)"라고 하였다.

○ 先謙案 : ≪國語≫ 〈晉語〉에 "其下偸以幸(그 아랫사람은 구차하게 살아가며 자기 안전을 요행히 보전할 것만 도모한다.)"이라 한 곳의 韋昭 주에 "偸는 구차하다는 뜻이다."라고 하였으니, 偸可用은 구차하게 그 방법을 쓰는 것도 그런대로 괜찮다는 것을 이른다. 楊氏의 주는 틀렸다.

15-44 事大敵堅엔 則(焉渙)〔渙焉〕[37]離耳하여

대규모의 전쟁과 강한 적군을 상대할 때는 군대의 사기가 흐트러져

易序[38]卦曰 渙者는 離也라하니라

37) (焉渙)〔渙焉〕 : 저본에는 '焉渙'으로 되어 있으나, 世德堂本에 의거하여 '渙焉'으로 바로잡았다.

38) 序 : 저본의 원주에 "序는 原本에 '說'로 잘못되어 있으나, 여기서는 고쳤다.〔序 原本誤爲說

楊倞注 : ≪易經≫ 〈序卦傳〉에 "渙이란 떠난다는 뜻이다."라고 하였다.

15-45 **若飛鳥然 傾側反覆無日**하리이다

마치 놀라 날아가는 새들처럼 하루도 못 가서 전군이 기울어지고 전복될 것입니다.

若飛鳥는 言無馮依也라 無日은 言傾側反覆之速하여 不得一日也라 ○ 盧文弨曰 注言無馮依也는 宋本에 作言無馮依而易也라 今從元刻이라

楊倞注 : 若飛鳥는 의지할 데가 없는 것을 말한다. 無日은 기울어지고 전복되는 것이 빨라 단 하루도 지탱하지 못한다는 것을 말한다.

○ 盧文弨 : 〈楊氏〉 주의 '言無馮依也'는 宋本에 '言無馮依而易也'로 되어 있다. 여기서는 元刻本을 따랐다.

15-46 **是亡國之兵也**니 **兵莫弱是矣**니이다 **是其去賃市傭而戰之**와 **幾矣**니이다

이들은 국가를 멸망하게 하는 군대이니, 군대가 이보다 더 허약할 수는 없습니다. 이것은 저잣거리에서 품팔이하는 사람을 고용하여 싸우게 하는 것과 비슷합니다.

此與賃市中傭作之人하여 而使之戰과 相去幾何也오 ○ 盧文弨曰 正文其去는 宋本엔 作其出이라 今從元刻이라

楊倞注 : 이는 저잣거리에서 품팔이하는 사람을 고용하여 싸우게 하는 것과 그 차이가 얼마나 있겠는가.

○ 盧文弨 : 본문의 '其去'는 宋本에는 '其出'로 되어 있다. 여기서는 元刻本을 따랐다.

15-47 **魏氏之武卒**은 **以度取之**니

魏나라의 武卒은 일정한 기준에 의해 선발한 자들이니,

武卒은 選擇武勇之卒하여 號爲武卒이라 度取之는 謂取其長短材力中度者라 ○ 汪

今改]"라고 하였다

中曰 度는 程也니 下文所云是也라 注非라

楊倞注 : 武卒은 용맹한 병사를 골라내어 武卒이라 부른다. 度取之는 그 길고 짧은 재능이 법도에 들어맞는 자를 취하는 것을 이른다.

○ 汪中 : 度는 일정한 기준의 뜻이니, 아래 글에서 말한 것이 그것이다. 〈楊氏의〉 주는 틀렸다.

15-48 衣三屬(주)之甲하고

〈그 기준은〉 위아래에 걸쳐 3단계로 연결된 갑옷을 입고,

如淳曰 上身一이요 髀褌一이요 脛繳一이니 凡三屬也[39]라 衣는 於氣反이라 屬은 之欲反이라 ○ 盧文弨曰 案考工記釋文에 屬는 之樹反이라하니라

楊倞注 : 如淳이 말하기를 "상체를 덮은 것이 하나이고 넓적다리를 덮은 것이 하나이고 종아리를 감은 것이 하나이니, 모두 3단계로 연결되어 있다."라고 하였다. 衣는 〈음이〉 於와 氣의 반절이다. 屬은 〈음이〉 之와 欲의 반절이다.

○ 盧文弨 : 살펴보건대, ≪周禮≫ 〈考工記〉의 ≪經典釋文≫에 "屬는 〈음이〉 之와 樹의 반절이다."라고 하였다.

15-49 操十二石之弩[40]하고 負服[41]矢五十个하여 置戈其上하고

12石의 쇠뇌를 들고, 화살 50대를 넣은 화살통을 지고서 그 위에 창을 올려놓고,

置戈於身之上을 謂荷戈也라 ○ 盧文弨曰 元刻엔 作負矢하고 無服字하니 與漢書同이라 王念孫曰 此本作服矢五十个라 服矢는 即負矢라 負與服는 古同聲而通

39) 如淳曰……凡三屬也 : 如淳은 三國 魏나라 馮翊 사람이다. 魏나라에 벼슬하여 陳郡丞을 지냈으며, ≪漢書≫의 주를 저술하였다. 이 내용은 ≪漢書≫ 권23 〈刑法志〉 '魏氏武卒 衣三屬之甲'의 주에 보인다.

40) 十二石之弩 : 石은 활의 강도를 계산하는 한 단위이고, 弩는 쇠뇌이다. 쇠뇌는 쇠로 된 발사 장치가 달린 활로, 여러 개의 화살을 동시에 쏘게 되어 있다. 12石의 쇠뇌는 강도가 매우 큰 쇠뇌를 말한다.

41) 服 : '箙'과 통용하는 것으로, 화살을 넣는 통이다.

用①이라 故漢書作負라 今本에 作負服矢者는 校書者依漢書旁記負字而寫者誤合之也라 元刻에 無服字는 則又後人依漢書刪之也라 兪樾曰 服字實不可無라 服者는 箙之叚字라 說文竹部에 箙은 弩矢箙也라하니라 經傳通以服爲之하니 詩采薇篇의 象弭魚服과 國語齊語의 服無矢가 皆是也라 負服矢五十个者는 盛矢五十个於服而負之也라 若但云負矢면 則矢無服不可負요 若云負矢服이면 則疑五十个以服計矣라 故曰 負服矢五十个라하니 古人之辭所以簡而明也라 漢書奪服字어늘 元刻從之하니 非是라 置戈其上은 承負服矢五十个而言이니 所謂其上者는 矢服之上也라 蓋負矢服於背而荷戈於肩이니 戈之上半이 適在矢服之上이라 故曰 置戈其上也라하니라 楊注不解服字之義라 故於此句亦失其解하여 而曰 置戈於身之上이라하니 不可通矣라 先謙案 兪說是라

① 考工記車人牝服에 先鄭司農[42]云 服讀爲負라

≪周禮≫ 〈考工記 車人〉의 '牝服'에 先鄭司農이 "服는 '負'로 읽는다."라고 하였다.

楊倞注：몸 위에 창을 올려두는 것을 荷戈라 이른다.

○ 盧文弨：元刻本에는 '負矢'로 되어 있고 '服'자는 없으니, ≪漢書≫와 같다.

王念孫：이 글은 본디 '服矢五十个'로 되어 있었을 것이다. '服矢'는 곧 '負矢'이다. 負와 服는 고대에 소리가 같아 통용하였으므로 ≪漢書≫에 '負'로 되었던 것이다. 지금 판본에 '負服矢'로 된 것은 책을 교감하는 자가 ≪漢書≫의 곁에다가 '負'자를 기록한 것에 의해, 옮겨 쓴 자가 잘못하여 이것까지 합쳐 썼을 것이다. 元刻本에 '服'자가 없는 것은 또 후세 사람이 ≪漢書≫에 의해 삭제하였을 것이다.

兪樾：服자는 사실 없어서는 안 된다.

箙

42) 先鄭司農：後漢 章帝 때 大司農을 지낸 鄭衆을 가리킨다. 시대가 늦은 鄭玄과 구별하기 위해 先鄭이라 부른다.

服이란 '箙'의 假借字이다. ≪說文解字≫ 〈竹部〉에 "箙은 쇠뇌 화살통이다."라고 하였다. 經傳에는 일반적으로 〈箙자가〉 '服'으로 되어 있으니, ≪詩經≫ 〈小雅 采薇篇〉의 "象弭魚服(상아로 된 활고자 어피 화살통)"과, ≪國語≫ 〈齊語〉의 "服無矢(화살통에 화살이 없다.)"가 모두 이 경우이다. '負服矢五十个'란 화살 50개를 화살통에 담아 그것을 등에 진다는 말이다. 만약 '負矢'라고만 하면 화살을 화살통이 없어 등에 질 수가 없고, 만약 '負矢服'이라 하면 50개를 화살통으로 계산한 것으로 의심될 것이다. 이 때문에 '負服矢五十个'라고 말한 것이니, 옛사람의 말은 이처럼 간단하면서도 분명하다. ≪漢書≫에는 '服'자가 빠졌는데 元刻本이 그대로 따랐으니, 옳지 않다. 置戈其上은 '負服矢五十个'를 이어받아 한 말이니, 이른바 '其上'이란 화살통의 위이다. 이는 화살통을 등에 지고 어깨에 창을 멘 것이니, 창대 윗부분의 절반이 화살통 위에 맞춰져 놓여 있으므로 '置戈其上'이라고 말한 것이다. 楊氏의 주는 '服'자의 뜻을 이해하지 못했기 때문에 이 문구 또한 그 풀이를 잘못하여 "置戈於身之上(몸 위에 창을 올려두는 것이다.)"이라 하였으니, 말이 통하지 않는다.

先謙案 : 兪氏의 설이 옳다.

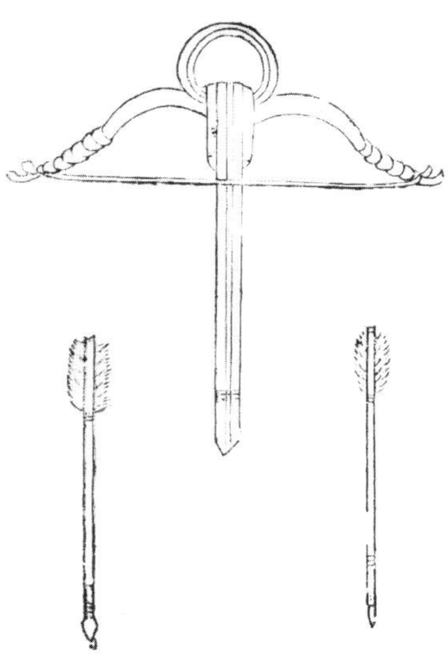

弩1

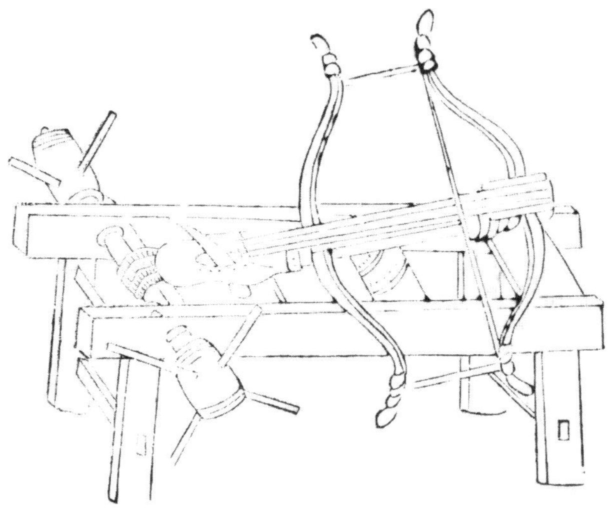

弩2

15-50 冠軸(주)帶劍하여

투구를 쓰고 칼을 차게 하고서

軸는 與冑同하니 漢書엔 作冑라 帶劒은 顏師古曰 著兜鍪而又帶劒也라하니라

楊倞注：軸는 '冑'와 같으니, ≪漢書≫에는 '冑'로 되어 있다. 帶劒은 顏師古가 "著兜鍪而又帶劒也(투구를 쓰고 또 칼을 차는 것이다.)"라고 하였다.

15-51 贏(영)三日之糧하고 日中而趨百里하니이다

사흘 먹을 양식을 등에 지고 반나절 사이에 백 리를 달리게 합니다.

贏은 負擔也라 日中은 一日之中也라 ○ 兪樾曰 日中者는 自旦至於日中이니 蓋半日而趨百里也라 楊注謂一日之中하니 則但云日趨百里足矣라

楊倞注：贏은 등에 진다는 뜻이다. 日中은 하루 중이라는 뜻이다.

○ 兪樾：日中이란 아침부터 정오까지이니, 반나절 사이에 백 리를 달리게 한다는 뜻이다. 楊氏의 주는 '一日之中'이라 하였는데, 〈이 뜻이라면〉 '日趨百里(하루에 백 리를 달려간다.)'라고만 말하더라도 충분할 것이다.

15-52 中試則復其戶하고 利其田宅하니이다

시험에 합격하면 그 집안의 勞役을 면제해주고, 그에게 농지와 주택을 더 늘려 줍니다.

復其戶는 不徭役也라 利其田宅은 不征衆也라 顏師古曰 利는 謂給其便利之處라하니라 中은 丁仲反이라 復은 方目反이라 ○ 盧文弨曰 注不征衆의 衆字誤하니 疑作稅라 先謙案 試之而中程하면 則用爲武卒하고 優之如此하니 上所謂以度取之라

楊倞注：復其戶는 집안의 장정에게 노역을 시키지 않는다는 뜻이다. 利其田宅은 여러 가지 세금을 징수하지 않는다는 뜻이다. 顏師古가 "利는 그에게 편리한 곳을 주는 것을 이른다. 中은 〈음이〉 丁과 仲의 반절이다. 復은 〈음이〉 方과 目의 반절이다.

○ 盧文弨：〈楊氏의〉 주 '不征衆'의 '衆'자는 잘못되었으니, 아마도 '稅'로 되어야 할 것 같다.

先謙案：시험해보아 기준에 합격하면 武卒로 채용하고 이처럼 우대하였으니, 곧 위(15-47)의 이른바 '以度取之'이다.

15-53 是數年而衰라도 而未可奪也하여 改造則不易(이)周也하니이다

이들은 체력이 여러 해가 지나 약해지더라도 〈잘 대우해주는 혜택을〉 박탈하지 않아, 다시 武士를 선발하면 〈재력이 모자라서〉 이들을 돌봐주기가 쉽지 않습니다.

此中試者는 筋力數年而衰라도 亦未可遽奪其優하니 〔奪其優〕[43)]하면 復(부)使皆怨也라 改造는 更選擇也니 則又如前이라

楊倞注 : 이들 시험에 합격한 사람은 체력이 여러 해가 지나 약해지더라도 그 우대하는 혜택을 곧바로 박탈하지 않으니, 그 우대하는 혜택을 박탈하면 다시 모두 원망을 품게 되기 때문이다. 改造는 다시 선발한다는 뜻이니, 〈다시 선발했을 때는〉 또 이전의 무사들처럼 잘 대우해준다.

15-54 是故地雖大라도 其稅必寡니 是危國之兵也니이다

이 때문에 국토가 비록 광대하더라도 받아들인 세금은 반드시 적을 수밖에 없었으니, 이는 국가를 위태롭게 하는 군대입니다.

優復既多則稅寡하여 資用貧乏故國危라

楊倞注 : 우대하는 혜택이 또 이미 많으면 징수하는 세금이 적어, 재정이 빈약하므로 나라가 위태롭다.

15-55 秦人은 其生民也陿阸(협애)하고 其使民也酷烈하여

秦나라 사람은 백성을 살리는 일은 각박하게 하고 백성을 부리는 데에는 잔혹하여

生民은 所生之民이라 陿阸(협액)은 謂秦地險固也라 酷烈은 嚴刑罰也라 地險固則寇不能害나 嚴刑罰則人皆致死也라 ○ 盧文弨曰 陿阸는 俗本作狹隘하니 今從宋本이라 郝懿行曰 陿阸(협애)는 猶狹隘也니 謂民生計窮蹙이라 王霸篇云 生民則致貧隘라하니 語意正同이라 注以陿阸을 謂秦地險固라하니 非也라 下云隱之以阸도 亦

---

43) 〔奪其優〕 : 저본에는 '奪其優'가 없으나, 世德堂本에 의거하여 보충하였다.

非地險이라 **王念孫曰 楊注沿刑法志注而誤**라

楊倞注：生民은 살고 있는 백성이란 뜻이다. 陿阸은 秦나라 지형이 험난하고 견고한 것을 이른다. 酷烈은 형벌을 엄하게 집행한다는 뜻이다. 지형이 험난하고 견고하면 도적이 해치지 못하지만 형벌을 엄하게 하면 사람들이 모두 죽게 된다.

○ 盧文弨：陿阸는 세간의 판본에는 '狹隘'로 되어 있는데, 여기서는 宋本을 따랐다.

郝懿行：陿阸는 狹隘(폭이 좁다)의 뜻과 같으니, 백성들의 생계가 궁핍한 것을 이른다. 〈王霸篇〉에 "生民則致貧隘(백성을 살리는 일은 더욱 빈곤하게 한다.)"라 하였으니, 말뜻이 정확하게 같다. 〈楊氏의〉 주는 陋阸를 秦나라 지형이 험난하고 견고한 것을 이른다고 하였으니, 틀렸다. 아래 글에서 말한 "隱之以阸(각종 제약을 가해 빈곤으로 몰아넣는다.)"도 지형이 험난하다는 뜻이 아니다.

王念孫：楊氏의 주는 ≪漢書≫ 〈刑法志〉의 주를 따라 잘못된 것이다.

15-56 **劫之以埶**하고

백성들을 위세로 협박하고,

謂以威埶劫迫之하여 **使出戰**이라

楊倞注：위세로 협박하여 나가서 싸우게 한다는 것이다.

15-57 **隱之以阸**[44]하고

각종 제약을 가해 빈곤으로 몰아넣고,

謂隱蔽以險阸하여 **使敵不能害**라 **鄭氏曰 秦地多阸**하여 **藏隱其民於阸中也**라하니라 ○ **郭嵩燾曰 秦遠交近攻**하여 **侵伐無虛日**하고 **未嘗以險阸自隱也**라 **劫之以埶**는 **承**

44) 隱之以阸：이에 대해 학자들의 견해가 분분하다. 久保愛는 ≪漢書≫ 〈刑法志〉 주의 "秦나라 정사가 가혹하여 그 백성을 치밀한 법으로 바로잡았다."라고 한 것을 인용하여 그에 동의하였고, 劉師培는 "고달픈 환경으로 백성을 괴롭혀 전쟁에 뛰어들지 않을 수 없게 만든 것을 말한다."라 하고, 于省吾는 "험난한 지형을 의지하고 믿는 것을 말한다."라고 하였다. 그리고 王天海는 "秦나라가 가혹한 법으로 그 백성들을 바로잡은 것을 말한다."라고 하여, 久保愛처럼 ≪漢書≫ 〈刑法志〉 주의 내용에 동의하였다. 阸자에 대해 楊倞은 뒤에 나오는 '除阸其下'의 주에 이 문구를 인용하여 그 뜻이 같다고 하였다. 그러면서 압박의 뜻인 '迫蹙'을 말한다고 하여 앞뒤의 설이 다르다.

上酷烈言이요 隱之以阸은 承上狹隘言이라 其民本無生計어늘 又甚迫蹙之하여 使亟鶩於戰以邀賞也라 下文阸而用之는 正申此義라

楊倞注 : 험난하고 견고한 지형으로 백성들을 숨기고 가려 적으로 하여금 해치지 못하게 하는 것을 이른다. 鄭氏가 "秦나라 지형은 험난한 곳이 많아 그 백성들을 그 속에 숨겼다."라고 하였다.

○ 郭嵩燾 : 秦나라는 먼 나라와는 친교를 맺고 가까운 나라를 공격하여 그냥 넘어가는 날이 없이 침공을 일삼았고 일찍이 험난한 지형을 가지고 스스로 숨은 적이 없었다. '劫之以埶'는 위의 '酷烈'을 이어받아 말한 것이고, '隱之以阸'는 위의 '狹隘'를 이어받아 말한 것이다. 그 백성들이 본디 살아갈 계책이 없는데도 또 그들을 압박하여 빨리 전장으로 달려가 상을 받는 것을 추구하도록 하였다. 아래 글(15-61) '阸而用之(궁핍하게 한 뒤에 그들을 부린다.)'는 이 뜻을 정확히 설명한 것이다.

15-58 忸(뉴)之以慶賞하고

포상하는 것으로 戰功을 탐내는 데에 익숙해지게 하고,

忸는 與狃同하니 串習也라 戰勝則與之賞慶하여 使習以爲常이라 忸는 女九反이라

楊倞注 : 忸는 '狃'와 같으니, 익숙해진다는 뜻이다. 전투에서 이기면 〈그때마다〉 그들에게 포상을 줌으로써 그것이 버릇이 되어 예사로운 일로 여기게 하는 것이다. 忸는 〈그 음이〉 女와 九의 반절이다.

15-59 鰌之以刑罰하여

형벌을 가하는 것으로 핍박하여

鰌는 藉也라 不勝則以刑罰陵藉之라 莊子에 風謂蛇曰 鰌我亦勝我라하니라 音秋라 或作蹭하니 七六反이라 ○ 盧文弨曰 鰌는 亦音蹴이니 見彊國篇注라 元刻엔 七六作七由하니 非라 今從宋本이라

楊倞注 : 鰌는 '藉(깔아뭉개다)'의 뜻이다. 전투에서 이기지 못하면 형벌로 그들을 핍박한다는 것이다. ≪莊子≫ 〈秋水〉에 바람이 뱀에게 이르기를 "鰌我亦勝我(나를 발로 밟더라도 나를 이길 수 있다.)"라고 하였다. 〈鰌는〉 음이 秋이다. 간혹 '蹭'으로 되어 있기도 하니, 〈그 음이〉 七과 六의 반절이다.

○ 盧文弨 : 鰌는 또 다른 음이 蹴이니, 〈彊國篇〉의 〈楊氏〉 주에 보인다. 元刻本에는 〈楊氏 주의〉 '七六'이 '七由'로 되어 있으니, 틀렸다. 여기서는 宋本을 따랐다.

15-60 使(天)[45]下之民으로 所以要利於上者 非鬪無由也하니이다

아래 백성들로 하여금 군주로부터 이익을 얻어내는 길이 전투가 아니고는 다른 길이 없게 합니다.

○ 顧千里曰 天字는 疑不當有라 此以下之民與要利於上相對爲文하니 謂秦民이요 非謂天下之民明甚이라 宋本與今本同하니 蓋皆誤라

○ 顧千里 : '天'자는 아마도 들어 있는 것이 옳지 않을 듯하다. 이는 '下之民'과 '要利於上'이 서로 대를 맞춰 글이 된 것이니, 秦나라 백성을 말한 것이지 천하의 백성을 말한 것은 아니라는 것이 매우 분명하다. 宋本과 지금 판본이 같으니, 대체로 모두 잘못되었다.

15-61 阸而用之하고 得而後功之하여

궁핍하게 한 뒤에 그들을 부리고 승리를 얻은 뒤에 그들의 공로를 인정하여

守險阸而用之하고 旣得勝이라야 乃賞其功하니 所以人自爲戰而立功者衆也라 ○ 先謙案 阸而用之는 彊國篇所云 如牆厭雷擊[46]이라 下文除阸其下하여 獲其功用이 義與此同이라 楊謂守險阸하니 非也라

楊倞注 : 험난한 지형을 지켜 그것을 이용하고 일단 승리를 얻은 뒤에야 그 공로를 포상하니, 이 때문에 사람들이 자발적으로 싸워 공로를 세운 자가 많았던 것이다.

○ 先謙案 : 阸而用之는 〈彊國篇〉에 이른바 "如牆厭雷擊(담벼락이 무너져 짓누르고 벼락이 내리치는 것과 같다.)"의 뜻이다. 아래 글에 "除阸其下 獲其功用(그 아랫사람들을 제어하여 그들의 실적을 얻어낸다.)"이라 한 뜻이 이와 같다. 楊氏는 험난한 지형을 지키는 것이라고

---

45) (天) : 저본에는 '天'이 있으나, 顧千里의 주에 의거하여 잘못 덧붙여진 글자로 처리하였다.

46) 如牆厭雷擊 : 〈彊國篇〉의 "黭然而雷擊之 如牆厭之(이런 통제가 갑자기 이르는 것은 마치 벼락이 내리치는 것 같고 담벼락이 무너져 짓누르는 것과도 같다.)"라고 한 말을 축약한 것이다. 〈彊國篇〉의 이 말은 예법과 음악이 불완전하고 명분과 도의가 불분명한 군주가 백성에게 위엄을 부리는 행태를 설명한 것 가운데 일부이다.

하였으니, 틀렸다.

15-62 功賞相長也하니 五甲首而隸五家하니이다

功을 세우고 賞을 받는 일이 서로 도와 발전하였으니, 적군의 수급 다섯을 얻은 자에게는 그의 고향의 다섯 가구를 奴僕으로 붙여줬습니다.

有功而賞之하여 使相長이라 獲得五甲首하면 則役隸鄕里之五家也라

楊倞注 : 공이 있으면 포상하여 그 일이 서로 도와 발전하게 하였다. 수급 다섯을 얻으면 그의 고향의 다섯 가구를 노복으로 붙여줬다.

15-63 是最爲衆彊長久하고 多地以正[47]이라 故四世[48]有勝하니 非幸也라 數[49]也니이다

이로 인해 秦나라가 가장 병력이 많고 전투력이 강하여 그 상태가 오랫동안 유지되었고 많은 토지에서 세금을 징수하였습니다. 그러므로 秦나라의 4대 군주가 계속 승리를 거두었으니, 이는 요행이 아니라 당연한 이치였습니다.

爲之有根本하여 不邀一時之利라 故能衆强長久也하며 不復其戶하고 利其田宅이라 故多地也라 以正은 言比齊魏之苟且爲正이라 言秦亦非天幸이라 有術數然也라 四世는 孝公惠王武王昭王也라

楊倞注 : 그렇게 행하는 것이 근본이 있어 한때의 이익만을 추구하지 않았기 때문에 병력이 많고 전투력이 강하여 그 상태가 오랫동안 유지되었으며, 〈魏나라의 경우처럼〉 그 집안의 노역을 면제해주고 그에게 농지와 주택을 더 늘려주지 않았기 때문에 국가에 토지가 많았다. 以正은 구차스러운 齊나라와 魏나라에 비해 정당하다는 것이다. 秦나라 또한 하늘이 준 행운이 아니라 술수가 있어 그러하였다는 것을 말한다. 四世는 孝公, 惠王, 武王, 昭王이다.

---

47) 正 : 여기서는 '征'과 통용하는 것으로, 세금을 징수한다는 뜻이다.

48) 四世 : 秦나라의 孝公(B.C. 361~B.C. 338 재위), 惠文王(B.C. 337~B.C. 311 재위), 武王(B.C. 310~B.C. 307 재위), 昭王(B.C. 306~B.C. 251 재위)을 가리킨다.

49) 數 : 여기서는 '理'와 같다.

15-64 故[50]齊之技擊은 不可以遇魏氏之武卒하고 魏氏之武卒은 不可以遇秦之銳士하고 秦之銳士는 不可以當桓文之節制하고 桓文之節制는 不可以敵湯武之仁義하니이다 有遇之者면 若以焦熬投石焉하리이다

대체로 齊나라의 技擊을 장기로 삼은 병사는 魏나라의 용맹한 병사를 대적할 수가 없고, 魏나라의 용맹한 병사는 秦나라의 정예병을 대적할 수 없고, 秦나라의 정예병은 齊 桓公과 晉 文公의 절도 있고 통제된 군대를 당해낼 수가 없고, 齊 桓公과 晉 文公의 절도 있고 통제된 군대는 商 湯王과 周 武王이 거느린 仁義의 군대를 대적할 수가 없습니다. 그들의 군대와 대적하는 자가 있다면 〈적수가 못되는 것이〉 마치 손가락으로 끓는 물을 휘젓고 계란으로 바위를 치는 것과 같을 것입니다.

以魏遇秦은 猶以焦熬之物投石也라 熬는 五刀反이라 ○ 盧文弨曰 有遇之者二句[51]는 似專言天下無有能敵仁義者라 注惟云以魏遇秦은 殆以當時無湯武하고 竝無桓文故也라 然無妨據理爲說이라 或云 末二句는 當竝從齊說下라하니라 王念孫曰 或說是라 兪樾曰 楊注猶以焦熬之物投石也나 然以投石爲喩에 不必言焦熬之物이라 注義未安이라 上文云 以桀詐堯는 譬之컨대 若以卵投石하고 以指撓沸라하니 此文以焦熬投石은 疑有奪誤라 當云以指焦熬하고 以卵投石이라 焦는 讀爲撨라 廣雅釋詁曰 撨는 拭也라하고 說文火部에 熬는 乾煎也라하니라 然則以指撨熬는 其義猶以指撓沸也라 先謙案 下文明言招近募選하여 隆埶詐하고 尙功利之兵은 勝不勝無常하여 代翕代張云云하니 則此有遇之者二句는 專謂湯武之仁義無敵이라 楊注誤라

楊倞注 : 魏나라 병사로 秦나라의 정예병을 대적하는 것은 마치 불타서 쉽게 부서지는 물건을 바위에 던지는 것과 같다는 것이다. 熬는 〈음이〉 五와 刀의 반절이다.

○ 盧文弨 : '有遇之者' 두 구는 오로지 천하에 仁義의 군대는 대적할 자가 없다는 것만을 대상으로 말한 것 같다. 〈楊氏의〉 주에 오직 '魏나라 병사로 秦나라의 정예병을 대적하는 것'이라고만 말한 것은 아마도 荀子 당시에 湯王과 武王이 없고 아울러 桓公과 文公도 없기 때문일 것이다. 그러나 이치에 근거하여 말하더라도 괜찮을 것이다. 혹자는 "말미 두 구는 마땅히 위의 齊나라부터 그 아래까지 포함해 말한 것이다."라고 하였다.

50) 故 : '夫'의 뜻과 같다.

51) 有遇之者二句 : 본문의 '有遇之者 若以焦熬投石焉'을 가리킨다.

王念孫 : 혹자의 설이 옳다.

兪樾 : 楊氏의 주는 "부서지기 쉬운 물건을 바위에 집어던지는 것과 같다는 것이다."라고 하였으나, 바위에 집어던진다는 말로 비유한 마당에 굳이 극히 약한 물건을 말할 이유가 없다. 〈楊氏의〉 주의 뜻은 온당치 못하다. 윗글(15-12)에 "以桀詐堯 譬之 若以卵投石 以指撓沸(桀王이 堯임금을 속인다는 것은 비유하건대, 마치 달걀로 바위를 치고 손가락으로 끓는 물을 휘젓는 것과 같다.)"라 하였으니, 여기 글 '以焦熬投石'은 아마도 빠졌거나 잘못된 글자가 있는 것 같다. 마땅히 '以指焦熬 以卵投石'이라 하여야 한다. 焦는 '摷'로 읽어야 한다. ≪廣雅≫ 〈釋詁〉에 "摷는 문질러 닦는다는 뜻이다."라 하고, ≪說文解字≫ 〈火部〉에 "熬는 바싹 볶는다는 뜻이다."라고 하였다. 그렇다면 '以指摷熬'는 그 뜻이 〈손가락으로 끓는 물을 휘젓는다는〉 '以指撓沸'와 같다.

先謙案 : 아래 글(15-74)에서 분명히 "招近募選 隆埶詐 尙功利之兵 勝不勝無常 代翕代張云云(시정아치를 불러들여 병사로 충원하여 권모술수를 중시하며, 戰功과 이익을 숭상하는 군대는 이기거나 지는 일이 일정하지 않아 어떤 때는 쇠약하고 어떤 때는 강성하며……)"이라고 말했으니, 이 '有遇之者' 두 구는 오로지 湯王과 武王의 仁義의 군대는 대적할 자가 없다는 것만을 대상으로 말한 것이다. 楊氏의 주는 잘못되었다.

15-65 **兼是數國者**면 **皆干賞蹈利之兵也**니 **傭徒鬻賣之道也**요 **未有貴上安制綦**[52]**節之理也**니이다

〈齊·魏·秦〉이 몇 개 나라의 성향을 종합해 살펴보면 모두 상을 노리고 이익을 추구하는 군대이니 고용된 인부가 〈품삯을 받기 위해〉 노동력을 파는 방법일 뿐이고 군주를 존중하고 제도를 준수하며 절의를 다하는 도리는 없습니다.

干은 **求也**라 **言秦魏雖足以相勝**이나 **皆求賞蹈利之兵**이니 **與傭徒之人鬻賣其力作無異**라 **未有愛貴其上**하여 **爲之致死**하고 **安於制度**하여 **自不踰越**하며 **極於忠義**하여 **心不爲非之理者也**라

楊倞注 : 干은 구한다는 뜻이다. 秦나라와 魏나라 병사들이 비록 충분히 적을 이긴다 하더라도 이들은 모두 상을 노리고 이익을 추구하는 군대이니, 고용된 사람이 〈품삯을 받기 위해〉 노동력을 파는 경우와 다름이 없다. 그의 군주를 사랑하고 존중하여 그를 위해 목숨을 바치고 제도를 준수하여 스스로 어기지 않으며, 충성과 절의를 다해 마음속에

52) 綦 : '極'과 통용한다.

부정한 생각을 품지 않는 도리를 가진 자는 없다.

15-66 諸侯有能微妙之以節이면 則作而兼殆之耳니이다

제후들 중에 능히 仁義로써 정밀하고 교묘하게 〈군대를 운용하는〉 자가 있다면 곧 일어나서 이 몇 개국을 아울러 위태롭게 할 수 있을 것입니다.

微妙는 精盡也라 節은 仁義也라 作은 起也라 殆는 危也라 諸侯有能精盡仁義면 則能起而兼危此數國이라 謂擒滅之라 ○ 盧文弨曰 舊本注作則能起而無危也 兼此數國하니 誤라 今據正文刪正이라

楊倞注 : 微妙는 정밀하고 완전하다는 뜻이다. 節은 仁義이다. 作은 일어난다는 뜻이다. 殆는 위태롭다는 뜻이다. 제후들 중에 능히 仁義를 정밀하고 완전하게 행하는 자가 있다면 일어나서 이 몇 개국을 아울러 위태롭게 할 수 있다는 것이다. 이 말은 그들을 사로잡고 멸망시키는 것을 말한다.

○ 盧文弨 : 옛 판본의 〈楊氏〉 주는 '則能起而無危也 兼此數國'으로 되어 있으니, 이는 잘못되었다. 여기서는 본문에 따라 바로잡았다.

15-67 故招(近)〔延〕[53](募)〔纂〕[54]選하여 隆埶詐[55]하고 尙功利는 是漸[56]之也니

그러므로 시정아치를 불러들여 병사로 충원하여 권모술수를 중시하며 戰功과 利益을 숭상하는 것은 인심을 속임수를 부리는 쪽으로 나아가게 하는 것이니,

近은 當爲延이니 傳寫誤耳라 招延은 謂引致之也라 募選은 謂以財召之하여 而選擇可者라 此論齊之技擊也라 隆埶詐는 謂以威埶變詐爲尙이니 此論秦也라 尙功利는 謂有功則利其田宅이니 論魏也라 漸은 進也니 言漸進而近於法이 未爲理也라 或曰 漸은 浸漬也니 謂其賞罰纔可漸染於外면 中心未悅服이라하니라 漸은 子廉切이라 ○ 兪

53) (近)〔延〕: 저본에는 '近'으로 되어 있으나, 楊倞의 주에 의거하여 '延'으로 바로잡았다.

54) (募)〔纂〕: 저본에는 '募'로 되어 있으나, 兪樾의 주에 의거하여 '纂'으로 바로잡았다. 纂은 갖춘다는 뜻이다.

55) 埶詐 : 권모술수라는 뜻이다. 埶는 '詐'와 뜻이 같다.

56) 漸 : 〈不苟篇〉에 "知則攫盜而漸(지혜로울 때는 남의 것을 훔쳐 기만한다.)"이라고 한 '기만하다'의 뜻과 이 글자의 기본 뜻인 '점점 나아가다'가 복합된 글자이다.

樾曰 楊云 近은 當爲延이라하니 是也라 招延二字同義니 則募選二字亦必同義라 募는 乃纂字之誤라 纂選은 皆具也니 說詳王制篇이라 楊注募選은 謂以財召之하여 而選擇可者는 非是라 先謙案 漸은 詐欺也니 說詳不苟篇이라

楊倞注 : 近은 마땅히 '延'으로 되어야 하니, 옮겨 쓰는 과정에 잘못된 것이다. 招延은 끌어오는 것을 이른다. 募選은 재물로 불러 그중에 쓸 만한 자를 고르는 것을 이른다. 이는 齊나라의 技擊을 논한 것이다. 隆埶詐는 위세와 속임수를 숭상하는 것을 이르니, 이는 秦나라를 논한 것이다. 尙功利는 공이 있으면 그에게 토지와 주택을 더 늘려주는 것을 이르니, 이는 魏나라를 논한 것이다. 漸은 앞으로 나아간다는 뜻이니, 점차 앞으로 나아가 法家 쪽으로 가까이 가는 것은 도리가 아니라는 것을 말한다. 혹자는 "漸은 스며든다는 뜻이니, 그 상벌이 마침 외부로부터 서서히 침범해 들어오면 마음이 충심으로 좋아할 수 없다는 것을 이른다."라고 하였다. 漸은 〈음이〉 子와 廉의 반절이다.

○ 兪樾 : 楊氏가 "近은 마땅히 '延'으로 되어야 한다."라고 하였으니, 옳다. '招延' 두 자는 같은 뜻이니, 그렇다면 '募選' 두 자도 필시 같은 뜻일 것이다. 募는 곧 '纂'자의 잘못이다. 纂과 選은 모두 갖춘다는 뜻이니, 이에 관한 설명은 〈王制篇〉에 자세히 보인다. 楊氏의 주에 "募選은 재물로 불러 그중에 쓸 만한 자를 고르는 것을 이른다."라고 한 것은 옳지 않다.

先謙案 : 漸은 속인다는 뜻이니, 이에 관한 설명은 〈不苟篇〉에 자세히 보인다.

15-68 禮義教化 是齊之也니이다

禮義로 교화하는 것만이 〈병사들의 마음을〉 통일시키는 길입니다.

服其心은 是齊壹人之術也라

楊倞注 : 그 마음을 승복하게 하는 것은 사람을 통일시키는 방법이다.

15-69 故以詐遇詐면 猶有巧拙焉이나

대체로 속임수를 쓰는 군대로 속임수를 쓰는 군대를 대적한다면 그들 사이에 교묘하고 졸렬한 차이가 있을 수 있지만

猶齊之技擊이 不可以當魏之武卒也라

楊倞注 : 齊나라의 技擊을 장기로 삼은 병사가 魏나라의 용맹한 병사를 대적할 수 없는

것과 같은 경우이다.

15-70 **以詐遇齊**면 辟(비)**之**컨대 **猶以錐刀隳**(휴)**太山也**니

속임수를 쓰는 군대로 마음이 통일된 군대를 대적한다면 비유컨대 마치 작은 칼로 태산을 허무는 것과 같으니,

辟는 **音譬**라 **隳**는 **毁也**라 **錐**는 **許唯反**이라

楊倞注 : 辟는 음이 譬이다. 隳는 허문다는 뜻이다. 錐는 〈음이〉 許와 唯의 반절이다.

15-71 **非天下之愚人莫敢試**라 **故王者之兵不試**하니이다

천하의 어리석은 사람이 아니라면 감히 그런 시험을 하지 않을 것입니다. 그러므로 王者의 군대와는 감히 시험 삼아 〈싸우려 하는〉 자가 없습니다.

一擧而定일새 不必試也라

楊倞注 : 군대가 한 번 출동하여 승패가 정해지므로 굳이 시험 삼아 〈싸우려 하지〉 않는다는 것이다.

15-72 **湯武之誅桀紂也**에 **拱挹指麾**하되 **而彊暴之國莫不趨使**하니

商 湯王과 周 武王이 夏桀과 商紂를 토벌할 때 공손하게 지휘하였지만 강포한 나라들도 모두 달려와 부림을 받지 않는 일이 없었으니,

誅其元惡이면 其餘獷悍者는 皆化而來臣役也라 ○ 王念孫曰 拱挹指麾는 盧依富國篇하여 改挹爲揖이라 案揖與挹通하니 不煩改字[①]라 諸本엔 皆作挹이라 呂本에 挹作揖하여 盧因改爲揖하니 誤라 先謙案 謝本은 從盧校하여 作拱揖하니 今依王說改正이라

① 宥坐篇에 挹而損之어늘 淮南道應篇에 挹作揖하고 晏子諫篇에 晏子下車挹之라하니 挹은 卽揖이라

〈宥坐篇〉에 "挹而損之(가득한 것을 억제하고 덜어낸다.)"라 하였는데, ≪淮南子≫ 〈道應篇〉에 '挹'이 '揖'으로 되어 있고, ≪晏子春秋≫ 〈諫篇〉에 "晏子下車挹之(晏子

가 수레에서 내려 읍을 하였다.)"라고 하였으니, '挹'은 곧 '揖'이다.

楊倞注 : 그 원흉을 토벌하면 그 나머지 사나운 자들은 모두 교화되어 품안으로 들어와 신하로 부릴 수 있다.

○ 王念孫 : 拱挹指麾는, 盧氏는 〈富國篇〉에 따라 '挹'을 '揖'으로 고쳤다. 살펴보건대, 揖과 挹은 통용하니, 번거롭게 글자를 고칠 필요가 없다. 여러 판본에는 모두 '挹'으로 되어 있다. 呂本에 '挹'이 '揖'으로 되어 있으므로 盧氏가 그에 따라 '揖'으로 고쳤으니, 잘못되었다.

先謙案 : 謝本은 盧校本에 따라 '拱揖'으로 되어 있는데, 여기서는 王氏의 설에 의해 고쳐 바로잡았다.

15-73 誅桀紂若誅獨夫라 **故泰誓曰 獨夫紂**[57)]라하니 **此之謂也**라 **故兵大齊則制天下**하고 **小齊則治隣敵**이니이다

夏桀과 商紂를 제거하기를 마치 한 필부를 제거하는 것과 같이 하였습니다. 그러므로 ≪書經≫ 〈泰誓〉에 '獨夫 紂'라 하였으니, 이를 두고 하는 말입니다. 그러므로 군대가 큰 규모로 한뜻이 되어 협력하면 천하를 제압하고 작은 규모로 한뜻이 되어 협력하면 이웃 적국을 위태롭게 할 수 있습니다.

以禮義敎化大齊之는 **謂湯武也**라 **小**는 **謂未能大備**니 **若五霸者也**라 **治隣敵**은 **言隣敵受其治化耳**라 ○ **盧文弨曰 宋本**엔 **故兵大齊提行起**나 **今案連上文是**라 **或中間有注**어늘 **脫去耳**라 **王念孫曰 治**는 **讀爲殆**라 **殆**는 **危也**니 **謂危隣敵也**라 **王制篇曰 威彊未足以殆隣敵**이라하고 **王霸篇曰 威動天下**하고 **彊殆中國**이라하고 **彊國篇曰 威動海內**하고 **彊殆中國**이라하니 **殆治古字通**①이라 **楊謂受其治化**하니 **則非用兵之事矣**라

① **彊國篇**에 **彊殆中國**의 **楊注**에 **殆或爲治**라하고 **史記范雎傳**에 **夫以秦卒之勇**과 **車騎之衆**으로 **以治諸侯**는 **譬若馳韓盧而搏蹇兎也**라하니 **治諸侯**는 **卽殆諸侯**라

〈彊國篇〉에 "彊殆中國(강성함은 중원 각국을 위태롭게 하였다.)"이라고 한 곳의 楊氏 주에 "殆는 간혹 '治'로 쓰기도 한다."라 하고, ≪史記≫ 〈范雎傳〉에 "夫以秦卒之勇 車

---

57) 獨夫紂 : ≪書經≫에는 '獨夫受'로 되어 있다. 獨夫는 고독한 사람이란 뜻이다. 일반적으로 민중이 배반하고 친족이 떠난 폭군을 가리킨다.

騎之衆 以治諸侯 譬若馳韓盧而搏蹇兎也(秦나라의 용감한 병사와 수많은 車馬로 각 제후국을 위태롭게 하는 것은 비유하면 韓나라의 名犬을 몰아 절뚝거리는 토끼를 잡는 것과 같다.)"라고 하였는데, '治諸侯'는 곧 '殆諸侯'이다.

楊倞注 : 禮義로 교화시켜 큰 규모로 한 뜻이 되어 협력하게 하는 것은 湯王과 武王을 이른다. 小는 능히 크게 〈그와 같이〉 갖추지 못하는 것을 이르니, 五霸와 같은 경우이다. 治隣敵은 이웃 적국이 〈霸者가〉 다스려 변화시키는 영향을 받는 것을 말한다.

○ 盧文弨 : 宋本에는 '故兵大齊'를 줄을 바꿔 시작하였으나 지금 살펴보건대, 윗글에 연결하는 것이 옳다. 혹시 중간에 〈楊氏의〉 주가 있었는데, 이것이 누락되었는지 모르겠다.

王念孫 : 治는 '殆'로 읽어야 한다. 殆는 위태롭다는 뜻이니, 이웃 적국을 위태롭게 하는 것을 이른다. 〈王制篇〉에 "威彊未足以殆隣敵(위세와 강대함이 충분히 이웃 나라를 위태롭게 하지 못한다.)"이라 하고, 〈王霸篇〉에 "威動天下 彊殆中國(그 위세는 천하를 진동시키고 그 강성함은 중원의 각국을 위태롭게 하였다.)"이라 하고, 〈彊國篇〉에 "威動海內 彊殆中國(그 위세는 온 세상을 진동시키고 그 강성함은 중원의 각국을 위태롭게 하였다.)"이라 하였으니, '殆'와 '治'는 옛 글자에 통용하였다. 그런데 楊氏는 "〈霸者가〉 다스려 변화시키는 영향을 받는 것을 이른다."고 하였으니, 이는 군대를 운용하는 일이 아니다.

15-74 若夫招近募選하여 隆埶詐하며 尙功利之兵은 則勝不勝無常하여 代[58]翕代張하고 代存代亡하여 相爲雌雄耳矣니이다

시정아치를 불러들여 병사로 충원하여 권모술수를 중시하며, 戰功과 利益을 숭상하는 군대는 이기거나 지는 일이 일정하지 않아 어떤 때는 쇠약하고 어떤 때는 강성하며, 어떤 때는 보존되고 어떤 때는 멸망하기도 하면서 서로 雌雄을 겨룰 뿐입니다.

翕은 斂也라 代翕代張과 代存代亡은 若言代强代弱也라 ○ 先謙案 宋台州本엔 注若作猶라

楊倞注 : 翕은 거둔다는 뜻이다. 代翕代張과 代存代亡은 代强代弱(어떤 때는 강하고 어떤 때는 약하다.)이란 말과 같다.

58) 代 : '교체하다', '번갈아들다'의 뜻이다. 편의상 '어떤 때'라고 풀이하였다.

○ 先謙案 : 宋 台州本에는 〈楊氏〉 주의 '若'이 '猶'로 되어 있다.

15-75 **夫是之謂盜兵**이니 **君子不由也**하니이다

이것을 두고 도적떼의 군대라고 이르니, 군자는 이런 방법을 쓰지 않습니다.

由는 用也라 以詐力相勝은 是盜賊之兵也라

楊倞注 : 由는 '用'의 뜻이다. 속임수와 힘으로 이기는 것은 도적떼의 군대이다.

15-76 **故齊之田單**[59)]과 **楚之莊蹻**와 **秦之衛鞅**[60)]과 **燕之繆蟣**(목기)[61)]는 **是皆世俗之所謂善用兵者也**니이다

대체로 齊나라의 田單, 楚나라의 莊蹻, 秦나라의 衛鞅, 燕나라의 繆蟣는 모두 세속의 이른바 용병을 잘했던 자들입니다.

田單는 齊襄王臣安平君也라 史記에 莊蹻者는 楚莊王苗裔라 楚威王使爲將하여 將兵循江而上하여 略蜀黔中以西라 蹻至滇(전)池하니 方三百里요 地肥饒數千里어늘 以兵威定屬楚라 欲歸報나 會秦擊奪楚巴黔中郡하여 道塞不通이라 因還하여 以其衆王[62)]滇하고 變服하여 從其俗焉이라 衛鞅은 秦孝公臣이니 封爲商君者也라 繆蟣는 未聞也라

楊倞注 : 田單는 齊 襄王의 신하 安平君이다. ≪史記≫ 〈西南夷列傳〉에 "莊蹻는 楚 莊王

---

59) 田單 : 齊나라 사람이다. 燕나라가 齊나라를 공격하여 70여 개의 성을 함락시키고 莒・卽墨 두 성만 아직 함락시키지 못하고 있을 때 卽墨의 성 안 사람들에 의해 장군으로 추대되어 反間計를 써서 燕나라의 명장 樂毅를 교체시키고 火牛陣으로 燕나라 군대를 크게 격파하여 잃었던 70여 개의 성을 모두 탈환하였다. 이 공으로 安平君에 봉해졌다.

60) 衛鞅 : 곧 商鞅이다. 성은 公孫이고 이름은 鞅이다. 전국 때 衛나라 군주의 후예이므로 衛鞅이라 부르기도 한다. 일찍이 秦나라에서 재상 겸 장군의 지위인 大良造에 임용되어 국법을 개정하였으며, 魏나라와의 전쟁에서 여러 번 전공을 세워 商邑에 봉해졌고 이로 인해 商君이라 불린다. 그가 전쟁할 때는 막역한 옛 벗을 속이는 방법도 거리낌 없이 사용하였다.

61) 繆蟣(목기) : 燕나라의 명장 樂毅를 달리 표기한 것이다. 繆과 樂, 蟣와 毅는 고대의 疊韻으로, 서로 통한다. 疊韻은 複音詞가 공통의 韻母를 갖고 있는 것을 말한다.

62) 王 : 저본의 원주에 "王은 原本에 '至'로 되어 있으나, ≪史記≫ 〈西南夷列傳〉에 의거하여 고쳤다.〔王 原本作至 據史記西南夷列傳改〕"라고 하였다.

의 후예이다. 楚 威王이 그를 장수로 임명하여 군대를 거느리고 長江을 따라 올라가 蜀郡과 黔中 서부지역을 평정하게 하였다. 莊蹻의 군대가 滇池에 당도해보니, 그곳은 사방 삼백 리나 되었고 주변에 비옥하고 물산이 풍부한 땅 수천 리가 있으므로 군대의 위력으로 그곳을 평정하여 楚나라에 귀속시켰다. 그는 조정으로 돌아와 왕에게 그 사실을 보고하려고 하였으나 때마침 秦나라가 楚나라의 巴郡과 黔中郡을 공격하여 빼앗아가 도로가 막혀 통하지 않았다. 이로 인해 도로 돌아가 그의 군대에 의해 滇나라의 왕이 되고 복장을 바꾸어 그 지역의 풍속을 따랐다."라고 하였다. 衛鞅은 秦 孝公의 신하이니, 商君으로 봉해진 사람이다. 繆蟣는 누구인지 들어보지 못했다.

15-77 是其巧拙强弱은 則未有以相(君)〔若〕[63]也나 若其道는 一也니이다

이들의 교묘함과 졸렬함, 강하고 약한 것은 서로 비슷한 점은 없지만 그들이 따른 원칙은 하나입니다.

〔相若은 相似也〕[64]라 雖術不同이나 皆出於變詐라 故曰其道一也라 ○ 盧文弨曰 相君은 元刻엔 作相若하고 注首有相若相似也五字라 今從宋本이라 先謙案 相君은 猶言相長也라 廣雅釋詁에 長은 君也라하니 長訓君이면 則君亦訓長이라 元刻及注五字는 皆妄人增改라

楊倞注 : 相若은 서로 비슷하다는 뜻이다. 비록 방법이야 같지 않더라도 모두 임기응변과 술수에서 나왔으므로 그 원칙은 하나라고 말한 것이다.

○ 盧文弨 : 相君은 元刻本에는 '相若'으로 되어 있고, 〈楊氏〉 주의 첫머리에 '相若相似也'라는 다섯 자가 있다. 여기서는 宋本을 따랐다.

先謙案 : 相君은 서로 어른으로 여긴다는 뜻인 '相長'과 같다. ≪廣雅≫ 〈釋詁〉에 "長은 '君'의 뜻이다."라 하였으니, 長이 君의 뜻이면 君 또한 長의 뜻이다. 元刻本의 〈相若〉과 〈楊氏〉 주의 다섯 자(相若 相似也)는 모두 황당무계한 사람이 추가하고 고친 것이다.

15-78 未及和齊也하고

63) (君)〔若〕 : 저본에는 '君'으로 되어 있고 이것을 王先謙은 옳다고 하였으나, 世德堂本에 의거하여 '若'으로 바로잡았다.

64) 〔相若 相似也〕 : 저본에는 '相若 相似也'가 없고 王先謙은 없는 것이 옳다고 하였으나, 世德堂本에 의거하여 보충하였다.

병사들을 화합하여 한뜻으로 협력하게 하는 수준에는 미치지 못하고

數子之術은 **未能及於和齊人心也**라

楊倞注 : 이들 몇 사람이 행한 방법은 인심을 화합하여 한뜻으로 협력하게 하는 수준까지는 미치지 못하였다.

15-79 **掎契**(기설)**司詐**하며 **權謀傾覆**하니 **未免盜兵也**하니이다

상대방의 약점을 잡고 기회를 엿보아 속임수를 쓰며 권모술수를 부려 적을 전복시킬 것을 추구하였으니, 이 때문에 도적 형태의 군대를 면치 못했던 것입니다.

契은 **讀爲挈**이니 **挈**은 **持也**라 **掎挈**은 **猶言掎摭也**라 **司**는 **讀爲伺**요 **詐**는 **欺誑也**니 **皆謂因其危弱**하여 **卽掩襲之也**라

楊倞注 : 契은 '挈'로 읽어야 하니, 挈은 가진다는 뜻이다. 掎挈은 '掎摭(끌어당기고 줍다)'이란 말과 같다. 司는 '伺(엿보다)'로 읽어야 하고 詐는 속인다는 뜻이니, 모두 상대방이 위태롭고 허약한 것으로 인해 즉시 습격하는 것을 이른다.

15-80 **齊桓晉文楚莊吳闔閭越句踐**은 **是皆和齊之兵也**니 **可謂入其域矣**니이다

齊 桓公, 晉 文公, 楚 莊王, 吳 闔閭, 越 句踐 등의 군대는 모두 화합하여 한뜻으로 협력한 군대니, 그 큰 영역에 들어갔다고 하겠습니다.

入禮義敎化之域이라 **孟康曰 入王兵之域也**라하니라

楊倞注 : 禮義로 교화시키는 영역에 들어갔다는 것이다. 孟康이 "王者가 운용하는 군대의 영역에 들어간 것이다."라고 하였다.

15-81 **然而未有本統也**라

그러나 仁義를 근본으로 삼은 전통이 없기 때문에

本統은 **謂前行素修**를 **若湯武也**라

楊倞注 : 本統은 이전부터 仁義를 행하고 평소에 정사를 잘 다스리기를 湯王과 武王처

럼 하는 것을 이른다.

15-82 **故可以霸而不可以王**하니 **是强弱之效也**니이다

霸者는 될 수 있었지만 王者는 될 수가 없었습니다. 이것이 국가가 강해지고 약해지는 것에 대한 증험입니다."

湯武王而桓文霸하며 **齊魏則代存代亡**이 **是其效也**라

楊倞注 : 湯王과 武王은 王者가 되고 桓公과 文公은 霸者가 되었으며, 齊나라와 魏나라는 어떤 때는 보존되고 어떤 때는 멸망한 사례들이 그 증험이다.

15-83 **孝成王臨武君曰 善**하오 **請問爲將**호라 **孫卿子曰 知莫大乎棄疑**하고

孝成王과 臨武君이 말하였다.
"좋은 말씀이오. 將帥가 되는 원칙에 대해 여쭙고자 합니다."
孫卿子가 말하였다.
"지혜는 의심을 버리는 것보다 더 큰 것이 없고

不用疑謀는 **是智之大**라 ○ **先謙案 言用人不疑**라

楊倞注 : 의심스러운 계책을 쓰지 않는 것은 지혜 중에 큰 것이다.
○ 先謙案 : 인재를 등용할 때 의심하지 않는 것을 말한다.

15-84 **行莫大乎無過**하고 **事莫大乎無悔**하니이다

행동은 착오를 범하지 않는 것보다 더 큰 것이 없고 일이란 후회가 없는 것보다 더 큰 것이 없습니다.

○ **先謙案 當理而行**이라 **故無過**하고 **慮必先事**라 **故無悔**라

○ 先謙案 : 도리에 맞게 행동하므로 착오가 없고 반드시 일이 있기 전에 헤아리므로 후회가 없다는 것이다.

15-85 **事至無悔而止矣**니 **成不可必也**니이다

하는 일이 후회가 없는 정도에 도달하면 거기서 멈춰야 하니, 성공하는 일은 〈단번에 이루어질 것으로〉 단정할 수 없습니다.

不可必은 不得必謂成功하여 忘其警備라 莊子曰 聖人以必不必이라 故多功하고 衆人以不必必이라 故無功也[65]라하니라 ○ 盧文弨曰 成不可必也五字는 乃起下之詞라 注不得必三字는 宋本元刻엔 皆無하고 俗間本에 有之라 下引莊子語는 舊本多訛하여 今悉從元刻改正이라 先謙案 言成功不能期必於一出이라 故下云 有功如幸이라하니 文義甚明이라 楊盧說[66]非라

楊倞注 : 不可必은 반드시 성공할 것이라고 미리 단정하여 그에 대해 미리 경계하고 대비하는 것을 잊어서는 안 된다는 뜻이다. ≪莊子≫에 "聖人以必不必 故多功 衆人以不必必 故無功也(성인은 필연적인 일을 꼭 그렇게는 되지 않을 것으로 여기므로 성공하는 일이 많고, 일반인은 필연적이지 않은 일을 꼭 그렇게 될 것으로 여기므로 성공하는 일이 없다.)"라고 하였다.

○ 盧文弨 : '成不可必也' 다섯 자는 곧 아래 글을 일으키는 말이다. 〈楊氏〉 주의 '不得必' 세 자는 宋本과 元刻本에는 모두 없고 세간의 통행본에 들어 있다. 그 아래 인용된 ≪莊子≫의 말은 옛 판본에 잘못된 부분이 많아 여기서는 모두 元刻本에 따라 고쳐 바로잡았다.

先謙案 : 성공하는 일은 단번에 이루어질 것으로 단정할 수 없다는 말이다. 그러므로 아래에서 "有功如幸(공을 거두었을 때는 요행히 얻은 듯이 해야 한다.)"이라 하였으니, 글 뜻이 매우 분명하다. 楊氏와 盧氏의 설은 틀렸다.

15-86 **故制號政令欲嚴以威**하고 **慶賞刑罰欲必以信**하고 **處舍收臧欲周以固**하고

그러므로 제도와 호령, 정책과 명령은 엄격하여 위력이 있어야 하고, 포상과 형벌은 분명하여 신의가 있어야 하고, 보루를 설치하거나 재물을 보관하는 일은 빈틈이 없이 견고하게 해야 하고,

處舍는 營壘也요 收藏은 財物也라 周密牢固면 則敵不能陵奪矣리라

楊倞注 : 處舍는 보루이고 收藏은 재물이다. 그것을 빈틈이 없이 견고하게 하면 적들이

65) 莊子曰……故無功也 : ≪莊子≫ 〈列禦寇〉에 나온다. 다만 ≪莊子≫에는 '多功'이 '無兵'으로, '無功'이 '多兵'으로 되어 있다.

66) 盧說 : 盧文弨가 말한 '成不可必也五字 乃起下之詞'를 가리킨다.

침해하거나 빼앗아가지 못할 것이다.

15-87 **徙擧進退欲安以重**하고 **欲疾以速**하며

군대의 이동이나 전진과 후퇴는 차분하고 침착하게 하고 또 기민하고 신속하게 행동하여야 하며,

靜則安重而不爲輕擧하고 **動則疾速而不失機權**이라

楊倞注 : 군대가 조용히 머물러 있을 때는 차분하고 침착하여 경솔히 행동하지 말고, 움직일 때는 기민하고 신속히 행동하여 機智와 權謀를 잃지 말아야 한다.

15-88 **窺敵觀變欲潛以深**하고 **欲伍以參**하며

적군의 정황을 정탐하고 그 변화를 관찰할 때는 비밀스럽게 깊이 들여보내야 하고 적군의 여러 가지 정황을 종합하여 진실을 알아야 하며,

謂使閒諜觀敵은 **欲潛隱深入之也**라 **伍參**은 **猶錯雜也**라 **使閒諜或參之或伍之於敵之閒**하여 **而盡知其事**라 **韓子曰 省同異之言**하여 **以知朋黨之分**하고 **偶**[67]**參伍之驗**하여 **以責陳言之實**이라하고 **又曰 參之以比物**하고 **伍之以合**(參)〔**虛**〕[68]**也**라하니라

楊倞注 : 간첩에게 적군의 정황을 살펴보게 할 때는 숨어서 깊이 들어가게 해야 한다는 것을 이른다. 伍參은 여러 가지가 뒤엉켜 복잡하다는 말과 같다. 간첩으로 하여금 적군 사이에서 여러 가지로 뒤엉켜 〈복잡한 정황을 살펴〉 그 안에서 벌이지는 일을 빠짐없이 알아내게 한다는 것이다. ≪韓非子≫ 〈備內〉에 "省同異之言 以知朋黨之分 偶參伍之驗 以責陳言之實(〈훌륭한 군주는〉 의견이 서로 같거나 다른 말을 살펴 붕당의 구분을 알고, 여러 정황을 비교해 알아낸 결과를 종합하여 신하가 진술한 말이 사실인가를 감찰한다.)"이라 하고, 또 ≪韓非子≫ 〈揚搉〉에 "參之以比物 伍之以合虛(구체적인 사물을 배열하는 방법으로 일체를 검증하고, 추상적인 개념을 종합하는 방법으로 일체를 심사한다.)"라고 하였다.

---

67) 偶 : '合'과 같은 뜻으로, 여러 가지 정황을 합쳐 비교해보는 것을 말한다.

68) (參)〔虛〕: 저본에는 '參'으로 되어 있으나, ≪韓非子≫ 권2 〈揚搉〉과 楊愼의 ≪升菴集≫ 권41 〈朱子引用誤字〉에 의거하여 '虛'로 바로잡았다.

15-89 **遇敵決戰**엔 **必道吾所明**하고 **無道吾所疑**니이다

적군을 만나 교전할 때는 반드시 자기가 분명히 알고 있는 정황에 따라 행동해야 하고 미심쩍은 정황을 따라 행동해서는 안 됩니다.

道는 言也며 行也[69)]라 ○ 王念孫曰 道는 當訓爲行이라

楊倞注 : 道는 말한다는 뜻이며 행한다는 뜻이다.

○ 王念孫 : 道는 마땅히 행한다는 뜻이 되어야 한다.

15-90 **夫是之謂六術**이니이다

이것을 두고 〈장수가 준수할〉 여섯 가지 전술이라 말합니다.

自制號政令已下有六也라

楊倞注 : '制號政令' 이하부터 여섯 가지가 있다.

15-91 **無欲將而惡**(오)**廢**[70)]하고

어떤 사람이 마음에 든다 하여 장수를 삼거나 싫다 하여 파면하지 말아야 하고

○ 先謙案 無以所欲而將之하고 無以所惡而廢之니 唯視其能否하고 無私好惡라 荀書多以欲惡代好惡라

○ 先謙案 : 군주는 어떤 사람이 마음에 든다 하여 장수를 삼지 말고, 싫다 하여 파면하지 말아야 하니, 그 능력 유무만을 살펴보고 사적인 好惡가 없어야 한다는 것이다. ≪荀子≫에는 '欲惡'로 '好惡'를 대신한 경우가 많다.

15-92 **無急勝而忘敗**하고 **無威內而輕外**하고 **無見其利而不顧其害**하고

---

69) 道 言也行也 : 言과 行은 그 뜻이 상반되고 또 王念孫의 설로 비추어볼 때 '言也'는 잘못 덧붙여진 것으로 의심된다. 그러나 이에 대해 거론한 학자가 없어 우선 원문대로 번역하였다.

70) 無欲將而惡(오)廢 : 이 글은 장수의 입장에서 하는 말이므로 王先謙의 설에 따라 번역하지 않았다.

승리를 거두는 데에 급급하여 혹시 패배할 수도 있다는 것을 잊어서는 안 되고, 자기 내부의 기율이 위엄이 있는 것만 중시하여 외부의 적을 가볍게 여겨서는 안 되고, 자기에게 유리한 면만 보고 자기에게 해가 되는 면을 돌아보지 않아서는 안 되고,

强使人出戰而輕敵이라

楊倞注 : 무리하게 사람들을 출전시켜 적을 가볍게 여기지 〈않아야 한다는 것이다.〉

15-93 凡慮事欲孰[71)]而用財欲泰니이다

대체로 사정을 고려할 때는 심사숙고하되 재물로 포상할 때는 풍성하게 하여야 합니다.

孰은 謂精審이라 泰는 謂不吝賞也라

楊倞注 : 孰은 정밀하게 살펴보는 것을 이른다. 泰는 포상을 인색하게 하지 않는 것을 이른다.

15-94 夫是之謂五權이니이다

이것을 두고 〈장수가 전쟁 중에 행할〉 다섯 가지 재량이라 말합니다.

五者는 爲將之機權也라

楊倞注 : 이 다섯 가지는 장수 된 자의 機智와 權謀이다.

15-95 所以不受命於主有三하니이다 可殺而不可使處不完하고 可殺而不可使擊不勝하고 可殺而不可使欺百姓이니 夫是之謂三至니이다

이 때문에 장수가 군주의 명령을 받지 않아도 되는 경우가 세 가지가 있습니다. 차라리 처형을 당하더라도 〈자기 군대를〉 수비가 불완전한 곳에 진을 치게 해서는 안 되고, 차라리 처형을 당하더라도 〈자기 군대가〉 승리하지 못하는 전투를 하

---

71) 孰 : '熟'과 통용한다.

게 해서는 안 되고, 차라리 처형을 당하더라도 〈자기 군대가〉 백성들을 속이게 해서는 안 되니, 이것을 두고 세 가지 중요한 원칙이라 말합니다.

至는 謂一守而不變이라

楊倞注 : 至는 한결같이 지켜 변하지 않는 것을 이른다.

15-96 凡受命於主而行三軍에 三軍旣定하여 百官得序하고 群物皆正하면

대체로 군주의 명령을 받아 三軍을 통솔할 적에 三軍을 이미 안정시켜 軍中의 각급 관리가 질서가 잡혀 〈각기 자기의 직무를 담당하고〉 각종 일들이 모두 올바로 진행되어 〈자기의 역량을 당당하게 발휘한다면〉

百官은 軍之百吏라 得序는 各當其任이라

楊倞注 : 百官은 軍中의 각급 관리이다. 得序는 각기 자기의 임무를 담당한다는 뜻이다.

15-97 則主不能喜하고 敵不能怒하니

군주가 〈사적인 마음으로 총애하여〉 그를 기쁘게 하지 못하고 적이 〈대항하여〉 그를 노하게 하지 못하니,

不苟徇上意라 故主不能喜하고 不爲變詐라 故敵不能怒也라

楊倞注 : 윗사람의 뜻을 쉽게 따르지 않으므로 군주가 자기에 대해 좋아하게 할 수 없고, 속임수를 쓰지 않으므로 적이 자기에 대해 노하게 할 수 없다.

15-98 夫是之謂至臣이니이다

이것을 두고 가장 훌륭한 신하라 말합니다.

爲臣之至當也라

楊倞注 : 신하 된 자의 지극히 합당한 도리이다.

15-99 **慮必先事**하고 **而申之以敬**하며

군사행동을 취하기에 앞서 반드시 심사숙고하고 신중하게 수행할 것을 거듭 다짐하며

謀慮必在事先하고 **重之以敬**하여 **常戒懼而有備也**라

楊倞注 : 반드시 일에 임하기 이전에 잘 헤아리고 신중하게 수행할 것을 거듭 다짐하면서 항상 경계하고 조심하여 뜻하지 않은 상황에 대비해야 한다는 것이다.

15-100 **愼終如始**하여 **終始如一**이니 **夫是之謂大吉**이니이다

전쟁의 최후 단계에서도 처음처럼 신중히 하여 시종 한결같아야 하니, 이것을 두고 군대의 大吉이라 말합니다.

言必無覆敗之禍也라

楊倞注 : 반드시 패배하여 괴멸하는 화가 없다는 말이다.

15-101 **凡百事之成也**는 **必在敬之**하고 **其敗也**는 **必在慢之**라 **故敬勝怠則吉**하고 **怠勝敬則滅**하며 (計)〔誼〕[72]**勝欲則從**하고 **欲勝**(計)〔誼〕**則凶**하니이다 **戰如守**하고

대체로 각종 일들이 성공하는 까닭은 반드시 그 일을 신중히 하는 데에 있고 실패하는 까닭은 반드시 그 일을 태만히 하는 데에 있습니다. 그러므로 신중함이 태만함을 이기면 길하고 태만함이 신중함을 이기면 멸망하며, 의리가 욕망을 이기면 순리롭고 욕망이 의리를 이기면 위험합니다. 전투는 수비하듯이 하고

不務越逐也라 **書曰 不愆于五步六步**하여 **乃止齊焉**이라하니라

楊倞注 : 일정한 구역을 넘어가 적을 뒤쫓지 않는다는 것이다. ≪書經≫ 〈牧誓〉에 "〈오늘 행군할 때는〉 다섯 걸음, 여섯 걸음을 넘어가지 않고서 멈추어 대열을 정돈할 것이다."라고 하였다.

---

72) (計)〔誼〕 : 저본에는 '計'로 되어 있으나, 王天海의 설에 의거하여 '誼'로 바로잡았다. 誼는 '義'와 같다. 아래의 경우도 같다.

15-102 **行如戰**하며 **有功如幸**이니이다

行軍은 전투하듯이 하며, 공을 거두었을 때는 요행히 얻은 듯이 해야 합니다.

不務驕矜이라

楊倞注 : 교만한 마음을 갖지 않는다는 것이다.

15-103 **敬謀無壙**하고

계획을 신중히 준비하여 소홀히 하지 말고,

無壙은 言不敢須臾不敬也라 壙은 與曠同이라

楊倞注 : 無壙은 감히 잠시도 신중하지 않는 일이 없는 것을 말한다. 壙은 '曠'과 같다.

15-104 **敬事無壙**하고 **敬吏無壙**하고 **敬衆無壙**하고 **敬敵無壙**이니 **夫是之謂五無壙**이니이다 **愼行此六術五權三至**하고 **而處之以恭敬無壙**이니이다 **夫是之謂天下之將**이니 **則通於神明矣**니이다

전투의 일을 신중히 대처하여 소홀히 하지 말고, 軍中의 관리들을 신중히 대하여 소홀히 하지 말고, 병사들을 신중히 대하여 소홀히 하지 말고, 적군을 신중히 상대하여 소홀히 하지 말아야 하니, 이것을 두고 장군이 소홀히 하지 말아야 할 다섯 가지라고 말합니다.

이 여섯 가지 전술, 다섯 가지 재량, 세 가지 중요한 원칙을 신중하게 실천하고, 공경하여 소홀히 하지 않는 태도로 모든 일을 처리하여야 합니다. 이것을 두고 천하의 명장이라 말하니, 〈그의 용병술은〉 神明과 통합니다."

天下莫及之將이라

楊倞注 : 〈天下之將은〉 천하에 누구도 미쳐갈 수 없는 장수라는 뜻이다.

15-105 **臨武君曰 善**하오 **請問王者之軍制**하노이다 **孫卿子曰 將死鼓**하고

臨武君이 말하였다.

"좋은 말씀이오. 王者의 군대제도에 대하여 여쭙고자 합니다."
孫卿子가 말하였다.
"장수는 〈전진을 알리는〉 북소리를 들으며 죽고,

死는 謂不棄之而奔亡也라 左傳曰 師之耳目은 在吾旗鼓라하니라

楊倞注 : 死는 군대를 버리고 도망가지 않는 것을 이른다. ≪春秋左氏傳≫ 成公 2년에 "군대의 귀와 눈은 나의 깃발과 북소리에 달려 있다."라고 하였다.

15-106 **御死轡**하고 **百吏死職**하고 **士大夫**[73)]**死行列**하니이다 **聞鼓聲而進**하고 **聞金聲而退**하되 **順命爲上**이요 **有功次之**니이다

戰車를 모는 병사는 말고삐를 잡고 죽으며, 각급 관리는 그의 직무 속에서 죽고 군사들은 대오 속에서 죽습니다. 북소리를 듣고 전진하고 징소리를 듣고 후퇴하되, 명령을 순종하는 것이 가장 중요하고 戰功을 세우는 것은 그 다음입니다.

軍之所重은 在順命이라 故有功次之라

楊倞注 : 군사들에게 중시되는 것은 명령을 순종하는 데에 있기 때문에 戰功을 세우는 것은 그 다음이다.

15-107 **令不進而進**은 **猶令不退而退也**하여 **其罪惟均**하니이다

전진하지 말라고 명령하였는데도 전진하는 것은 후퇴하지 말라고 명령하였는데도 후퇴하는 것과 같아 그 죄는 동일합니다.

令은 教令也라 言使之不進而進은 猶令不退而退하여 其罪同也라

楊倞注 : 令은 軍令이다. 전진하지 말라고 했는데도 전진하는 것은 후퇴하지 말라고 했는데도 후퇴하는 것과 같아 그 죄가 같다는 것을 말한다.

15-108 **不殺老弱**하고 **不獵禾稼**하며

73) 士大夫 : 여기서는 군사들을 가리킨다.

〈전투를 벌일 때〉 노인과 약자를 죽이지 않고 농작물을 짓밟지 않으며,

獵은 **與躐同**하니 **踐也**라

楊倞注 : 獵은 '躐'과 같으니, 발로 밟는다는 뜻이다.

15-109 **服者不禽**하고 **格者不舍**하며 犇(분)**命者不獲**하니이다

굴복하여 물러가는 자는 붙잡지 않고 저항하는 자는 놓아두지 않으며, 목숨을 부지하기 위해 도망해온 자는 포로로 잡지 않습니다.

服은 **謂不戰而退者**니 **不追禽之**라 **格**은 **謂相距捍者**라 **奔命**은 **謂奔走來歸其命者**니 **不獲之爲囚俘也**라 犇은 **與奔同**이라

楊倞注 : 服은 싸우지 않고 물러가는 자를 이르니, 그를 추격하여 사로잡지 않는다. 格은 서로 대항하는 자를 이른다. 奔命은 그의 목숨을 부지하기 위해 도망온 자를 이르니, 그를 붙잡아 포로로 삼지 않는다. 犇은 '奔'과 같다.

15-110 **凡誅**는 **非誅其百姓也**라 **誅其亂百姓者也**니이다 **百姓有**扞**其賊**이면 **則是亦賊也**니이다

대체로 처벌은 그 백성들을 처벌하는 것이 아니라, 그 백성들을 어지럽힌 자를 처벌하는 것입니다. 백성 가운데 그 적을 보호해주는 자가 있다면 이 또한 적입니다.

扞**其賊**은 **謂爲賊之**扞**蔽也**라

楊倞注 : 扞其賊은 적의 보호막이 되어주는 자를 이른다.

15-111 **以故順刃者生**하고 **蘇刃者死**하며 犇**命者**(貢)〔**貰**〕[74)]하니이다

그러므로 칼날에 순응하여 도망가는 살려주고 칼날에 맞서 대항하는 자는 죽이며, 목숨을 부지하기 위해 도망해온 자는 그 죄를 용서해줍니다.

---

74) (貢)〔貰〕: 저본에는 '貢'으로 되어 있으나, 劉師培의 설에 의거하여 '貰'로 바로잡았다.

順刃은 謂不戰하고 偝之而走者라 蘇는 讀爲傃라 傃는 向也니 謂相向格鬬者라 貢은 謂取歸命者하여 獻於上將也라

楊倞注：順刃은 싸우지 않고 등을 돌리고 달아나는 자를 이른다. 蘇는 '傃'로 읽어야 한다. 傃는 향한다는 뜻이니, 서로 향하여 맞붙어 싸우는 자를 이른다. 貢은 목숨을 부지하기 위해 도망해온 자를 취해 上將에게 바치는 것을 이른다.

15-112 微子開封於宋하고

微子開는 〈周 왕조에 귀순하여〉 宋나라에 봉해졌고

紂之庶兄[75)]이라 名啓니 歸周後封於宋이라 此云開者는 蓋漢景帝諱를 劉向改之也라

楊倞注：〈微子開는〉 紂王의 庶兄이다. 이름은 啓니 周나라에 귀의한 뒤에 宋나라에 봉해졌다. 여기에서 '開'라고 말한 것은 漢 景帝의 諱가 〈啓이므로〉 劉向이 고쳤을 것이다.

15-113 曹觸龍斷於軍하며

曹觸龍은 〈周나라 군대에 저항하여〉 軍中에서 참수되었으며,

說苑曰 桀貴爲天子하고 富有四海어늘 其臣有左師觸龍者하여 諂諛不正[76)]이라하니라 此云紂臣하니 當是說苑誤라 又戰國策에 趙有左師觸龍하여 說(세)太后하여 請長安君質秦하니 豈復與古人同官名乎아 ○ 盧文弨曰 史記趙世家에 左師觸龍言願見太后하니 言字는 當屬下讀이라 趙策誤作觸讋하니 當以此注爲正이라

楊倞注：≪說苑≫에 "夏桀은 존귀하기로는 천자이고 부유하기로는 천하를 소유하였는데, 그의 신하 중에 左師 觸龍이란 사람이 있어 아첨을 잘하고 정직하지 않았다."라고 하였다. 그런데 여기에서 그를 紂王의 신하라고 하였으니, 분명히 ≪說苑≫이 잘못되었을 것이다. 또 ≪戰國策≫ 〈趙策〉에 의하면, 趙나라에 左師 觸龍이란 사람이 있어 太后를 설득하여 長安君을 秦나라에 볼모로 보낼 것을 청하였으니, 아마 또 〈이 사람이〉 그 옛사람과 관직과 이름이 같았던 듯하다.

---

75) 庶兄：정실에게서 난 아들이 첩에게서 태어난 형을 이르는 말이다.

76) 說苑曰……諂諛不正：≪說苑≫ 〈敬愼〉에 유사한 내용이 보인다.

○ 盧文弨 : ≪史記≫ 〈趙世家〉에 "左師觸龍言願見太后(左師 觸龍이 太后를 만나 뵙기를 원한다고 말했다.)"라는 내용이 있는데, 그 '言'자는 마땅히 밑으로 붙여 읽어야 한다. ≪戰國策≫ 〈趙策〉에는 '觸讋'으로 잘못되어 있으니, 마땅히 이곳의 〈楊氏〉 주를 올바른 것으로 보아야 한다.

15-114 殷之服民도 所以養生之者也라 無異周人하니이다

殷나라의 복종한 백성들도 양육해야 할 사람들이므로 周나라 사람과 다름없이 대해주었습니다.

○ 先謙案 服民은 當作民服이니 此誤倒耳라 當封而封하고 當殺而殺하니 皆所以養生其民이라 故殷民服之라

○ 先謙案 : 服民은 마땅히 '民服'으로 되어야 하니, 이것은 잘못되어 거꾸로 된 것이다. 봉해주는 것이 마땅하면 봉해주고 죽이는 것이 마땅하면 죽였으니, 이는 모두 그 백성을 양육하는 일이다. 그러므로 殷나라 백성들이 복종했던 것이다.

15-115 故近者歌謳而樂之하고 遠者竭蹷(궐)而趨之하며

이 때문에 가까운 지방의 사람들은 周나라의 덕을 노래하면서 환영하였고 먼 지방의 사람들은 허둥지둥 기면서 귀순하였으며,

竭蹷은 顚仆니 猶言匍匐也라 新序엔 作竭走而趨之라

楊倞注 : 竭蹷은 넘어진다는 뜻이니, 匍匐이라는 말과 같다. ≪新序≫에는 '竭走而趨之'로 되어 있다.

15-116 無幽閒辟陋之國히 莫不趨使而安樂之하니이다 四海之內若一家하고 通達之屬莫不從服하니 夫是之謂人師니이다

후미지고 궁벽한 국가들까지 모두 달려와 부림을 받으면서 안락하게 지내지 않는 일이 없었습니다. 온 세상이 한 집안처럼 되었고, 길이 통하는 곳의 사람이면 모두가 복종해왔으니, 이것을 두고 백성들의 어른이라 말합니다.

師는 **長**이라

楊倞注 : 師는 어른이란 뜻이다.

15-117 **詩曰 自西自東**하며 **自南自北**하여 **無思不服**이라하니 **此之謂也**니이다

≪詩經≫에 '서쪽에서 동쪽에서 남쪽에서 북쪽에서 심복하지 않는 이 없네.'라 하였으니, 이를 두고 하는 말입니다.

詩는 **大雅文王有聲之篇**이라

楊倞注 : ≪詩經≫은 〈大雅 文王有聲〉편이다.

15-118 **王者有誅而無戰**하니 **城守不攻**하고 **兵格不擊**하며

王者는 정벌하는 일은 있더라도 전쟁은 없으니, 적이 성을 견고하게 지킬 때는 공격하지 않고 적이 완강하게 저항할 때는 공격하지 않으며,

德義未加하여 **所以敵人不服**이라 **故不攻擊也**며 **且恐傷我之士卒也**라

楊倞注 : 도덕과 신의가 그들에게 미치지 못하여 적들이 복종하지 않은 것이다. 이 때문에 공격하지 않는 것이며, 또 내 병사들에게 상해를 입힐까 염려되기 때문이다.

15-119 **上下相喜則慶之**하니이다

적군의 상하가 〈한마음으로〉 서로 좋아하면 그들을 치하해줍니다.

敵人上下相愛悅則慶賀之하니 **豈況侵伐乎**아

楊倞注 : 적군의 상하가 서로 사랑하고 즐거워하면 치하해주어야 하는데, 어찌 하물며 침공하겠는가.

15-120 **不屠城**하고

적의 성안의 백성들을 도륙하지 않고

屠는 謂毁其城하고 殺其民을 若屠者然也라

楊倞注 : 屠는 그 성곽을 허물고 그 백성을 죽이기를 마치 짐승을 도륙하듯이 하는 것을 이른다.

15-121 不潛軍하며

군대를 비밀히 출동하여 적을 공격하지 않으며,

○ 先謙案 潛은 襲敵之不備라

○ 先謙案 : 潛은 대비하지 않은 적을 습격한다는 뜻이다.

15-122 不(留)〔劉〕[77]衆하고

일반인을 죽이지 않고

不久留暴露於外也라

楊倞注 : 외지에 오래 머물러 비바람에 노출되게 하지 않는다는 것이다.

15-123 師不越時하니이다

군대의 출정은 〈미리 약정한〉 시한을 넘기지 않습니다.

古者行役不踰時也라

楊倞注 : 옛날에 출정할 때는 〈미리 약정한〉 시한을 넘기지 않았다.

15-124 故亂者樂其政[78]하고 不安其上하여 欲其至也하니이다

---

77) (留)〔劉〕 : 저본에는 '留'로 되어 있으나, 高亨의 설에 의거하여 '劉'로 바로잡았다. 高亨은 劉는 죽인다는 뜻이며 고대에 '留'자와 통용했다고 하였다. 王天海도 이 견해에 동의하였다.

78) 亂者樂其政 : 帆足萬里는 "政은 '征'과 통용한다."라 하였고, 王天海도 그의 설에 동의하여 "혼란한 국가의 백성들이 王者가 정벌해주는 것을 좋아한다는 뜻이다."라고 하였다. 이 설을 번역에서는 반영하지 않았다.

그러므로 혼란한 국가의 백성들은 王者의 정책을 좋아하고 자기 군주에게 불안을 느껴 王者의 군대가 쳐들어오기를 바라는 것입니다."

東征西怨[79)]之比라

楊倞注 : 〈王者가 仁義의 군대를 일으켜〉 동쪽을 향해 정벌하면 서쪽 오랑캐가 원망한 경우이다.

15-125 臨武君曰 善하오

臨武君이 말하였다.
"좋은 말씀이오."

15-126 陳囂問孫卿子曰 先生議兵엔 常以仁義爲本하니이다

陳囂가 孫卿子에게 물었다.
"선생께서 용병술을 논할 때는 항상 仁義를 근본으로 삼으십니다.

陳囂는 荀卿弟子라 言先生之議는 常言兵以仁義爲本也라

楊倞注 : 陳囂는 荀卿의 제자이다. 선생의 주장은 항상 군대란 仁義를 근본으로 삼아야 한다고 말했다는 것을 말한다.

15-127 仁者愛人하고 義者循理하니이다 然則又何以兵爲니잇고

어진 사람은 사람을 사랑하고 의로운 사람은 도리를 따릅니다. 그렇다면 또 무엇 때문에 용병을 하는 것입니까.

愛人則懼其殺傷하고 循理則不欲爭奪하니 焉肯抗兵相加乎아

楊倞注 : 사람을 사랑하면 죽이거나 상처를 입히는 것을 두려워하고 도리를 따르면

---

79) 東征西怨 : ≪書經≫ 〈仲虺之誥〉의 "東征西夷怨 南征北狄怨(동쪽을 향해 정벌하면 서쪽 오랑캐가 원망하고 남쪽을 향해 정벌하면 북쪽 오랑캐가 원망하였다.)"을 축약한 말로, 湯王이 어느 한 지방을 향해 정벌하면 폭군의 치하에서 고통받는 다른 지방의 백성들이 자기들부터 먼저 구제하지 않는다고 원망하였다는 것이다.

〈남의 것을〉 쟁탈하려고 하지 않을 것이니, 어찌 군사를 일으켜 침범하겠느냐는 것이다.

15-128 **凡所爲有兵**[80)]**者**는 **爲爭奪也**니이다

대체로 용병하는 이유는 〈남의 것을〉 빼앗기 위해서인데 말입니다."

非謂[81)]**愛人循理**라

楊倞注 : 〈용병은〉 사람을 사랑하고 도리를 따르기 위함이 아니라는 것이다.

15-129 **孫卿子曰 非女所知也**니라 **彼仁者愛人**하니 **愛人故惡**(오)**人之害之也**하고 **義者循理**하니 **循理故惡人之亂之也**라 **彼兵者**는 **所以禁暴除害也**요 **非爭奪也**라 **故仁人之兵**은 **所存者神**하고 **所過者化**[82)]하여

孫卿子가 말하였다.

"이는 네가 알 수 있는 일이 아니다. 저 어진 사람은 남을 사랑하니, 남을 사랑하기 때문에 다른 사람이 그들을 해치는 것을 증오하고, 의로운 사람은 도리를 따르니, 도리를 따르기 때문에 다른 사람이 그 도리를 어지럽히는 것을 증오한다. 저 용병하는 이유는 횡포를 막고 해악을 제거하기 위해서이고 남의 것을 빼앗기 위해서가 아니다. 그러므로 어진 사람이 운용하는 군대는 그들이 머물러 있는 곳에서는 신명처럼 두려워하고 그들이 지나가는 곳에서는 귀순하여

所存止之處는 **畏之如神**하고 **所過往之國**은 **無不從化**라

楊倞注 : 그들이 머물러 있는 곳에서는 신명처럼 두려워하고, 그들이 지나간 나라는 귀순하지 않는 일이 없었다는 것이다.

---

80) 所爲有兵 : 所爲는 '所以'와 같고, 有兵은 '用兵'과 같다.

81) 謂 : '爲'와 같다.

82) 所存者神 所過者化 : ≪孟子≫ 〈盡心 上〉에도 보이는데, 앞뒤 순서가 바뀌었다. '所存者神'에 대해 朱熹는 마음속에 지니고 있는 생각이 신묘하여 측량할 수 없다는 뜻으로 풀이하였으나 楊倞의 주에 따라 번역하였다.

15-130 **若時雨之降**하여 **莫不說**(열)**喜**라 **是以堯伐驩兜**(도)[83]하고

마치 때 맞춰 단비가 내리는 것과도 같아 기뻐하지 않는 이가 없었다. 이 때문에 堯는 驩兜를 토벌하고

伐도 **亦誅也**라 **書曰 放驩兜于崇山也**라하니라

楊倞注：伐도 '誅'와 같다. ≪書經≫ 〈舜典〉에 "放驩兜于崇山(驩兜를 崇山에 안치하였다.)"이라 하였다.

堯

15-131 **舜伐有苗**[84]하고

舜은 有苗를 토벌하고

命禹伐之라 **書曰 帝曰 咨禹**아 **惟時有苗弗率**하니 **汝徂征之**하라하니라

楊倞注：禹에게 명령하여 정벌하게 하였다. ≪書經≫ 〈大禹謨〉에 "帝曰 咨禹 惟時有苗弗率 汝徂征之(舜임금이 '아, 禹야, 이 有苗가 명령을 따르지 않으니 네가 가서 정벌하라.'라고 했다.)"라 하였다.

舜

15-132 **禹伐共工**[85]하고

83) 驩兜(도)：고대 부락의 이름이다. 여기서는 堯 당시 그 부락의 수령을 가리킨다.

84) 有苗：堯·舜 시대 한 부락의 이름으로, 三苗로 불리기도 한다. 지금의 湖南·江西의 접경지대에 거주하였는데, 여기서는 그 수령을 가리킨다. 舜에 의해 三危 지역으로 추방되었다고 전한다.

85) 共工：顓頊帝 때부터 周나라 때까지 존재하였다는 한 부락의 이름인데, 여기서는 舜·禹 때 그 부락의 수령을 가리킨다.

禹는 共工을 정벌하고

書曰 流共工于幽州라하니라 皆堯之事[86)]어늘 此云禹伐共工하니 未詳也라

楊倞注：≪書經≫〈舜典〉에 "流共工于幽州(共工을 幽州에 유배하였다.)"라 하였다. 〈위와 함께〉 모두 堯임금의 일인데, 여기서는 '禹伐共工'이라 하였으니, 그 이유를 알 수 없다.

四凶服罪圖

86) 皆堯之事：≪書經≫〈舜典〉에 따르면, 驩兜·有苗(三苗)·共工·鯀을 추방한 것은 舜임금 때의 일로 되어 있다.

15-133 **湯伐有夏**하고 **文王伐崇**[87)]하고 **武王伐紂**하니 **此**(四帝兩王)〔**兩帝四王**〕[88)]은

湯은 夏桀을 토벌하고 周 文王은 崇國을 토벌하고 周 武王은 商紂를 토벌하였으니, 이 두 황제와 네 왕은

夏殷或稱王하고 **或稱帝**라 **曲禮曰 措之廟**하고 **立之主**하여 **曰帝**라하니 **蓋亦論夏殷也**라 **至周自貶損**하여 **全稱王**이라 **故以文武爲兩王也**라

楊倞注 : 夏나라와 殷나라는 천자를 王이라 칭하기도 하고 혹은 帝라 칭하기도 하였다. ≪禮記≫ 〈曲禮〉에 "천자의 靈位를 종묘에 안치하고 神主를 세워 거기에 아무개 '帝'라고 쓴다."라고 하였으니, 이 또한 夏나라와 殷나라의 경우를 논한 것이다. 周나라 때에 와서는 스스로 그 호칭을 폄하하여 전부 王이라 칭하였으므로 文·武를 두 왕이라 한 것이다.

15-134 **皆以仁義之兵**으로 **行於天下也**라 **故近者親其善**하고 **遠方慕其**(德)〔**義**〕[89)]하여

모두 仁義의 군대를 가지고 천하에 뛰어다녔던 것이다. 그러므로 가까운 지역의 사람은 그 선량함을 좋아하고 먼 지역의 사람은 그 道義를 흠모하여

○ **王念孫曰 慕其德**의 **德**은 **本作義**라 **後人改義爲德**하여 **以與服極爲韻**이나 **而不知與下文德字相複也**라 **文選爲袁紹檄豫州文注**와 **石闕銘注**와 **太平御覽兵部五十三引此竝作義**라

○ 王念孫 : '慕其德'의 '德'은 본디 '義'로 되어 있었다. 후세 사람이 '義'를 '德'으로 고쳐 服·極과 같은 聲韻이 되게 하였으나 아래 글 '德'자와 겹친다는 사실을 몰랐다. ≪文選≫의 〈爲袁紹檄豫州文〉 주 및 〈石闕銘〉 주와 ≪太平御覽≫ 〈兵部〉 권53의 여기 글을 인용한 곳에 모두 '義'로 되어 있다.

---

87) 崇 : 商나라 시대의 제후국으로, 지금의 河南 嵩縣 북방에 있었다. 崇侯 虎 때에 이르러 周 文王에 의해 멸망하였다.

88) (四帝兩王)〔兩帝四王〕 : 저본에는 '四帝兩王'으로 되어 있으나, ≪太平御覽≫ 권305 〈兵部〉 36에 인용된 글에 따라 바로잡았다.

89) (德)〔義〕 : 저본에는 '德'으로 되어 있으나, 王念孫의 주에 의거하여 '義'로 바로잡았다.

15-135 **兵不血刃**이라도 **遠邇來服**하니 **德盛於此**면 **施**(이)**及四極**이라 **詩曰 淑人君子**여 **其儀不忒**이로다 〔**其儀不忒**하니 **正是四國**이라하니〕[90] **此之謂也**니라

그들의 군대가 칼날에 피를 묻히지 않아도 멀고 가까운 지역의 사람들이 모두 귀순하였으니, 거룩한 덕이 이 수준에 도달하면 그 영향이 사방 먼 곳까지 뻗어 미칠 수 있는 것이다. ≪詩經≫에 '품성 좋은 저 군자여 그의 의표 단정하다. 그의 의표 단정하니 사방 나라 모범일세.'라 하였으니, 이를 두고 하는 말이다."

詩는 **曹風尸鳩之篇**이라 ○ **陳奐曰 案玩上文語意**에 **其下尙有其儀不忒**하니 **正是四國二句**어늘 **今脫之也**라 **儀**는 **卽義也**라 **故尸鳩篇儀皆讀爲義**라 **王念孫曰 此正承上文遠方慕義而言**이라 **所引詩**는 **蓋本作其義不忒**이어늘 **今本義作儀者**는 **後人據詩改之耳**라

楊倞注 : ≪詩經≫은 〈曹風 尸鳩〉 편이다.

○ 陳奐 : 살펴보건대, 윗글의 말뜻을 음미해볼 때 그 밑에 또한 '其儀不忒 正是四國' 두 구가 있어야 옳은데, 여기서는 누락되었다. 儀는 '義'이다. 그러므로 ≪詩經≫ 〈尸鳩篇〉의 儀는 모두 '義'로 읽는다.

王念孫 : 이 문단은 정확히 윗글 '遠方慕義'를 이어받아 말한 것이다. 인용된 ≪詩經≫에는 본디 '其義不忒'으로 되어 있었을 것인데, 지금 판본에 義가 '儀'로 되어 있는 것은 후세 사람이 시 내용의 뜻을 근거로 고쳤을 것이다.

15-136 **李斯**[91]**問孫卿子曰**

李斯가 孫卿子에게 물었다.

李斯는 **孫卿弟子**니 **後爲秦相**이라

楊倞注 : 李斯는 孫卿의 제자이니, 뒤에 秦나라 승상이 되었다.

---

90) 〔其儀不忒 正是四國〕 : 저본에는 '其儀不忒 正是四國'이 없으나, 陳奐의 주에 의거하여 보충하였다.

91) 李斯 : B.C. 284~B.C. 208. 楚나라 上蔡 사람이다. 秦나라의 재상으로, 전국 말기 法家의 대표적인 인물이다. 일찍이 荀子를 스승으로 섬겼으며 秦始皇이 중국을 통일하는 데에 크게 기여하였다.

15-137 **秦四世有勝**하여 **兵强海內**하고 **威行諸侯**로되 **非以仁義爲之也**라 **以便從事而已**니이다

“秦나라는 4대에 걸쳐 전쟁에서 승리하여 군대가 천하에 막강하고 위세가 각 제후국에 행해졌으나 仁義로 인해 그렇게 된 것이 아니라, 편리하기 때문에 그렇게 했을 뿐입니다.”

便其所從之事而已는 **謂若劫之以埶**하고 **隱之以阸**하고 **忸之以慶賞**하고 **鰌之以刑罰之比**라

楊倞注 : 그 하는 일이 편리하여 그렇게 했을 뿐이라는 것은 〈앞(15-56~59)에 나오는〉 “劫之以埶 隱之以阸 忸之以慶賞 鰌之以刑罰(백성들을 위세로 협박하고, 각종 제약을 가해 빈곤으로 몰아넣고, 포상하는 것으로 戰功을 탐내는 데에 익숙해지게 하고, 형벌을 가하는 것으로 핍박하였다.)”이라는 것과 같은 종류를 이른다.

15-138 **孫卿子曰 非女所知也**라 **女所謂便者**는 **不便之便也**요

孫卿子가 말하였다.
“이는 네가 알 수 있는 일이 아니다. 네가 말하는 편리는 편리하지 않은 편리이고

汝以不便人爲便也라

楊倞注 : 너는 사람들에게 편리하지 않은 것을 편리한 것으로 여겼다는 것이다.

15-139 **吾所謂仁義者**는 **大便之便也**니라

내가 말하는 仁義는 크게 편리한 편리이다.

吾以大便人爲便也라

楊倞注 : 나는 사람들에게 크게 편리한 것을 편리한 것으로 여겼다는 것이다.

15-140 **彼仁義者**는 **所以修政者也**라 **政修則民親其上**하고 **樂其君**하여 **而輕爲**

之死라 **故曰 凡在於軍**하니 **將率**(수)**末事也**라하니라

저 仁義는 정사를 잘 다스리기 위한 것이다. 정사가 잘 다스려지면 백성들이 그들의 윗사람을 가까이하고 그들의 군주를 좋아하여 그를 위해 쉽게 죽을 수 있다. 그러므로 '모든 것은 군사행동에 달려 있으니, 장수에 관한 일은 지엽적인 문제이다.'라고 말한 것이다.

荀卿前對趙孝成王有此言語하여 弟子所知라 故引以答之也라 ○ 謝本은 從盧校하여 軍作君이라 盧文弨曰 舊本엔 作凡在於軍이나 今案當是君字라 先謙案 凡在下作一句讀면 不改軍爲君이라도 說自可通하니 盧不當臆改라

楊倞注 : 荀卿이 앞서 趙 孝成王과 마주하여 이와 같은 말을 한 일이 있어 그의 제자가 이미 알고 있기 때문에 그 말을 인용하여 대답하였다.

○ 謝本은 盧校本에 따라 '軍'이 '君'으로 되어 있다.

盧文弨 : 옛 판본에는 '凡在於軍'으로 되어 있으나 지금 살펴보건대, 분명히 '君'자이다.

先謙案 : '凡在' 밑에서 한 구두를 만들어 읽으면 '軍'을 '君'으로 고치지 않더라도 말이 절로 통할 수 있으니, 盧氏가 어림짐작으로 고친 것은 옳지 않다.

15-141 **秦四世有勝**이나 **諰諰**(시시)**然常恐天下之一合而軋己也**하니라

秦나라는 4대에 걸쳐 전쟁에서 승리하였으나 벌벌 떨며 항상 온 천하가 연합하여 자기를 짓밟을까 두려워하였다.

漢書에 諰作鰓라 蘇林曰 讀如愼而無禮(禮)[92]則葸之葸라 鰓는 懼貌也라 先禮反이라 張晏曰 軋은 踐轢也라하니라

楊倞注 : ≪漢書≫ 〈刑法志〉에 '諰'는 '鰓'로 되어 있다. 蘇林이 "鰓는 '愼而無禮則葸(삼가기만 하고 예가 없으면 두렵다.)'의 '葸'처럼 읽는다. 鰓는 두려워하는 모양이다."라고 하였다. 〈음은〉 先과 禮의 반절이다. 張晏이 "軋은 짓밟는다는 뜻이다."라고 하였다.

15-142 **此所謂末世之兵**이니 **未有本統也**라

92) (禮) : 저본에는 '禮'가 있으나, ≪論語≫ 〈述而〉의 의거하여 잘못 덧붙여진 글자로 처리하였다.

이것은 이른바 쇠락한 시대의 군대이니, 근본적인 원칙이 없는 것이다.

本統은 **前行素脩**라

楊倞注 : 本統은 이전부터 〈仁義를〉 행하고 평소에 〈정사를〉 잘 다스린 일이란 뜻이다.

牧野誓師圖

15-143 **故湯之放桀也**는 **非其逐之鳴條**[93]**之時也**요 **武王之誅紂也**도 **非以甲子之朝**[94]**而後勝之也**라 **皆前行素修也**니 **此所謂仁義之兵也**니라

대체로 商湯이 桀王을 추방한 것은 그를 鳴條에서 추격했을 때가 아니고, 周 武王이 紂王을 토벌한 것도 甲子日 아침 결전을 벌인 뒤에 그를 이긴 것이 아니다. 모두 이전부터 〈仁

93) 鳴條 : 湯王이 桀王을 물리친 지방으로, 高侯原이라고도 한다. 지금의 山西 運城縣 安邑鎭 북쪽이라는 설이 있다.

94) 甲子之朝 : 武王이 지금의 河南 淇縣 서남지역인 牧野에서 商나라를 공격하여 승리한 시기를 말한 것으로, ≪書經≫ 〈牧誓〉의 "갑자일 날이 밝았다. 왕께서 아침에 商나라 교외 牧野에 이르러 맹세하였다.〔時甲子昧爽 王朝至于商郊牧野 乃誓〕"라고 한 데서 나온 말이다. 이 갑자일은 ≪史記≫ 〈周 本紀〉에 周 武王 12년 2월로 되어 있는데, 蔡沈의 ≪集傳≫에는 2월 4일이라고 하였다. 그러나 ≪中西歷日對照表≫에 의하면 周 武王 6년(B.C. 1116) 2월 5일이 맞다.

義를〉 행하고 〈정사를〉 잘 다스린 것으로 인해 〈그렇게 된 것이니,〉 이것이 이른 바 仁義의 군대이다.

前行素修는 謂前已行之하고 素已修之라 行은 讀如字라

楊倞注 : 前行素修는 이전에 이미 〈仁義를〉 행하고 평소에 이미 〈정사를〉 잘 다스린 것을 이른다. 行은 본음대로 읽는다.

15-144 今女不求之於本하고 而索之於末하니 此世之所以亂也니라

지금 너는 그 원칙을 근본에서 구하지 않고 지엽에서 찾으려고 하니, 이것이 세상이 어지러워지는 원인이다."

本은 謂仁義요 末은 謂變詐라 世所以亂은 亦由不求於本하고 而索於末이니 如李斯之說也라

楊倞注 : 本은 仁義를 이르고 末은 임기응변과 술수를 이른다. 세상이 어지러워지는 것은 이 또한 그 원칙을 근본에서 구하지 않고 지엽에서 찾기 때문이니, 李斯의 설과 같은 것들이다.

15-145 禮者는 治辨[95]之極也며 强(國)〔固〕[96]之本也며 威行之道也며 功名之總也라

禮란 나라를 다스리는 표준이며 나라가 강대해지는 근본이며 위엄이 행해지는 길이며 공적과 명성이 이루어지는 강령이다.

辨은 別也라 總은 要也라 强國은 謂强其國也라 ○ 先謙案 强國은 史記에 作强固하고 正義云 固는 堅固也라하니라 言國以禮義면 四方欽仰하여 無有攻伐이라 故爲强而且堅固之本也요 以禮義導天下면 天下服而歸之라 故爲威行之道也요 以禮義率天下면 天下咸遵之라 故爲功名之總이라 總은 合也며 聚也라

---

95) 辨 : 楊倞의 주는 이 글자의 본의인 '분별하다'로 풀이하였으나, 여기서는 일을 처리한다는 뜻인 '辦'과 통용한다.

96) (國)〔固〕 : 저본에는 '國'으로 되어 있으나, 王先謙의 주에 의거하여 '固'로 바로잡았다.

楊倞注 : 辨은 '別(분별하다)'의 뜻이다. 總은 '要'의 뜻이다. 强國은 그 나라를 강하게 하는 것을 이른다.

○ 先謙案 : '强國'은 ≪史記≫에 '强固'로 되어 있고, ≪史記正義≫에 "固는 견고하다는 뜻이다."라고 하였다. 나라가 禮義를 따르면 사방이 흠앙하여 무력으로 공격하는 일이 없기 때문에 강대하면서 또 견고한 근본이 되고, 禮義로 천하를 인도하면 천하가 복종하여 돌아오기 때문에 위엄이 행해지는 길이 되고, 禮義로 천하를 거느리면 천하가 모두 그대로 따르기 때문에 공적과 명성의 강령이 된다는 것을 말한다. 總은 '合'의 뜻이며 '聚'의 뜻이다.

15-146 王公由之하면 所以得天下也하고

제왕과 제후가 이것을 사용하면 천하를 얻는 원인이 되고

○ 盧文弨曰 元刻엔 得作一한대 史記禮書와 韓詩外傳四皆同이라

○ 盧文弨 : 元刻本에는 '得'이 '一'로 되어 있는데, ≪史記≫ 〈禮書〉와 ≪韓詩外傳≫ 권4에도 모두 같다.

15-147 不由하면 所以隕社稷也라

이것을 사용하지 않으면 社稷을 잃는 원인이 된다.

○ 先謙案 史記엔 隕作捐이라

○ 先謙案 : ≪史記≫ 〈禮書〉에는 '隕'이 '捐'으로 되어 있다.

15-148 故堅甲利兵으론 不足以爲勝하고 高城深池론 不足以爲固하며 嚴令繁刑으론 不足以爲威라 由其道則行하고 不由其道則廢라

그러므로 튼튼한 갑옷과 예리한 무기만으로는 승리할 수 없고, 높은 성벽과 깊은 해자만으로는 굳건히 지킬 수 없으며, 엄격한 명령과 조밀한 형벌만으로는 위세를 조성할 수가 없다. 그 원칙을 사용하면 모든 게 행해지고 그 원칙을 사용하지 않으면 모든 게 실패한다.

由은 用也라 道는 卽禮也라 用禮卽行하고 不用禮면 雖堅甲嚴刑이라도 皆不足恃也라

楊倞注：由은 '用'의 뜻이다. 道는 곧 禮이다. 禮를 사용하면 즉시 행해지고 사용하지 않으면 비록 튼튼한 갑옷과 가혹한 형벌이라도 모두 믿을 것이 못 된다.

15-149 **楚人鮫革犀兕以爲甲**하여 **鞈如金石**하고

楚나라 사람들은 상어가죽이나 물소가죽으로 갑옷을 만들어 두드렸을 때 나는 소리가 무쇠나 돌과 같았고

鞈은 堅貌라 以鮫魚皮及犀兕爲甲하여 堅如金石之不可入이라 史記엔 作堅如金石이라 鞈은 古洽反이라 管子曰 制重罪入以兵甲犀脅二戟하고 輕罪入蘭盾鞈革二戟이라하니라 犀兕는 堅如金石之狀也라 ○ 王念孫曰 楊本엔 作鞈如金石하여 與史記不同이라 然鞈訓堅貌는 諸書未有明文이라 說文에 鞈은 防扞也①라하고 尹[97]注管子小匡篇曰 鞈革은 重革이니 當心著之면 可以禦矢라하여 皆不訓爲堅貌라 史記而外韓詩外傳에도 亦作堅如金石이라 文選三月三日曲水詩序注에 引荀子正作堅하고 太平御覽兵部八十七同이라 鈔本北堂書鈔武功部九에 引作牢如金石②하니 此是避隋文帝諱하여 故改堅爲牢라 然則虞[98]所見本正作堅하여 與楊本異也라 兪樾曰 史記禮書에 作堅如金石이라 故楊注訓鞈爲堅貌하고 卽引史記爲證이라 然鞈之訓堅貌는 諸書皆無明文하니 殆非也라 說文鞈有二라 其一見革部爲正篆하고 其一見鼓部爲鼛(답)하니 篆之古文이라 鼛은 鼓聲也라 故文選上林賦鏗鎗闛鞈의 李善注曰 鏗鎗은 鍾聲也요 闛鞈은 鼓聲也라하니라 此文鞈如金石은 當以聲言이요 不當以貌言이니 謂扣之而其聲鞈然如金石也라 必以鼓聲相況者는 鼓是革所爲라 上云鮫革犀兕以爲甲하니 則亦革所爲也라 正見其屬辭之密이라 史記엔 作堅하여 自與荀子異하니 不得竝爲一談也라

---

97) 尹：唐나라 絳州 翼城 사람인 尹知章을 가리킨다. 則天武后 때 王府文學으로 발탁되어 太常博士를 지내고 中宗 때 陸渾令이 되었다가 뒤에 禮部員外郎과 國子博士를 역임하였다. 그가 주를 붙인 고서로 ≪孝經≫, ≪老子≫, ≪韓非子≫, ≪管子≫, ≪鬼谷子≫ 등이 있다.

98) 虞：≪北堂書鈔≫의 저자인 唐나라 虞世南(558~638)을 가리킨다. 越州 餘姚 사람으로, 자는 伯施이다. 박식하고 문장이 아름다웠으며 서법이 뛰어나 歐陽詢, 褚遂良, 薛稷과 함께 唐나라 초기 四大書家로 불렸다.

① 今本엔 扞譌作汗하여 據玉篇廣韻改라
지금 판본에는 '扞'이 잘못되어 '汗'으로 되어 있으므로 ≪玉篇≫과 ≪廣韻≫을 근거로 고쳤다.

② 陳禹謨本엔 改爲堅이라
陳禹謨本에는 〈牢가〉 '堅'으로 고쳐져 있다.

楊倞注 : 鞈은 단단한 모양이다. 상어가죽과 물소가죽으로 갑옷을 만들어 단단하기가 마치 무쇠나 돌처럼 뚫고 들어갈 수 없다. ≪史記≫ 〈禮書〉에는 '堅如金石'으로 되어 있다. 鞈은 〈음이〉 古와 洽의 반절이다. ≪管子≫에 "법으로 제정하여 중죄를 범한 자는 무기와 갑옷, 물소가죽으로 만든 가슴갑옷, 두 개의 창을 바치고, 가벼운 죄를 범한 자는 병기걸이와 방패, 가슴갑옷의 용도로 쓸 가죽, 두 개의 창을 바치게 해야 한다."라고 하였다. 물소가죽은 단단한 모양이 무쇠나 돌 같다.

○ 王念孫 : 楊氏가 본 판본에는 '鞈如金石'으로 되어 있어 ≪史記≫와 같지 않다. 그러나 鞈의 뜻을 단단한 모양이라고 한 것은 각종 문헌에 명백히 기록한 글이 없다. ≪說文解字≫에 "鞈은 막아낸다는 뜻이다."라 하고, ≪管子≫ 〈小匡篇〉의 尹氏 주에 "鞈革은 겹가죽이니 가슴 부분에 붙이면 화살을 막아낼 수 있다."라고 하여 모두 그 뜻을 단단한 모양으로 풀이하지는 않았다. ≪史記≫ 이외 ≪韓詩外傳≫에도 '堅如金石'으로 되어 있다. ≪文選≫ 〈三月三日曲水詩序〉의 주에서 ≪荀子≫를 인용한 곳에 올바로 '堅'으로 되어 있고, ≪太平御覽≫ 〈兵部〉 권87에도 그와 같다. 필사본 ≪北堂書鈔≫ 〈武功部〉 권9의 인용한 곳에서는 '牢如金石'으로 되어 있는데, 이는 隋 文帝의 諱를 피하여 일부러 '堅'을 고쳐 '牢'로 한 것이다. 그렇다면 虞氏가 본 판본은 올바로 '堅'으로 되어 있어 楊氏가 본 판본과는 달랐던 것이다.

兪樾 : ≪史記≫ 〈禮書〉에 '堅如金石'으로 되어 있기 때문에 楊氏의 주에 鞈의 뜻을 단단한 모양이라 하고 곧바로 ≪史記≫를 인용하여 증명하였다. 그러나 鞈의 뜻을 단단한 모양이라고 한 것은 각종 문헌에 모두 명백히 기록한 글이 없으니, 아마도 아닐 것이다. ≪說文解字≫에 '鞈'이 두 개가 있다. 하나는 〈革部〉에 보이는 것으로 올바른 篆字體이고, 또 하나는 〈鼓部〉에 보이는 것으로 '鼛'으로 되어 있으니 篆書體의 옛 글자이다. 鼛은 북소리이다. 그러므로 ≪文選≫ 〈上林賦〉에 "鏗鎗闛鞈(땡그랑 땡그랑, 두둥둥 두둥둥)"이라 한 곳의 李善 주에 "鏗鎗은 종소리이고, 闛鞈은 북소리이다."라고 하였다. 이곳 글 '鞈如金石'의 〈'鞈'은〉 마땅히 소리로 말하여야 하고 모양으로 말해서는 안 되니, 그 갑옷을 두드렸을 때 나는 두둥둥 소리가 무쇠나 돌과 같았다는 것을 이른다. 반드시 북소리로 비유한 이유는 북은 가죽으로 만든 것이기 때문이다. 위에서 상어가죽이나 물소가죽으로 갑옷

을 만들었다고 하였으니, 이 또한 가죽으로 만든 것이다. 이곳에서 말을 구성하는 기법이 정밀하다는 것을 똑바로 볼 수 있다. ≪史記≫에는 '堅'으로 되어 있어 기본적으로 ≪荀子≫와는 다르니, 이것을 합쳐 동일한 설법으로 만들 수는 없다.

15-150 宛鉅鐵釶(시) 慘如蠭蠆(봉채)하며

宛 땅의 강철로 만든 창이 사람을 해치는 것이 마치 벌이나 전갈의 독침과 같았으며,

宛은 地名이니 屬南陽이라 徐廣曰 大剛曰鉅라하니라 釶는 與鍦(시)同하니 矛也라 方言云 自關而西謂之矛하고 吳揚之閒謂之鍦라하니 言宛地出此剛鐵爲矛라 慘如蠭蠆는 言其中人之慘毒也라 鍦音啻라 ○ 盧文弨曰 案今方言云 矛는 吳揚江淮南楚五湖之閒謂之鍦라하고 無自關而西謂之矛七字라 先謙案 史記에 作宛之鉅鐵施하여 鑽如蠭蠆라하고 索隱云 鑽은 謂矛刃及矢鏃也라하니라 史釶爲施하고 慘爲鑽이라 故索隱以施屬下讀하여 望文解之라 例以上下文䩠如金石과 卒如飄風하면 則荀子本書文義較長이라

楊倞注：宛은 땅이름이니, 南陽에 속한다. 徐廣이 "매우 강한 철을 '鉅'라 한다."라고 하였다. 釶는 '鍦'와 같으니, 창이다. ≪方言≫에 "函谷關 서쪽 지방에서는 '矛'라 이르고, 吳州와 揚州 사이에서는 '鍦'라 이른다."라 하였으니, 宛 땅에서 생산된 강철로 창을 만드는 것을 말한다. 慘如蠭蠆는 사람을 찌르는 것이 잔인하고 혹독한 것을 말한다. 鍦는 음이 啻이다.

○ 盧文弨：살펴보건대, 지금 ≪方言≫에는 "矛는 吳州, 揚州, 長江, 淮水, 南楚, 五湖 사이에서는 '鍦'라 이른다."라 하였고, '自關而西謂之矛'라는 일곱 자는 없다.

先謙案：≪史記≫ 〈禮書〉에 "宛之鉅鐵施 鑽如蠭蠆(宛 땅에서 생산된 강철로 창을 만들어 그 날카로운 끝은 마치 벌이나 전갈이 사람을 쏘듯 재빠르다.)"로 되어 있고, ≪史記索隱≫에 "鑽은 창날 및 화살촉을 이른다."라고 하였다. ≪史記≫에는 '釶'가 '施'로 되어 있고 '慘'이 '鑽'으로 되어 있기 때문에 ≪史記索隱≫에 '施'를 밑으로 붙여 읽어 글자만 보고 대강 풀이하였다. 위아래 문구인 '䩠如金石'과 '卒如飄風'으로 살펴보면 ≪荀子≫ 본문의 뜻이 비교적 더 낫다.

15-151 輕利僄遬하여 卒如飄風이라

〈병사들이 행군할 때〉 날렵하고 신속하여 갑자기 움직이는 동작이 마치 회오리 바람 같았다.

言楚人之趫捷也라 僄도 亦輕也니 匹妙反이라 或當爲嫖姚之嫖라 嫖는 驍勇也라 遫은 與速同이라

楊倞注 : 楚나라 사람의 가볍고 민첩함을 말한다. 僄 또한 가볍다는 뜻이니, 〈그 음은〉 匹과 妙의 반절이다. 〈'僄'는〉 어쩌면 마땅히 '嫖姚'의 '嫖'로 되는 것이 옳을 것 같다. 嫖는 사납고 날쌔다는 뜻이다. 遫은 '速'과 같다.

15-152 然而兵殆於垂沙[99]하여 唐蔑死하고

그런데도 군대가 垂沙의 전투에서 위험한 지경에 처하여 대장 唐蔑이 전사하였고,

殆는 謂危亡也라 垂沙는 地名이나 未詳所在라 漢地理志에 沛郡有垂鄉하니 豈垂沙乎인저 史記楚懷王二十八年에 秦與齊韓魏共攻楚하여 殺楚將唐昧하고 取我重丘而去라하니라 昧는 與蔑同이라 ○ 盧文弨曰 垂沙는 史記에 作垂涉이라 王念孫曰 案垂字는 古讀若陀①하니 垂沙는 蓋地名之疊韻者[100]라 韓詩外傳及淮南兵略篇엔 竝作兵殆於垂沙하고 楚策云 垂沙之事에 死者以千數라하니 則作垂沙者是라

① 說見唐韻正이라
이에 관한 설명은 ≪唐韻正≫에 보인다.

楊倞注 : 殆는 멸망의 위기를 이른다. 垂沙는 땅이름이나 그곳이 어디인지는 알 수 없다. ≪漢書≫ 〈地理志〉에 의하면 沛郡에 垂鄉이 있으니 그곳이 혹시 垂沙인지 모르겠다. ≪史記≫ 〈楚世家〉에 의하면 楚 懷王 28년에 "秦나라가 齊·韓·魏와 함께 楚나라를 공격하여 楚나라 장수 唐昧를 죽이고 우리 〈楚나라의〉 重丘를 빼앗은 뒤에 떠나갔다."라고 하였다. 昧는 '蔑'과 같다.

○ 盧文弨 : 垂沙는 ≪史記≫ 〈禮書〉에 '垂涉'으로 되어 있다.

王念孫 : 살펴보건대, '垂'자는 옛날에 '陀'자처럼 읽었으니, 垂沙는 대체로 땅이름으로

99) 垂沙 : 지금의 河南 唐河縣 지역에 있던 땅이름이다.

100) 垂字……蓋地名之疊韻者 : 疊韻은 複音詞가 공통의 韻母를 갖고 있는 것으로, '欄干', '千年', '螳螂' 등을 가리킨다. 陀의 음은 tuó이고 沙의 음은 shā로서 이 두 자의 韻母가 같다.

서 疊韻으로 이루어진 것이다. ≪韓詩外傳≫ 및 ≪淮南子≫ 〈兵略篇〉에는 모두 '兵殆於垂沙'로 되어 있고, ≪戰國策≫ 〈楚策〉에 "垂沙의 전투에서 죽은 사람이 천 명을 헤아렸다."라고 하였으니, '垂沙'로 된 것이 옳다.

15-153 莊蹻起하여 楚分而爲三四라

莊蹻가 반기를 들고 일어나서 楚나라가 갈라져 서너 조각이 되었다.

司馬貞史記索隱曰 莊蹻는 楚將이라 言其起爲亂後에 楚遂分爲四라하니라 韓子曰 楚王欲伐越하니 (莊)〔杜〕[101]子曰 臣患目能見百步而不見其睫이라 王之兵敗於齊晉하고 莊蹻爲盜境內하되 吏不能禁이어늘 而欲伐越하니 此智之如目也라하니라 蹻初爲盜라가 後爲楚將이라 ○ 先謙案 史記에 引三四作四參이라 參與三同이라 索隱엔 誤以參字下屬이라

楊倞注：司馬貞의 ≪史記索隱≫에 "莊蹻는 楚나라 장수이다. 그가 일어나 반란을 일으킨 뒤에 楚나라가 마침내 나뉘어 네 조각이 된 것을 말한다."라 하였다. ≪韓非子≫ 〈喩老〉에 "楚나라 왕이 越나라를 정벌하려고 하니, 杜子가 '신이 우려하는 것은 눈동자가 백 보 밖의 물건은 볼 수 있으면서도 자기 속눈썹은 보지 못한다는 점입니다. 왕의 군대가 齊나라와 晉나라에 패배하였으며, 莊蹻가 국내에서 도적질을 하는데도 관리들이 금지하지 못하고 있는데, 越나라를 정벌하려고 하니, 이는 지혜가 눈동자처럼 〈먼 것은 보고 가까운 것은 보지 못하는〉 것과 같습니다.'라 했다."라고 하였다. 莊蹻가 처음에 도적이 되었다가 뒤에는 楚나라 장수가 되었다.

○ 先謙案：≪史記≫에 인용된 곳에는 '三四'가 '四參'으로 되어 있다. 參과 三은 같다. ≪史記索隱≫에는 잘못하여 '參'자를 아래로 붙였다.

15-154 是豈無堅甲利兵也哉아 其所以統之者非其道故也라 汝潁[102]以爲險하고 江漢[103]以爲池하며 限之以鄧林[104]하고 緣之以方城[105]이라

---

101) (莊)〔杜〕：저본에는 '莊'으로 되어 있으나, ≪韓非子≫ 〈喩老〉에 의거하여 '杜'로 바로잡았다.

102) 汝潁：汝는 汝水로, 河南 魯山縣 大盂山에서 발원하여 淮河로 흘러 들어간다. 潁은 潁水로, 河南 登封縣 서남쪽에서 발원하여 동남쪽으로 흘러 淮河로 들어간다.

103) 江漢：長江과 漢水이다.

이것이 어찌 단단한 갑옷과 예리한 무기가 없어서였겠는가. 이는 국가를 통치하는 방법이 禮義의 도가 아니었기 때문이다.

〈楚나라는〉 汝水와 潁水로 천연의 요새를 이루고 長江과 漢水로 해자를 이루며, 鄧林으로 병풍을 삼고 方城山으로 에워싸 보호하였다.

鄧林은 **北界鄧地之山林**이라 **緣**은 **繞也**라 **方城**은 **楚北界山名也**라

楊倞注 : 鄧林은 북방 鄧 지역의 산림이다. 緣은 에워싼다는 뜻이다. 方城은 楚나라 북쪽 경계의 산 이름이다.

15-155 然而秦師至而鄢郢擧[106] 若振槁然이라

그런데도 秦나라 군대가 쳐들어와 鄢과 郢을 함락하는 것이 마치 마른 나뭇잎을 잡아 꺾듯이 하였다.

擧는 **謂擧而取之**라 **鄢郢**은 **楚都**라 **振**은 **擊也**라 **槁**는 **枯葉也**라 **謂白起伐楚**에 **一戰擧鄢郢也**라

楊倞注 : 擧는 들어 올려 취하는 것을 이른다. 鄢과 郢은 楚나라 도성이다. 振은 '擊'의 뜻이다. 槁는 마른 나뭇잎이다. 白起가 楚나라를 정벌할 적에 한 번 싸워 鄢과 郢을 완전히 취한 것을 이른다.

15-156 是豈無固塞隘阻[107]也哉아 其所以統之者 非其道故也라 紂刳比干하고 囚箕子하며 爲炮烙刑하고

---

104) 鄧林 : 지금의 河南 鄧縣 일대로, 楚나라 변방 옛 鄧國의 산림이다.

105) 方城 : 楚나라 북쪽 변방의 긴 성이다. 지금의 河南 泌陽縣 북쪽에서 시작되어 河南 葉縣 남쪽 方城縣 동북쪽에 있는 方城山을 경유하여 伏牛山을 따라 남쪽으로 뻗어 내려와 鄧縣에 이르러서야 멈춘다.

106) 秦師至而鄢郢擧 : 鄢은 지금의 湖北 宜城縣 남쪽에 있던 큰 성이고, 郢은 지금의 湖北 江陵市 북쪽에 있던 楚나라 도성이다. 秦 昭王 28년인 B.C. 279년에 秦나라 大良造 白起가 楚나라를 공격하여 鄢・鄧・西陵을 취하였다. 그 이듬해에 郢을 취하고 夷陵을 불태웠으며 동쪽으로 竟陵까지 이르러 그 일대를 南郡으로 삼았다.

107) 固塞隘阻 : 뜻이 같은 글자를 연이어 배열한 것으로, 모두 지형이 험준한 것을 가리킨다.

이것이 어찌 지역의 형세가 험준하지 않아서였겠는가. 이는 국가를 통치하는 방법이 禮義의 도가 아니었기 때문이다.

商나라 紂王은 比干의 배를 가르고 箕子를 잡아가두었으며, 炮烙刑을 행하고

比干

箕子

列女傳曰 炮烙은 爲膏銅柱하여 加之炭上하여 令有罪者行焉하고 輒墮火中에 紂與妲己大笑라하니라 烙은 古責反이라 ○ 盧文弨曰 炮烙之刑은 古書엔 亦作炮格之刑이라 格은 讀如庋格之格하니 古閣格一也라 史記索隱鄒誕生音閣이라하고 此注云烙古責反이라하니 可證楊時本尙作格也라 王念孫曰 此段氏若膺說也니 說見鍾山札記①[108]라

① 昔嘗聞盧校荀子多用段說이라 故盧本前列參訂名氏에 有金壇段若膺이나 而書中所引段說은 則唯有禮論篇持虎一條라 余未見段氏校本하여 無從採錄이라 故但據所見之書하여 略擧一二焉이라

108) 鍾山札記 : 盧文弨가 南京 鍾山書院에서 학생들을 가르칠 당시 편찬한 것으로, 모두 4권이다. 경전과 역사서를 교정한 내용들로 이루어졌다.

예전에 일찍이 盧氏가 ≪荀子≫를 교정하는 과정에 段氏의 설을 많이 채용하였다는 말을 들었다. 그러므로 盧校本 앞부분에서 교정을 진행할 때 참고한 인물들의 성명을 나열한 곳에 金壇 段若膺이 들어 있으나 ≪荀子≫ 속에 인용한 段氏의 설은 오직 〈禮論篇〉의 '持虎' 한 조항만 있다. 나는 段氏의 校本을 보지 못해 채록할 수 없으므로 단지 접해본 글에 의거하여 한두 가지만 대략 거론했을 뿐이다.

楊倞注 : ≪列女傳≫에 "炮烙은 구리기둥에 기름을 발라 그것을 숯불 위에 올려놓고서 죄가 있는 사람을 그 위를 걸어가게 하고 불속으로 떨어질 때마다 紂王이 妲己와 함께 크게 웃었다."라고 하였다. 烙은 〈음이〉 古와 責의 반절이다.

○ 盧文弨 : 炮烙之刑은 옛 글에는 또 '炮格之刑'으로 되어 있다. 格은 '庋格'의 '格'처럼 읽어야 하니, 옛날에는 '閣'과 '格'의 음이 같았다. ≪史記索隱≫에서 〈炮烙의 주에〉 鄒誕生이 〈烙의〉 음이 '閣'이라 하였고, 여기 〈楊氏의〉 주에 "烙은 〈음이〉 古와 責의 반절이다."라고 하였으니, 楊氏 당시 판본에는 아직 '格'으로 되어 있었다는 것을 증명할 수 있다.

王念孫 : 이것은 段若膺(段玉裁)의 설이니, 이에 관한 설명은 〈鍾山札記〉에 보인다.

15-157 **殺戮無時**하여 **臣下懍然莫必其命**이라

수시로 사람들을 죽여 신하들은 두려움에 떨면서 자기가 제명대로 살 수 있을지 단정할 수 없었다.

懍然은 悚栗之貌라 莫自謂必全其命也라

楊倞注 : 懍然은 두려워 벌벌 떠는 모양이다. 반드시 자기의 목숨을 보전할 것으로 스스로 생각지 못한다는 것이다.

15-158 **然而周師至**에 **而令不行乎下**하여 **不能用其民**이라 **是豈令不嚴**하고 **刑不繁也哉**아 **其所以統之者非其道故也**라 **古之兵**은 **戈矛弓矢而已矣**라 **然而敵國不待試而詘**하니라

그런데도 周나라 군대가 쳐들어오자, 그(紂王)의 명령이 하부에서 행해지지 않아 그 백성들을 사용할 수 없었다. 이것이 어찌 명령이 엄하지 않고 형벌이 조밀하지 않아서였겠는가. 이는 국가를 통치하는 방법이 禮義의 도가 아니었기 때문

이다.

고대 〈聖王의〉 무기는 외날창과 쌍날창, 활과 화살 정도에 지나지 않았다. 그런데도 적국은 이것들을 사용하기도 전에 굴복하였다.

試는 用也라 詘은 服也라

楊倞注 : 試는 사용한다는 뜻이다. 詘은 굴복한다는 뜻이다.

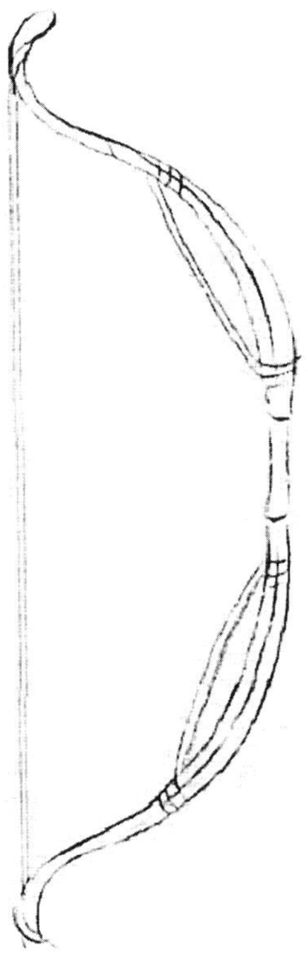

弓

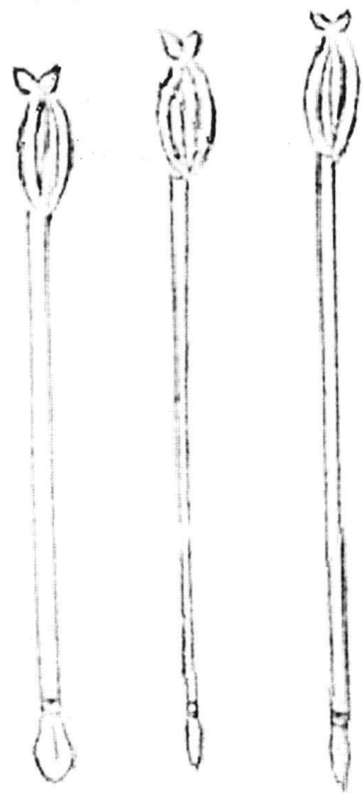

矢

15-159 城郭不辨하고

성곽을 정비하지 않고

辨은 治也니 或音辦이라 ○ 郝懿行曰 古無辦字하니 荀書多以辨爲辦이라 此注音義兩得之라

楊倞注 : 辨은 다스린다는 뜻이니, 어떤 경우는 음이 '辦'이다.

○ 郝懿行 : 상고 때는 '辦'자가 없었으니, ≪荀子≫에는 '辨'을 '辦'으로 간주해야 할 경우가 많다. 이곳 〈楊氏〉 주의 음과 뜻은 다 옳다.

15-160 溝池不(拑)〔抇〕[109]하며

해자를 파지 않으며,

拑은 古掘字라 史記에 作城郭不集하고 溝池不掘이라하니라 文子曰 無伐樹木하고 無鉗墳墓라하니 鉗은 亦音掘이라 或曰 拑은 當作抇이니 篆文抇字與拑字相近하여 遂誤耳라하니라 ○ 盧文弨曰 案甘聲之拑은 不當爲古掘字라 注前一說非하고 後一說當作抇이 是也라 正論篇에 大古薄葬이라 故不抇하고 亂今厚葬飾棺이라 故抇也라하고 又列子說符篇에 俄而抇其谷이라하고 呂覽節喪篇에 葬淺則狐狸抇之라하여 皆作抇字하니 知此拑字誤라

楊倞注 : 拑은 옛날의 '掘'자이다. ≪史記≫ 〈禮書〉에 "城郭不集 溝池不掘(성곽을 높이 쌓지 않고 해자를 깊이 파지 않았다.)"이라 하였다. ≪文子≫ 〈上義〉에 "無伐樹木 無鉗墳墓(수목을 베지 않고 무덤을 파내지 않았다.)"라 하였으니, 鉗은 또 다른 음이 '掘'이다. 혹자는 "拑은 마땅히 '抇'로 되어야 하니, 篆書體로는 '抇'자와 '拑'자의 모양이 서로 가까워 그만 잘못된 것이다.

○ 盧文弨 : 살펴보건대, 음이 甘인 '拑'은 당연히 옛날의 '掘'자가 될 수 없다. 〈楊氏의〉 주에서 앞의 설은 틀렸고 뒤에 마땅히 '抇'로 되어야 한다는 설이 옳다. 〈正論篇〉에 "大古薄葬 故不抇 亂今厚葬飾棺 故抇也(태곳적에는 간략하게 장사 지냈으므로 도굴을 당하지 않았고, 혼란한 지금은 후하게 장사 지내 관을 성대하게 꾸미므로 도굴을 당하게 된 것이다.)"라 하고, 또 ≪列子≫ 〈說符篇〉에 "俄而抇其谷(얼마 뒤에 그 산골짜기의 땅을 팠다.)"이라 하고, ≪呂覽(呂氏春秋)≫ 〈節喪篇〉에 "葬淺則狐狸抇之(시신을 옅게 묻으면 여우와 살쾡이가 파낸다.)"라고 하여 모두 '抇'자로 되어 있으니, 이 '拑'자는 잘못되었다는 것을 알 수 있다.

15-161 固塞(새)不樹하고 機變不張이라

요새를 세우지 않고 기계장치도 설치하지 않았다.

---

109) (拑)〔抇〕 : 저본에는 '拑'으로 되어 있으나, 盧文弨의 주에 의거하여 '抇'로 바로잡았다.

固塞는 謂使邊境險固니 若今之邊城也라 樹는 立也라 塞는 先代反이라 機變은 謂器械變動攻敵也라 ○ 先謙案 說文에 固는 四塞也라하고 周禮掌固注에 固는 國所依阻者也라하니라 國曰固요 野曰險이라 此篇固塞與機變對文하니 上與隘阻對文이라 彊國篇固塞險形埶便은 固塞與形埶對文하여 皆二字平列하여 與富國篇云其塞固者不同이라 楊注未了機變二字平列하여 注云器械變動이라하니 亦未安이라

楊倞注 : 固塞는 변방 지역을 험난하고 견고하게 만드는 것을 이르니, 지금의 변방 성곽과 같다. 樹는 세운다는 뜻이다. 塞는 〈음이〉 先과 代의 반절이다. 機變은 기계를 변동해가면서 적을 공격하는 것을 이른다.

○ 先謙案 : ≪說文解字≫에 "固는 사방이 막혔다는 뜻이다."라 하고, ≪周禮≫ 〈掌固〉 주에 "固는 나라가 의지하는 험난한 것이다."라고 하였다. 도성이 험난한 것을 '固'라 이르고 지방이 험난한 것을 '險'이라 이른다. 이 편의 '固塞'는 '機變'과 대구가 되었는데, 위쪽에서는 '隘阻'와 대구가 되었다. 〈彊國篇〉에는 "固塞險 形埶便(견고한 요새는 험난하고 땅의 형세는 유리하다.)"이라 하여 '固塞'가 '形埶'와 대구로서 모두 두 자가 같은 뜻으로 나열되어, 〈富國篇〉의 "其塞固(그 〈악을〉 차단하는 것이 확고하다.)"라 한 것과는 다르다. 楊氏의 주는 '機變' 두 자가 같은 뜻으로 나열된 것임을 이해하지 못해 注에서 '器械變動'이라고 풀이하였으니, 이 또한 온당치 못하다.

15-162 然而國晏然不畏外而明內[110)]者는 無它故焉이라

그런데도 국가가 안정되어 외부의 적을 두려워하지 않고 국내를 강성하게 한 데에는 다른 까닭이 없다.

內는 當爲固라 史記에 作晏然不畏外而固也라 ○ 王念孫曰 此當依史記하여 作不畏外而固라 今本에 而下有明字者는 涉下文明道而衍이라

楊倞注 : 內는 마땅히 '固'로 되어야 한다. ≪史記≫에 '晏然不畏外而固'로 되어 있다.

○ 王念孫 : 이 문구는 마땅히 ≪史記≫에 따라 '不畏外而固'로 되어야 한다. 지금 판본에 '而' 밑에 '明'자가 있는 것은 아래 글 '明道'와 연관되어 잘못 덧붙여진 것이다.

---

110) 明內 : 앞(15-25)에 보이는 '國日明'과 같은 것으로, 국내를 강성하게 한다는 뜻이다. 明은 '强'과 같다.

15-163 明道而分鈞[111)]之하고

禮義의 도를 밝혀 백성들에게 혜택을 공평하게 분배하고

○ 盧文弨曰 史記外傳에 俱作均分之라 王念孫曰 均與鈞通이라 亦當依史記外傳乙轉이라

○ 盧文弨：≪史記≫와 ≪韓詩外傳≫에는 모두 '均分之'로 되어 있다.

王念孫：均과 鈞은 통용한다. 그리고 마땅히 ≪史記≫와 ≪韓詩外傳≫에 따라 글자의 순서를 바꿔야 한다.

15-164 時使而誠愛之하여 下之和上也如影嚮[112)]하며

일정한 시기에 부려 백성들을 진정으로 사랑함으로써 아래 백성이 군주에게 화답하기를 마치 그림자가 형체를 따르고 메아리가 소리에 호응하듯 하였으며,

和는 胡臥反이라

楊倞注：和는 〈음이〉 胡와 臥의 반절이다.

15-165 有不由令者 然後(誅)〔俟〕[113)]之以刑이라

명령을 따르지 않는 자가 나온 다음에 비로소 형벌로 대응하였기 때문이다.

○ 王念孫曰 誅之以刑은 本作俟之以刑이라 此後人不解俟字之義而妄改之也라 韓詩外傳史記엔 皆作俟之以刑이라 正義訓俟爲待라 王制篇曰 以不善至者待之以刑이라하니 足與此互相證明矣라 宥坐篇亦曰 躬行不從 然後俟之以刑①이라하니라

① 今本엔 躬行作邪民이라 辯見宥坐라

지금 판본에는 '躬行'이 '邪民'으로 되어 있다. 이에 관한 변론은 〈宥坐〉편에 보인다.

○ 王念孫：'誅之以刑'은 본디 '俟之以刑'으로 되어 있었다. 이는 후세 사람이 '俟'자의 뜻을 이해하지 못하고 함부로 고친 것이다. ≪韓詩外傳≫과 ≪史記≫에는 모두 '俟之以

111) 鈞：'均'과 같다.

112) 嚮：'響'과 통용한다.

113) (誅)〔俟〕：저본에는 '誅'로 되어 있으나, 王念孫의 주에 의거하여 '俟'로 바로잡았다.

刑'으로 되어 있다. ≪史記正義≫에 俟를 '待'의 뜻으로 풀이하였다. 〈王制篇〉에 "以不善至者待之以刑(악의를 품고 다가오는 사람에 대해서는 형벌로 대응한다.)"이라 하였으니, 충분히 이것과 서로 증명할 수 있다. 〈宥坐篇〉에도 "躬行不從 然後俟之以刑(몸소 실천하더라도 따르지 않는 다음에 형벌로 그들을 대응한다.)"이라 하였다.

15-166 故刑一人而天下服하며 **罪人不郵其上**하니 **知罪之在己也**라 **是故刑罰省**(생)**而威流**라

그러므로 한 사람을 징벌하더라도 온 천하가 복종하였으며 죄가 있어 처벌을 받는 사람도 그들의 군주를 원망하지 않았으니, 죄가 자기에게 있다는 것을 알았다. 이 때문에 형벌을 사용하는 일은 줄어도 군주의 위력은 널리 퍼졌다.

郵는 **怨也**라 **流**는 **行也**니 **言通流也**라 ○ **先謙案 史記**에 **郵作尤**하고 **威流作威行如流**라

楊倞注 : 郵는 원망한다는 뜻이다. 流는 흘러간다는 뜻이니, 널리 퍼지는 것을 말한다.
○ 先謙案 : ≪史記≫ 〈禮書〉에 郵는 '尤'로 되어 있고, 威流는 '威行如流'로 되어 있다.

15-167 無它故焉하니 **由其道故也**라 **古者帝堯之治天下也**에 **蓋殺一人**하고 **刑二人**이로되 **而天下治**하니라

이는 다른 이유가 없으니, 禮義의 도를 따랐기 때문이다. 옛날 堯임금이 천하를 다스릴 적에 한 사람을 죽이고 두 사람을 처벌하였는데도 온 천하가 다스려졌다.

殺一人은 **謂殛鯀于羽山**이라 **刑二人**은 **謂流共工于幽州**하고 **放驩兜于崇山**이라 ○ **郝懿行曰 刑殺皆未聞**하니 **楊注謬**라 **鯀死於殛所**하고 **非堯殺之**라 **殛**은 **古書本作極**하니 **極**은 **非殺也**라 **上云 堯伐驩兜**하고 **舜伐有苗**하고 **禹伐共工**이라하니 **此等皆不必强解**라

楊倞注 : 殺一人은 鯀을 羽山에서 죽인 것을 이른다. 刑二人은 共工을 幽州로 유배하고 驩兜를 崇山으로 추방한 것을 이른다.

○ 郝懿行 : 이들을 처벌하고 죽였다는 것에 대해서는 모두 들어보지 못했으니, 楊氏의 주는 잘못되었다. 鯀은 멀리 추방된 곳에서 죽었고 堯임금이 죽인 것은 아니다. 殛은 옛 문헌에 본디 '極'으로 되어 있으니, 極은 죽인다는 뜻이 아니다. 위(15-130~132)에서

"堯는 驪兜를 토벌하고 舜은 有苗를 토벌하고 禹은 共工을 정벌하였다."라고만 말하였으니, 이와 같은 유는 모두 억지로 풀이할 필요가 없다.

15-168 **傳曰 威厲而不試**하고 **刑錯**(조)**而不用**이라하니 **此之謂也**니라

전해오는 말에 "위세가 사납더라도 시험하지 않고 형벌이 설치되었더라도 사용하지 않는다."라고 하였으니, 이를 두고 하는 말이다.

厲는 謂抗擧하여 使人畏之라 ○ 王念孫曰 諸書에 無訓厲爲抗擧者라 余謂厲는 猛也①며 錯는 置也니 置는 設也라 言威雖猛而不試하고 刑雖設而不用也라 宥坐篇의 威厲而不試하고 刑錯而不用과 義同②이라

① 定十二年左傳注에 厲는 猛也라하고 王制篇曰 威嚴猛厲라하니라
≪春秋左氏傳≫ 定公 12년 주에 "厲는 사납다는 뜻이다."라 하고, 〈王制篇〉에 "威嚴猛厲(태도가 위압적이고 엄격하며 사납다.)"라고 하였다.

② 楊彼注云 厲는 抗也니 但抗其威而不用也며 錯는 置也니 如置物於地不動也라하니 亦非라 錯訓設置之置니 與史記周本紀의 刑錯四十餘年之錯不同이라
楊氏의 그곳 주에 "厲는 내세운다는 뜻이니, 다만 그 위세만 내세우고 사용하지 않는다는 것이다. 錯는 둔다는 뜻이니, 마치 물건을 땅바닥에 두어 그것이 움직이지 않는 것과 같다."라고 하였으니, 이 또한 틀렸다. 錯는 설치한다는 뜻인 '置'의 뜻이니, ≪史記≫ 〈周本紀〉의 "刑錯四十餘年(형벌을 놓아둔 지 40여 년이 되었다.)"이라고 한 '錯'와는 같지 않다.

楊倞注 : 厲는 위세를 내세워 사람들을 두렵게 하는 것을 이른다.

○ 王念孫 : 여러 문헌에 '厲'를 내세운다는 뜻으로 풀이한 경우는 없다. 내 생각에는 厲는 사납다는 뜻이며, 錯는 '置'와 같으니 置는 설치한다는 뜻이다. 위세가 비록 사납더라도 시험하지 않고 형벌이 비록 설치되었더라도 사용하지 않는 것을 말한다. 〈宥坐篇〉의 "威厲而不試 刑錯而不用"과 그 뜻이 같다.

15-169 **凡人之動也 爲賞慶爲之**면 **則見害傷焉止矣**리라 **故賞慶刑罰埶詐**는 **不足以盡人之力**하고 **致人之死**라 **爲人主上者也 其所以接下之〔人〕**[114]**百姓**

114) 〔人〕: 저본에는 '人'이 없으나, 王念孫의 주에 의거하여 보충하였다.

者는 **無禮義忠信**하고 **焉慮率用**[115)]**賞慶刑罰埶詐**로 (除)〔險〕[116)]阸**其下**하여 **獲其功用而已矣**라

대체로 사람들의 행동이 褒賞과 表彰을 받기 위해 하는 것이라면 자기에게 손해가 되는 일을 만나면 그만둘 것이다. 그러므로 포상과 표창, 처벌과 권모술수로는 사람들의 역량을 완전히 발휘하게 하고 사람들의 희생을 얻어낼 수가 없다. 현재 백성의 군주로 있는 자들이 하부의 백성들을 대하는 태도는 禮義와 忠信이 없고 도리어 대부분 경솔하게 포상과 표창, 처벌과 권모술수만으로 그 아랫사람들을 제어하여 그들의 성과를 얻어낼 뿐이다.

焉慮는 無慮니 猶言大凡也라 除는 謂驅逐이요 阸은 謂迫蹙이라 若秦劫之以埶하고 隱之以阸하고 狃之以慶賞之類라 (阸)〔除〕[117)]或爲險也라 ○ 王念孫曰 此當作其所以接下之人百姓者①는 無禮義忠信②하고 焉慮率用賞慶刑罰埶詐로 除阸其下하여 獲其功用而已矣라 焉은 語詞也③라 慮는 大凡也④라 除阸二字는 義不相屬이라 楊以除爲驅逐하니 非也라 除는 當爲險이니 俗書之誤也⑤라 險與阸同義니 馮衍[118)]顯志賦에 悲時俗之險阸是也라 或作險隘하니 楚辭離騷에 路幽昧以險隘是也라 楊注阸或爲險은 當作除或爲險이라 今作阸者는 因正文及注內三阸字而誤라 除與險은 俗書相近이나 阸與險은 形聲皆相遠하니 以是明之라

① 人百姓은 衆百姓也라 今本에 無人字는 乃後人不曉古義而妄刪之니 說見前天下之人百姓下라
人百姓은 뭇 백성이란 뜻이다. 지금 저본에 '人'자가 없는 것은 곧 후세 사람이 고대의 이 뜻을 알지 못해 함부로 삭제하였기 때문이니, 이에 관한 설명은 앞서 '天下之人百姓'(11-212)의 밑에 보인다.

② 句라
句點이 붙는 곳이다.

---

115) 焉慮率用 : 焉은 發語詞로 '乃'와 같고, 慮는 대부분이란 뜻이고, 率은 경솔하다는 뜻이고, 用은 '以'와 같다.

116) (除)〔險〕: 저본에는 '除'로 되어 있으나, 王念孫의 주에 의거하여 '險'으로 바로잡았다.

117) (阸)〔除〕: 저본에는 '阸'으로 되어 있으나, 王念孫의 주에 의거하여 '除'로 바로잡았다.

118) 馮衍 : 後漢 京兆 杜陵 사람으로, 자는 敬通이다. 9세 때 ≪詩經≫을 외웠으며 20세 때 많은 서적을 두루 통달하였다. 光武帝 때 曲陽令과 司隷從事를 지냈다.

③ **說見釋詞**라

이에 관한 설명은 ≪經傳釋詞≫에 보인다.

④ **說見前慮以王命全其德**[119]**下**라

이에 관한 설명은 앞(9-58)의 '慮以王命全其德' 밑에 보인다.

⑤ **俗書**에 **險字作除**하니 **形與除相似**라

통속적인 서체는 險자가 除으로 되어 있으니, 모양이 '除'와 서로 비슷하다.

楊倞注 : 焉慮는 '無慮'로 대범이란 말과 같다. 除는 몰아서 쫓아내는 것을 이르고, 阸은 압박하는 것을 이른다. 이것은 〈앞(15-55~58)의〉 "秦劫之以埶 隱之以阸 狃之以慶賞(秦나라가 백성들을 위세로 협박하고, 각종 제약을 가해 빈곤으로 몰아넣고, 포상하는 것으로 戰功을 탐내는 데에 익숙해지게 하였다.)"이라고 말한 유와 같다. 除는 간혹 '險'의 뜻이 되기도 한다. ○ 王念孫 : 이 문구는 마땅히 '其所以接下之人百姓者 無禮義忠信 焉慮率用賞慶刑罰埶詐除阸其下 獲其功用而已矣'로 되어야 한다. 焉은 發語詞이다. 慮는 대범이란 뜻이다. '除阸' 두 자는 뜻이 서로 연결되지 않는다. 楊氏는 除의 뜻을 몰아서 쫓아내는 것이라고 하였으니, 틀렸다. 除는 마땅히 '險'으로 되어야 하니, 통속적인 서체로 인해 잘못되었다. '險'과 '阸'은 같은 뜻이니, 馮衍의 〈顯志賦〉에 "悲時俗之險阸(시속이 험악함을 서글퍼하고)"라고 한 것이 이 경우이다. 어떤 것은 '險隘'로 되어 있기도 하니, ≪楚辭≫ 〈離騷〉에 "路幽昧以險隘(앞길이 깜깜하여 위험하다네.)"라고 한 것이 이 경우이다. 楊氏 주의 '阸或爲險'은 마땅히 '除或爲險'으로 되어야 한다. 지금 '阸'으로 되어 있는 것은 본문과 〈楊氏〉 주 안에 있는 세 '阸'자로 인해 잘못된 것이다. 除와 險은 통속적인 서체가 서로 가깝지만, 阸과 險은 모양과 소리가 모두 서로 동떨어지니, 이로써 〈잘못되었다는 것을〉 증명할 수 있다.

15-170 **大寇則**[120]**至**에 **使之持危城則必畔**하고 **遇敵處戰則必北**(배)하며

적의 대군이 만약 쳐들어왔을 때 그들에게 위험한 城邑을 지키게 하면 반드시 배반하고 적군을 만나 싸우게 하면 반드시 패배하며,

北는 **敗走也**라 **北者**는 **乖背之名**이라 **故以敗走爲北也**라 ○ **盧文弨曰 大寇則至**는 **元刻**에 **則字在至字下**하여 **屬下句**라 **王念孫曰 大寇則至**의 **則者**는 **若也**니 **與下三**

119) 德 : ≪荀子≫ 〈王制篇〉에 '德'이 '力'으로 되어 있다.

120) 則 : 여기서는 假定을 나타내는 것으로, '若'과 같다.

則字異義라 又禮論篇에 今夫大鳥獸則失亡其群匹云云의 則도 亦若也라 古或謂若爲則하니 說見釋詞則字下라

楊倞注：北는 패하여 도망간다는 뜻이다. 北란 서로 떨어져 등진다는 이름이므로 패하여 도망가는 것을 '北'라고 한다.

○ 盧文弨：大寇則至는 元刻本에 '則'자가 '至'자 밑에 있어 아래 구에 붙는다.

王念孫：'大寇則至'의 '則'은 '若'의 뜻이니, 아래 세 '則'자와는 뜻이 다르다. 또 〈禮論篇〉에 "今夫大鳥獸則失亡其群匹……(지금 저 큰 새와 짐승들도 만약 그의 무리나 짝을 잃어버려……)"이라고 한 '則' 또한 '若'의 뜻이다. 고대에는 간혹 '若'의 뜻을 '則'이라 하기도 하였으니, 이에 관한 설명은 ≪經傳釋詞≫의 '則'자 밑에 보인다.

15-171 勞苦煩辱[121)]則必犇(분)하여

고되고 괴로우며 번잡한 일을 하게 하면 반드시 도망쳐

犇은 與奔同이라

楊倞注：犇은 '奔'과 같다.

15-172 霍焉離耳하여 下反制其上하리라

순식간에 뿔뿔이 흩어져서 아래 백성들이 도리어 그들의 군주를 제어하게 될 것이다.

霍焉은 猶渙焉也라 離散之後엔 則上下易位하여 若秦項然이라 ○ 先謙案 焉은 猶然也라 上文云 滑然有離德이라하고 又云 渙焉離耳라하니라 渙霍滑三字는 一聲之轉이라

楊倞注：霍焉은 '渙焉'과 같다. 〈아랫사람이〉 떠나고 흩어진 뒤에는 위아래가 서로 자리를 바꾸는 것이 마치 秦始皇과 項羽의 경우처럼 될 것이다.

○ 先謙案：焉은 '然'과 같다. 윗글(15-11)에 "滑然有離德(유대감이 풀려 마음이 서로 떠났다.)"이라 하고, 또(15-44) "渙焉離耳(사기가 흐트러졌다.)"라고 하였다. 渙・霍・滑 세 자는 하나의 소리가 변한 것이다.

---

121) 煩辱：두 자가 같은 뜻으로, '繁縟'과 같다.

15-173 **故賞慶刑罰埶詐之爲道者**는 **傭徒(粥)〔鬻〕[122]賣之道也**라 **不足以合大衆**하여 **美國家**라 **故古之人羞而不道也**라 **故厚德音以先之**하고 **明禮義以道之**하고 **致忠信以愛之**하고 **尙賢使能以次之**하고 **爵服慶賞以申之**하고 **時其事**하며 **輕其任**하여

그러므로 포상과 표창, 처벌과 권모술수를 일종의 방법으로 삼는 것은 고용된 사람이 힘을 팔아먹는 방법이다. 이것으로는 민중들을 통합시켜 국가의 풍속을 아름답게 만들 수가 없기 때문에 고대의 聖王은 부끄러워 그 방법을 따르지 않았다.

대체로 〈고대의 聖王은 백성들에 대하여〉 도덕과 명예를 중시하여 그들을 선도하고, 禮義를 밝혀 그들을 인도하고, 충성과 신의를 다하여 그들을 사랑하고, 현인을 존중하고 유능한 사람을 임용하는 원칙에 따라 그들의 직위를 안배하고, 爵位・服食・表彰・褒賞으로써 거듭 그들을 격려하고, 그들이 종사하는 업무를 때에 맞게 적절히 안배하며 그들의 부역을 경감함으로써

事는 **作業**이라 **任**은 **力役**이라

楊倞注 : 事는 종사하는 업무란 뜻이다. 任은 부역이란 뜻이다.

15-174 **以調齊之**하고 **長養之**를 **如保赤子**라 **政令以[123]定**하고 **風俗以一**이로되 **有離俗不順其上**이면 **則百姓莫不敦[124]惡**(대오)하며 **莫不毒孼**하여 **若祓[125]不祥**하니

그들의 관계를 조정하고, 그들을 어루만져 기르기를 마치 갓난아기를 보호하듯이 하였다.

정책과 법령이 이미 확정되고 풍기와 습속이 이미 통일되었는데, 습속을 어기

---

122) (粥)〔鬻〕 : 저본에는 '粥'으로 되어 있고 世德堂本에는 '鬻'으로 되어 있다. 이 두 자는 서로 통용되기는 하나 世德堂本에 의거하여 '鬻'으로 바로잡았다.

123) 以 : '已'와 통용한다. 아래 구의 경우도 같다.

124) 敦 : '憝(원망하다)'와 통용한다.

125) 祓 : 고대에 재앙을 제거하고 不淨한 기운을 몰아내는 일종의 의식이다. 여기서는 동사로 사용하였다.

고 자기의 군주에게 순종하지 않는 사람이 있으면 백성들 모두가 그 자를 원망하고 미워하며 해악과 재앙을 끼치는 자로 여겨 상서롭지 못한 不淨을 제거하듯 제거하였으니,

敦은 厚也라 毒은 害也라 孼은 謂祆孼이라 祓은 除之也라 ○ 盧文弨曰 方言에 諄憎은 所疾也라 宋魯凡相惡謂之諄憎이라하니 此敦當與諄同이라 王念孫曰 楊說敦惡는 禮論篇同이라 又云 或曰敦讀爲頓이라하니 頓은 困躓也라하니 皆非也라 說文에 憝(대)는 怨也라하고 廣雅에 憝는 惡也라하며 康誥罔不憝의 傳曰 人無不惡之者라하고 孟子萬章篇引書作譈(대)라 法言重黎篇楚憞群策而自屈其力의 李注에 憞는 惡也라하니 譈憞敦竝與憝同이라 本篇敦惡는 與毒孼對文이요 禮論篇之敦惡는 與喜樂哀痛對文이니 則敦不得訓爲厚요 亦不得讀爲困頓之頓也라 盧引方言諄憎은 所疾也①라 宋魯凡相惡謂之諄憎의 諄與敦도 亦聲之轉[126)]이라

① 諄은 郭音之潤反이라

諄은 郭璞이 그 음을 之와 潤의 반절이라고 하였다.

楊倞注 : 敦은 두텁다는 뜻이다. 毒은 해롭다는 뜻이다. 孼은 재앙을 이른다. 祓은 〈不淨을〉 제거한다는 뜻이다.

○ 盧文弨 : ≪方言≫에 "諄憎은 미워하는 것이다. 宋나라 지방과 魯나라 지방에서는 일반적으로 서로 미워하는 것을 '諄憎'이라 이른다."라 하였으니, 이곳의 '敦'는 마땅히 '諄'와 같은 글자로 보아야 한다.

王念孫 : 楊氏의 敦惡에 관한 설명은 〈禮論篇〉에서 설명한 것과 같다. 그곳에서 또 "혹자는 敦를 '頓'으로 읽는다고 하였는데, 頓은 좌절당한다는 뜻이다."라고 하였으니, 모두 틀렸다. ≪說文解字≫에 "憝는 원망한다는 뜻이다."라 하고, ≪廣雅≫에 "憝는 미워한다는 뜻이다."라 하였으며, ≪書經≫ 〈康誥〉의 "罔不憝(미워하지 않는 이가 없다.)"라 한 곳의 孔安國 傳에 "사람들 중에 미워하지 않는 이가 없다."라 하고, ≪孟子≫ 〈萬章篇〉의 ≪書經≫을 인용한 곳에는 '譈'로 되어 있다. ≪法言≫ 〈重黎篇〉에 "楚憞群策而自屈其力(楚 項羽는 많은 사람의 계책을 증오함으로써 스스로 자기의 힘을 꺾어버렸다.)"이라 한 곳의 李軌 주에 "憞는 미워한다는 뜻이다."라 하였으니, '譈'·'憞'·'敦'는 모두 '憝'와 같다. 이 편의 '敦惡'는 '毒孼'과 대구이고, 〈禮論篇〉의 '敦惡'는 '喜樂'·'哀痛'과 대구이니, '敦'는 두

126) 諄與敦 亦聲之轉 : 諄은 본음이 '순'이고 敦은 본음이 '돈'인데, 미워한다는 뜻으로 읽을 경우 그 음이 모두 '대'로 달라진다는 말이다.

텁다는 뜻이 될 수 없고 또 困頓의 '頓'으로 읽을 수도 없다. 盧氏가 인용한 ≪方言≫의 '諄憎 所疾也 宋魯凡相惡謂之諄憎'의 '諄'와 〈이곳의〉 '敦'자 또한 소리가 변한 것이다.

15-175 **然後刑於是起矣**라 **是大刑之所加也**니 **辱孰大焉**고 **將以爲利邪**(야)아 **則大刑加焉**이니 **身苟不狂惑戇陋**면 **誰睹是而不改也哉**아 **然後百姓曉然皆知(修)〔循〕**[127] **上之法**하고

그런 다음에 형벌을 가하는 일이 비로소 생겨났던 것이다. 이런 사람은 중형이 가해질 대상이니, 이보다 더 큰 치욕이 뭐가 있겠는가. 이것을 자기에게 이로운 것이라고 여기겠는가. 중형이 자기 신상에 가해질 뿐이니, 그가 정말로 정신이 나갔거나 어리석은 사람이 아니라면 어느 누가 이와 같은 처벌을 눈으로 보고서 지난날의 잘못을 고치지 않겠는가. 그런 다음에 백성들이 군주가 제정한 법령을 따르고

○ 王念孫曰 修는 當爲循字之誤也①라 循은 順也니 謂順上之法也②라 君道篇曰 百姓莫敢不順上之法하고 象上之志而勸上之事하며 而安樂之矣라하니 文略與此同이라 順與循은 古同聲而通用也③라

① 隷書에 循修二字는 傳寫往往譌溷이라 說見管子形勢篇이라
隷書에서 '循'과 '修' 두 자는 옮겨 쓰는 과정에 잘못 혼동되는 일이 빈번하다. 이에 관한 설명은 ≪管子≫ 〈形勢篇〉에 보인다.

② 說文에 循은 順行也라하고 鄭注尙書中候曰 循은 順이라하니라
≪說文解字≫에 "循은 따라서 행한다는 뜻이다."라 하고, 鄭氏(鄭玄)의 주 ≪尙書中候≫에 "循은 '順'의 뜻이다."라고 하였다.

③ 大射儀順左右隈는 今文順爲循하고 莊子天下篇(己)〔已〕[128]之大順의 順은 或作循하며 書大傳三正若循連環은 白虎通義引此循作順이라
≪儀禮≫ 〈大射儀〉의 "順左右隈(〈소맷자락으로 활 중앙에서〉 좌우의 굽은 부분을 따라 닦는다.)"는 지금의 글자로 '順'이 '循'으로 되어야 하고, ≪莊子≫ 〈天下篇〉의 "已之大順(절제를 너무 심하게 한다.)"의 '順'은 간혹 '循'으로 되어 있기도 하며, ≪尙書大傳≫의 "三正若循連環(三王의 정통이 마치 둥근 고리를 따라 도는 것과 같다.)"은 ≪白虎通

---

127) (修)〔循〕: 저본에는 '修'로 되어 있으나, 王念孫의 주에 의거하여 '循'으로 바로잡았다.
128) (己)〔已〕: 저본에는 '己'로 되어 있으나, 일반적으로 통행하는 莊子의 판본에 근거하여 '已'로 바로잡았다. 已는 '멈추다', '그만두다'의 뜻인데, 여기서는 절제한다는 뜻이다.

義≫에서 이것을 인용한 곳에 '循'이 '順'으로 되어 있다.

○ 王念孫 : 修는 마땅히 '循'자의 오자가 되어야 한다. 循은 '順'의 뜻이니, 군주의 법령을 순종하는 것을 이른다. 〈君道篇〉에 "百姓莫敢不順上之法 象上之志而勸上之事 而安樂之矣(백성들이 감히 군주의 법령을 순종하고 군주의 의지를 본떠 군주의 사업을 위해 힘을 다하며 그에 대해 안락함을 느끼지 않는 사람이 없다.)"라 하였으니, 그 글이 대략 여기 내용과 같다. '順'과 '循'은 고대에 소리가 같아 통용하였다.

15-176 **像上之志**하여 **而安樂之**리라 **於是有能化善修身正行**하며 **積禮義**하고 **尊道德**이면

군주의 의지를 본받을 줄을 분명히 모두 알아 〈군주의 통치를〉 즐거워할 것이다. 그리하여 착하게 교화되고 身心을 수양하고 행실을 바르게 하며, 禮義에 맞는 덕행을 쌓고 도덕을 중시하는 사람이 있으면

於是像之中에 更有能自修德者也라

楊倞注 : 군주의 의지를 본받는 사람 가운데 또 능히 자기의 덕행을 닦는 자가 있다는 것이다.

15-177 **百姓莫不貴敬**하며 **莫不親譽**리니 **然後賞於是起矣**라 **是高爵豐祿之所加也**니 **榮孰大焉**고 **將以爲害邪**(야)아 **則高爵豐祿以持養之**하니

백성들이 그를 귀하게 여기고 공경하지 않는 일이 없으며 그를 친근히 대하고 칭송하지 않는 일이 없을 것이니, 그런 다음에 포상하는 일이 비로소 일어나는 것이다. 이런 사람이 곧 높은 벼슬과 후한 녹이 주어지는 대상이니, 이보다 더 큰 영광이 뭐가 있겠는가. 이것을 자기에게 해로운 것이라고 여기겠는가. 곧 높은 벼슬과 후한 녹을 가지고 그들을 유지해주고 보살피니,

持此以養之也라 ○ 王念孫曰 持養二字平列이라 持는 亦養也니 非持此以養之之謂라 臣道篇云 偸合苟容하여 以持祿養交而已耳라하고 管子明法篇云 小臣持祿養交라하고 晏子春秋問篇云 仕者持祿하고 游者養交라하여 皆以持祿養交對文이라 荀

子正論篇에 又以持老養衰對文이라 故呂氏春秋異用篇에 仁人之得飴엔 以養疾持老也의 高注曰 持는 亦養也①라하고 又勸學篇云 除其害者以持養之라하고 榮辱篇云 以相群居하고 以相持養이라하며 墨子天志篇云 內有以食飢息勞하여 持養其萬民이라하고 非命篇云 上以事天鬼하고 下以持養百姓②이라하며 呂氏春秋長見篇云 申侯伯善持養吾意라하여 亦皆以持養對文이라

① 今本엔 持誤作侍라
지금 판본에는 '持'가 잘못되어 '侍'로 되어 있다.
② 今本엔 持誤作侍라
지금 판본에는 '持'가 잘못되어 '侍'로 되어 있다.

楊倞注 : 이것(높은 벼슬과 후한 녹)을 가지고 그들을 보살핀다는 것이다.

○ 王念孫 : '持養' 두 자는 같은 뜻으로 배열되었다. 持는 또한 '養'의 뜻이니, '이것을 가지고 그들을 보살핀다.'는 말이 아니다. 〈臣道篇〉에 "偸合苟容 以持祿養交而已耳(구차하게 영합하여 목숨을 보전하면서 녹봉을 유지하고 세력가와 친교를 맺을 뿐이다.)"라 하고, ≪管子≫ 〈明法篇〉에 "小臣持祿養交(지위가 낮은 신하는 녹봉을 유지하고 세력가와 친교를 맺는다.)"라 하고, ≪晏子春秋≫ 〈問篇〉에 "仕者持祿 游者養交(벼슬살이하는 사람은 그저 녹봉만 유지하고 노는 사람은 세력가와 친교를 맺는다.)"라 하여 모두 '持祿'과 '養交'를 대구로 사용하였다. ≪荀子≫ 〈正論篇〉에 또 '持老'와 '養衰'를 대구로 사용하였으므로, ≪呂氏春秋≫ 〈異用篇〉에 "仁人之得飴 以養疾持老也(어진 사람이 엿을 얻었을 때에는 그것으로 병든 사람을 보살피고 노인을 부지해준다.)"라 한 곳의 高誘 주에 "持는 또한 '養'의 뜻이다."라 하고, 또 〈勸學篇〉에 "除其害者以持養之(방해가 되는 것들을 제거함으로써 그것을 유지하고 수양한다.)"라 하고, 〈榮辱篇〉에 "以相群居 以相持養(무리 지어 함께 사는 것을 도우며 건강을 유지하고 보살피는 것을 돕는다.)"이라 하였으며, ≪墨子≫ 〈天志篇〉에 "內有以食飢息勞 持養其萬民(안으로는 굶주린 자를 먹여주고 수고로운 자를 쉬게 하여 만백성을 보호하고 보살핀다.)"이라 하고, 또 ≪墨子≫ 〈非命篇〉에 "上以事天鬼 下以持養百姓(위로는 上帝와 귀신을 섬기고 아래로는 백성을 보호하고 보살핀다.)"이라 하였으며, ≪呂氏春秋≫ 〈長見篇〉에 "申侯伯善持養吾意(申侯伯이 나의 의도를 잘 파악하고 맞춰준다.)"라 하여 또한 모두 '持'와 '養'을 대구로 사용하였다.

15-178 生民之屬이면 孰不願也리오 雕雕焉縣[129)]貴爵重賞於其前하고

129) 縣 : '懸'과 통용한다.

사람이라면 그 누가 그것을 바라지 않겠는가. 분명하게 높은 벼슬과 많은 상을 그들의 전면에 내걸고

雕雕는 章明之貌라 ○ 盧文弨曰 雕雕는 猶昭昭也라

楊倞注 : 雕雕는 분명한 모양이다.

○ 盧文弨 : 雕雕는 '昭昭'와 같다.

15-179 縣明刑大辱於其後하면 雖欲無化라도 能乎哉아 故民歸之如流水하여 所存者神하고 所爲者化하니

확실한 형벌과 큰 치욕을 그들의 후면에 내건다면 비록 그들이 교화되지 않으려 하더라도 그것이 가능하겠는가.

그러므로 백성들이 군주에게 돌아오는 것이 마치 흐르는 물이 바다로 치닫는 것과 같아, 그가 이르는 곳에서는 그를 神明처럼 두려워하고 그가 시행하는 조치에 백성들이 교화되는 법이니,

存은 至也라 言所至之處는 畏之如神하고 凡所施爲에 民皆從化也라

楊倞注 : 存은 '至(이르다)'의 뜻이다. 그가 이르는 곳에서는 신명처럼 두려워하고 그가 행하는 모든 조치에 백성들이 모두 따라 교화되는 것을 말한다.

15-180 (而順)〔順而〕[130)]

이에 따라

○ 盧文弨曰 此上有脫文이라 下云爲之化而愿 爲之化而公이라하니 知此句亦當是爲之化而順이라 其上脫六字或若干字 不可知矣라 王念孫曰 汪氏中云 而順上疑脫九字라 此句與下三句一類니 句末當是爲之化而順이라 因上有化字하여 遂相承脫去耳①라하니라 盧用汪說而小變其文이라 兪樾曰 此句與下二句本一律이니 多一順字하면 則不詞矣라 而順은 當作順而니 順而는 猶從而也라 順而暴悍勇力之屬爲

130) (而順)〔順而〕 : 저본에는 '而順'으로 되어 있으나, 兪樾의 주에 의거하여 '順而'로 바로잡았다.

之化而愿과 旁辟曲私之屬爲之化而公과 矜糾收繚之屬爲之化而調는 皆承上文 所存者神 所爲者化而言이라 性惡篇曰 順是라 故爭奪生而辭讓亡焉하고 順是라 故殘賊生而忠信亡焉하고 順是라 故淫亂生而禮義文理亡焉이라하여 諸順字竝與此同하니 猶言順是而暴悍勇力之屬皆爲之化焉이라 因順而譌爲而順하여 文義遂不可通이라 或乃疑其有闕文矣라 先謙案 化而二字衍이라 此文은 本作所存者神 所爲者順하여 文義甚明이어늘 後人이 因孟子所存者神 所過者化[131]二語하여 妄於者下加化字하고 傳寫者緣下文三化而句例하여 復(부)於化下加而字하여 本文遂不可通矣라

① 見丙申校本이라

〈汪中의〉 丙申年 校本에 보인다.

○ 盧文弨 : 이 문구 위에 빠진 글이 있다. 아래에 '爲之化而愿', '爲之化而公'이라 하였으니, 이 문구도 마땅히 '爲之化而順'으로 되어야 한다는 것을 알 수 있다. 그 위에 여섯 자가 빠졌거나 혹은 몇 글자가 빠졌는지 알 수 없다.

王念孫 : 汪中이 "'而順' 위에 아마도 아홉 자가 빠진 것 같다. 이 구는 아래 세 구와 동일한 형식이니, 문구 끝은 마땅히 '爲之化而順'으로 되어야 한다. 위에 '化'자가 있는 것으로 인하여 마침내 이어받아 빠져버린 것이다."라고 하였다. 盧氏는 汪氏의 설을 채용하면서 글자를 조금 변경하였다.

兪樾 : 이 구는 아래 두 구와 본디 같은 형식이니, '順'자 하나가 더 많으면 말이 되지 않는다. '而順'은 마땅히 '順而'로 되어야 하니, 順而는 從而와 같다. '順而暴悍勇力之屬爲之化而愿'과 '旁辟曲私之屬爲之化而公'과 '矜糾收繚之屬爲之化而調'는 모두 윗글 '所存者神 所爲者化'를 이어받아 말한 것이다. 〈性惡篇〉에 "順是 故爭奪生而辭讓亡焉 順是 故殘賊生而忠信亡焉 順是 故淫亂生而禮義文理亡焉(본성을 그대로 따르므로 다투고 빼앗으려는 마음이 생겨나 사양하는 마음이 사라지고, 본성을 그대로 따르므로 죽이고 해치려는 마음이 생겨나 성실한 마음이 사라지고, 본성을 그대로 따르므로 음탕하고 혼란한 마음이 생겨나 禮義와 법도가 사라진다.)"이라 하여, 여러 '順'자가 모두 여기의 경우와 같으니, "順是而暴悍勇力之屬皆爲之化焉(이에 따라 포악하고 사나우며 용감함과 완력을 중시하는 무리가 모두 감화된다.)"이라고 말한 것과 같다. '順而'가 '而順'으로 잘못됨으로 인해 글뜻이 마침내 통해질 수 없게 되었다. 어떤 사람은 빠진 글이 있는 것으로 의심하기도 하였다.

---

131) 所存者神 所過者化 : ≪孟子≫ 〈盡心 上〉에 나오는데, ≪孟子≫에는 '所過者化 所存者神'으로 되어 있어 그 순서가 다르다.

先謙案 : '化而' 두 자는 잘못 덧붙여진 것이다. 이 글은 본디 '所存者神 所爲者順'으로 되어 있어 글 뜻이 매우 분명한데, 후세 사람이 ≪孟子≫의 '所存者神 所過者化' 두 말로 인해 함부로 '者' 밑에 '化'자를 보태었고 옮겨 쓰는 자가 아래 글의 세 '化而' 문구의 형식에 따라 다시 '化' 밑에 '而'자를 보태 본문이 마침내 통해질 수 없게 되었다.

15-181 暴悍勇力之屬爲之化而愿하며

포악하고 사나우며 용감함과 완력을 중시하는 무리가 감화되어 성실해지며

順은 從也라 謂好從暴悍勇力之人이 皆化而愿愨也라

楊倞注 : 順은 '從'의 뜻이다. 포악하고 사나우며 용감함과 완력을 따르기를 좋아하는 사람이 모두 교화되어 성실해지는 것을 이른다.

15-182 旁辟曲私之屬爲之化而公하며

편파적이고 바르지 않고 이기적인 무리가 감화되어 공정해지며

旁은 偏頗也라 辟은 讀爲僻이라 ○ 先謙案 旁辟은 猶便辟이라 旁便은 雙聲字[132]라

楊倞注 : 旁은 편파적이란 뜻이다. 辟은 '僻'으로 읽는다.

○ 先謙案 : 旁辟은 便辟과 같다. '旁'과 '便'은 雙聲 글자이다.

15-183 矜糺收繚之屬爲之化而調리니

조급하고 잡아 비트는 무리가 감화되어 조화롭게 될 것이니,

矜은 謂夸汰라 糺는 謂好發摘人過者也라 收는 謂掠美者也라 繚는 謂繚繞니 言委曲也라 四者皆鄙陋之人이로되 今被化則調和也라 ○ 郝懿行曰 收者는 拘也라 繚者는 繞也라 此謂矜嚴糾察拘牽繳繞之屬이 皆化而調和也라 注說收繚는 非是라 王念孫曰 案廣雅에 矜은 急也라하고 一切經音義卷二十三에 引廣雅曰 糺는 急也라하며

132) 旁便雙聲字 : 雙聲은 중국 음운학 용어로, 두 글자 이상으로 된 단어에서 각 글자의 최초 자음이 같은 것을 말한다. 旁의 음은 páng이고 便의 음은 pián으로서 'p'를 공유하고 있으므로 하는 말이다.

齊語注曰 糾는 收也①라하고 楚辭九章注曰 糾는 戾也라하니라 繚는 謂繚戾也라 鄉飮酒禮注曰 繚는 猶紾也라하고 孟子告子篇注曰 紾은 戾也라하니 矜糾收繚는 皆急戾之意라 故與調和相反②이라 楊說皆失之라

① 糾收竝從ㄐ(구)聲하고 而義亦相同이라 說文에 糾는 繩三合也라하니라 今人猶謂糾繩爲收繩이라
糾와 收는 모두 ㄐ가 聲符가 되고 그 뜻 또한 서로 같다. ≪說文解字≫에 "糾는 끈 세 가닥을 합친 것이다."라고 하였다. 지금 사람들이 아직도 糾繩을 일러 收繩이라 한다.

② 橐悍勇力은 與愿相反하고 旁辟曲私는 與公相反하고 矜糾收繚는 與調相反이라
포악하고 사나우며 용맹함과 완력은 성실함과 상반되고, 편파적이고 바르지 않고 이기적인 것은 공정함과 상반되고, 조급하고 잡아 비트는 것은 조화로움과 상반된다.

楊倞注 : 矜은 사치스러운 것을 이른다. 糾는 남의 잘못을 들춰내기를 좋아하는 것을 이른다. 收는 남이 세운 공을 가로채는 것을 이른다. 繚는 에워싸는 것을 이르니, 완곡한 것을 말한다. 이 네 가지는 모두 너절하고 더러운 사람의 행태이지만 지금 교화를 입으면 조화를 이룬다는 것이다.

○ 郝懿行 : 收란 속박한다는 뜻이다. 繚란 감는다는 뜻이다. 이는 조급하고 규찰하고 속박하고 끈덕지게 달라붙는 무리가 모두 교화되어 조화롭게 되는 것을 이른다. 〈楊氏〉 주의 '收'와 '繚'에 관한 설명은 옳지 않다.

王念孫 : 살펴보건대, ≪廣雅≫에 "矜은 '急'의 뜻이다."라 하고, ≪一切經音義≫ 권23에 ≪廣雅≫를 인용하여 "糾는 '急'의 뜻이다."라고 하였으며, ≪國語≫ 〈齊語〉의 주에 "糾는 '收'의 뜻이다."라 하고, ≪楚辭≫ 〈九章〉의 주에 "糾는 '戾(비틀다)'의 뜻이다."라고 하였다. 繚는 뒤틀리는 것을 이른다. ≪儀禮≫ 〈鄉飮酒禮〉의 주에 "繚는 '紾(비틀다)'의 뜻이다."라 하고, ≪孟子≫ 〈告子篇〉의 주에 "紾은 '戾'의 뜻이다."라 하였다. 矜糾收繚는 모두 조급하고 잡아 비튼다는 뜻이므로 조화로움과 상반된다. 楊氏의 설은 모두 잘못되었다.

15-184 夫是之謂大化至一이라

이것을 모든 것이 교화되어 극도로 일치되었다고 이른다.

大化者는 皆化也라 至一은 極一也라

楊倞注 : 大化란 모든 것이 교화되었다는 뜻이다. 至一은 극도로 일치되었다는 뜻이다.

15-185 詩曰 王猶允塞하시니 徐方旣來로다하니 此之謂也니라

≪詩經≫에 "임금 계책 참으로 옹골찼거니 徐나라 또한 이미 귀순하였네."라고 하였으니, 이를 두고 하는 말이다.

○ 謝本은 從盧校하여 作王猷允塞하니 徐方其來라 盧文弨曰 詩는 大雅常武之篇이니 當本有注로되 脫之耳라 宋本엔 作王猶允塞하니 徐方旣來하여 與今詩同이라 今從元刻이라 君道篇도 亦作猷字라 王念孫曰 案謀猶字는 詩皆作猶라 說文에 有猶無猷하니 作猷者는 隸變耳라 俗以猶爲猶若字하고 猷爲謀猷字하니 非也라 君道篇에 作猷者는 亦隸變耳①라 徐方旣來는 呂錢本에 竝如是하여 與今詩同이라 且君道篇에 正作徐方旣來하고 不作其來也라 元刻不可從이라 此處楊氏無注者는 注已見於君道篇也②라 盧云注脫亦非라 先謙案 王說是라 今改從宋本이라

① 宋錢本엔 作猶라
宋 錢本에는 '猶'로 되어 있다.

② 今本君道篇엔 注文全脫이라
지금 판본의 〈君道篇〉에는 주 내용이 전부 누락되었다.

○ 謝本은 盧校本에 따라 '王猷允塞 徐方其來'로 되어 있다.

盧文弨 : ≪詩經≫은 〈大雅 常武〉편이니, 마땅히 본디 〈楊倞의〉 주가 있었을 것인데 그것이 누락되었다. 宋本에는 '王猶允塞 徐方旣來'로 되어 있어 지금 ≪詩經≫의 내용과 같다. 여기서는 元刻本을 따랐다. 〈君道篇〉(12-10)에도 '猷'자로 되어 있다.

王念孫 : 살펴보건대 謀猶(꾀하다)의 〈'猶'는〉 ≪詩經≫에 모두 '猶'로 되어 있다. ≪說文解字≫에 '猶'는 있고 '猷'는 없으니, '猷'로 되어 있는 것은 隸書의 變體이다. 세속에서 '猶'는 '같다〔猶若〕'는 뜻의 글자로 사용하고 '猷'는 '꾀하다〔謀猷〕'는 뜻의 글자로 사용하니, 이는 틀린 것이다. 〈君道篇〉에 '猷'로 되어 있는 것은 이 또한 隸書의 變體이다. '徐方旣來'는 呂・錢本에 모두 이와 같이 되어 있어 지금 ≪詩經≫의 내용과 같다. 그리고 〈君道篇〉에는 바르게 '徐方旣來'로 되어 있지 '其來'로 되어 있지는 않다. 元刻本은 따를 수 없다. 이곳에 楊氏의 주가 없는 것은 이에 관한 〈楊氏의〉 주가 이미 〈君道篇〉에 나와 있기 때문이다. 그런데 盧氏는 〈楊氏의〉 주가 누락되었다고 하였으니, 이 또한 틀렸다.

先謙案 : 王氏의 설이 옳다. 여기서는 고쳐 宋本을 따랐다.

15-186 凡兼人者有三術이라 有以德兼人者하고 有以力兼人者하고 有以富兼人

者라 彼貴我名聲하고 美我德行하여 欲爲我民이라 故辟門除涂하여 以迎吾入이라

대체로 다른 국가를 겸병하는 데에 세 가지 방법이 있다. 덕으로써 다른 국가를 겸병하는 경우가 있고 힘으로써 다른 국가를 겸병하는 경우가 있고 富로써 다른 국가를 겸병하는 경우가 있다. 저 국가의 백성들이 우리의 명성을 존중하고 우리의 덕행을 아름답게 여겨 우리의 백성들이 되고자 하기 때문에 성문을 열고 도로를 닦아놓고서 우리가 들어가는 것을 영접한다.

辟은 與闢同하니 開也라 除涂는 治其道涂也라

楊倞注 : 辟은 '闢'과 같으니, '열다'는 뜻이다. 除涂는 그 도로를 닦는다는 뜻이다.

15-187 因其民하고 襲其處하여 而百姓皆安하고

〈들어간 뒤에는〉 그 백성들의 풍습을 그대로 유지하고 그들의 거주지를 바꾸지 않아 백성들이 모두 안정되고

因其民之愛悅하여 襲取其處라 皆安은 言不驚擾也라 ○ 先謙案 襲은 亦因也라 楊云襲取其處라하니 非라

楊倞注 : 그 백성들이 좋아하고 즐거워하는 것에 따라 그 거주지를 덮쳐 취하는 것이다. 皆安은 놀라 동요하지 않는다는 것을 말한다.

○ 先謙案 : 襲은 또한 '因'의 뜻이다. 楊氏는 "그 거주지를 덮쳐 취하는 것이다."라고 하였으니, 틀렸다.

15-188 立法施令하면 莫不順比라

우리가 법률을 세우고 명령을 반포하면 순종하여 따르지 않는 자가 없다.

比는 親附也라 施令하면 則民親比之라

楊倞注 : 比는 가까이하고 따른다는 뜻이다. 명령을 반포하면 백성들이 가까이하고 따르는 것이다.

15-189 是故得地而權彌重하고 兼人而兵兪强이라 是以德兼人者也라

그러므로 토지를 얻어 권세가 더욱 커지고 다른 국가를 겸병하여 병력이 더욱 강해진다. 이것이 덕으로써 다른 국가를 겸병하는 경우이다.

兪는 **讀爲愈**니 **下同**이라

楊倞注：兪는 '愈(더욱)'로 읽어야 하니, 아래의 경우도 같다.

15-190 **非貴我名聲也**하고 **非美我德行也**로되 **彼畏我威**하고 **劫我埶**라

〈저 국가의 백성들이〉 우리의 명성을 존중하지 않고 우리의 덕행을 아름답게 여기지 않지만, 저들이 우리의 위세를 두려워하고 우리의 세력에 겁을 내기 때문에

爲我埶所劫也라

楊倞注：〈劫我埶는〉 우리의 세력에 겁을 낸다는 뜻이다.

15-191 **故民雖有離心**이라도 **不敢有畔慮**라 **若是則戎甲兪衆**하여 **奉養必費**라

그 백성들이 비록 우리를 떠나고픈 마음이 있더라도 감히 배반할 생각을 갖지 못한다. 이렇게 되면 〈투입한 우리〉 병력이 더욱 많아져 그들을 유지할 적에 반드시 비용이 클 것이다.

奉養戎甲에 **必煩費也**라

楊倞注：〈奉養必費는〉 병력을 유지할 적에 반드시 비용이 클 것이라는 뜻이다.

15-192 **是故得地而權彌輕**하고 **兼人而兵兪弱**이라 **是以力兼人者也**라 **非貴我名聲也**하고 **非美我德行也**로되 **用貧求富**하고 **用飢求飽**하여 **虛腹張口**하여 **來歸我食**이라 **若是**면 **則必發夫(掌)〔稟〕**[133]**窌**(묘)**之粟以食之**하고

이 때문에 토지를 얻었지만 권세는 더욱 가벼워지고 다른 국가를 겸병하였지만 군대는 더욱 약해진다. 이것이 힘으로써 다른 국가를 겸병하는 경우이다.

〈저 국가의 백성들이〉 우리의 명성을 존중하지 않고 우리의 덕행을 아름답게

---

133) (掌)〔稟〕：저본에는 '掌'으로 되어 있으나, 王引之의 주에 의거하여 '稟'으로 바로잡았다.

여기지 않지만, 가난하기 때문에 富를 추구하고 굶주리기 때문에 배부르길 원해서 빈 배로 입을 벌리고서 우리에게 귀의하여 먹을 것을 구한다. 이렇게 되면 반드시 창고의 곡식을 꺼내 그들을 먹여주고

地臧曰窌라 掌窌는 主倉廩之官이라 窌는 匹孝反이라 ○ 王引之曰 掌은 當爲稟이니 稟은 古廩字也라 榮辱篇有囷窌의 楊彼注云 圜曰囷이요 方曰廩이라하니라 彼言囷窌는 猶此言稟窌하니 稟窌는 皆所以藏粟이라 故云發稟窌之粟以食之라하니라 若云發掌窌之粟이면 則義不可通이라 隸書에 掌或作掌하니 與稟略相似라 故諸書稟字或譌爲掌이라 說見管子輕重甲篇一掌下라

楊倞注 : 땅속에 저장하는 공간을 '窌'라 한다. 掌窌는 창고를 관장하는 관리이다. 窌는 〈음이〉 匹과 孝의 반절이다.

○ 王引之 : 掌은 마땅히 '稟'으로 되어야 하니, 稟은 옛 '廩'자이다. 〈榮辱篇〉 "有囷窌(남는 곡식이 채워진 곳간이 있다.)"라고 한 곳의 楊氏의 주에 "圜曰囷 方曰廩(원형을 '囷'이라 하고 方形을 '廩'이라 한다.)"이라 하였다. 저쪽에서 '囷窌'라고 말한 것은 이곳에서 '稟窌'라 말한 것과 같으니, 稟과 窌는 모두 곡식을 저장하기 위한 것이다. 그러므로 "發稟窌之粟以食之(창고의 곡식을 꺼내 그들을 먹여준다.)"라고 하였다. 만약 〈楊氏의 주처럼〉 "發掌窌之粟(창고를 관장하는 관리의 곡식을 꺼낸다.)"라고 한다면 뜻이 통할 수 없다. 隸書의 서체에 '掌'을 간혹 '掌'으로 쓰기도 하니, '稟'과 약간 비슷하다. 그러므로 여러 서책에 '稟'자가 간혹 '掌'으로 잘못되어 있기도 하다. 이에 관한 설명은 ≪管子≫ 〈輕重 甲篇〉의 '一掌' 아래에 보인다.

15-193 委之財貨以富之하며 立良有司以接之라

재물을 지급하여 그들을 부유하게 해주며, 선량한 관리를 위임하여 그들을 접대한다.

立溫良之有司以慰接之는 懼其畔去也라

楊倞注 : 선량한 관리를 세워 그들을 위로하고 접대하는 것은 그들이 배반하여 가버릴까 두렵기 때문이다.

15-194 已朞三年이라야 然後民可信也라

〈그렇게 한 지〉 만 3년이 지나야 비로소 그 백성들은 믿을 수 있다.

已는 過也라 過一朞之後하고 至於三年이라야 然後新歸之民可信이니 本非慕化故也라 ○ 王引之曰 朞者는 周也니 謂已周三年也라 楊注非라 兪樾曰 楊注迂曲이라 荀子書多用綦字하고 作窮極之義하니 此朞字는 蓋亦綦字之誤라 已綦三年은 猶云已極三年也라 宥坐篇에 綦三年而百姓(往)〔從〕[134]矣라하니 可證此文之譌라 正論篇의 期臭味의 注曰 期는 當爲綦라하니 得之矣라 先謙案 兪說是라

楊倞注 : 已는 '過(지나다)'의 뜻이다. 1년이 지난 이후 3년에 이른 뒤에야 새로 돌아온 백성을 믿을 수 있으니, 이는 본디 敎化를 동경하지 않은 사람들이기 때문이다.

○ 王引之 : 朞란 '周(한 바퀴 돌다)'의 뜻이니, 이미 3주년이 된 것을 이른다. 楊氏의 주는 틀렸다.

兪樾 : 楊氏의 주는 왜곡되었다. ≪荀子≫에는 '綦'자를 많이 사용하였고 窮極의 뜻으로 되어 있으니, 이 '朞'자는 대체로 '綦'자의 잘못일 것이다. 已綦三年은 '已極三年'이라 한 것과 같다. 〈宥坐篇〉에 "綦三年而百姓從矣(기한을 최대한 많이 잡아 3년이 되면 백성들이 따를 것이다.)"라 하였으니, 이 글의 잘못을 증명할 만하다. 〈正論篇〉 "期臭味(각종 향긋하고 맛있는 것들이 빠짐없이 다 있다.)"의 주에 "期는 마땅히 '綦'로 되어야 한다."라 하였으니, 그것이 옳다.

先謙案 : 兪氏의 설이 옳다.

15-195 **是故得地而權彌輕**하고 **兼人而國兪貧**이라 **是以富兼人者也**라 **故曰 以德兼人者王**하고 **以力兼人者弱**하며 **以富兼人者貧**이라하니 **古今一也**니라

이 때문에 토지를 얻었지만 권세는 더욱 가벼워지고 다른 국가를 겸병하였지만 국가는 더욱 가난해진다. 이것이 富로써 다른 나라를 겸병하는 경우이다. 그러므로 "덕으로써 다른 국가를 겸병하는 경우는 王者가 되고, 힘으로써 다른 국가를 겸병하는 경우는 약해지며, 부로써 다른 국가를 겸병하는 경우는 가난해진다."라고 하였으니, 이런 상황은 예나 지금이나 마찬가지이다.

---

134) (往)〔從〕: 저본에는 '往'으로 되어 있으나, 〈宥坐篇〉 盧文弨의 주에 의거하여 '從'으로 바로잡았다.

15-196 **兼幷易(이)能也**나 **唯堅凝**[135]**之難焉**이라

다른 국가를 겸병하는 것은 쉽게 해낼 수 있으나 겸병한 뒤에 그 땅을 견고하게 단결시키기는 어렵다.

凝은 定也라 堅固定有地爲難이라 ○ 盧文弨曰 舊本엔 不提行이나 今案當分段이라

楊倞注：凝은 '定'의 뜻이다. 견고하게 안정시켜 땅을 소유하기는 어렵다는 것이다.

○ 盧文弨：옛 판본에는 줄을 바꾸지 않았으나 지금 살펴보건대, 마땅히 문단을 나눠야 할 것으로 보인다.

15-197 **齊能幷宋**이나 **而不能凝也**라 **故魏奪之**[136]하고 **燕能幷齊**나 **而不能凝也**라 **故田單奪之**[137]라 **韓之上地**는 **方數百里完全富足而趨趙**나 **趙不能凝也**라 **故秦奪之**[138]라

齊나라는 능히 宋나라를 겸병하였으나 단결시키지 못했기 때문에 魏나라가 그

---

135) 凝：楊倞은 '안정'의 뜻으로 풀이하였으나, 글자의 뜻이 '엉기다'이므로 '단결'로 번역하였다.

136) 齊能幷宋……故魏奪之：B.C. 286년에 齊나라가 宋나라를 공격하여 宋 康王이 도망가 溫邑에서 죽자, 齊나라가 宋나라를 겸병하였다. 그 뒤 B.C. 284년에 魏나라가 秦・趙・韓・燕과 함께 齊나라를 공격할 때 燕나라의 樂毅가 上將軍이 되어 도성 臨淄를 격파하자, 齊 湣王이 도망갔다가 楚나라 장수 淖齒의 손에 죽었다. 그리하여 齊나라가 여러 조각으로 갈라졌고 魏나라가 이전 宋나라에 속했던 토지 대부분을 차지하였다.

137) 燕能幷齊……故田單奪之：B.C. 284년에 魏 등 5개국 연합군의 上將軍인 燕나라의 樂毅가 齊나라 臨淄를 격파한 뒤에 또 齊나라 성 70여 개를 점령하고 莒와 卽墨 두 성만 점령하지 못했다. 이때 田單이 齊나라 종친들과 함께 卽墨으로 들어가 장수로 추대되어 燕 惠王에게 反間計를 써서 騎劫으로 樂毅를 교체하게 한 뒤에 火牛陣으로 燕나라 군대를 공격하여 대승을 거두었다. 이로 인해 잃었던 70여 개의 성을 모두 되찾고 襄王을 영접하여 복위시켰다.

138) 韓之上地……故秦奪之：上地는 지금의 山西省 동남부 長治市 일대인 韓나라 上黨 지역을 가리킨다. B.C. 262년에 秦나라 장수 白起가 韓나라를 공격하여 지금의 河南 沁陽인 野王을 점령함으로써 韓나라 도성과 上黨郡의 교통을 완전히 봉쇄하자, 上黨郡守 馮亭이 趙나라로 귀순하여 上黨 지역이 趙나라 소유가 되었다. 그 뒤 B.C. 260년에 秦나라가 上黨을 공격할 때 趙나라 왕이 秦나라 范雎의 反間計에 걸려들어 장수 廉頗를 趙括로 교체한 결과 長平에서 白起에게 대패하였으며, 그 이듬해에 秦나라 장수 司馬梗이 太原을 평정하고 上黨郡을 완전히 점령하였다.

것을 빼앗아갔고, 燕나라는 능히 齊나라를 겸병하였으나 단결시키지 못했기 때문에 田單이 그것을 다시 빼앗았다. 韓나라의 上黨 땅은 사방 수백 리가 城邑이 튼튼하고 창고가 넉넉하였는데 〈郡守가 그것을 가지고〉 趙나라로 귀순하였으나 趙나라가 단결시키지는 못했기 때문에 秦나라가 그것을 빼앗아갔다.

上地는 **上黨之地**라 **完全**은 **言城邑也**요 **富足**은 **言府庫也**라 **趨**는 **歸也**니 **七朱反**이라 **史記**에 **秦攻上黨**하니 **韓不能救**하여 **其守馮亭以上黨降趙**라 **趙使馬服子**[139]**將兵距秦**하니 **秦使白起大破馬服於長平**하고 **坑四十餘萬而奪其地**하여 **殺戮蕩盡**[140]이라하니라 ○ **盧文弨曰 注蕩**은 **疑作殆**라

楊倞注 : 上地는 上黨의 토지이다. 完全은 城邑을 말하고 富足은 창고를 말한다. 趨는 돌아간다는 뜻이니, 〈음이〉 七과 朱의 반절이다. ≪史記≫에 의하면, 秦나라가 上黨을 공격하니 韓나라가 〈上黨을〉 구원하지 못하여 그 郡守 馮亭이 上黨을 가지고 趙나라에 투항하였다. 趙나라가 馬服子에게 군대를 거느리고 秦나라에 대항하게 하니, 秦나라가 白起로 하여금 長平에서 馬服子를 크게 격파하고 〈그의 군사〉 40여만 명을 생매장하고 그 토지를 빼앗아 〈趙나라 군사가〉 거의 다 살육을 당하게 하였다.

○ 盧文弨 : 〈楊氏〉 주의 '蕩'은 아마도 '殆(거의)'로 되어야 할 것 같다.

15-198 **故能幷之**라도 **而不能凝**이면 **則必奪**하며 **不能幷之**하고 **又不能凝其有**면 **則必亡**이라 **能凝之**면 **則必能幷之矣**라 **得之則凝**이니 **兼幷無强**[141]이라

그러므로 능히 다른 국가를 겸병하였더라도 단결시키지 못한다면 반드시 빼앗기며, 능히 다른 국가를 겸병하지도 못하고 또 자기가 본래 소유한 국가도 단결시키지 못한다면 반드시 멸망한다. 능히 자기 국가를 단결시킨다면 반드시 다른 국가를 겸병할 수 있을 것이다. 다른 국가를 얻으면 단결시켜야 하니, 다른 국가를

---

139) 馬服子 : 전국시대 趙나라 趙括로, 趙奢의 아들이다. 馬服君에 봉해졌으므로 그렇게 불렸다.

140) 秦攻上黨……殺戮蕩盡 : 楊倞이 ≪史記≫ 권45 〈韓世家〉, 권73 〈白起列傳〉, 권76 〈平原君列傳〉 등에 보이는 내용을 간추려 소개하고 자기의 견해를 보탠 것이다.

141) 兼幷無强 : 劉師培가 無는 '莫'과 같다고 하면서 "이것은 겸병하는 방법이 이보다 강할 수는 없다는 것을 이른다."라고 풀이하였는데, 王天海도 그에 동의하였다. 劉師培의 설에 따라 번역하였다.

겸병하는 방법이 이보다 강할 수는 없다.

得其地則能定之면 則無有强而不可兼并者也라

楊倞注 : 그 토지를 얻어 능히 그 지역을 안정시킨다면 아무리 강대하더라도 겸병하지 못할 상대가 없다는 것이다.

15-199 古者湯以薄하고 武王以滈하니

옛날에 商 湯王은 薄邑을 기반으로 하고 周 武王은 滈邑을 기반으로 하여 일어났으니,

薄은 與亳同하고 滈는 與鎬同이라

楊倞注 : 薄은 '亳'과 같고, 滈는 '鎬'와 같다.

15-200 皆百里之地也라 天下爲一하고 諸侯爲臣하니 無它故焉이요 能凝之也라 故凝士以禮하고 凝民以政이라 禮修而士服하고 政平而民安이라 士服民安이면 夫是之謂大凝이라 以守則固하고 以征則强하여 令行禁止하여 王者之事畢矣리라

모두 사방 백 리 정도의 땅이었다. 그러나 천하가 그들에 의해 통일되고 제후가 그들의 신하가 되었으니, 이는 다른 원인이 없고 능히 국가를 단결시켰기 때문이다.

선비들을 단결시키는 것은 禮義로써 하고 백성들을 단결시키는 것은 정책으로써 한다. 禮義가 잘 닦이면 선비들이 심복할 것이고 정치가 안정되면 백성들이 안정될 것이다. 선비들이 심복하고 백성들이 안정되면 이것을 최대의 단결이라 말한다. 이것으로 수비하면 국가가 튼튼해지고 이것으로 적국을 정벌하면 국가가 강대해져 명령하면 행해지고 금하면 중지하여 王者의 정사가 완성될 것이다.

彊國篇 第十六 제16편 국가를 富强하게 만드는 방법

국가를 富强하게 만들기 위해서는 賞罰을 행하지 않더라도 백성들이 노력하고 威力이 행해지는 도덕의 위엄을 지녀야 한다고 하면서 湯王과 武王처럼 상대방을 이기는 방법을 행해야 한다고 하였다. 상대방을 이기는 방법이란 사리의 옳고 그른 것과 인물의 재능 유무를 잘 구분하며 사욕을 버리고 많은 사람과 공존할 수 있는 공정한 원칙과 통용되는 도리를 따르는 것이라고 하였다.

16-1 刑范[1]正하고

거푸집이 반듯하고

刑은 與形同이라 范은 法也라 刑范은 鑄劍規模之器也라 ○ 郝懿行曰 刑은 與型同하고 范은 與笵同하니 皆鑄作器物之法也라 楊注非라

楊倞注 : 刑은 形과 같다. 范은 '法'의 뜻이다. 刑范은 劍을 주조할 때 규범에 맞게 하는 도구이다.

○ 郝懿行 : 刑은 型과 같고 范은 笵과 같으니, 모두 기물을 주조하는 거푸집이다. 楊氏의 주는 틀렸다.

16-2 金[2]錫美하며 工冶巧하고 火齊得[3]에

---

1) 刑范 : 型範과 같은 것으로, 만들려는 물건의 모양대로 속이 비어 있어 거기에 쇠붙이를 녹여 붓도록 되어 있는 틀인 거푸집이다. 흙으로 된 것을 型이라 하고, 쇠로 된 것을 範이라 한다.

2) 金 : 여기서는 구리쇠를 말한다.

3) 火齊得 : 青銅器를 제련할 때 불길의 강도와 재료의 배합이 적당하다는 뜻이다. 齊는 '劑'의 옛 글자로, 배합한다는 뜻이다. ≪周禮≫ 〈冬官 考工記〉에 "일반적으로 금속이 용해되는 상태를 살펴보면 구리쇠와 朱錫의 검고 혼탁한 기체가 사라진 뒤에 황백색의 기체가 나타나고, 황백색의 기체가 사라진 뒤에 청백색의 기체가 나타나고, 청백색의 기체가 사라진 뒤에

구리쇠와 朱錫의 질이 좋으며 대장장이의 기술이 정교하고 불길의 강도와 재료의 배합이 적당한 뒤에

火齊得은 **謂生埶**[4]**齊和得宜**라 **考工記云 金有六齊**라하니라 **齊**는 **才細反**이라

楊倞注：火齊得은 무쇠와 시우쇠의 배합이 적당한 것을 이른다. ≪周禮≫ 〈考工記〉에 "金有六齊(구리쇠와 주석을 배합할 때 여섯 가지 비율이 있다.)"라고 하였다. 齊는 〈음이〉 才와 細의 반절이다.

16-3 **剖刑而**[5]**莫邪**(야)[6]**已**라

거푸집을 열면 莫邪와 〈같은 명검이〉 된다.

剖는 **開也**라 **莫邪**는 **古之良劍**이라

楊倞注：剖는 연다는 뜻이다. 莫邪는 옛 명검이다.

16-4 **然而不剝脫**하고 **不砥厲**[7]하면 **則不可以斷繩**이라

그러나 〈껄끄러운 표면을〉 긁어 제거하지 않고 숫돌에 갈지 않는다면 새끼줄도 자를 수가 없다.

청색의 기체가 나타난다. 그런 뒤에 그것으로 기물을 주조할 수 있다."라 하고, 또 "구리쇠와 주석을 合金할 때 여섯 가지 비율이 있다. 주석이 차지하는 비율이 6분의 1인 경우는 쇠북이나 솥을 만드는 배합이라 말하고, 5분의 1인 경우는 도끼를 만드는 배합이라 말하고, 4분의 1인 경우는 창을 만드는 배합이라 말하고, 3분의 1인 경우는 큰 칼을 만드는 배합이라 말하고, 5분의 2인 경우는 削刀나 화살촉을 만드는 배합이라 말하며, 구리쇠와 주석의 비율이 같을 경우에는 거울이나 부싯돌을 만드는 배합이라 말한다."라고 하였다.

4) 埶：熱과 통용한다.

5) 而：則과 같다.

6) 莫邪(야)：춘추시대의 名劍이다. 전설에 의하면 吳나라 干將이 吳王 闔廬의 명으로 검을 주조할 적에 쇳물이 흘러내리지 않자, 그의 아내 莫邪가 용광로 속으로 몸을 던져 들어가니 마침내 쇳물이 나와 검 두 자루를 만들고 그 이름을 하나는 干將, 하나는 莫邪라 하였다고 한다.(≪吳越春秋≫ 卷4 〈闔閭內傳〉)

7) 砥厲：두 자의 뜻은 모두 숫돌이나, 여기서는 칼을 간다는 뜻인 동사로 사용되었다. 厲는 '礪'와 통용한다.

剝脫은 謂刮去其生澀이라 砥厲는 謂磨淬(쉬)也라

楊倞注 : 剝脫은 그 껄끄러운 것을 긁어 제거하는 것을 이른다. 砥厲는 숫돌에 갈고 담금질하는 것을 이른다.

16-5 **剝脫之**하고 **砥厲之**하면 **則劙**(려)**盤盂**[8)]하고 **刎牛馬**는 **忽然耳**라

그 〈껄끄러운 표면을〉 긁어 제거하고 숫돌에 간다면 쟁반과 대야를 가르고 소와 말을 베는 일은 간단하다.

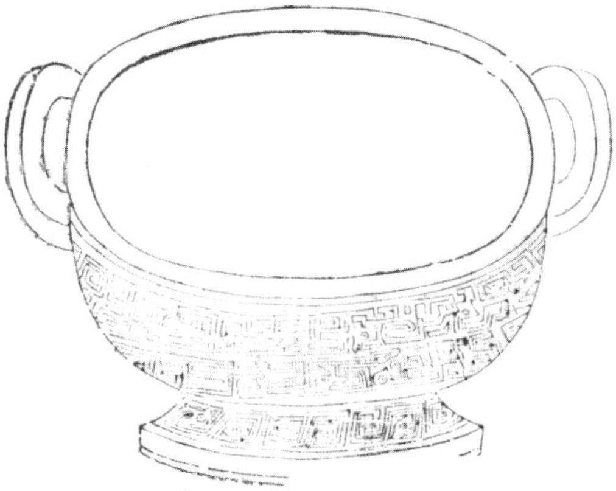

匜盤

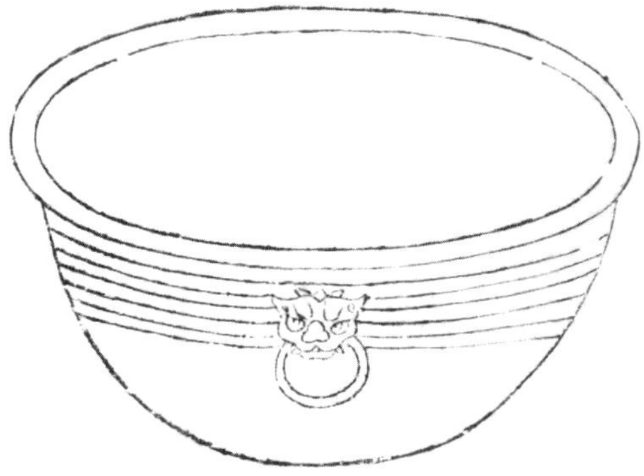

獸環盂

劙는 割也니 音戾라 劙盤盂하고 刎牛馬는 蓋古用試劍者也라 戰國策에 趙奢謂田單曰 吳干將之劍은 肉試則斷牛馬하고 金試則截盤盂라하니라 盤盂는 皆銅器라 猶制(불)鍾無聲及斬牛馬者也[9)]라 忽然은 言易(이)也라 ○ 盧文弨曰 劙는 宋本엔 作

8) 劙(려)盤盂 : 劙는 자른다는 뜻이다. 盤盂는 구리로 만든 쟁반과 대야인데, 고대에는 이것을 가지고 칼날이 잘 드는가를 시험하였다고 한다.

9) 猶制(불)鍾無聲及斬牛馬者也 : 명검의 기능에 관한 두 가지 사례이다. 制鍾無聲은 쇠북을 자르는데도 자르는 소리가 나지 않는다는 뜻으로, ≪文苑英華≫ 권808 〈嘉興監記〉에 "步光과 莫耶는 옥을 자르기를 진흙을 자르듯이 하고 쇠북을 잘라도 소리가 없다.〔步光莫耶 切玉如泥 制鍾無聲〕"라고 한 데서 나왔다. 斬牛馬는 육지에서 소와 말을 베었다는 뜻으로, ≪史記≫ 권69 〈蘇秦列傳〉에 "韓나라 병사들의 검과 창은 모두 冥山·棠谿·墨陽·合膊·鄧師·宛馮·龍淵·太阿 등지에서 나온 것으로, 이것들이 모두 육지에서는 소와 말을 베어 죽이고

釁하고 元刻엔 作釁하니 皆訛라 今改正이라

楊倞注 : 劙는 가른다는 뜻이니, 음이 戾이다. 쟁반과 대야를 가르고 소와 말을 베는 것은 대체로 옛날에 이 방법으로 검의 품질을 시험했던 것이다. ≪戰國策≫ 〈趙策〉에 "趙奢가 田單에게 이르기를 '吳나라 干將의 검은 고기를 가지고 시험하면 쇠와 말을 절단하고 구리쇠를 가지고 시험하면 쟁반과 대야를 끊습니다."라고 하였다. 쟁반〔盤〕과 대야〔盂〕는 모두 구리그릇이다. 이것은 쇠북을 잘라도 소리가 없다고 한 것과 소·말을 베었다고 한 말과 같다. 忽然은 간단하다는 것을 말한다.

○ 盧文弨 : 劙는 宋本에는 '釁'로 되어 있고 元刻本에는 '釁'로 되어 있으니, 모두 잘못되었다. 여기서는 고쳐 바로잡았다.

16-6 彼國者는 亦彊國之剖刑已라

저 국가란 또 어떤 强國이 방금 거푸집을 열고 〈꺼낸 주물과 같다.〉

如彊國之初開刑也라

楊倞注 : 강국으로 만들어지는 초기 또한 이 거푸집을 열고 〈막 꺼낸 검의〉 경우와 같다.

16-7 然而不教誨하고 不調一하면 則入不可以守하고 出不可以戰이라 教誨之하고 調一之하면 則兵勁城固하여 敵國不敢嬰[10)]也리라 彼國者亦有砥厲하니 禮義節奏是也라

그래서 백성들에게 교육을 진행하지 않고 民心을 조정하여 통일시키지 않으면 안으로는 그들에 의지하여 나라를 지킬 수 없고 밖으로는 그들을 이용하여 전쟁을 할 수가 없다. 만약 그들을 교육하고 민심을 조정하여 통일시킨다면 군대는 강해지고 성은 튼튼해져 적국이 감히 침범하지 못할 것이다. 저 국가란 것도 칼을 가는 숫돌이 있으니, 禮義의 법도가 그것이다.

물에서는 고니와 기러기를 자를 수 있다.〔韓卒之劍戟 皆出於冥山棠谿墨陽合膊鄧師宛馮龍淵太阿 皆陸斷牛馬 水截鵠鴈〕"라고 한 데서 나온 것이다.

10) 嬰 : '攖'과 통용하는 것으로, 침범한다는 뜻이다.

節奏는 有法度也라 ○ 先謙案 節奏는 包法度在內니 不能訓節奏爲有法度라 說見富國篇[11)]이라

楊倞注 : 節奏는 법도가 있는 것이다.

○ 先謙案 : 節奏는 법도가 禮義 안에 포함되어 있는 것이니, 節奏의 뜻을 법도가 있는 것이라고 할 수 없다. 이에 관한 설명은 〈富國篇〉에 보인다.

16-8 故人之命在天하고 國之命在禮라 人君者 隆禮尊賢而王하고 重法愛民而霸하고 好利多詐而危하고 權謀(傾覆)[12)]幽險而亡이라

그러므로 사람의 운명은 하늘에 달려 있고 국가의 운명은 禮義에 달려 있다. 군주가 예의를 숭상하고 현명한 이를 존중하면 王者가 될 수 있고, 법치를 중시하고 백성을 사랑하면 霸者가 될 수 있고, 財利를 좋아하고 거짓이 많으면 위험해질 수 있고, 권모술수를 부리고 마음이 음흉하면 멸망할 수 있다.

幽深傾險하여 使下難知면 則亡也라 ○ 盧文弨曰 正文及注亡字上에 元刻竝有盡字하고 宋本無라

楊倞注 : 마음이 어둡고 깊숙하며 간사하고 험악하여 아랫사람으로 하여금 그 실상을 알기 어렵게 만든다면 멸망한다는 것이다.

○ 盧文弨 : 본문과 〈楊倞〉 주의 '亡'자 위에 元刻本에는 모두 '盡'자가 있고 宋本에는 없다.

16-9 威有三하니 有道德之威者하고 有暴察之威者하고 有狂妄之威者라

---

11) 節奏……說見富國篇 : ≪荀子≫ 제10 〈富國篇〉에 "其禮義節奏也 芒軔僈楛 是辱國已(禮義의 법도에 대해서는 잘 모르고 태만하며 거칠다면 이는 치욕을 당할 나라이다.)"라고 한 곳의 楊倞 주에 "禮義節奏 謂行禮義之節文(禮義節奏는 禮義의 법도를 행하는 것을 이른다.)"이라고 하였는데, 이를 두고 하는 말이다.

12) (傾覆) : 저본에는 '傾覆'이 있으나, 王天海의 설에 의거하여 잘못 덧붙여진 것으로 처리하였다. 王天海는 이것을 잘못 덧붙여진 것으로 의심하면서 혹시 '亡'자 곁에 있던 주석의 글이 본문 속으로 섞여 들어왔을 수 있다고 하였다. 앞 문구들의 통일된 형식에 비추어볼 때 그 설이 일리가 있는 것으로 보인다.

威嚴에는 세 가지가 있으니, 도덕의 위엄이란 것이 있고 혹독하게 감찰하는 위엄이란 것이 있고 방자하고 오만한 위엄이란 것이 있다.

暴察은 謂暴急嚴察也라

楊倞注：暴察은 포악하고 혹독하며 엄하게 감찰하는 것을 이른다.

16-10 此三威者를 不可不孰[13)]察也라 禮樂則修하고 分義則明하며

이 세 가지 위엄이란 것을 자세히 살펴보지 않으면 안 된다. 禮義와 音樂은 잘 정비되고 상하의 구분과 도의는 분명하며,

分은 謂上下有分이요 義는 謂各得其宜라

楊倞注：分은 상하가 구분이 있는 것을 이르고, 義는 저마다 그 사리에 합당하게 하는 것을 이른다.

16-11 擧錯則時하고 愛利則形이라

채택하고 조치하는 정사는 당시 사정에 합당하고, 사람을 사랑하고 백성을 이롭게 하는 마음은 행동으로 드러난다.

形은 見也니 愛利人之心이 見於外也라 ○ 郝懿行曰 形은 韓詩外傳六에 作刑이라 刑者는 法也니 愛人利人皆有法하여 不爲私恩小惠라 注云 形은 見이라하니 非是라

楊倞注：形은 드러난다는 뜻이니, 사람을 사랑하고 이롭게 하는 마음이 밖으로 드러난다는 것이다.

○ 郝懿行：形은 ≪韓詩外傳≫ 권6에 '刑'으로 되어 있다. 刑이란 '法'의 뜻이니, 사람을 사랑하고 사람을 이롭게 하는 일이 모두 법도가 있어 사적인 은혜와 작은 혜택을 베풀지 않는다는 것이다. 〈楊氏의〉 주에 "形은 드러난다는 뜻이다."라고 하였으니, 이는 옳지 않다.

16-12 如是하면 百姓貴之如帝[14)]하고 高之如天하며

---

13) 孰：熟과 통용한다.

이렇게 되면 백성들이 그를 帝王처럼 존귀하게 여기고 하늘처럼 높이 받들며,

帝는 天神也라

楊倞注：帝는 하느님이다.

16-13 **親之如父母**하고 **畏之如神明**이라 **故賞不用而民勸**하고 **罰不用而威行**이라 **夫是之謂道德之威**라 **禮樂則不修**하고 **分義則不明**하며 **擧錯則不時**하고 **愛利則不形**이라 **然而其禁暴也察**하고 **其誅不服也審**하며 **其刑罰重而信**하고 **其誅殺猛而必**하여

부모처럼 친근히 여기고 신명처럼 敬畏할 것이다. 이 때문에 포상을 내리지 않더라도 백성들이 노력하고, 형벌을 가하지 않더라도 위력이 행해진다. 이를 두고 도덕의 위엄이라 말한다.

禮義와 音樂은 잘 정비되지 않고 상하의 구분과 도의는 분명치 않으며, 채택하고 조치하는 정사는 당시 사정에 합당하지 않고 사람을 사랑하고 백성을 이롭게 하는 마음은 행동으로 드러나지 않는다. 그러면서 난폭한 행위를 금지하는 일은 철저하고 복종하지 않는 사람을 징벌하는 일은 치밀하며, 형벌을 가하는 일은 무거우면서 어김없이 하고 죄인을 처벌하고 죽이는 일은 매서우면서 가차 없이 하여,

申商之比[15)]라

楊倞注：申不害・商鞅의 학설과 같다.

---

14) 貴之如帝：帝에 대해 楊倞의 주는 天神, 곧 하느님이라고 하였으나, 包遵信은 "≪荀子≫에 보이는 '帝'는 모두 天神과는 무관한 帝王의 帝이다."라 하고, 王天海도 "帝堯・帝舜의 경우와 같은 것으로, 天神이 아니다. 만약 天神의 뜻이라면 아래에서 분명히 재차 '高之如天'・'畏之如神明'을 말하지 않았을 것이다."라고 하였다. 이 설이 일리가 있으므로 그대로 따랐다.

15) 申商之比：申은 申不害(B.C. 385~B.C. 337)이고, 商은 商鞅(B.C. 390~B.C. 338)으로, 전국시대 法家의 중요한 인물들이다. 比는 같다는 뜻으로, 본문의 "난폭한 행위를 금지하는 일은 철저하고……죄인을 처벌하고 죽이는 일은 매서우면서 가차 없이 한다."는 것이 이들 두 사람이 주장하는 학설과 같다는 것이다.

16-14 黯(암)然而雷擊之하고 如牆厭(압)之라

이런 통제가 갑자기 이르는 것은 마치 벼락이 내리치는 것 같고 담벼락이 무너져 짓누르는 것과도 같다.

黯然은 卒至之貌라 說文云 黯은 黑色이라하니 猶闇然이라 黯은 烏感反이라 厭은 讀爲壓이라 ○ 郝懿行曰 黯은 與奄同이라 奄然은 猝乍之貌라 而與如는 古通用이라 奄然如雷擊之하고 如牆壓之는 皆言暴察之威所劫이라 韓詩外傳六에 黯作闇하고 而作如라 劉台拱曰 韓詩外傳에 作如雷擊之하니 此而字義亦作如라 王念孫曰 古書에 多以而如互用하니 而其義則皆爲如라 小雅都人士篇에 彼都人士여 垂帶而厲로다 彼君子女여 卷髮如蠆(채)로다라하고 大戴記衛將軍文子篇에 滿而不滿하고 實如虛하며 見善如不及[16]이라하고 孟子離婁篇에 文王은 視民如傷하며 望道而未之見하니라하니 皆其證이라

楊倞注 : 黯然은 갑자기 이르는 모양이다. ≪說文解字≫에 "黯은 검은빛이다."라고 하였으니, 闇然과 같다. 黯은 〈음이〉 烏와 感의 반절이다. 厭은 '壓'으로 읽어야 한다.

○ 郝懿行 : 黯은 '奄'과 같다. 奄然은 갑작스러운 모양이다. 而와 如는 옛날에 통용하였다. 갑작스럽기가 마치 벼락이 내리치는 것 같고 담이 무너져 짓누르는 것과도 같다는 것은 모두 혹독한 감찰의 위엄에 위협을 당하는 것을 말한다. ≪韓詩外傳≫ 권6에 黯은 '闇'으로 되어 있고 而는 '如'로 되어 있다.

劉台拱 : 〈而雷擊之가〉 ≪韓詩外傳≫에는 '如雷擊之'로 되어 있으니, 이곳의 '而'자 뜻도 '如'의 뜻으로 쓰였다.

王念孫 : 옛 문헌에는 많이 '而'와 '如'를 서로 교차해 사용하였는데, 그 뜻은 모두 '같다〔如〕'이다. ≪詩經≫ 〈小雅 都人士篇〉에 "彼都人士 垂帶而厲 彼君子女 卷髮如蠆(저 서울 멋들어진 사내들이여, 드리운 띠 좌우로 나풀대는 듯. 저 귀족 아름다운 여인들이여, 말아 올린 옆머리 전갈 같았지.)"라 하고, ≪大戴禮記≫ 〈衛將軍文子篇〉에 "滿而不滿 實如虛 見善如不及(가득해도 가득하지 않은 것처럼 하고 찼는데도 비어 있는 것처럼 하고 선량한 행위를 보면 그에 미치지 못하는 것처럼 하였다.)"이라 하고, ≪孟子≫ 〈離婁篇〉에 "文王 視民如傷 望道而未之見(文王은 백성을 보시되 상처를 당한 것처럼 하며 도를 바라보시되 아직 보지 못한 것처럼 하였다.)"이라 하였으니, 이것이 모두 그 증거이다.

---

16) 見善如不及 : ≪大戴禮記≫에는 '過之如不及'으로 되어 있다.

16-15 **如是**하면 **百姓劫則致畏**하고

이렇게 되면 백성들은 위협을 당하는 동안은 두려워하고

見劫脅之時則畏也라 ○ 盧文弨曰 正文致字는 據宋本補라 韓詩外傳六亦同이라

楊倞注 : 〈백성들은〉 위협을 당하는 때에는 두려워한다는 것이다.

○ 盧文弨 : 본문의 '致'자는 宋本에 의거하여 보충하였다. ≪韓詩外傳≫ 권6에도 이와 같다.

16-16 **嬴**(영)**則敖上**하며

위협이 느슨해지면 군주를 업신여기게 되며,

稍嬴緩之則敖謾이라 嬴은 音盈이라 ○ 盧文弨曰 俗本에 上字在下句首하니 今從宋本移正이라 外傳亦同이라 郝懿行曰 嬴은 猶盈也라 此言百姓被威劫脅하면 則氣怯而致畏하고 放縱寬舒하면 則氣盈而敖上이라 嬴은 與贏(영)同이라 贏은 有餘也라 有餘卽弛緩이라 故注訓嬴爲緩이라

楊倞注 : 그들에 대한 위협을 조금 느슨하게 하면 업신여긴다는 것이다. 嬴은 음이 '盈'이다.

○ 盧文弨 : 세간의 판본에는 '上'자가 아래 구 첫머리에 놓여 있는데, 여기서는 宋本에 따라 옮겨 바로잡았다. ≪韓詩外傳≫도 그와 같다.

郝懿行 : 嬴은 '盈'과 같다. 여기서는 백성들이 위세의 위협을 받으면 기운이 겁을 먹어 두려워하고 풀어놓아 여유롭게 해주면 기운이 자만하여 윗사람을 업신여긴다는 것을 말한다. 嬴은 '贏'과 같다. 贏은 여유가 있다는 뜻이다. 여유가 있다는 것은 곧 느슨하다는 뜻이다. 그러므로 〈楊氏의〉 주에 嬴을 느슨하다는 뜻으로 풀이하였다.

16-17 **執拘則最**(취)하고 **得閒則散**이라

구속당하는 동안은 함께 모여 있고 틈이 생기면 사방으로 흩어진다.

最는 聚也라 閒은 隙也라 公羊傳曰 會는 猶最也라하고 何休曰 最는 聚也라하니라 ○ 郝懿行曰 最는 依字書應作冣니 音才句切라 卽古聚之假借字也라 俗作最하니 非라

韓詩外傳六에 作聚하니 是矣라 王引之曰 說文에 冣는 積也라하고 徐鍇云 古以聚物之聚爲冣라하니라 冣與最字相似어늘 世人多見最하고 少見冣라 故書傳中冣字皆譌作最라 韓詩外傳에 作執拘則聚하니 卽冣字也라 隱元年公羊傳及何注는 皆本作冣어늘 今譌作最①라 辯見(輕)〔經〕[17]義述聞이라

① 楊所見本已然이라

楊氏가 본 판본도 그때 이미 그렇게 되어 있었던 것이다.

楊倞注 : 最는 모인다는 뜻이다. 間은 틈새라는 뜻이다. ≪春秋公羊傳≫에 "會는 '最'와 같다."라 하고, 何休는 "最는 모인다는 뜻이다."라고 하였다.

○ 郝懿行 : '最'는 字書에 의하면 마땅히 '冣'로 되어야 하니, 그 음이 才와 句의 반절이다. 곧 옛 '聚'의 假借字이다. 속자로는 '最'로 쓰는데, 이는 틀린 것이다. ≪韓詩外傳≫ 권6에는 '聚'로 되어 있으니, 그것이 옳다.

王引之 : ≪說文解字≫에 "冣는 '積'의 뜻이다."라 하고, 徐鍇가 "옛날에는 '聚物(물자를 모으다)'의 '聚'를 '冣'로 썼다."라고 하였다. '冣'와 '最'는 글자가 서로 비슷한데, 세상 사람들이 '最'는 많이 접해보고 '冣'를 보는 일은 적었기 때문에 서적 속의 '冣'자가 모두 '最'로 잘못되었다. ≪韓詩外傳≫에는 '執拘則聚'로 되어 있으니, 〈이 聚는〉 곧 '冣'자이다. 隱公 元年의 ≪春秋公羊傳≫과 何休 주는 모두 본디 '冣'로 되어 있었는데, 지금 '最'로 잘못되어 있다. 이에 관한 논변은 ≪經義述聞≫에 보인다.

16-18 敵中[18]則奪하니

〈그렇다고 하여〉 중간의 태도를 견지하게 되면 〈혹독하게 감찰하는 위엄도〉 빼앗기게 되니,

敵人得中道則奪其國이라 一曰 中은 擊也라하니 丁仲反이라 ○ 兪樾曰 此以民情言이요 不以敵國言이니 楊注非是라 敵은 當讀爲適이니 古字通用이라 論語里仁篇의 無適也에 釋文曰 鄭本作敵이라하고 禮記玉藻篇의 敵者不在에 釋文曰 敵本作適이라하니 竝其證也라 上文言劫則致畏하고 嬴則敖上하며 執拘則最하고 得間則散은

17) (輕)〔經〕 : 저본에는 '輕'으로 되어 있으나, 잘못되었으므로 '經'으로 바로잡았다.

18) 敵中 : ≪廣雅≫ 권3 〈釋詁〉에 "敵은 '主'의 뜻이다."라 하였는데, 王天海는 이를 근거로 "敵中은 곧 主中이다. 主中은 持中과 같다."라고 하면서 "中和의 태도를 견지하면 혹독하게 감찰하는 위엄을 잃는 것을 말한다."라고 하였다. 번역은 이 설과 兪樾의 주를 참고하였다.

竝就其一偏者而言之하고 此云敵中은 謂適乎其中也라 旣不用道德之威而用綦察之威라가 適乎其中하면 則反失其所以爲綦察矣라 故曰適中則奪이라하니라 下文曰非劫之以形埶요 非振之以誅殺이면 則無以有其下는 正承此文而言이니 足見楊注之非라

楊倞注 : 적국이 도리에 합당한 정사를 하게 되면 그의 국가를 빼앗긴다는 것이다. 일설에는 中은 공격의 뜻이라고 하였는데, 〈이 경우 음이〉 丁과 仲의 반절이다.

○ 兪樾 : 이것은 民心을 가지고 말한 것이고 적국을 가지고 말한 것은 아니니, 楊氏의 주는 옳지 않다. 敵은 마땅히 '適'으로 간주해 읽어야 하니, 옛 글자에 통용하였다. ≪論語≫ 〈里仁篇〉의 "無適也(꼭 그래야 한다는 것도 없다.)"에 대해 ≪經典釋文≫에 "鄭氏(鄭玄) 본에는 '敵'으로 되어 있다."라 하고, ≪禮記≫ 〈玉藻篇〉의 "敵者不在(때마침 자기가 집안에 있지 않은 경우에는)"에 대해 ≪經典釋文≫에 "敵은 본디 '適'으로 되어 있다."라고 하였으니, 이것이 모두 그 증거이다. 윗글에서 말한 "劫則致畏 嬴則敖上 執拘則最 得閒則散(위협을 당하는 동안은 두려워하고 위협이 느슨해지면 군주를 업신여기게 되며, 구속당하는 동안은 함께 모여 있고 틈이 생기면 사방으로 흩어진다.)"은 모두 한쪽으로 치우친 측면에서 말하였고 여기서 말한 "敵中"은 그 중간에 알맞은 것을 이른다. 이미 도덕의 위엄을 쓰지 못하고 혹독하게 감찰하는 위엄을 쓰다가 그 중간 정도에 맞춘다면 도리어 그 혹독하게 감찰하는 위엄까지도 잃을 수 있으므로 "그 중간 정도에 맞춘다면 혹독하게 감찰하는 위엄도 빼앗기게 된다."라고 말한 것이다. 아랫글에서 말한 "〈군주가〉 권세와 지위로써 위협하는 방법이 아니고 또 처벌과 죽이는 것으로 두렵게 하는 방법이 아니면 그의 백성들을 제어할 길이 없게 된다."라고 한 것은 바로 이 글을 이어받아 말한 것이니, 이것으로 충분히 楊氏의 주가 틀렸다는 것을 볼 수 있다.

16-19 非劫之以形埶요 非振[19]之以誅殺이면 則無以有其下라

〈군주가〉 권세와 지위로써 위협하는 방법이 아니고 또 처벌과 죽이는 것으로 두렵게 하는 방법이 아니면 그의 백성들을 제어할 길이 없게 된다.

振은 動이라

---

19) 振 : '震'과 같은 글자로, 여기서는 사람의 마음을 흔든다는 뜻이다. 권력자가 백성을 포용하여 가르치지 않고 무턱대고 처벌과 죽이는 형벌을 사용할 경우 백성들의 마음이 흔들릴 것이다. 이 흔들림은 두려움의 반응이므로 두렵게 하는 것이라고 번역하였다.

楊倞注 : 振은 뒤흔든다는 뜻이다.

16-20 夫是之謂暴察之威라 無愛人之心하고 無利人之事하여 而日爲亂人之道라가 百姓讙(환)敖하면 則從而執縛之하고 刑灼之[20)]하여 不和人心이라

이를 두고 혹독하게 감찰하는 위엄이라 말한다.

사람을 사랑하는 마음도 없고 백성들을 이롭게 하는 일도 없으면서 매일 백성들을 혼란시키는 잘못된 행위를 하다가 백성들의 원망이 비등하면 그들을 잡아 결박하고 형벌로 놀라게 하고 두렵게 하면서 〈원망하는〉 民心을 풀어주지 않는다.

讙은 喧譁也라 敖는 喧噪也라 亦讀爲嗷니 謂叫呼之聲이 嗷嗷然也라 五刀反이라

楊倞注 : 讙은 와글와글 떠든다는 뜻이다. 敖는 소란스럽게 웅성댄다는 뜻이다. 또 '嗷'로 읽기도 하니, 큰소리로 외치는 소리가 왁자지껄한 것을 이른다. 〈敖는 그 음이〉 五와 刀의 반절이다.

16-21 如是면 下比周賁潰以離上矣리니

이렇게 되면 아래 백성들은 무리를 지어 분노해 흩어져서 군주 곁을 떠날 것이니,

賁은 讀爲憤이니 憤然也라 民逃其上曰潰라 ○ 郝懿行曰 賁與奔은 古字通이라 賁潰는 謂奔走潰散而去也라 賁은 韓詩外傳六에 作憤하고 此作賁이라 二義俱通하니 似不必依彼讀憤也라

楊倞注 : 賁은 '憤'으로 읽어야 하니, 벌컥 성을 내는 모양이다. 백성들이 그 군주로부터 도망하는 것을 '潰'라 말한다.

○ 郝懿行 : 賁과 奔은 옛 글자에 통용하였다. 賁潰는 달아나 흩어져서 가버리는 것을 이른다. 賁은 ≪韓詩外傳≫ 권6에는 '憤'로 되어 있고 여기에는 '賁'으로 되어 있다. 이 두

20) 刑灼之 : ≪方言≫에 "灼은 '驚'의 뜻이다."라 하고, 이곳의 郭璞의 주에 "恐灼이란 말과 같다."라고 하였는데, 王天海는 이를 근거로 "刑灼은 형벌로 그들을 놀라게 하고 두렵게 하는 것을 말한다."라고 하였다. 이에 따라 번역하였다.

자는 그 뜻이 다 통하니, ≪韓詩外傳≫에 의해 '憤'으로 읽을 필요가 없을 것 같다.

16-22 **傾覆滅亡**을 **可立而待也**라 **夫是之謂狂妄之威**라 **此三威者**를 **不可不孰察也**라 **道德之威成**[21]**乎安彊**하고 **暴察之威成乎危弱**하고 **狂妄之威成乎滅亡也**니라

나라가 전복되고 멸망하는 것을 당장 기다릴 수가 있을 것이다. 이를 두고 방자하고 오만한 위엄이라고 말한다.

이 세 가지 위엄이란 것을 자세히 살펴보지 않으면 안 된다. 도덕의 위엄은 안정과 강성으로 끝을 맺고, 혹독하게 감찰하는 위엄은 위험과 쇠약으로 끝을 맺고, 방자하고 오만한 위엄은 멸망으로 끝을 맺는다.

16-23 **公孫子**[22]**曰 子發將西伐蔡**[23]하여 **克蔡**하고 **獲蔡侯**라

---

21) 成 : 끝맺는다는 뜻으로, '終'과 같다. ≪儀禮≫ 〈燕禮〉에 "笙入三成(생황을 부는 사람이 들어가 〈南陔〉·〈白華〉·〈華黍〉 등 세 편을 연주해 끝맺는다.)"이라 한 곳의 鄭玄 주에 "成은 '終'의 뜻이다."라 하였고, ≪禮記≫ 〈鄕飮酒義〉에는 이 문구가 "笙入三終"으로 되어 있다. 梁啓雄과 王天海도 이를 근거로 '終'과 같다고 하였다.

22) 公孫子 : 猪飼彦博의 ≪荀子補遺≫에 "이 章의 첫머리에 公孫子의 말을 거론한 다음 '議之曰'로 뒤를 이어 반박하였는데, 이는 ≪韓非子≫ 〈難埶篇〉에서 첫머리에 愼子의 말을 거론한 다음 '愼子曰'로 뒤를 이어 질문을 꺼낸 것과 그 체제가 정확히 같으니, 公孫子와 대면하여 토론한 것은 아니다. 公孫子는 곧 그 사람이 저술한 책 이름이다. ≪漢書≫ 〈藝文志〉의 儒家에 ≪公孫尼子≫ 28편이 있고 그 주에 '七十子의 제자이다.'라고 하였으니, 아마도 이 책일 것이다. 楊倞은 아래 章의 '說齊相' 문구를 이 章으로 잘못 연결하여 한 章으로 만들었기 때문에 公孫子가 齊나라 재상으로서 荀子와 같은 시대 사람으로 알고 孟嘗君의 식객 公孫戍일 것으로 의심하면서 그 사람이 荀子의 이전 시대 인물이라는 것을 몰랐다."라고 하였다.

23) 子發將西伐蔡 : 子發은 楚나라의 大司馬 景舍이다. 王念孫의 주에 "蔡나라는 楚의 북쪽에 있고 서쪽에 있지 않으므로 '西伐蔡'라고 말할 수 없다."라고 하면서 '西'는 마땅히 '而'로 되어야 한다고 하였다. 이에 대해 于鬯은 "蔡나라는 高蔡이다. ≪戰國策≫ 〈楚策〉에 나오는 것으로, 이는 분명히 별개의 한 蔡나라이고 蔡仲의 후손이 州來로 옮겨간 蔡나라는 아니다. 이 '西'자를 볼 때 충분히 그 근거가 된다. 高蔡의 蔡나라는 실제로 楚나라의 서남쪽에 있었으니, 이 '西'자는 분명히 오자가 아니다."라고 하였다. 王天海는 "蔡는 高蔡·湖南·湖北의 접경에 있었던 나라로서 河南·上蔡의 蔡는 아니다. 于氏의 설이 옳고 王氏 설은 틀렸다."라고 하였다.

公孫子가 말하였다.

"〈楚나라의〉 子發이 군대를 거느리고 서쪽으로 가 蔡나라를 공격하여 蔡나라를 점령하고 蔡侯를 포로로 잡았다.

公孫子는 齊相也니 未知其名이라 後語[24]에 孟嘗君客有公孫戍하니 豈後爲齊相乎아 或曰 公孫名忌라하니라 子發은 楚令尹이니 未知其姓이라 戰國策에 莊辛諫楚襄王曰 蔡聖侯南遊乎高陂하고 北陵乎巫山하며 左枕幼妾하고 右擁嬖女하여 〔與之〕[25]馳騁乎高蔡之間而不以國家爲事하여 不知夫子發方受命于宣王하여 繫〔己〕[26]以朱絲而見之라하니라 史記에 蔡侯齊爲楚惠王所滅이라하여늘 莊辛云宣王하니 與史記不同이라 ○ 盧文弨曰 案楚策에 左枕作左抱라 蔡無聖侯하니 吳師道[27]謂當作靈侯라 或者古通稱歟아 鮑彪云 昭十一年에 楚子誘蔡侯般하여 殺之於申이라하고 經傳不書子發하니 蓋使子發召之라 楚子는 靈王이라 若宣王인댄 蔡滅八十年矣라 淮南道應訓에 子發伐蔡하여 踰之하니 宣王郊迎이라하고 人間訓에 又言獲罪威王者는 皆失考也[28]라하니라 今案 鮑吳之說은 以爲楚靈王이라 然誘之與伐은 其事不同하니 闕疑可也라 王念孫曰 蔡在楚北하고 非在楚西하니 不得言西伐蔡라 將은 子匠反이라 西는 當爲而라 言子發將兵而伐蔡也라

楊倞注：公孫子는 齊나라 재상이니, 그 이름은 알 수 없다. ≪後語≫에 孟嘗君의 食客 중에 公孫戍이 있으니, 혹시 나중에 齊나라 재상이 되었는지 모르겠다. 혹자는 "公孫의 이름은 忌이다."라고 하였다. 子發은 楚나라 令尹이니, 그 성은 알 수 없다. ≪戰國策≫ 〈楚策〉에 "莊辛이 楚 襄王에게 간하기를 '蔡 聖侯가 남쪽으로는 高陂를 유람하고 북쪽으로는 巫山을 올라갔으며, 왼편에는 나이 어린 첩을 끼고 오른편에는 총애하는 여인을 껴안고서 이들과 함께 高蔡 등지에서 말을 달리고 국가의 정사를 돌아보지 않으면서 장차

24) 後語：≪春秋後語≫의 약칭이다. 晉나라 孔衍(268~320)과 唐나라 盧藏用(?~약714)이 저술한 두 종류가 있는데, 여기서는 盧藏用의 것으로 보인다.

25) 〔與之〕：저본에는 '與之'가 없으나, ≪戰國策≫ 〈楚策〉에 의거하여 보충하였다.

26) 〔己〕：저본에는 '己'가 없으나, ≪戰國策≫ 〈楚策〉에 의거하여 보충하였다.

27) 吳師道：1283~1344. 元나라 婺州 蘭溪 사람으로, 자는 正傳이다.

28) 鮑彪云……皆失考也：鮑彪는 宋나라 사람으로, 자는 文虎이다. 高宗 때 司封員外郞을 지냈다. 史學에 조예가 깊었으며 ≪戰國策注≫를 저술하였다. '昭十一年'부터 '皆失考也'까지 ≪戰國策≫ 〈楚策〉의 '繫己以朱絲而見之也'의 주석이다.

저 子發이 곧 楚 宣王의 명령을 받아 붉은 밧줄로 자기를 결박하여 그의 왕에게 바칠 것이라는 것을 알지 못했습니다.'라 했다."라고 하였다. ≪史記≫ 〈管蔡世家〉에 의하면 蔡侯 齊가 楚 惠王에게 멸망되었다고 하였는데, 莊辛은 '宣王'이라고 하였으니, ≪史記≫의 내용과는 같지 않다.

○ 盧文弨 : 살펴보건대, ≪戰國策≫ 〈楚策〉에 '左枕'은 '左抱'로 되어 있다. 蔡나라에는 聖侯가 없으니, 吳師道는 "마땅히 '靈侯'로 되어야 한다."라고 하였다. 혹시 옛날에 이 둘을 통칭했는지 모르겠다. 鮑彪가 말하기를 "≪春秋≫에 昭公 11년에 '楚子가 蔡侯 般을 유인하여 申 땅에서 죽였다.'고 하고, 經傳에는 子發을 기록하지 않았으니, 아마도 子發을 보내 그를 불렀을 것이다. 楚子는 靈王이다. 宣王이라 한다면 〈맞지 않으니 그가 살았던 시기는〉 蔡나라가 멸망한 지 80년 이후이다. ≪淮南子≫ 〈道應訓〉에 '子發伐蔡 踰之 宣王郊迎(子發이 蔡나라를 공격하여 승리하고 돌아오니, 宣王이 직접 교외로 나가 그를 영접하였다.)'이라 하고, ≪淮南子≫ 〈人間訓〉에 또 '威王에게 죄를 얻었다.'고 한 것은 모두 제대로 살펴보지 못한 것이다."라고 하였다. 지금 살펴보건대, 鮑氏와 吳氏의 설은 〈宣王은〉 楚 靈王이라고 하였다. 그러나 유인하였다는 것과 공격하였다는 것은 그 일이 같지 않으니, 의문스러운 것을 당분간 보류하여 두는 것이 좋겠다.

王念孫 : 蔡나라는 楚나라 북쪽에 있고 楚나라 서쪽에 있지 않으니, '서쪽으로 가 楚나라를 공격하였다.[西伐蔡]'라고 말할 수 없다. 將은 〈그 음이〉 子와 匠의 반절이다. '西'는 마땅히 '而'로 되어야 한다. 子發이 군대를 거느리고 蔡나라를 공격한 것을 말한다.

16-24 歸致命曰 蔡侯奉其社稷하여 而歸之楚라

돌아온 뒤에 楚 宣王에게 復命하기를 '蔡侯가 그의 社稷을 받들어 楚나라에 귀순하였습니다.

歸致命于君은 言蔡侯自奉其社稷歸楚요 非己之功也라

楊倞注 : 돌아와 군주에게 복명한 것은 蔡侯가 스스로 그의 社稷을 받들어 楚나라에 귀속한 것이고 자기의 공은 아니라는 것을 말한다.

16-25 舍屬(촉)二三子而治其地하니이다하니라

신 景舍는 〈동행한〉 두세 명의 楚나라 신하에게 요청하여 그 지역을 다스리게 하였습니다.'라고 하였다.

舍는 子發名이라 屬은 請也니 之欲反이라 二三子는 楚之諸臣也라 理其地[29]는 謂安輯其民也라 子發不欲獨擅其功이라 故請諸臣理其地也라 ○ 王念孫曰 古無訓屬爲請者라 屬은 會也①라 言會諸臣以治之라 先謙案 正文은 宋台州本謝本엔 作治나 浙局本依注改理하니 非라 注自避唐諱라

① 見孟子梁惠王篇注와 左傳哀十三年注와 齊語晉語楚語注라
≪孟子≫〈梁惠王篇〉의 注, ≪春秋左氏傳≫ 哀公 13년의 注, ≪國語≫〈齊語〉·〈晉語〉·〈楚語〉의 注에 보인다.

楊倞注 : 舍는 子發의 이름이다. 屬은 '請'의 뜻이니, 〈음이〉 之와 欲의 반절이다. 二三子는 楚나라의 여러 신하이다. 理其地는 그 지역의 백성을 안정시킨 것을 이른다. 子發이 그 공을 혼자 차지하고 싶지 않았기 때문에 여러 신하에게 요청하여 그 지역을 다스리게 하였다.

○ 王念孫 : 옛날에 '屬'의 뜻을 '請'이라 한 경우는 없다. 屬은 '會'의 뜻이다. 여러 신하를 모아 그 지역을 다스리게 한 것을 말한다.

先謙案 : 본문의 〈治其地의 '治'는〉 宋 台州本과 謝本에는 '治'로 되어 있으나 浙局本은 〈楊倞의〉 주에 따라 '理'로 바꿨으니, 이는 잘못되었다. 〈楊氏의〉 주에서의 〈理는 楊氏가〉 스스로 唐나라 황제의 이름자를 피한 것이다.

16-26 旣楚發其賞하니

얼마 뒤에 楚 宣王이 그에게 포상을 행하니,

旣는 謂論功之後라 發은 行也라

楊倞注 : 旣는 공적을 논의하여 평가한 이후를 이른다. 發은 행한다는 뜻이다.

16-27 子發이 辭曰 發誡布令而敵退하면 是主威也요 徙擧相攻而敵退하면 是將威也요 合戰用力而敵退하면 是衆威也로이다

子發이 사양하기를 '훈계를 행하고 명령을 내려 적이 후퇴하였다면 이는 군주의

29) 理其地 : 본문의 '治'를 '理'로 바꾼 것은 唐 高宗(628~683)의 이름자인 '治'를 피하기 위해서이다.

위력 때문이고, 군대를 이동시켜 공격을 가해 적이 후퇴하였다면 이는 장수들의 위력 때문이고, 交戰하여 무력을 사용해 적이 후퇴하였다면 이는 병사들의 위력 때문입니다.

誡는 教也라 凡發誡布令而敵退하면 則是畏其主요 徙擧相攻而敵退하면 則是畏其將이요 合戰用力而敵退하면 則是畏其衆也라

楊倞注 : 誡는 가르친다는 뜻이다. 일반적으로 훈계를 행하고 명령을 내려 적이 후퇴하였다면 이는 그 군주를 두려워해서이고, 군대를 이동시켜 공격을 가해 적이 후퇴하였다면 이는 그 장수를 두려워해서이고, 교전하여 무력을 사용해 적이 후퇴하였다면 이는 그 병사들을 두려워해서이다.

16-28 臣舍不宜以衆威受賞이로이다하니라

신 景舍가 병사들의 위력으로 인해 포상을 받는 것은 옳지 않습니다.'라고 하였다."

是時合戰用力而滅蔡라 故曰衆威라하니라 此已上은 公孫子美子發之辭也라 已下는 荀卿之辭也라

楊倞注 : 이때 교전하여 무력을 사용해 蔡나라를 멸망시켰으므로 병사들의 위력으로 인해서라고 말한 것이다. 이 이상은 公孫子가 子發을 찬미하는 말이다. 이하는 荀卿의 말이다.

16-29 譏之曰 子發之致命也恭이나 其辭賞也固라

나는 이 일을 다음과 같이 비평하였다.
"子發이 돌아와 군주에게 復命하는 태도는 공손하다 하겠으나 그가 포상을 사양하는 것은 고지식하다.

固는 陋也라 其致命難이나 其辭賞則固陋하니 非坦明之道也라

楊倞注 : 固는 고지식하다는 뜻이다. 그 복명하는 태도는 어려운 일이지만 그 포상을 사양하는 것은 고지식하니, 평탄하고 분명한 도리가 아니다.

16-30 **夫尙賢使能**하며 **賞有功**하고 **罰有罪**는 **非獨一人爲之也**라

대체로 어진 사람을 존중하고 능력 있는 사람을 부리며, 공이 있는 사람에게 상을 내리고 죄가 있는 사람에게 벌을 주는 것은 어떤 특별한 군주가 그렇게 했던 것이 아니라,

自古皆然이라

楊倞注 : 예로부터 모두가 다 그렇게 하였다는 것이다.

16-31 **彼先王之道也**요 **一人之本也**며 **善善惡惡**(오악)**之應也**라

저 賞罰이란 고대 聖王의 정치 원칙이고 백성을 통일시키는 근본이며, 선한 자는 찬미하고 악한 자는 증오하는 응보이다.

彼는 彼賞罰也라 言彼賞罰者는 乃先王之道요 齊一人之本이며 善善惡惡之報應也라

楊倞注 : 彼는 저 상벌을 가리킨다. 저 상벌이란 곧 고대 聖王의 정치 원칙이고 백성을 통일시키는 근본이며, 선한 자는 찬미하고 악한 자는 증오하는 응보라는 것을 말한다.

16-32 **治必由之**는 **古今一也**라

나라를 다스릴 때 반드시 이 원칙을 따르는 것은 古今이 동일하다.

爲治必用賞罰이라

楊倞注 : 나라를 다스릴 때 반드시 상벌을 사용한다는 것이다.

16-33 **古者明王之擧大事**하고 **立大功也**라 **大事已博**[30)]하고 **大功已立**엔 **則君享其成**하고 **群臣享其功**하니

옛날에 明哲한 帝王은 큰 일을 거행하고 큰 공을 세웠다. 큰 일이 이미 이뤄지고 큰 공이 이미 세워진 뒤에는 군주가 그 성과를 누리고 뭇 신하들도 그 공을 누

30) 博 : 여기서는 취해 얻는다는 뜻이다. 이뤄진다고 풀이하였다.

렸으니,

享은 獻也니 謂受其獻也라

楊倞注 : 享은 '獻'의 뜻이니, 그 아랫사람이 바치는 것을 받는 것을 이른다.

16-34 士大夫益爵하고 官人益秩하고 庶人益祿이라

士大夫들은 爵位가 올라가고 관리들은 祿俸이 늘어나고 일반 병사들은 급료가 늘어났다.

爵은 謂若秦庶長不更[31]之屬이라 官人은 群吏也라 庶人은 士卒也라 秩祿은 皆謂稟食也라

楊倞注 : 爵은 秦나라의 庶長·不更과 같은 유를 이른다. 官人은 뭇 관리이다. 庶人은 병사들이다. 秩과 祿은 모두 稟食(녹봉으로 주는 곡물)을 이른다.

16-35 是以爲善者勸하고 爲不善者沮하며 上下一心하고 三軍[32]同力이라 是以百事成하고 而功名大也라 今子發은 獨不然하여 反先王之道하고 亂楚國之法하며 墮興功之臣하고 恥受賞之屬하여

이로 인해 좋은 일을 행하는 자는 격려하고 나쁜 일을 행하는 자는 제지하여 위아래가 한마음으로 단결하고 三軍이 공동으로 노력하게 된다. 이리하여 각종 일이 이루어지고 공적과 명성이 크게 드러나는 것이다.

그런데 지금 子發은 유독 그렇지 않아 고대 聖王의 정치 원칙을 위반하고 楚나라의 법을 어지럽히며, 공적을 세운 신하들의 기를 죽이고 상을 받는 사람들을 부끄럽게 함으로써

---

31) 庶長不更 : 춘추시대 秦나라가 설치한 두 관작의 이름이다. 庶長은 다른 제후국의 卿에 해당한 것으로 軍政을 관장하고, 不更은 20등급의 관작 가운데 제4등급이다.

32) 三軍 : 周나라 때 제도에, 천자는 六軍이고 제후 가운데 대국은 中軍·上軍·下軍 등 三軍을 보유하였다. 1軍은 12,500명이다. 또 步兵·戰車兵·騎兵을 가리키기도 한다. 여기서는 군대의 총칭으로 보는 것이 좋을 듯하다.

人皆受賞이나 子發獨辭하니 是使興功之臣墮廢其志하고 受賞之屬慚恥於心이라

楊倞注 : 사람들은 모두 상을 받았으나 子發만 홀로 사양하였으니, 이는 공적을 세운 신하들로 하여금 그 기를 죽이고 상을 받는 사람들로 하여금 마음을 부끄럽게 하는 일이다.

16-36 無僇(륙)[33]乎族黨하고 而抑卑其後世라

그의 친족에게 侮辱을 안기고 그의 후손들에게 지나치게 謙讓하여 자기 자신을 낮추게 하였다.

夫先祖有寵錫이면 則子孫揚其功하고 族黨遭刑戮이면 則後世蒙其恥라 今子發自謂無功하니 則子孫無以稱揚이라 雖無刑戮之恥라도 而後世亦抑損卑下하여 無以光榮也라 ○ 盧文弨曰 正文卑其는 宋本에 作卑乎라

楊倞注 : 일반적으로 선조 중에 군주가 총애하여 은전을 내린 일이 있으면 자손들이 그 공적을 널리 알리고, 친족 가운데 형벌을 당하는 일이 있으면 후대가 그 모욕을 받는다. 지금 子發은 스스로 공이 없다고 하였으니, 그의 자손이 드러낼 것이 없다. 비록 형벌을 받은 치욕은 없더라도 후대에 또한 지나치게 겸양하고 자기 자신을 낮추어 영광스럽게 생각하는 일이 없을 것이다.

○ 盧文弨 : 본문의 '卑其'는 宋本에 '卑乎'로 되어 있다.

16-37 案[34]獨以爲私廉하니 豈不過甚矣哉아 故曰 子發之致命也恭이나 其辭賞也固라하니라

그러면서도 홀로 이것을 개인의 淸廉으로 여기고 있으니, 어찌 가장 중대한 잘못이 아니겠는가. 그러므로 '子發이 돌아와 군주에게 復命하는 태도는 공손하다 하겠으나 그가 포상을 사양하는 것은 고지식하다.'고 말한 것이다."

---

33) 無僇(륙) : 孫詒讓이 "無僇 두 자는 마땅히 같은 뜻의 글자를 나란히 배열한 것으로 보아야 하니, '抑卑'와 정확이 대가 된다. ≪墨子≫의 '毋僇'이란 문구와 비슷하니, 아마도 無와 毋는 모두 '侮'의 假借字일 것이다. 그 친족에게 모욕을 안기는 것을 말한다."라고 하였다. 王天海도 이에 동의하였다. 그의 설에 따라 번역하였다.

34) 案 : 여기서는 어조사로, '乃'와 같다.

16-38 荀卿子說(세)齊相[35)]曰

荀卿子가 齊나라 재상에게 다음과 같이 회유하였다.

○ 盧文弨曰 此七字는 元刻無하니 從宋本補라 顧千里曰 宋錢佃本卷末云 監本有七字하고 宋呂夏卿本有하니 疑楊注所見은 與監本不同이어나 或不止少七字[36)]리라하니 亦王伯厚所說監本未必是之類也라

○ 盧文弨 : 이 일곱 자는 元刻本에는 없으니, 宋本에 따라 보충하였다.

顧千里 : 宋 錢佃本의 卷末에 "監本에 일곱 자가 있고 宋 呂夏卿本에도 있으니, 아마도 楊氏가 주를 붙일 때 보았던 저본은 監本과 같지 않았거나 혹은 이 일곱 자만 적은 정도에서 멈추지는 않았을 것이다."라고 하였으니, 이 말은 또 王伯厚(王應麟, 1223~1296)가 말한 '監本이 꼭 옳다고 볼 수는 없다.'는 것과 같은 경우이다.

16-39 處勝人之埶하여 行勝人之道하되 天下莫忿하니 湯武是也니이다 處勝人之埶하여 不以勝人之道하고

"상대방을 이기는 권세 있는 지위에 처하여 상대방을 이기는 방법을 행하는데도 천하에 원망하는 사람이 없는 경우가 있었으니, 이는 湯王과 武王이 그렇습니다. 상대방을 이기는 권세 있는 지위에 처하여 상대방을 이기는 방법을 사용하지 않았고,

以는 用이라

楊倞注 : 以는 '用'의 뜻이다.

16-40 厚於有天下之埶나 索爲匹夫라도 不可得也하니 桀紂是也니이다 然則得勝人之埶者는 其不如勝人之道遠矣니이다 夫主相者는 勝人(以)〔之〕[37)]埶也니이다

35) 齊相 : 齊나라 재상으로, 여기서는 孟嘗君 田文을 가리키는 것으로 추정된다.

36) 疑楊注所見……或不止少七字 : 본문의 '荀卿子說齊相曰' 밑에 楊倞의 주가 없으므로 그 이유를 설명하는 말이다.

37) (以)〔之〕: 저본에는 '以'로 되어 있으나, 陶鴻慶의 설에 의거하여 '之'로 바로잡았다. 陶鴻慶은 "勝人以埶는 마땅히 '勝人之埶'로 되어야 한다. 군주와 재상이 상대방을 이기는 권세를

是爲是하고 **非爲非**하며 **能爲能**하고 **不能爲不能**하며 **併己之私欲**하고 **必以道**[38] **夫公道通義之可以相兼容者 是勝人之道也**니이다

천하를 통치할 권세를 충분히 지녔으나 〈나라가 멸망하여〉 일개 평범한 백성이 되고 싶어도 그럴 수 없는 경우가 있었으니, 이는 桀王과 紂王이 그렇습니다. 이렇게 보면 상대방을 이기는 권세를 얻는 것은 상대방을 이기는 방법을 행하는 것보다 훨씬 못합니다. 저 군주와 재상은 상대방을 이기는 권세를 지닌 사람입니다. 옳은 것은 옳다 하고 그른 것은 그르다 하며, 재능이 있는 경우엔 재능이 있다 하고 재능이 없는 경우엔 재능이 없다 하며, 자기의 私慾을 버리고 반드시 서로 부딪치지 않고 공존할 수 있는 공정한 원칙과 통용되는 도리를 따라 행하는 것이 곧 상대방을 이기는 방법입니다.

併은 **讀曰屛**이니 **棄也**라 **屛棄私欲**하고 **遵達**[39] **公義也**라

楊倞注 : 併은 '屛'으로 읽어야 하니, 버린다는 뜻이다. 사욕을 버리고 공정한 의리를 통달한다는 뜻이다.

16-41 **今相國上則得專主**하고 **下則得專國**하니 **相國之於勝人之埶**에 **亶有之矣**니이다

지금 相國께서 위로는 군주의 신임을 독차지하고 아래로는 국가의 권세를 거머쥐었으니, 相國께서는 상대방을 이기는 권세에 대해 실로 그것을 지니셨습니다.

亶은 **讀爲擅**이니 **本亦或作擅**이라 **或曰 亶**은 **誠也**라하니라 ○ **王念孫曰 或說是也**라 **本或作擅者**는 **借字耳**라

楊倞注 : 亶은 '擅'으로 읽어야 하니, 어떤 판본에는 또 '擅'으로 되어 있기도 하다. 혹자는 "亶은 '誠'의 뜻이다."라고 하였다.

○ 王念孫 : 혹자의 설이 옳다. 어떤 판본에 '擅'으로 되어 있는 것은 假借字일 뿐이다.

지녔음을 말한 것이지, 권세가 상대방을 이길 수 있다는 것을 말한 것은 아니다. 아래 문구인 '是勝人之道也'가 이것과 정확히 대를 이룬다."라고 하였다.

38) 道 : 여기서는 '따라 행한다'는 뜻이다.

39) 遵達 : '通達'의 잘못으로 의심된다.

16-42 然則胡不敺此勝人之埶하여 赴勝人之道하여

그렇다면 무엇 때문에 이 상대방을 이기는 권세를 몰아 상대방을 이기는 방법을 행하여

敺는 謂駕馭之也라 或作謳하여 歌此勝人之埶하니 誤也라

楊倞注 : 敺는 권세를 부리는 것을 이른다. 어떤 판본에는 '謳'로 되어 있어 '이 상대방을 이기는 권세를 노래한다.'라는 뜻이 되니, 이는 잘못된 것이다.

16-43 求仁厚明通之君子而託王焉하고

인자하고 후덕하며 도리에 밝고 사리에 통달한 君子를 구해 군왕께 추천하고

求賢而託之以王하여 使輔佐也라

楊倞注 : 현능한 인물을 구해 군왕에게 추천하여 그에게 국정을 보좌하게 한다는 것이다.

16-44 與之參國政하여 正是非하니잇가 如是면 則國孰敢不爲義矣리잇가

그들과 함께 국정에 참여하여 옳고 그른 것을 바로잡지 않는 것입니까. 이와 같이 한다면 국내에서 누가 감히 道義를 준수하지 않겠습니까.

國內皆化之也라

楊倞注 : 국내 사람들이 모두 그에 따라 변화된다는 것이다.

16-45 君臣上下와 貴賤長少로 至於庶人히 莫不爲義면 則天下孰不欲合義矣리잇가

군주와 신하, 윗사람과 아랫사람과 존귀한 자와 미천한 자, 나이 많은 자와 나이 적은 자에서부터 일반 백성에 이르기까지 도의를 준수하지 않는 이가 없게 된다면 천하에서 누가 도의를 준수하는 우리에게 모여들려고 하지 않겠습니까.

天下皆來歸義也라

楊倞注 : 천하 사람들이 모두 도의를 준수하는 곳으로 와서 귀의한다는 것이다.

16-46 **賢士願相國之朝**하고 **能士願相國之官**하며 **好利之民莫不願以齊爲歸**면 **是一天下也**니이다 **相國舍是而不爲**하고 **案直爲是世俗之所以爲**하시면

어진 인물이 相國이 계신 조정에 참여하기를 원하고 재능 있는 인물이 相國께서 관리하는 관직에 임용되기를 원하며 이익을 좋아하는 백성들이 모두 齊나라를 자기가 귀의할 곳으로 삼기를 원한다면 이것이 곧 천하를 통일한 것입니다.

相國께서 만약 이런 방법을 버려 행하지 않고 그저 저 세속 사람들이 채용하는 방법을 사용한다면

不爲勝人之道하고 **但爲勝人之埶**라 ○ **先謙案 以字疑衍**이라

楊倞注 : 상대방을 이기는 방법은 행하지 않고 상대방을 이기는 권세만 부린다는 것이다.

○ 先謙案 : 〈世俗之所以爲의〉 '以'자는 아마도 잘못 덧붙여졌을 것이다.

16-47 **則女主亂之宮**하고 **詐臣亂之朝**하며 **貪吏亂之官**하고 **衆庶百姓皆以貪利爭奪爲俗**하리니 **曷若是而可以持國乎**리잇가 **今巨楚縣吾前**하고

군왕의 후비들은 궁 안에서 소란을 피우고 간사한 신하들은 조정에서 소란을 피우며, 탐관오리들은 관청에서 소란을 피우고 여러 일반 백성들은 모두가 사적인 이익을 탐내고 남의 것을 다투어 뺏는 일이 습속이 될 것이니, 어찌 이런데도 국가를 유지할 수가 있겠습니까.

지금 거대한 楚나라는 우리 전면에서 견제하고

楚在齊南이라 **故曰前**이라 **縣**은 **聯繫之也**라

楊倞注 : 楚나라는 齊나라 남쪽에 있기 때문에 '前'이라 말한 것이다. 縣은 서로 맞닿아 있으면서 견제한다는 뜻이다.

16-48 **大燕鰌**[40] **吾後**하며

강대한 燕나라는 우리 후면에서 압박하며,

燕在齊北이라 **故曰後**라 **鰌**는 **蹴也**며 **藉也**니 **如蹴踏於後**라 **莊子**에 **風謂蛇曰 鰌我必**[41]**勝我**라하니라 **本亦作蹲吾後也**라

楊倞注 : 燕나라는 齊나라 북쪽에 있기 때문에 '後'라 말한 것이다. 鰌는 '발로 차다', '깔아뭉개다'의 뜻이니, 뒤쪽에서 발로 차고 짓밟는 것과 같다는 것이다. ≪莊子≫ 〈秋水〉에, 바람이 뱀에게 이르기를 "鰌我必勝我(나를 발로 밟더라도 반드시 나를 이길 수 있다.)"라고 하였다. 어떤 판본에는 '蹲吾後'로 되어 있기도 하다.

16-49 **勁魏鉤吾右**하여 **西壤之不絶若繩**하고

강한 魏나라는 우리 오른쪽에서 우리를 낚아채려 노리고 있어 서쪽의 영토가 간신히 끊어지지 않은 끈처럼 〈위태롭고〉

魏在齊西라 **故曰右**라 **鉤**는 **謂如鉤取物也**라 **西壤**은 **齊西界之地**라 **若繩**은 **言細也**라

楊倞注 : 魏나라는 齊나라 서쪽에 있기 때문에 '右'라고 말한 것이다. 鉤는 갈고리로 물건을 취하는 것과 같은 것을 이른다. 西壤은 齊나라 서쪽 구역의 토지이다. 若繩은 가늘다는 것을 말한다.

16-50 **楚人則**(乃)〔**又**〕[42]**有襄賁**(비)**開陽以臨吾左**하니이다

楚나라 사람은 또 襄賁와 開陽을 두어 우리 왼쪽을 감시하고 있습니다.

襄賁開陽은 **楚二邑**이니 **在齊之東者也**라 **漢書地理志**에 **二縣皆屬東海郡**이라 **賁**는 **音肥**라 ○ **兪樾曰 乃**는 **疑又字之誤**라 **上已云巨楚縣吾前**이라 **故此云楚人則又有襄賁開陽以臨吾左**라하니라

楊倞注 : 襄賁와 開陽은 楚나라 두 읍이니, 齊나라 동쪽에 있는 것이다. ≪漢書≫ 〈地理志〉에 의하면 이 두 고을은 모두 東海郡에 속해 있다. 賁는 음이 '肥'이다.

---

40) 鰌 : 梁啓雄은 '압박하다'의 뜻이라고 하였고, 王天海도 '遒(접근하다)'와 같다고 하면서 압박의 뜻으로 풀이하는 것이 낫다고 하였다. 이에 따라 번역하였다.

41) 必 : ≪莊子≫에는 '亦'으로 되어 있다.

42) (乃)〔又〕: 저본에는 '乃'로 되어 있으나, 兪樾의 주에 의거하여 '又'로 바로잡았다.

○ 兪樾 : 乃는 아마도 '又'자의 오자일 것이다. 위에서 이미 "거대한 楚나라는 우리 전면에서 견제한다."라고 하였으므로 여기서 "楚나라 사람은 또 襄賁와 開陽을 두어 우리 왼쪽을 감시하고 있다."라고 한 것이다.

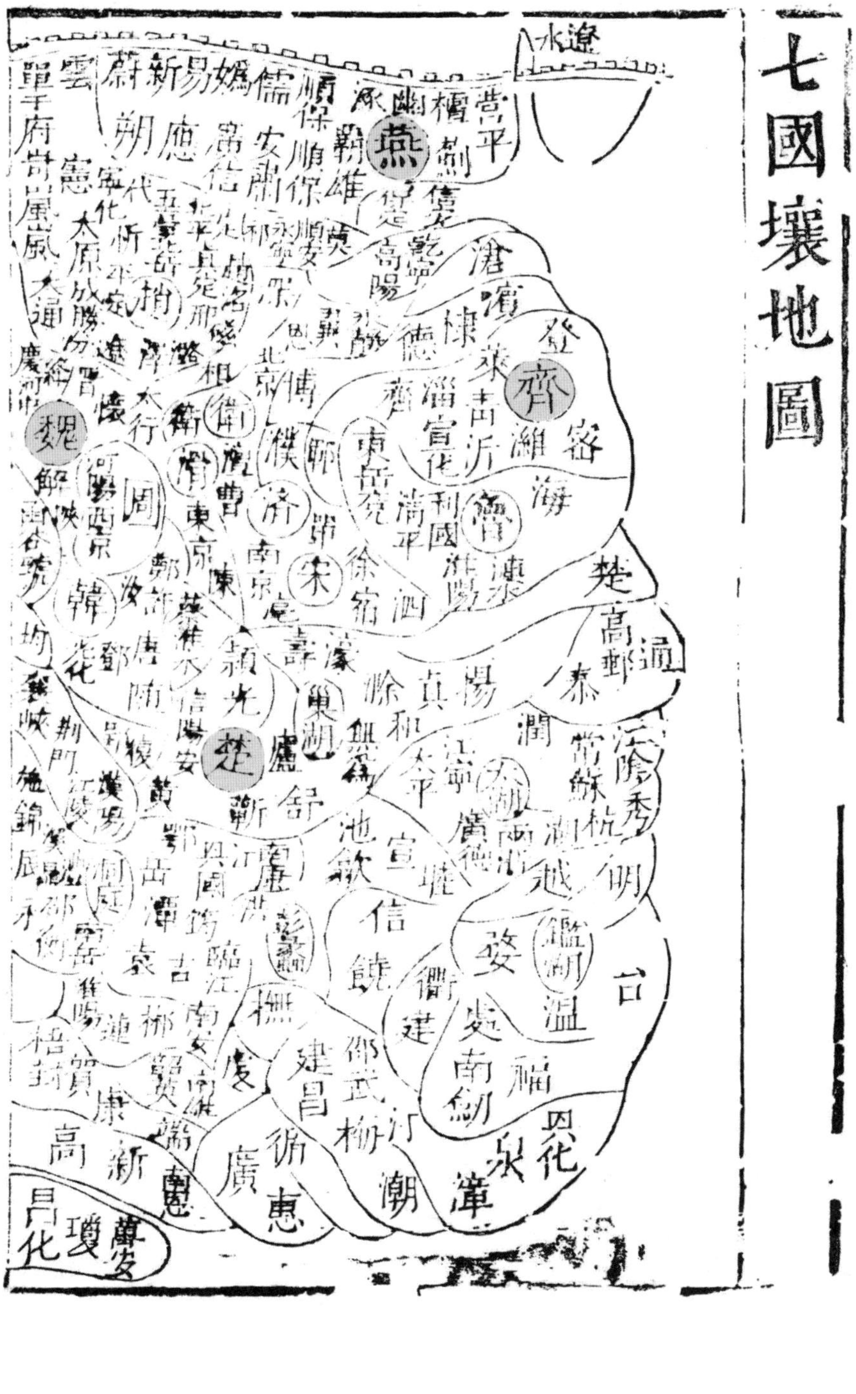

七國壤地圖

16-51 是一國作謀하면 則三國必起而乘我리이다

이와 같은 정세 아래 만약 어떤 한 국가가 공격하려고 획책하면 三國이 반드시 함께 일어나 우리의 허점을 틈타 침범할 것입니다.

一國謀齊면 則三國乘其敝라 ○ 兪樾曰 三國은 乃二國之誤라 上文止有楚燕魏三國하니 若依此文이면 則是四國矣라 故知其誤也라 先謙案 言一國作謀면 則三國共起乘我니 三非二之誤라

楊倞注 : 한 국가가 齊나라를 공격하려고 획책하면 三國이 그 허점을 틈타 침범할 것이라는 것이다.

○ 兪樾 : '三國'은 곧 '二國'의 잘못이다. 윗글에 단지 楚·燕·魏 三國이 있으니, 이 글대로라면 四國이다. 그러므로 그것이 잘못되었다는 것을 알 수 있다.

先謙案 : 한 국가가 공격하려고 획책하면 三國이 함께 일어나 우리의 허점을 틈타 침범할 것이라고 말한 것이니, '三'은 '二'의 잘못이 아니다.

16-52 如是면 則齊必斷而爲四三[43)]하여

그렇게 되면 齊나라는 반드시 끊어져 서너 조각이 됨으로써

三國分齊면 則斷爲四니 謂楚取其二하고 魏燕各取其一也라

楊倞注 : 三國이 齊나라를 나눈다면 끊어져 넷이 된다는 것이니, 楚나라는 그 둘을 취하고 魏나라와 燕나라가 각각 그 하나를 취하는 것을 이른다.

16-53 國若假城然耳하여

국토가 마치 그들의 성을 빌린 것처럼 〈우리에게 소속되지 않아〉

言齊如三國之寄城耳하여 不久當歸之也라 ○ 兪樾曰 楚雖當齊之二面이나 要是一國이니 不當分爲二라 楊注非也라 四字疑衍文이니 當云齊必斷而爲三이라 其下句則云 國若假城耳는 言齊之國若假人之城하여 不久當歸之也라 古四字作亖하여

43) 四三 : 楊倞은 '四'에서 구두를 끊고 '三'을 뒤의 '國'으로 붙여 풀이하였으나, 王先謙의 주에 따라 '三'을 '四' 뒤에 올려붙이고 그에 따라 번역하였다.

與三字混이라 疑三譌爲亖이어늘 後人校正作三하고 傳寫者遂竝存四三兩字라 楊氏不能是正하여 以四字屬上讀하고 三字屬下讀하여 而兩句俱不可通矣라 先謙案 議兵篇云 兵殆於垂沙하여 唐蔑死하고 莊蹻起하여 楚分而爲三四라하여늘 史記禮書에 引作四參하니 參三同也①라 據此컨대 荀子本書必有作四三者라 三四四三은 總謂國之分裂하니 不爲定數라 此文亦言齊必斷而爲四三하여 與議兵篇楚分而爲四三同意니 國若假城然耳는 自爲一句라 楊注失其讀하고 兪氏又欲減字以成其義하니 皆非也라

① 勸學篇云 君子博學而日參省乎己라하여늘 群書治要에 作三省하니 是參三同字之證이라
〈勸學篇〉에 "君子博學而日參省乎己(군자가 널리 배우고 또 매일 자기를 점검하고 성찰한다.)"라고 하였는데 ≪群書治要≫에는 〈그 參省이〉 '三省'으로 되어 있으니, 이는 '參'과 '三'이 같은 글자라는 증거이다.

楊倞注 : 齊나라는 三國이 위탁한 성과 같을 뿐이어서 오래지 않아 분명히 그들에게 귀속될 것이라는 말이다.

○ 兪樾 : 楚나라가 비록 齊나라의 양면을 접하고 있으나 여러 말 할 것 없이 한 나라이니, 마땅히 둘로 나눌 수는 없다. 楊氏의 주는 틀렸다. '四'자는 아마도 잘못 덧붙여진 글자일 것이니, 마땅히 '齊必斷而爲三'이라고 하여야 한다. 그 아래 구에 '國若假城耳'라고 한 것은 齊나라가 남의 성을 빌린 것과 같아서 오래지 않아 마땅히 그들에게 귀속될 것이라는 말이다. 옛날에는 '四'자가 '亖'로 되어 있어 '三'자와 혼동되기 쉽다. 아마도 '三'이 잘못되어 '亖'가 되었을 것인데, 후세 사람이 교정하면서 '三'으로 되었고 옮겨 쓰는 사람이 마침내 '四'와 '三' 두 자를 함께 그대로 두었을 것이다. 楊氏는 이것을 바로잡지 못하여 '四'자는 위로 붙여 읽고 '三'자는 아래로 붙여 읽음으로써 두 문구가 다 뜻이 통하지 않게 되었다.

先謙案 : 〈議兵篇〉에 "兵殆於垂沙 唐蔑死 莊蹻起 楚分而爲三四(군대가 垂沙의 전투에서 위험한 지경에 처하여 대장 唐蔑이 전사하였고, 莊蹻가 반기를 들고 일어나서 楚나라가 갈라져 서너 조각이 되었다.)"라고 하였는데, ≪史記≫ 〈禮書〉에 이것을 인용한 곳에 '四參'으로 되어 있으니, '參'과 '三'은 같다. 이것을 근거로 보건대, ≪荀子≫ 원본에는 분명히 '四三'으로 된 곳이 있을 것이다. '三四'와 '四三'은 모두 나라가 분열된 것을 이르니, 정해진 숫자가 아니다. 여기 글 또한 齊나라가 반드시 끊어져 서너 조각이 될 것이라고 말하여, 〈議兵篇〉에 楚나라가 갈라져 서너 조각이 되었다는 것과 그 뜻이 같으니, '國若假城然耳'는 별도로 한 구가 된다. 楊氏의 주는 그 구두를 잘못 끊었고, 兪氏는 또 글자를 줄여 그 뜻

을 〈억지로〉 만들려고 하였으니, 모두 틀렸다.

16-54 必爲天下大笑리이다 (曷若)[44]

반드시 천하의 큰 웃음거리가 될 것입니다.

天下必笑其無謀滅亡하여 問以爲何如也라 ○ 王念孫曰 曷若二字는 與上下文義不相屬하니 此涉上文曷若是而衍이라 兩者二字는 指上文勝人之道與勝人之埶而言이니 則不當有曷若二字明矣라 楊云問以爲何如也는 此望文生義而曲爲之說이라

楊倞注 : 온 천하가 반드시 무모하게 멸망한 것을 비웃으면서 어찌하여 그렇게 되었느냐고 물을 것이라는 것이다.

○ 王念孫 : '曷若' 두 자는 위아래 글과 뜻이 서로 연결되지 않으니, 이것은 윗글 '曷若是'와 연관되어 잘못 덧붙여진 것이다. '兩者' 두 자는 윗글 '勝人之道'와 '勝人之埶'를 가리켜 말한 것이니, 마땅히 '曷若' 두 자가 있어서는 안 된다는 것이 분명하다. 楊氏가 "어찌하여 그렇게 되었느냐고 물은 것이다."라고 한 것은 글자만 보고 대강 뜻을 짐작하여 왜곡되게 말한 것이다.

16-55 兩者孰足爲也잇가

위에서 말한 두 가지 중에 어느 쪽이 행할 만한 가치가 있겠습니까.

兩者는 勝人之道與勝人之埶라 一則天下歸하고 一則天下笑니 問何者可爲也오하니라

楊倞注 : 두 가지는 상대방을 이기는 방법을 행하는 것과 상대방을 이기는 권세만 지니고 있는 것을 〈말한다.〉 한쪽은 천하가 귀의하고 한쪽은 천하의 웃음거리가 되는데, 어느 쪽이 행할 만한 가치가 있느냐고 물은 것이다.

16-56 夫桀紂는 聖王之後子孫也요 有天下者之世也며

저 桀王·紂王은 聖王의 후예 자손이고 천하를 다스리던 이들의 후계자이며,

---

44) (曷若) : 저본에는 '曷若' 두 자가 있으나, 王念孫의 주에 의거하여 잘못 덧붙여진 글자로 처리하였다.

世는 謂繼也라

楊倞注：世는 선대를 이은 것을 이른다.

16-57 埶籍(조)[45]之所存이요 天下之宗室也니이다

권세와 지위가 그들에게 있었고 천하 사람이 존경하는 제왕의 가문이었습니다.

埶(謂國)〔位圖〕[46]籍(적)之所在也라 ○ 王念孫曰 案楊注本作埶位圖籍之所在也①라 今本에 位作謂하고 圖作國하니 則義不可通이라 又案楊以籍爲圖籍은 非也라 籍는 亦位也라 儒效篇曰 周公履天子之籍라하고 又曰 反籍於成王이라하니 是籍與位同義요 非謂圖籍也라 正論篇曰 聖王之子也요 有天下之後也라 埶籍之所在也요 天下之宗室也라하여 文義竝與此同이라 盧云 埶籍는 謂埶力憑籍也라하니 亦非②라 先謙案 王室爲天下所宗이라 故云宗室이라하니라

① 禮運在埶者去의 鄭注에 埶는 埶位也라하니 是埶與位同義라 儒效篇履天子之籍의 楊彼注曰 籍은 謂天下之圖籍也라 故此注亦曰 埶位圖籍之所在라하니라
≪禮記≫〈禮運〉에 "在埶者去(권세를 지닌 자라도 쫓아낸다.)"라 한 곳의 鄭氏 주에 "埶는 埶位이다."라고 하였으니, 이로 볼 때 '埶'와 '位'는 같은 뜻이다. 〈儒效篇〉에 "履天子之籍(천자의 지위에 올라)"라고 한 곳의 楊氏의 그곳 주에 "籍 謂天下之圖籍也(籍은 천하의 지도와 호적을 이른다.)"라고 하였기 때문에 이 주 또한 "권세와 지위, 지도와 호적이 있는 바이다."라고 하였다.

② 見正論篇이라
〈正論篇〉에 보인다.

楊倞注：권세와 지위, 지도와 호적이 있는 바이다.

○ 王念孫：살펴보건대, 楊氏의 주는 본디 '埶位圖籍之所在也'로 되어 있었을 것이다. 지금 판본에 '位'는 '謂'로 되고 '圖'는 '國'으로 되어 있으니, 그 뜻이 통하지 않는다. 또 살펴보건대, 楊氏가 籍를 지도와 호적이라고 한 것은 틀렸다. 籍는 또한 지위이다. 〈儒效篇〉에 "周公履天子之籍(周公이 천자의 지위에 올라)"라 하고, 또 "反籍於成王(지위를 成王에게

---

45) 籍(조)：'阼'와 통용하는 것으로, 천자의 자리라는 뜻이다.

46) (謂國)〔位圖〕：저본에는 '謂國'으로 되어 있으나, 王念孫의 주에 의거하여 '位圖'로 바로잡았다.

돌려주었다.)"이라 하였으니, 이로 볼 때 籍는 位와 같은 뜻이고 지도와 호적을 말한 것은 아니다. 〈正論篇〉에 "聖王之子也 有天下之後也 埶籍之所在也 天下之宗室也(〈桀王과 紂王은〉 聖王의 자손이고 천하를 보유한 자의 후대로서 권세와 지위를 지녔고 천하 사람이 존경하는 왕족이었다.)"라고 하여 문구와 뜻이 모두 이곳과 같다. 그런데 盧氏는 "埶籍는 세력을 빙자한 것을 이른다."라고 하였으니, 이 또한 틀렸다.

先謙案 : 王室은 천하가 으뜸으로 여기는 대상이므로 宗室이라 한다.

16-58 土地之大는 封內千里요 人之衆은 數以億萬이나

영토의 크기는 경내가 사방 천 리나 되었고 인구가 많기는 그 숫자가 억만이나 되었으나

其數億萬이라

楊倞注 : 그 숫자가 억만이나 되었다는 뜻이다.

16-59 俄而天下倜然[47]擧去桀紂而犇湯武하니

얼마 뒤에 천하 사람들이 실망하여 모두 桀王·紂王을 떠나 湯王과 武王에게로 달려갔으니,

倜然은 高擧之貌라 擧는 皆也라 犇은 與奔同이라

楊倞注 : 倜然은 멀리 떠나는 모양이다. 擧는 모두라는 뜻이다. 犇은 '奔'과 같다.

16-60 反(번)然擧惡(오)桀紂而貴湯武하니이다

순간에 마음이 바뀌어 모두 桀王·紂王을 미워하고 湯王과 武王을 존귀하게 여기게 되었습니다.

反은 音翻이라 翻然은 改變貌라 惡는 烏路反이라

楊倞注 : 反은 음이 '翻'이다. 翻然은 바뀌는 모양이다. 惡는 〈음이〉 烏와 路의 반절이다.

---

47) 倜然 : 王天海는 이 '倜'자는 마땅히 '惆'로 읽어야 한다고 하면서 惆然은 실망한다는 뜻이라고 하였다. 이에 따라 번역하였다.

16-61 **是何也**잇가 **夫桀紂何失而湯武何得也**잇가

이는 무엇 때문이겠습니까? 桀王·紂王은 어찌하여 천하를 잃었고, 湯王과 武王은 어찌하여 천하를 얻었겠습니까?

假設問答이라

楊倞注：問答을 가정한 것이다.

16-62 **曰 是無它故焉**이라 **桀紂者善爲人所惡**(오)**也**하고 **而湯武者善爲人所好也**니이다 **人之所惡何也**잇가 **曰 汙漫爭奪貪利是也**니이다

그것은 다름 아니라 桀王·紂王은 사람들이 싫어하는 일을 잘하였고, 湯王과 武王은 사람들이 좋아하는 일을 잘하였기 때문입니다. 사람들이 싫어하는 일이란 무엇이겠습니까? 그것은 지저분하고 기만하고 남의 것을 쟁탈하고 사적인 이익을 탐내는 것입니다.

汙漫은 **謂穢汙不修潔也**라 **或曰 漫**은 **謂欺誑也**라하니라 **汙**는 **烏路反**이라 **漫**은 **莫但反**이라

楊倞注：汙漫은 지저분하여 깨끗하지 않은 것을 이른다. 혹자는 "漫은 속이는 것을 이른다."라고 하였다. 汙는 〈음이〉 烏와 路의 반절이다. 漫은 〈음이〉 莫과 但의 반절이다.

16-63 **人之所好者何也**잇가 **曰 禮義辭讓忠信是也**니이다 **今君人者 辟**(비)**稱比方**엔 **則欲自竝乎湯武**나

사람들이 좋아하는 일이란 무엇이겠습니까? 그것은 禮義와 謙讓과 충성스럽고 성실함입니다. 오늘날 백성을 다스리는 군주가 자기와 비교되는 상대를 비유하여 말할 때는 스스로 湯王·武王과 어깨를 나란히 하기를 바라지만

辟는 **讀爲譬**라 **稱**은 **尺證反**이라

楊倞注：辟는 '譬'로 읽는다. 稱은 〈음이〉 尺과 證의 반절이다.

16-64 **若其所以統之**는 **則無以異於桀紂**니 **而求有湯武之功名**이면 **可乎**잇가

그들이 나라를 통치하는 방법은 桀王·紂王과 다를 바가 없으니, 그러면서도 湯王·武王과 같은 공적과 명성이 있기를 구한다면 되겠습니까.

統은 制治也라

楊倞注：統은 통치한다는 뜻이다.

16-65 **故凡得勝者**는 **必與人也**며 **凡得人者**는 **必與道也**니이다 **道也者**는 **何也**잇가 **曰 禮讓忠信是也**니이다 **故自四五萬**[48]**而往者 彊勝**은 **非衆之力也**라 **隆在信矣**요

그러므로 일반적으로 승리를 얻어내는 사람은 반드시 民心을 따랐기 때문이며, 백성의 협조를 얻어내는 사람은 반드시 올바른 방법을 따랐기 때문입니다. 올바른 방법이란 무엇이겠습니까? 이는 곧 禮義와 謙讓과 충성스럽고 성실함입니다. 그러므로 4, 5만 이상의 민중을 보유한 자가 강대하여 승리를 얻을 수 있는 것은 민중의 힘에 의해서가 아니라 중요한 것은 성실한 도리를 〈존중하는 데에〉 있고,

而往은 猶已上也라 言有兵四五萬已上者 若能崇信이면 則足以自致彊勝이니 不必更待與國之衆也라 若不崇信이면 雖有與國之衆이라도 猶無益이라 故曰非衆之力也라하니라

楊倞注：而往은 이상과 같다. 병사 4, 5만 이상을 보유한 자가 만약 성실한 도리를 존중한다면 충분히 스스로 강대하여 승리를 얻을 수 있으니, 굳이 별도로 동맹국의 많은 군대를 기다릴 것이 없다는 것을 말한다. 만약 성실한 도리를 존중하지 않는다면 비록 동맹국의 많은 군대가 있더라도 도움이 될 것이 없기 때문에 '많은 군대의 힘이 아니다.' 라고 말한 것이다.

16-66 **自數百里而往者 安固**는 **非大之力也**라 **隆在修政矣**니이다

---

48) 四五萬：楊倞은 병사의 숫자로 풀이하였으나 鍾泰는 민중의 숫자라고 하였다. 아래 '非衆之力'의 '衆'도 같다. 鍾泰의 설에 따라 번역하였다.

사방 수백 리 이상의 영토를 보유한 국가가 안정되고 견고할 수 있는 것은 큰 국토의 힘에 의해서가 아니라 중요한 것은 〈禮義와 謙讓, 충성스럽고 성실한 도리를〉 닦고 바르게 하는 데에 있습니다.

有數百里之地라도 修政則安固하니 不必更在廣也라 荀卿嘗言湯武以百里之地王天下라 今言此者는 若言常人之理요 非論聖人也라 ○ 王念孫曰 政은 非政事之政이니 修政은 卽修正也[①]라 言必自修自正하고 然後國家可得而安也라 富國篇曰 必先修正其在我者라하고 王霸篇曰 內不修正其所以有라하니 皆其證이라 信은 卽上所謂忠信이니 對下陶誕比周而言이요 修正은 卽上所謂禮義니 對下汙漫突盜而言이라 荀子書多言修正하니 作政者는 借字耳요 非修政事之謂也라 楊說修政二字未了라 先謙案 王說是라 儒效篇平正和民之善의 平正은 卽平政이요 王霸篇立隆政本朝而當의 隆政은 卽隆正이니 與此一例라

① 古書通以政爲正이라
　옛 책에서는 일반적으로 '政'을 '正'으로 삼았다.

楊倞注 : 수백 리의 〈좁은〉 영토가 있더라도 정사를 잘 닦으면 안정되고 견고하니, 굳이 영토가 더 넓을 이유가 없다는 것이다. 荀卿이 일찍이 湯王과 武王은 백 리의 영토로 천하에 王者가 되었다고 말한 적이 있다. 지금 이것을 말한 것은 평범한 인물이 나라를 다스리는 경우를 말하는 것이고 聖人의 경우를 논한 것은 아닌 듯하다.

○ 王念孫 : 政은 '政事'의 政이 아니니, '修政'은 곧 '修正'이다. 반드시 스스로 닦고 스스로 바르게 되어야 하고 그런 다음에 국가가 안정될 수 있다는 것을 말한다. 〈富國篇〉에 "必先修正其在我者(반드시 자기에게 있는 〈결점부터〉 먼저 바로잡아야 한다.)"라 하고, 〈王霸篇〉에 "內不修正其所以有(안으로는 자기가 소유한 토지며 재산을 잘 관리하지 않는다.)"라고 하였으니, 이것이 모두 그 증거이다. 信은 곧 위의 이른바 '忠信'이니 아래(16-67)의 '陶誕比周(비방하고 허풍을 떨며 불순하게 패거리를 이룬다.)'와 대를 맞춰 말한 것이고, '修正'은 곧 위의 이른바 '禮義'이니 아래(16-68)의 '汙漫突盜(더럽고 야비하며 속이고 탈취한다.)'와 대를 맞춰 말한 것이다. ≪荀子≫ 책에 '修正'을 많이 말하였는데, 이곳에 '政'으로 되어 있는 것은 假借字일 뿐, 정사를 닦는다는 말이 아니다. 楊氏가 '修政' 두 자를 말한 것은 분명치 않다.

先謙案 : 王氏의 설이 옳다. 〈儒效篇〉에 "平正和民之善(정치를 잘 처리하고 백성을 화합하게 하기를 타당하게 한다.)"이라 한 곳의 '平正'은 곧 '平政'이고, 〈王霸篇〉에 "立隆政本朝而

當(조정을 위해 최고의 준칙을 확립하는 것이 타당하다.)"라고 한 곳의 '隆政'은 곧 '隆正'이니, 이곳과 같은 형식이다.

16-67 今已有數萬之衆者也 陶誕比周以爭與하고

지금의 수만 명의 민중을 이미 보유한 국가가 비방하고 허풍을 떨며 불순하게 패거리를 이루는 방법으로 동맹국을 쟁취하고

陶는 當爲檮杌之檮라 或曰 當爲逃니 謂逃匿其情이라 與는 謂黨與之國也라 ○ 先謙案 陶誕은 義具榮辱篇이라

楊倞注 : 陶는 마땅히 '檮杌'의 '檮'로 되어야 한다. 혹자는 "마땅히 '逃'가 되어야 하니, 그 실상을 숨기는 것을 이른다."라고 하였다. 與는 한 동아리의 국가를 이른다.

○ 先謙案 : 陶誕은 그 뜻이 〈榮辱篇〉(4-54)에 갖춰져 있다.

16-68 已有數百里之國者也 汙漫突[49]盜以爭地하니이다

사방 수백 리의 영토를 이미 보유한 국가가 더럽고 야비하며 속이고 탈취하는 방법으로 토지를 쟁탈하고 있습니다.

突은 謂相淩犯也라

楊倞注 : 突은 서로 업신여기고 침범하는 것을 이른다.

16-69 然則是棄己之所安彊하고 而爭己之所以危弱也며 損己之所不足하고 以重己之所有餘니이다

그렇다면 이것은 자기를 안정되고 강성하게 만들 방법을 버리고 자기를 위험하고 약하게 만드는 방법을 다투어 추구하는 것이며, 자기에게 부족한 〈성실함과 올바름을〉 줄이고 자기에게 충분한 〈민중과 영토를〉 늘리는 일입니다.

損은 減也요 重은 多也라 不足은 謂信與政이요 有餘는 謂衆與地也라

---

49) 突 : ≪廣雅≫에 "突은 속인다는 뜻이다."라고 하였고, 王天海도 이에 동의하였다. 그에 따라 번역하였다.

楊倞注 : 損은 줄인다는 뜻이고, 重은 많아진다는 뜻이다. 不足은 '信(성실함)'과 '政(올바름)'을 이르고, 有餘는 '衆(민중)'과 '地(영토)'를 이른다.

16-70 **若是其悖繆也**로되 **而求有湯武之功名**이면 **可乎**잇가 **辟**(비)**之**면 **是猶伏而咶**(지)**天**하고 **救經而引其足也**니이다

그들이 이처럼 도리에 어긋나는 잘못을 저지르면서도 湯王・武王과 같은 공적과 명성이 있기를 구한다면 되겠습니까. 비유하자면 이는 마치 땅에 엎드려 하늘을 핥고 목맨 사람을 구제하면서 그 발을 잡아당기는 것과 같습니다.

咶는 **與舐同**이라 **經**은 **縊也**라 **救縊而引其足**이면 **縊愈急也**라 ○ **先謙案 二語**는 **與仲尼篇同**이라

楊倞注 : 咶는 '舐(핥다)'와 같다. 經은 목을 맨다는 뜻이다. 목을 맨 사람을 구제하면서 발을 잡아당기면 목이 더 단단히 조여질 것이다.

○ 先謙案 : 이 두 말은 〈仲尼篇〉(7-69)과 같다.

16-71 **說必不行矣**며 **愈務而愈遠**하리이다 **爲人臣者 不恤己行之不行**하고

그와 같은 주장은 반드시 통하지 않을 것이며 힘써 하면 할수록 목표와의 거리는 더욱 멀어질 것입니다. 신하 된 자가 자기의 행동이 행동답지 못한 것은 돌아보지 않고

上行은 **下孟反**이요 **下行**은 **如字**[50)]라

楊倞注 : 위의 '行'은 음이 下와 孟의 반절이고, 아래의 '行'은 본음대로 읽는다.

16-72 **苟得利而已矣**면 **是渠衝入穴而求利也**니

그저 이익을 얻으려고만 한다면 이는 성을 공격하는 큰 전차가 구덩이에 빠져

---

50) 上行……如字 : '不恤己行之不行'의 두 行자에 대한 주이다. 楊倞의 주대로라면 '자기의 행실이 행해지지 않는 것을 돌아보지 않는다.'로 되어야 한다. 그러나 王天海는 "己行은 자기의 소행이다. 不行은 곧 無行이니, 덕이 없다는 말과 같다."라고 하였다. 王天海의 설에 따라 번역하였다.

들어갔으면서도 승리를 원하는 경우와 같으니,

渠는 大也라 渠衝은 攻城之大車也라 詩日 臨衝閑閑이라하고 韓子日 奏百하고 貍首射侯는 不當彊弩趨發하고 平城距衝은 不若堙內伏橐이라하니라 或作距衝하니 蓋言可以距石矣라 ○ 盧文弨日 案所引韓子는 見八說篇하니 云 登降周旋은 不逮日中奏百하고 貍首射侯는 不當强弩趨發하고 平城距衝은 不若堙穴伏橐이라하니라 所云日中奏百은 卽荀卿議兵篇所謂魏之武卒은 日中而趨百里是也라 奏百은 自屬上文하니 不當連引이라 內穴은 古多通用하고 櫜橐互異하니 疑此橐字는 是與韻協이라 若不用韻이면 則疑是槖字로 與韛同하니 吹火韋囊也라 管子揆度篇에 有此字라

楊倞注：渠는 크다는 뜻이다. 渠衝은 성을 공격하는 큰 전차이다. ≪詩經≫〈大雅 皇矣〉에 "臨衝閑閑(臨車 衝車 전차들 움직이는데)"이라 하고, ≪韓非子≫에 "奏百 貍首射侯 不當彊弩趨發 平城距衝 不若堙內伏橐"이라 하였다. 간혹 '距衝'으로 되어 있기도 하니, 대체로 바위를 저항할 수 있다는 것을 말한다.

○ 盧文弨：살펴보건대,〈楊氏의 주에〉인용된 ≪韓非子≫는〈八說篇〉에 보이니, "登降周旋 不逮日中奏百 貍首射侯 不當强弩趨發 平城距衝 不若堙穴伏橐(섬돌을 오르내리며 예절을 익히는 일은 그 효용이 반나절에 백 리를 행군하는 병사가 훈련하는 것에 미치지 못하고,〈貍首〉악장을 연주하며 과녁 쏘는 의식을 거행하는 일은 강한 쇠뇌로 재빨리 화살을 쏘는 것에 견줄 수 없고, 성을 보호하고 큰 전차를 저항하는 방법은 풀무를 매복하여 연기를 적군의 땅굴로 불어넣는 것만 못하다.)"이라 하였다. 거기에서 말한 '日中奏百'은 곧 ≪荀子≫〈議兵篇〉의 이른바 "魏之武卒 日中而趨百里(魏나라의 武卒은 반나절 사이에 백 리를 달린다.)라고 한〈日中이〉그것이다. '奏百'은 본디 윗글로 붙여야 하니, 이것까지 끌어오는 것은 옳지 않다. 內와 穴은 옛날에 많이 통용하였고 櫜과 橐은 서로 다르니, 아마도 이 '橐'자는〈앞 구의〉운과 맞을 것이다. 만약 운으로 사용한 것이 아니라면 아마도 '槖'자로 韛와 같을 것이니, 바람을 불어넣어〈불을 살리는〉가죽 자루이다. ≪管子≫〈揆度篇〉에도 이 글자가 있다.

16-73 是仁人之所羞而不爲也니이다

이는 어진 사람이라면 부끄러워 행하지 않을 일입니다.

屈大就小는 務於苟得이라 故羞而不爲也라

楊倞注 : 큰 것을 도외시하고 작은 것으로 나아가는 것은 구차하게 얻는 것을 힘쓰는 일이므로 부끄러워 그렇게 하지 않는다는 것이다.

16-74 **故人莫貴乎生**하고 **莫樂乎安**하며 **所以養生**(安樂)〔**樂安**〕[51)]**者**는 **莫大乎禮義**하니이다

대체로 사람에게는 생명보다 더 귀중한 것은 없고 안정보다 더 즐거운 것은 없으며, 생명을 보살피고 안정을 즐기는 길은 禮義를 따르는 것보다 더 큰 것이 없습니다.

○ 王念孫曰 案安樂은 當爲樂安이라 養生樂安與貴生樂安은 竝承上莫貴乎生莫樂乎安而言이라 今本樂安二字倒轉하니 則與上下文不合이라

○ 王念孫 : 살펴보건대, '安樂'은 마땅히 '樂安'으로 되어야 한다. '養生樂安'과 '貴生樂安'은 모두 위의 '莫貴乎生 莫樂乎安'을 이어받아 말한 것이다. 지금 저본은 '樂安' 두 자가 뒤바뀌었으니, 위아래 글과 맞지 않는다.

16-75 **人知貴生樂安而**弃**禮義**하니이다 辟(비)[52)]**之**면 **是猶欲壽而**殁**頸也**니

사람들은 생명을 귀중하게 여기고 안정을 즐거워할 줄 알면서도 禮義를 버립니다. 비유하자면 이는 마치 오래 살고 싶으면서 자기 목을 자르는 것과 같으니,

殁(몰)은 當爲刎(문)이라 ○ 王念孫曰 案說文에 殁或作歾이라하고 呂氏春秋高義篇에 石渚歾頭乎王庭의 歾頭卽刎頭也라 殁刎皆從勿聲이라 故殁又讀爲刎이라 史記循吏傳에 石奢①自殁而死라하고 索隱에 殁은 音亡粉反②이라하니라 是殁字는 兼有歾刎二讀하니 無煩改殁爲刎也라

① 卽石渚라

〈石奢는〉 곧 石渚이다.

② 宋毛晃增修禮部韻略及班馬字類에 皆如是라 今本則改殁爲刎하고 而刪去其音矣라

---

51) (安樂)〔樂安〕 : 저본에는 '安樂'으로 되어 있으나, 王念孫의 주에 의거하여 '樂安'으로 바로잡았다.

52) 辟(비) : '譬(비유하다)'와 같다.

宋나라 毛晃의 ≪增修禮部韻略≫ 및 ≪班馬字類≫에도 모두 이와 같다. 그런데 지금 판본에는 '殇'을 '刎'으로 고치고 그 음을 삭제하였다.

楊倞注 : '殇'은 마땅히 '刎'으로 되어야 한다.

○ 王念孫 : 살펴보건대, ≪說文解字≫에 "殇을 간혹 '歿'로 쓰기도 한다."라 하였고, ≪呂氏春秋≫ 〈高義篇〉에 "石渚歿頭乎王庭(石渚가 昭王의 조정에서 목을 베어 죽었다.)"이라고 한 곳의 '歿頭'는 '刎頭'이다. 殇과 刎은 모두 勿의 聲符에 속하기 때문에 殇은 또 '刎'으로도 읽는다. ≪史記≫ 〈循吏列傳〉에 "石奢自殇而死(石奢가 스스로 목을 베어 죽었다.)"라 하고 ≪史記索隱≫에 殇은 음이 亡과 粉의 반절이다."라고 하였다. 이로 볼 때 '殇'자는 몰〔歿〕과 문〔刎〕 두 독음을 겸하고 있으니, 일부러 '殇'을 '刎'우로 고칠 필요가 없다.

16-76 **愚莫大焉**이니이다 **故君人者**는 **愛民而安**하고 **好士而榮**하며 **兩者無一焉而亡**하니이다 **詩曰 价人維藩**이요 **大師維垣**이라하니 **此之謂也**니이다

어리석기가 이보다 더 클 수가 없습니다. 그러므로 군주는 백성들을 사랑하면 안정되고 어진 인물을 좋아하면 번영하며, 이 두 가지 중에 하나도 없다면 멸망하는 것입니다. ≪詩經≫에 '큰 덕 지닌 인물은 울타리 되고 수많은 백성들은 담이로세.'라고 하였으니, 이를 두고 하는 말입니다."

詩는 **大雅版之篇**이라 **義已解上**이라 ○ **盧文弨曰 案今詩**엔 **作板**하고 **爾雅釋訓作版**하니 **二字古通用也**라 **章懷注後漢書董卓傳論**과 **李善注劉孝標辨命論 引詩**는 **皆作上帝版版**이라 **先謙案 虞王本**엔 **作介人**이라

楊倞注 : ≪詩經≫은 〈大雅 版〉편이다. 이 뜻은 이미 위에서 풀이하였다.

○ 盧文弨 : 살펴보건대, 〈版자가〉 지금 ≪詩經≫에는 '板'으로 되어 있고 ≪爾雅≫ 〈釋訓〉에는 '版'으로 되어 있으니, 이 두 자는 옛날에 통용하였다. 章懷太子(李賢)가 ≪後漢書≫ 〈董卓傳論〉에 단 注와 李善이 ≪文選≫의 劉孝標 〈辨命論〉에 단 注의 ≪詩經≫을 인용한 곳에서는 모두 '上帝版版'으로 되어 있다.

先謙案 : 虞氏와 王氏 판본에는 〈价人이〉 '介人'으로 되어 있다.

16-77 **力術止**하고 **義術行**은 **曷謂也**오 **曰 秦之謂也**[53]라

53) 力術止……秦之謂也 : 自問自答하는 형식이다. 질문과 대답의 관계를 분명히 하기 위해 번

"武力으로 다스리는 방법은 끝내 막히고 仁義로 다스리는 방법은 잘 실행된다고 하는 것은 무엇을 말하는가?"

그 답은 이렇다.

"이는 秦나라의 경우를 말하는 것이다.

力術은 彊兵之術이요 義術은 仁義之術이라 止는 謂不能進取霸王也니 言用力術則止하고 用義術則行이라 發此論은 以謂秦也라 新序에 李斯問孫卿曰 當今之時하여 爲秦柰何오하니 孫卿曰 力術止하고 義術行하나니 秦之謂也라하니라 ○ 盧文弨曰 此所引新序는 今本脫이라 郝懿行曰 彊力之術은 雖進終止하고 杖義之術은 無往不行이라 依注引新序면 此答李斯之問爲秦發也라

楊倞注 : 力術은 강한 무력으로 다스리는 방법이고, 義術은 仁義로 다스리는 방법이다. 止는 나아가 霸道나 王道를 취하지 못하는 것을 이르니, 무력으로 다스리는 방법을 쓰면 끝내 막히고 仁義로 다스리는 방법을 쓰면 잘 행해진다는 것을 말한다. 이 말을 꺼낸 것은 秦나라의 경우를 말하기 위해서이다. ≪新序≫에 "李斯가 孫卿에게 묻기를 '지금 시대에 秦나라를 위한다면 어떻게 해야겠습니까?'라고 하니, 孫卿이 말하기를 '武力으로 다스리는 방법은 끝내 막히고 仁義로 다스리는 방법은 잘 행해지는 것이니, 이는 秦나라의 경우를 말한다.'라 했다."라고 하였다.

○ 盧文弨 : 이곳에 인용된 ≪新序≫의 내용은 지금 판본에는 빠져 있다.

郝懿行 : 강한 武力으로 다스리는 방법은 비록 앞으로 나아가더라도 끝내 멈추고, 仁義를 위주로 다스리는 방법은 어떤 경우든 실행되지 않는 일이 없다. 〈楊氏의〉 주에 인용된 ≪新序≫의 내용에 의하면 이 말은 秦나라를 위한다면 〈어떻게 위할 것이냐는〉 李斯의 질문에 답하기 위해 꺼낸 것이다.

16-78 **威彊乎湯武**하고 **廣大乎舜禹**라 **然而憂患不可勝校也**하여

위세가 湯王·武王보다 강하고 영토가 舜帝·禹帝보다 넓다. 그런데도 근심과 환난은 이루 다 헤아릴 수 없을 정도여서

역문에 인용부호를 붙이고 질문과 대답마다 문단을 나누어 구분하였다. 아래(16-101) '益地不如益信之務也'까지 이 형식에 해당된다. 원문의 질문 뒤에 오는 '曰'들은 모두 '答曰'의 약어인데, 번역문에 '그 답은 이렇다.'로 처리하였다.

校는 計라

楊倞注 : 校는 헤아린다는 뜻이다.

16-79 諰諰(시시)然

걱정되는 마음으로

諰는 思里反이라

楊倞注 : 諰는 〈음이〉 思와 里의 반절이다.

16-80 常恐天下之一合而軋己也라 此所謂力術止也[54]라 曷謂(乎)[55]威彊乎湯武오 〔曰〕[56]

항상 천하 각국이 한 덩어리로 뭉쳐 자기를 짓밟지 않을까 두려워하고 있다. 이것이 이른바 武力으로 다스리는 방법은 끝내 막힌다는 것이다."

"위세는 湯王·武王보다 강하다는 것은 무엇을 말하는가?"

그 답은 이렇다.

○ 先謙案 以下文例之면 此處當有曰字어늘 而今脫之라

○ 先謙案 : 아래 글로 살펴보면 이 글 끝에 마땅히 '曰'자가 있어야 할 것인데, 지금 그것이 빠져 있다.

16-81 湯武也者는 乃能使說(열)己者用耳라

"湯王·武王은 곧 능히 자기를 좋아하는 사람들을 부렸을 뿐이다.

說은 音悅이라 ○ 兪樾曰 下使字는 當訓從이니 爾雅釋詁에 使는 從也라하니라

---

54) 此所謂力術止也 : 문장의 형식으로 볼 때 이 문구 밑에 마땅히 '義術行'에 관한 설명이 있어야 할 것인데도 곧장 다음 질문으로 이어졌으니, 아마도 빠진 글이 있는 것 같다.

55) (乎) : 저본에는 '乎'가 있으나, 久保愛의 설에 의거하여 잘못 덧붙여진 글자로 처리하였다.

56) 〔曰〕 : 저본에는 '曰'이 없으나, 王先謙의 주에 의거하며 보충하였다.

楊倞注：說은 음이 '悅'이다.

○ 兪樾：아래 '使'자는 마땅히 따른다는 뜻이 되어야 하니, ≪爾雅≫ 〈釋詁〉에 "使는 '從'의 뜻이다."라고 하였다.

16-82 **今楚**는 **父死焉**하고 **國**[57)]**擧焉**하니 **負三王之廟**[58)]하여 **而**辟(피)**於陳蔡之閒**[59)]하여

지금 楚나라 〈頃襄王은〉 그의 아버지가 죽고 도성이 점령당하자, 세 왕의 사당을 등지고 떠나 陳·蔡 지방에 피신해 있으면서

此楚頃襄王之時也라 **父**는 **謂懷王**이니 **爲秦所虜而死也**라 **至二十一年**하여 **秦將白起遂拔我**鄢郢하고 **燒先王墓於夷陵**[60)]하니 **襄王兵散**하여 **遂不復戰**하고 **東北保陳城**이라 **廟**는 **主也**라 辟은 **如字**[61)]니 **謂自屛遠也**라 **或曰 讀爲避**라하니라

楊倞注：이것은 楚나라 頃襄王 때의 일이다. 父는 懷王을 말하니, 秦나라에 사로잡혀 죽었다. 頃襄王 21년에 이르러 秦나라 장수 白起가 마침내 楚나라 도성 鄢·郢을 점령하고 夷陵에서 先王의 무덤을 불태우자, 頃襄王의 군대가 흩어져 결국 더 이상 싸우지 않고 〈도읍을〉 동북방의 陳城으로 옮겨 지켰다. 廟는 신주이다. 辟은 본음대로 읽으니, 스스로 멀리 떠나 있는 것을 이른다. 혹자는 "避로 읽어야 한다."라고 하였다.

---

57) 國：여기서는 도성의 뜻이다.

58) 負三王之廟：三王은 楚나라 宣王·威王·懷王을 가리키고 廟는 사당이다. 곧 세 왕의 사당을 등지고 떠났다는 뜻이다. 楊倞은 廟의 뜻을 신주라고 풀이하였는데, 이럴 경우 세 왕의 신주를 등에 짊어진다는 뜻이다. 王天海는 負를 위배하다는 뜻인 '背離'라 하고 廟를 사당이라고 하였다. 王天海의 설에 따라 번역하였다.

59) 辟(피)於陳蔡之閒：辟는 '避'와 같다. 陳은 지금의 河南省 淮陽과 安徽省 亳縣 일대에 위치했던 제후국인데, B.C. 479년에 楚나라에 의해 멸망되어 陳城이 되었고, 蔡는 지금의 安徽省 鳳臺에 위치했던 下蔡인데, B.C. 447년에 楚나라에 의해 멸망되어 楚나라 땅이 되었다. 楚 頃襄王 21년(B.C. 278)에 秦나라 大良造 白起가 楚나라를 공격하여 도성 郢을 함락시키자, 뒤로 물러나 陳城을 지켰다.

60) 夷陵：楚나라 고을이름이다. 지금의 湖北省 宜昌市 동남 長江의 북쪽 연안이다.

61) 辟 如字：如字는 주음 방법의 하나로, 한 글자에 두 가지 이상의 발음이 있을 때 가장 통상적인 발음으로 읽는 것을 말한다. 辟은 '벽', '피', '비' 등 세 발음이 있고 발음에 따라 뜻도 다른데, 이 중에 통상적인 발음은 '벽'이고 이때의 대표적인 뜻은 '물리치다'이다.

16-83 視可司間하여 案[62]欲剡(염)其脛而以蹈秦之腹이라

적절한 시기를 살피고 승리할 기회를 엿보아 그의 정강이를 들어 秦나라의 복부를 짓밟으려고 한다.

視可는 謂觀其可伐也라 剡은 亦斬也라 ○ 盧文弨曰 元刻엔 伐也下에 有司音伺요 間隙也六字하고 宋本無라 王念孫曰 斬脛以蹈秦之腹은 義不可通이라 玉藻에 弁行엔 剡剡起屨①라하니 是剡剡爲起屨之貌라 然則剡其脛以蹈秦之腹은 亦謂起其脛以蹈秦之腹也라 漢書賈誼傳에 剡手以衝仇人之匈[63]이라하니 義與此同②이라

① 正義에 弁은 急也라하니라
≪禮記正義≫에 "弁은 급하다는 뜻이다."라고 하였다.
② 顔注에 剡은 利也라하니 亦非라
≪漢書≫의 顔師古 주에 "剡은 예리하다는 뜻이다."라고 하였으니, 이 또한 틀렸다.

楊倞注 : 視可는 정벌할 수 있는지 살펴보는 것을 이른다. 剡은 이 또한 벤다는 뜻이다.

○ 盧文弨 : 元刻本에는 '伐也' 밑에 '司音伺 間隙也(司는 음이 伺이고, 間은 틈이라는 뜻이다.)'라는 여섯 자가 있고, 宋本에는 없다.

王念孫 : 정강이를 베어 秦나라 복부를 밟는다는 말은 뜻이 통하지 않는다. ≪禮記≫ 〈玉藻〉에 "弁行 剡剡起屨(달려갈 때는 두 다리를 자주 들어 올린다.)"라 하였으니, 이 剡剡은 다리를 들어 올리는 모양이다. 그렇다면 '剡其脛以蹈秦之腹'은 또한 그의 정강이를 들어 秦나라의 복부를 짓밟는 것을 이른다. ≪漢書≫ 〈賈誼傳〉에 "剡手以衝仇人之匈(팔을 들어 원수의 가슴을 공격한다.)"이라 하였으니, 〈剡의〉 뜻이 이곳과 같다.

16-84 然而秦使左案[64]左하고 使右案右하니 是乃使讐人役也라

그러나 秦나라가 왼쪽으로 가라면 왼쪽으로 가고 오른쪽으로 가라면 오른쪽으로 가고 있으니, 이는 곧 〈秦나라가 자기에게〉 복수하려는 적을 부리는 것이다.

秦能使讐人爲之徒役은 謂楚襄王七年에 迎婦於秦城하고 十五年에 與秦伐燕하며

62) 案 : 여기서는 '乃'와 같다.
63) 匈 : 胸과 통용한다.
64) 案 : 여기서는 '則'과 같다. 아래의 경우도 같다.

二十七年에 **復**(부)**與秦平而入太子質之類也**라 ○ **先謙案 言秦之役楚**에 **使左則左**하고 **使右則右**하니 **此文二案字**는 **以代則字**라

楊倞注 : 秦나라가 능히 자기에게 복수하려는 적을 부렸다는 것은 楚나라 襄王 7년(B.C. 292)에 秦나라 도성에서 신부를 맞아 장가들었고, 15년(B.C. 284)에 秦나라와 함께 燕나라를 정벌하였으며, 27년(B.C. 272)에 다시 秦나라와 화친을 맺어 태자를 볼모로 들여보낸 사례를 이른다.

○ 先謙案 : 秦나라가 楚나라를 부릴 적에 '왼쪽으로 가라면 왼쪽으로 가고 오른쪽으로 가라면 오른쪽으로 갔다.〔使左則左 使右則右〕'라는 말이니, 이 글의 두 '案'자는 '則'자의 대신으로 쓴 것이다.

16-85 **此所謂威彊乎湯武也**라 **曷謂廣大乎舜禹也**오 **曰 古者百王之一天下**하고 **臣諸侯也**에 **未有過封內千里者也**라

이것이 이른바 위세가 湯王・武王보다 강하다는 것이다."

"영토가 舜帝・禹帝보다 넓다는 것은 무엇을 뜻하는가?"

그 답은 이렇다.

"옛날 역대 제왕이 천하를 통일하고 제후들을 신하로 부릴 때 그들의 畿內 넓이가 사방 천 리를 넘는 경우는 없었다.

封畿[65]**之內**라

楊倞注 : 〈封內는〉 封畿의 안쪽이다.

16-86 **今秦南乃有沙羨**(이)**與俱**[66]하니 **是乃江南也**라

지금 秦나라는 남쪽으로는 沙羨 일대를 〈楚나라와〉 공유하였으니, 이는 곧 江南을 〈점유한〉 것이다.

漢書地理志沙羨縣屬江夏郡이라 **此地俱屬秦**하니 **是有江南也**라 ○ **盧文弨曰 羨**

---

65) 封畿 : 천자의 도성을 둘러싼 구역을 가리킨다.

66) 沙羨(이)與俱 : 與俱는 '與共'과 같은 것으로 공유한다는 뜻이다. 沙羨는 본디 楚나라 땅이었으나 이 당시 秦나라가 점거하였기 때문에 공유하였다고 말한 것이다.

音夷라 先謙案 沙羨城在今武昌府江夏縣西南이라

楊倞注：≪漢書≫ 〈地理志〉에 의하면 沙羨縣은 江夏郡에 속해 있다. 이 지역이 모두 秦나라에 예속되었으니, 이는 江南을 점유한 것이다.

○ 盧文弨：羨는 음이 '夷'이다.

先謙案：沙羨城은 지금의 武昌府 江夏縣 서남쪽에 있다.

16-87 北與胡貉[67]爲隣하고 西有巴戎[68]이라

북쪽으로는 胡·貉과 이웃해 있고 서쪽으로는 巴·戎을 점유하였다.

巴在西南하고 戎在西하니 皆隷屬秦이라

楊倞注：巴는 서남쪽에 있고 戎은 서쪽에 있으니, 모두 秦나라에 예속되었다.

16-88 東在楚者는 乃界於齊하고

동쪽으로 楚나라에 가 있는 군대는 齊나라와 국경을 사이에 두고 있고,

謂東侵土地하여 所得者乃與齊爲界也라

楊倞注：동쪽으로 〈楚나라의〉 토지를 침범하여 얻은 것이 곧 齊나라와 경계를 접하고 있다는 것을 이른다.

16-89 在韓者는 踰常山[69]乃有臨慮하고

韓나라에 가 있는 군대는 常山을 넘어 臨慮를 점유하였고,

漢書地理志臨慮는 縣名이니 屬河內라 今屬相州也라 ○ 盧文弨曰 慮音廬라 先謙案 地理志에 作隆慮어늘 避後漢殤帝諱하여 改林慮라 故城卽今彰德府林縣治라 林慮는 以山氏縣[70]하니 卽臨慮矣라

---

67) 胡貉：胡는 중국의 고대 서북부의 소수민족이고 貉은 동북부의 소수민족이다.

68) 巴戎：巴는 고대 나라 이름으로 秦나라 惠文王에게 멸망되었는데, 그 지역은 지금의 四川省 동부 일대이다. 戎은 서부의 소수민족이다.

69) 常山：곧 恒山으로, 山西省 동북부 渾源縣 동남쪽에 있는 五嶽 중의 北嶽이다.

楊倞注：≪漢書≫〈地理志〉에 의하면 臨慮는 縣 이름이니, 河內에 속해 있다. 지금은 相州에 속해 있다.

○ 盧文弨：慮는 음이 '廬'이다.

先謙案：≪漢書≫〈地理志〉에 '隆慮'로 되어 있었는데, 後漢 殤帝(B.C. 105~B.C. 106)의 휘(劉隆)를 피해 '林慮'로 고쳤다. 옛 성의 위치는 곧 지금의 彰德府 林縣 관아 소재지이다. 林慮는 산이름으로 縣의 이름을 붙인 것이니, 곧 臨慮이다.

16-90 **在魏者**는 **乃據**(圉)〔圍〕[71]**津**하여 **卽去大梁百有二十里耳**요

魏나라에 가 있는 군대는 圍津을 점거하여 大梁과의 거리가 겨우 120리일 뿐이고,

圉는 **當爲圍**라 **漢書曹參下修武**하여 **度圍津**에 **顔師古曰 在東郡**이라하니 **豈古名圍津**이 **轉寫爲圉**아 **或作韋津**이어늘 **今有韋城**하니 **豈是邪**(야)아 **史記**에 **无忌謂魏安釐王曰 秦固有懷茅邢丘**하니 **城垝津以臨河內**면 **河內共汲必危**리라하니라 **垝圍聲相近**하니 **疑同垝**라 **居委反**이라

楊倞注：圉는 마땅히 '圍'로 되어야 한다. ≪漢書≫〈曹參傳〉의 "曹參下修武 度圍津(曹參이 修武로 내려가 圍津을 건넜다.)"이라 한 곳의 顔師古 주에 "〈圍津은〉 東郡에 있다."라고 하였으니, 혹시 圍津이란 옛 이름이 옮겨 쓰는 과정에 〈圍가〉 '圉'로 된 것은 아닌지, 또 간혹 韋津으로 표기된 곳도 있는데, 지금 韋城이 있으니, 혹시 이것이 아닌지도 모르겠다. ≪史記≫〈魏世家〉에 "无忌謂魏安釐王曰 秦固有懷茅邢丘 城垝津以臨河內 河內共汲必危(无忌가 魏 安釐王에게 이르기를 '秦나라가 본디 懷邑·茅邑·邢丘를 점유하고 있으니, 垝津에 성을 쌓아 河內에 바싹 접근한다면 河內의 共邑과 汲邑이 반드시 위험해질 것입니다.)"라 하였다. 垝와 圍는 소리가 서로 가까우니, 아마도 〈圍는〉 垝와 같을 것이다. 〈垝는 음이〉 居와 委의 반절이다.

16-91 **其在趙者**는 **剡然有苓而據松柏之塞**(새)하여

趙나라에 가 있는 군대는 그 땅을 침식하여 苓 지방을 점유하고 소나무와 잣나

70) 林慮 以山氏縣：林慮山은 河南 林縣 서북쪽에 있는 산이름이고, 氏는 여기서 '命名'의 뜻이다.

71) (圉)〔圍〕：저본에는 '圉'로 되어 있으나, 楊倞의 주에 의거하여 '圍'로 바로잡았다.

무가 있는 변방을 점거함으로써

剡然은 侵削之貌라 苓은 地名이니 未詳所在라 或曰 苓은 與靈同이라하니라 漢書地理志常山郡에 有靈壽縣하니 今屬眞定이라 或曰 苓은 當爲卷이라하되 案卷縣은 屬河南하니 非趙地也라 松柏之塞는 蓋趙樹松柏하여 與秦爲界어늘 今秦據有之라

楊倞注 : 剡然은 침식하는 모양이다. 苓은 땅이름이니, 그 위치는 알 수 없다. 혹자는 "苓은 '靈'과 같다."라고 하였다. ≪漢書≫ 〈地理志〉에 의하면 常山郡에 靈壽縣이 있으니, 지금 眞定에 소속되어 있다. 혹자는 "苓은 마땅히 '卷'으로 되어야 한다."라고 하였으나 살펴보건대, 卷縣은 河南에 소속되어 있으니, 趙나라 땅이 아니다. 松柏之塞는 趙나라에서 소나무와 잣나무를 심어 그것으로 秦나라와의 경계로 삼았는데, 지금 秦나라가 그곳을 점유한 것이다.

16-92 **負西海**[72]**而固常山**하니

西海를 등지고 常山을 험난한 요충지로 삼고 있으니,

負는 背也라 常山은 本趙山이어늘 秦今有之라 言秦背西海하고 東向以常山爲固也라

楊倞注 : 負는 등진다는 뜻이다. 常山은 본디 趙나라 산이었는데, 秦나라가 지금 점유한 것이다. 秦나라가 西海를 등 뒤에 두고 동쪽으로 향해 常山을 험난한 요충지로 삼은 것을 말한다.

16-93 **是地**徧**天下也**라 **威動海內**하고 **彊殆中國**이라

이처럼 〈秦나라의〉 영토가 천하에 널리 깔려 있다. 〈이것이 이른바 영토가 舜帝·禹帝보다 넓다는 것이니,〉 위세는 천하를 뒤흔들고 강성함은 中原의 각국을 위태롭게 한다.

秦之彊이 能危殆中國이라 殆는 或爲治라 ○ 先謙案 治는 是殆之誤字니 說見議兵篇이라

楊倞注 : 秦나라의 강성함이 중원의 각국을 위태롭게 할 수 있다는 것이다. 殆는 어떤

72) 西海 : 곧 靑海이다. 옛날에 '鮮水', 혹은 '仙海'라고도 불렸으며, 秦나라 서쪽에 있다.

판본에는 '治'로 되어 있다.

○ 先謙案 : 治는 '殆'의 오자이니, 이에 관한 내용은 〈議兵篇〉에 보인다.

16-94 **然而憂患不可勝校也**하여 **諰諰然常恐天下之一合而軋已也**라

그런데도 근심과 환난은 이루 다 헤아릴 수 없을 정도여서 걱정되는 마음으로 항상 천하 각국이 한 덩어리가 되어 자기를 짓밟지 않을까 두려워하고 있다."

○ 盧文弨曰 宋本엔 無然字하고 元刻엔 有하니 與前同이라

○ 盧文弨 : 宋本에는 〈諰諰然의〉 '然'자가 없고 元刻本에는 있으니, 앞(16-79)의 경우와 같다.

16-95 **此所謂廣大乎舜禹也**[73]라

이것이 이른바 영토가 舜帝와 禹帝보다 넓다는 것이다.

○ 盧文弨曰 此句或疑當在彊殆中國句下라 王念孫曰 案此汪氏中[74]說也라 汪直移此句於上文彊殆中國下하니 是也라 兪樾曰 案上文威彊乎湯武와 廣大乎舜禹 相對爲文하니 是於湯武言威彊하고 舜禹言廣大라 若威動海內 彊殆中國下에 接此所謂廣大乎舜禹也면 則文義錯雜矣라 汪說非也라 此所謂句는 當移在是地徧天下也句下라 試以上文例之하면 上文曰 是乃使讎人役也라 此所謂威彊乎湯武也와 此文曰 是地徧天下也라 此所謂廣大乎舜禹也는 文法正相準이라 威動海內와 彊殆中國二句는 又承威彊乎湯武句하여 以起下文이라 言威彊하고 不言廣大者는 擧一以包其一耳라

○ 盧文弨 : 이 문구가 혹자는 마땅히 '彊殆中國'구(16-93)의 밑에 있어야 할 것으로 의심하였다.

---

73) 此所謂廣大乎舜禹也 : 兪樾의 주에 "이 구는 마땅히 '是地徧天下也'구(16-93) 밑으로 옮겨야 한다."라고 한 것에 따라 번역문은 그곳으로 옮기고 원문은 그대로 두었다.

74) 汪氏中 : 汪中(1744~1794)을 가리킨다. 淸나라 江蘇 江都 사람으로, 자는 容甫이다. ≪周禮≫·≪春秋左氏傳≫에 조예가 깊었고 아울러 諸子를 연구하였다. 같은 고장의 王念孫·劉台拱과 교제하였으며 顧炎武의 私淑弟子로 자처하였다.

王念孫：살펴보건대, 〈盧文弨의〉 이 말은 汪中의 설이다. 汪氏가 이 문구를 윗글 '彊殆中國' 밑으로 곧장 옮겼으니, 그것이 옳다.

兪樾：살펴보건대, 윗글의 '威彊乎湯武'와 '廣大乎舜禹'가 서로 대를 맞춰 글이 되었으니, 이는 湯王·武王에 대해서는 威彊을 말하고 舜帝·禹帝에 대해서는 廣大를 말한 것이다. 만약 '威動海內 彊殆中國(위세는 천하를 뒤흔들고 강성함은 中原의 각국을 위태롭게 한다.)' 밑에 '此所謂廣大乎舜禹也(이것이 이른바 영토가 舜帝와 禹帝보다 넓다는 것이다.)'를 이어 붙인다면 글 뜻이 뒤섞여 어수선해진다. 汪氏의 설은 틀렸다. '此所謂'구는 마땅히 '是地徧天下也(이처럼 〈秦나라의〉 영토가 천하에 널리 깔려 있다.)'구 밑으로 옮겨가 있어야 한다. 시험 삼아 윗글로 살펴보면 윗글(16-84~85)에서 '是乃使讐人役也 此所謂威彊乎湯武也(이는 곧 〈秦나라가 자기에게〉 복수하려는 적을 부리는 것이다. 이것이 이른바 위세가 湯王·武王보다 강하다는 것이다.)'라고 한 것과, 여기 글에서 '是地徧天下也 此所謂廣大乎舜禹也'라고 한 것은 문법이 정확히 서로 들어맞는다. '威動海內'와 '彊殆中國' 두 구는 또 '威彊乎湯武'구를 이어받아 아랫구를 일으킨 것이다. '威彊'은 말하고 '廣大'는 말하지 않은 이유는 하나를 들어 그 나머지 하나를 포함하기 위해 그런 것일 뿐이다.

16-96 然則柰何오 曰 節威反文[75)]하여

"그렇다면 어찌하면 좋겠는가?"

그 답은 이렇다.

"위세를 절제하고 文治로 돌아가

節減威彊하고 **復用文理**[76)]라

楊倞注：위세와 강성함을 절제하고 文治를 다시 사용해야 한다는 것이다.

16-97 案用夫端誠信全之君子하여 治天下焉이라

정직하고 성실하며 신의가 있고 덕이 완전한 君子를 임용하여 천하를 다스리게 해야 한다.

全은 **謂德全**이라

75) 文：文治로, 仁義로써 나라를 다스리는 것을 말한다.
76) 理：治와 같다.

楊倞注 : 全은 덕이 완전한 것을 이른다.

16-98 因與之參國政하여 正是非하고 治曲直하여 聽咸陽[77)]하되

그러면서 그들과 함께 국정에 참여하여 옳고 그른 것을 바로잡고 굽고 곧은 것을 다스려 咸陽의 정사를 잘 처리하게 하되

使聽咸陽之政이라

楊倞注 : 〈秦나라로 하여금〉 咸陽의 정사를 잘 처리하게 해야 한다는 것이다.

16-99 順者錯(조)之하고 不順者而後誅之라

순종하는 국가는 놓아두고 순종하지 않는 국가에 대해서만 토벌해야 한다.

錯는 置也니 謂捨而不伐이라

楊倞注 : 錯는 놓아둔다는 뜻이니, 놓아두고 정벌하지 않는 것을 이른다.

16-100 若是면 則兵不復(부)出於塞外라도 而令行於天下矣리라 若是면 則雖爲之築明堂[78)](於塞外)[79)]而朝諸侯라도 殆可矣리라

이와 같이 한다면 〈秦나라〉 군대가 더 이상 변방에 출동하지 않더라도 명령이 온 천하에 행해질 것이다. 그렇게 되면 비록 明堂을 축조하여 제후들이 와서 알현하게 하는 일이라도 대체로 가능할 것이다.

明堂은 天子布政之宮이라 於塞外三字는 衍也라 以前有兵不復出於塞外라 故誤重寫此三字耳라 殆는 庶幾也라 秦若使賢人爲政이면 雖築明堂하여 朝諸侯라도 庶幾可矣라 或曰 塞外는 境外也요 明堂은 壇也라 謂巡狩至方岳之下하여 會諸侯에 爲宮

---

77) 聽咸陽 : 聽은 정사를 처리한다는 뜻이다. 咸陽은 秦나라의 옛 도성으로, 秦나라를 뜻한다.

78) 明堂 : 제왕이 정치 교화를 펴는 장소이다. 조회, 제사, 포상, 인재 선발, 노인 봉양, 교육 등 국가의 큰 행사를 이곳에서 거행한다.

79) (於塞外) : 저본에는 '於塞外'가 있으나, 楊倞의 주에 의거하여 잘못 덧붙여진 것으로 처리하였다.

方三百步에 四門이요 壇十有二尋에 深四尺이며 加方明於其上[80]이니 左氏傳에 爲王宮於踐土[81] 亦其類也라 或曰 築明堂於塞外는 謂使他國爲秦築帝宮也라 戰國策에 韓王謂張儀曰 請比秦郡縣하여 築帝宮하고 祠春秋하여 稱東蕃이라하니 是也라 ○ 王念孫曰 楊前說是也라 後說皆非라

楊倞注 : 明堂은 천자가 정사를 베푸는 行宮이다. '於塞外' 세 자는 잘못 덧붙여진 글자이다. 앞에 '兵不復出於塞外'구가 있기 때문에 이 세 자가 잘못 재차 써진 것일 뿐이다. 殆는 '대체로'라는 뜻이다. 秦나라가 만약 현능한 인물로 하여금 정사를 행하게 한다면 비록 明堂을 축조하여 제후들이 와서 알현하게 하는 일이라도 대체로 가능할 것이라는 것이다. 혹자는 "塞外는 국경 밖이고 明堂은 壇이다. 천자가 지방을 순행하는 길에 方岳 아래에 이르러 제후들이 모여 알현할 적에, 宮을 만드는데 사방 300步의 면적에 네 개의 문을 트고, 壇은 사방 12尋에 높이는 4尺이며 그 위에 方明을 올려놓는 것을 이른다. ≪春

方明

80) 巡狩至方岳之下……加方明於其上 : '爲宮方三百步'부터 '加方明於其上'까지는 ≪儀禮≫ 〈覲禮〉의 내용인데, 爲宮 앞에 '諸侯覲於天子(제후가 천자를 알현할 적에)'라는 6자가 더 있다. '巡狩至方岳之下 會諸侯'는 이곳의 鄭玄의 注인 '王巡守至於方嶽之下 諸侯會之'를 약간 다르게 인용한 것이다. 여기서 말하는 宮은 평지에 낮은 흙담을 사각형으로 둘러친 것을 말하고 壇은 그 宮 안에 세 겹의 사각형 단을 한 단계씩 폭은 좁히고 높이는 높여가면서 쌓아 올린 것이다. 그리고 가장 높은 壇의 중앙에 方明을 올려놓는 堂이 있다. 1步는 6尺이므로 宮의 너비 사방 300步는 사방 1,800尺이다. 1尋은 8尺이므로 壇의 너비 사방 12尋은 사방 96尺인데, 이것은 하층으로 높이는 1尺이다. 중간층은 너비 사방 72尺에 높이는 2尺이고, 상층은 너비 사방 48尺에 높이는 3尺이다. 堂은 너비 사방 24尺에 높이는 4尺이다. 이곳에서 壇의 높이가 4尺이라고 한 것은 堂의 높이까지 포함한 것이다. 方岳은 사방의 큰 산으로, 東岳인 泰山, 西岳인 華山, 南岳인 衡山, 北岳인 恒山을 가리킨다. 方明은 육면체로 깎은 나무에 여섯 가지 색을 칠한 것으로, 상하 사방의 神明을 상징한다.

81) 爲王宮於踐土 : ≪春秋左氏傳≫ 僖公 28년에 보인다. 踐土는 鄭나라의 땅이름으로 지금의 河南省 滎澤縣 서북쪽이다. B.C. 632년에 晉 文公이 宋·齊·秦 등 동맹국과 楚나라를 城濮에서 격파한 뒤에 周 襄王이 군대를 위문하기 위해 내려온다는 말을 듣고 踐土 지방에 襄王이 머무를 행궁 한 채를 지었는데, 이 일을 말한다.

秋左氏傳≫ 僖公 28년에 '爲王宮於踐土(천자의 行宮을 踐土에다 만들었다.)'라고 한 것이 또 그와 같은 사례이다."라고 하였다. 또 혹자는 "변방 밖에 明堂을 축조한다는 것은 다른 나라들로 하여금 秦나라를 위해 황제의 行宮을 축조하게 하는 것을 이른다. ≪戰國策≫ 〈韓策〉에 '韓 宣王이 張儀에게, '〈우리 韓나라가 스스로〉 秦나라의 한 郡縣처럼 되어 秦나라 왕의 行宮을 짓고 봄가을 제사에 쓸 공물을 바치면서 자칭 秦나라의 동쪽 蕃國이 되는 것을 이해해주기 바란다고 했다.' 하였으니, 곧 이것이다."라고 하였다.

○ 王念孫 : 楊氏의 앞 설이 옳다. 뒤의 설들은 모두 틀렸다.

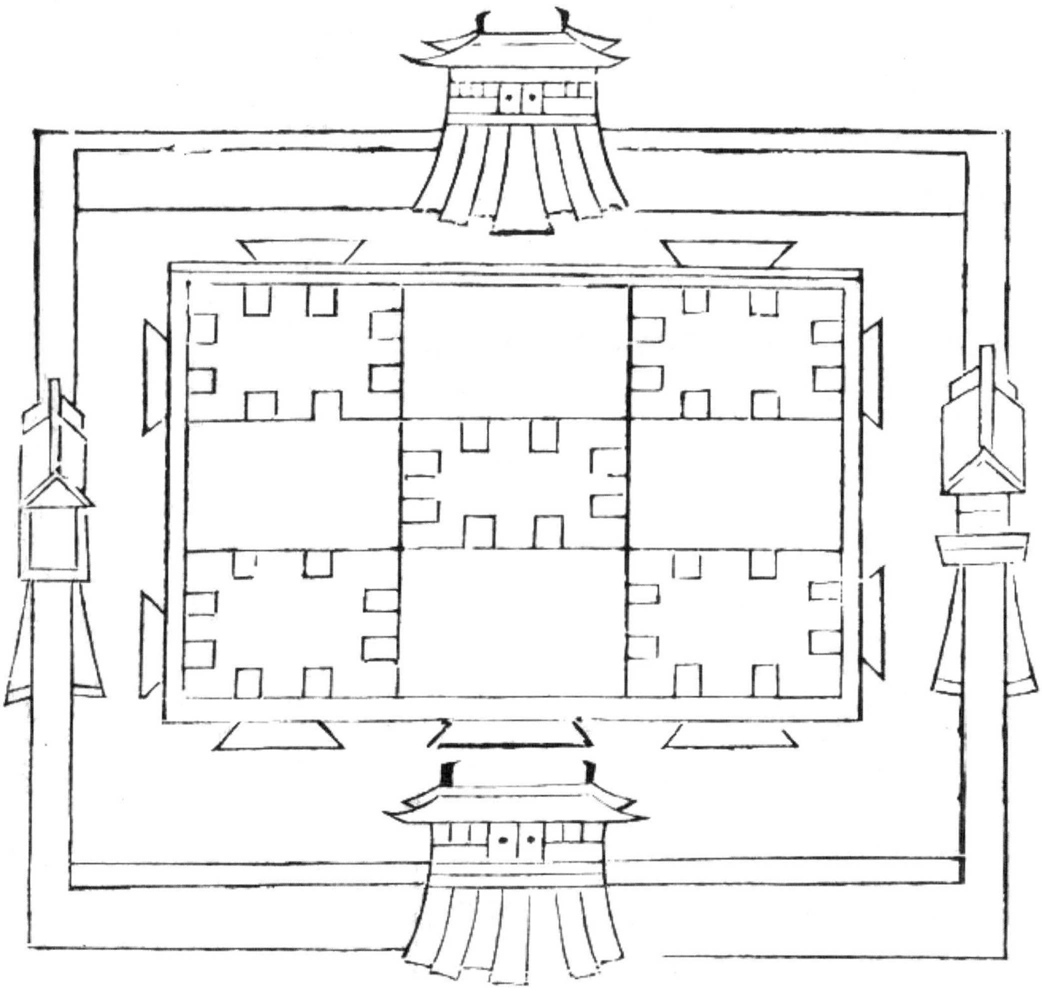

明堂

16-101 **假今**[82]**之世**에 **益地不如益信之務也**라

지금 세상에 영토를 늘리는 일은 신의를 돈독하게 다지는 데에 치중하는 것보다 못하다."

16-102 **應侯問孫卿子曰 入秦何見**하니잇가

應侯가 孫卿子에게 물었다.
"秦나라에 들어와서 무엇을 보셨습니까?"

應侯는 **秦相范雎**니 **封於應也**라 **杜元凱云 應國在襄陽城父縣西南也**라하니라 ○ **盧文弨曰 案杜注無南字**라

楊倞注：應侯는 秦나라 재상 范雎이니, 應邑에 봉해졌다. 杜元凱(杜預)가 "應國은 襄陽城父縣 서남쪽에 있다."라고 하였다.

○ 盧文弨：살펴보건대, 杜氏의 주에는 '南'자가 없다.

16-103 **孫卿子曰 其固塞險**하고 **形埶便**하고 **山林川谷美**하여

孫卿子가 대답하였다.
"그 견고한 요새는 험난하고 지형은 유리하고 산림과 하천은 아름다워

謂多良材及漑灌之利也라

楊倞注：좋은 자재와 漑灌의 이점이 많은 것을 이른다.

16-104 **天材之利多**하니

천연자원의 이점이 많았으니,

所出物産多也라

楊倞注：〈天材之利多는〉 생산되는 물산이 많다는 것이다.

---

82) 假今：當今과 같다.

16-105 **是形勝也**니이다

이것은 지형상의 장점입니다.

形은 **地形**이라 **便而物産多**하니 **所以爲勝**이라 **故曰 如高屋之上而建瓴水也**[83)]라하니라

楊倞注 : 形은 지형이다. 지형이 유리하고 물산이 많으니, 이것이 장점이 된다는 것이다. 이 때문에 〈유리한 상황이〉 "높은 지붕 위에서 물병을 거꾸로 쏟는 것과 같다."라고 말한 것이다.

16-106 **入境**하여 **觀其風俗**하니 **其百姓樸**하고 **其聲樂不流汙**[84)]하며

국경 안으로 들어와 그곳의 風俗을 살펴보니, 그 백성들은 순박하였고 그 음악은 음탕하고 잡스럽지 않았으며,

流는 **邪淫也**라 **汙**는 **濁也**라 **不流汙**는 **言淸雅也**라

楊倞注 : 流는 간사하고 음란하다는 뜻이다. 汙는 혼탁하다는 뜻이다. 不流汙는 맑고 아름다운 것을 말한다.

16-107 **其服不挑**하고

그 복장은 경박하지 않고

挑는 **偸也**니 **不爲奇異之服**이라 **詩序曰 長民者**는 **衣服不貳**하고 **從容有常**하여 **以齊其民**이면 **則民德歸壹也**라하니라 ○ **盧文弨曰 案周語**에 **郤至佻天**이라하여늘 **說文**에 **引作挑天**하니 **是挑與佻同**이라

楊倞注 : 挑는 경박하다는 뜻이니, 기이한 복장을 하지 않는다는 것이다. 〈詩序〉에 "백성의 君長이 된 사람은 의복이 고정되어 바뀌지 않고 행동이 일정한 원칙이 있어야 하니, 이것으로 그 백성들을 인도하면 백성들의 도덕이 통일될 것이다."라고 하였다.

○ 盧文弨 : 살펴보건대, ≪國語≫ 〈周語〉에 "郤至佻天(郤至가 하늘의 공을 훔쳐 〈자기의

83) 如高屋之上而建瓴水也 : ≪史記≫ 〈高祖本紀〉에 보이는 것으로, 田肯이 漢 高祖에게 秦나라 지형이 군대를 출동하여 제후를 제어하기에 유리하다는 것을 비유적으로 한 말이다.

84) 流汙 : 王天海는 楊倞의 주와 달리 음탕하고 잡스럽다는 뜻이라고 하였는데, 비속한 음악에 대한 표현으로는 이것이 비교적 무난하므로 그에 따라 번역하였다.

공으로 삼았다.〉)"이라 하였는데, ≪說文解字≫에 이 글을 인용한 곳에 〈'佻天'이〉 '挑天'으로 되어 있으니, 이로 볼 때 '挑'와 '佻'는 같다.

16-108 **甚畏有司而順**하니 **古之民也**러이다 **及都邑**[85)]**官府**하니

관리들을 매우 두려워하면서 순종하였으니, 고대 聖君 치하의 백성과 〈같았습니다.〉 都邑의 행정 관서에 가보았더니

及은 至也니 至縣邑之解署라

楊倞注 : 及은 '至'의 뜻이니, 縣邑의 행정 관서에 이르렀다는 말이다.

16-109 **其百吏肅然莫不恭儉敦敬**하며 **忠信而不楛**하니 **古之吏也**러이다

그곳 각급 관리들의 엄숙한 모습이, 모두 공손하고 검소하고 후덕하고 신중하며, 충성스럽고 성실하여 사납지 않았으니, 고대 聖君 치하의 관리와 〈같았습니다.〉

楛는 音苦니 濫惡也라 或曰 讀爲王事靡盬(고)[86)]之盬니 盬는 不堅固也라하니라

楊倞注 : 楛는 음이 '苦'이니, 매우 사납다는 뜻이다. 혹자는 "'王事靡盬(국가의 하는 일이 아니 견고해)'의 '盬'로 읽어야 하니, 盬는 견고하지 않다는 뜻이다."라고 하였다.

16-110 **入其國**하여 **觀其士大夫**하니 **出於其門**하면 **入於公門**하고 **出於公門**하면 **歸於其家**하여 **無有私事也**러이다 **不比周**하고 **不朋黨**하여 **倜(척)然莫不明通而公也**하니 **古之士大夫也**러이다

그 도성에 들어가 그곳 士大夫들을 살펴보니, 자기 집 문을 나오면 곧장 관청 문으로 들어가고 관청 문을 나오면 곧장 자기 집으로 들어가 사적인 일을 하는 것이 없었습니다. 자기와 뜻 맞는 사람만 가까이하지 않고 자기들끼리 朋黨을 맺지 않으면서 초연하게 모두 사려가 밝고 환히 트여 공무를 수행하지 않는 사람이 없

---

85) 都邑 : 城市와 같다. 인구가 밀집한 지역으로, 정치와 경제, 문화의 중심이 되는 곳이다.
86) 王事靡盬(고) : ≪詩經≫ 〈鴇羽〉·〈四牡〉·〈采薇〉·〈杕杜〉·〈北山〉에 나오는 말이다.

었으니, 옛날 聖君 치하의 士大夫와 〈같았습니다.〉

偶然은 高遠貌라

楊倞注 : 偶然은 높고 먼 모양이다.

16-111 觀其朝廷하니 其閒(한)[87]聽決하여 百事不留하여 恬然如無治者하니 古之朝也러이다

그 조정을 살펴보니, 그곳에서는 일을 처리하고 결단하는 데에 익숙하여 각종 정사가 정체되는 일이 없어서 느긋한 모습이 〈전혀 처리하고〉 다스릴 부분이 없는 것 같았으니, 옛날 聖君이 다스리는 조정과 〈같았습니다.〉

其閒(간)은 朝退也라 古莧反이라 恬然은 安閑貌라 如無治者는 如都無聽治處也라

楊倞注 : 其閒은 조정에서 물러난 〈사이이다. 閒은 음이〉 古와 莧의 반절이다. 恬然은 편안하고 한가로운 모양이다. 如無治者는 전혀 처리하고 다스릴 부분이 없는 것 같다는 뜻이다.

16-112 故四世有勝하니 非幸也라 數也러이다 是所見也라 故曰 佚而治하고 約而詳하고 不煩而功은 治之至也라하니 秦類之矣니이다

이 때문에 〈秦나라가〉 4대 동안 전쟁에서 승리를 거두었으니, 이는 요행이 아니라 당연한 일이었습니다. 이것이 내가 본 대로입니다.

그러므로 '편안히 놀더라도 잘 다스려지고 〈정치법령은〉 간단하더라도 치밀하고 〈정사는〉 복잡하지 않더라도 공을 거두는 것은 정치의 최고 경지이다.'라고 말하는 것이니, 秦나라는 이와 비슷합니다.

雖佚而治하고 雖約而詳하고 雖不煩而有功은 古之至治라 有如此者는 今秦似之라

楊倞注 : 편안히 놀더라도 잘 다스려지고 간단하더라도 치밀하고 복잡하지 않더라도 공을 거두는 것은 옛날 〈성군의〉 최고 정치이다. 이와 같은 점을 지닌 국가로는 지금 秦

---

87) 閒(한) : 楊倞은 '사이'의 뜻으로 보아 "조정에서 물러난 〈사이이다.〉"라고 하였으나, 王天海는 '익숙하다'는 뜻인 '嫺'으로 간주하였다. 王天海의 설에 따라 번역하였다.

나라가 그에 비슷하다.

16-113 **雖然**이나 **則有其諰矣**니

비록 그렇기는 하나 걱정되는 점이 있으니,

諰는 懼라 ○ 盧文弨曰 正文이 元刻엔 作則甚有其諰也라

楊倞注 : 諰는 두렵다는 뜻이다.

○ 盧文弨 : 본문이 元刻本에는 '則甚有其諰也(매우 걱정되는 점이 있다.)'로 되어 있다.

16-114 **兼是數具者而盡有之**나 **然而縣之以王者之功名**이면 **則倜倜然其不及遠矣**니이다

이상 몇 가지 조건들을 아울러 모두 갖추고 있지만 천하의 王者로 불릴 만한 공적과 명성에 맞춰 저울질해보면 그 차이가 너무도 큽니다.

縣은 音懸이니 謂聯繫라 ○ 先謙案 楊訓縣爲聯繫하니 非也라 縣은 猶衡也니 謂衡之以王者之功名則不及也라 荀書에 或言縣衡하고 或單言縣이어나 單言衡하니 其義竝同이라 王霸篇云 禮之所以正國也는 譬猶衡之於輕重也라하고 君道篇云 輕不得以縣重이라하니 是縣猶衡也라 君道篇又云 衡石稱縣者는 所以爲平也라하고 禮論篇云 衡誠縣矣면 則不可欺以輕重이라하고 正名篇云 衡不正이면 則重縣於仰이어늘 而人以爲輕하고 輕縣於俛(부)어늘 而人以爲重이라하고 解蔽篇云 聖人은 兼陳萬物而中縣衡焉이라 是以衆異不得相蔽라하니 皆縣衡連言이라 王制篇云 名聲未足以縣天下也라하고 王霸篇云 以是縣天下하고 一四海라하고 正論篇云 聖人은 備道全美하니 是縣天下之權稱也라하고 又云 聖王沒에 有埶籍者罷하여 不足以縣天下라하니 所謂縣天下者는 王者在上이면 能爲天下持平如縣衡然이라 荀書에 明言縣天下之權稱하니 是縣天下는 卽謂縣衡天下라 楊訓縣爲繫하니 亦非也라 漢書鄒陽傳의 臣聞秦倚曲臺之宮하여 縣衡天下는 正用荀書縣天下義라

楊倞注 : 縣은 음이 '懸'이니, 聯繫하는 것을 이른다.

○ 先謙案 : 楊氏는 縣을 聯繫의 뜻으로 풀이하였으니, 틀렸다. 縣은 '衡'과 같으니, 王者의 공적과 명성으로 저울질해보면 그에 미치지 못하는 것을 이른다. ≪荀子≫에 혹은

'縣衡'을 말하기도 하고 혹은 '縣'만 말하거나 '衡'만 말하기도 하였는데, 그 뜻은 모두 같다. 〈王霸篇〉(11-85)에 "禮之所以正國也 譬猶衡之於輕重也(禮義로 국가를 바로잡는 것은 비유하자면 저울로 輕重을 가늠하는 것과 같다.)"라 하고, 〈君道篇〉(12-64)에 "輕不得以縣重(권력이 가벼운 자가 권력이 큰 자를 평가할 수 없다.)"이라 하였으니, 이로 볼 때 縣은 '衡'과 같다. 〈君道篇〉(12-6)에 또 "衡石稱縣者 所以爲平也(무게를 재고 저울질하는 것은 〈무게의 기준을〉 공정하게 하기 위한 것이다.)"라 하고, 〈禮論篇〉(19-67)에 "衡誠縣矣 則不可欺以輕重(저울이 제대로 물건을 달면 그 輕重을 가지고 속일 수 없다.)"이라 하고, 〈正名篇〉(22-135)에 "衡不正 則重縣於仰 而人以爲輕 輕縣於俛 而人以爲重(저울이 정확하지 않으면 무거운 물건을 달 때는 저울대 한쪽 끝이 높이 올라가는데도 사람들은 가벼운 것으로 오인하고, 가벼운 물건을 달 때는 저울대 한쪽 끝이 낮게 내려가는데도 사람들은 무거운 것으로 오인한다.)"이라 하고, 〈解蔽篇〉(21-51, 52)에 "聖人 兼陳萬物而中縣衡焉 是以衆異不得相蔽(聖人은 각종 사물을 동시에 나열해놓고 그 속에서 일정한 표준에 근거하여 저울질한다. 그러므로 차이가 있는 수많은 사물이 〈대립하는 쪽을〉 서로 가려버리지 못하는 것이다.)"라고 하였으니, 이는 모두 '縣'과 '衡'을 잇대어 말한 경우이다. 〈王制篇〉(9-204)에 "名聲未足以縣天下也(명성이 충분히 천하의 저울이 되지 못한다.)"라 하고, 〈王霸篇〉(11-113)에 "以是縣天下 一四海(이로 보면 천하를 저울질하고 四海를 통일한다.)"라 하고, 〈正論篇〉(18-39)에 "聖人 備道全美 是縣天下之權稱也(聖人은 도덕을 완비하고 완전무결한 사람이니, 그는 천하를 저울질하는 저울대와 같다.)"라 하고, 또(18-25) "聖王沒 有埶籍者罷 不足以縣天下(聖君이 죽은 뒤에 저 권세를 지닌 후대가 재능과 덕이 없어 충분히 천하를 저울질해 균형을 잡지 못했다.)"라고 하였으니, 이른바 '縣天下'란 王者가 윗자리에 앉아 있으면 능히 천하를 위해 공정한 기준을 유지하는 것이 마치 저울대와 같다는 것이다. ≪荀子≫에 분명히 '縣天下之權稱(천하를 저울질하는 저울대)'이라 말했으니, 이 '縣天下'는 곧 천하의 사물을 〈공정하게〉 저울질하는 것을 이른다. 楊氏는 '縣'의 뜻을 '繫(잡아매다)'라고 하였으니, 이 또한 틀렸다. ≪漢書≫ 〈鄒陽傳〉에 "臣聞秦倚曲臺之宮 縣衡天下(신이 듣건대, 秦始皇은 曲臺의 궁궐에 앉아 천하를 저울질하였다.)"라고 한 것은 곧 ≪荀子≫의 '縣天下'의 뜻을 인용한 것이다.

16-115 **是何也**오 **則其殆無儒邪**(야)잇가 **故曰 粹而王**하고

그것은 무슨 까닭이겠습니까? 곧 秦나라는 대체로 儒者의 도가 없기 때문이 아니겠습니까. 그러므로 '순수하게 〈禮義를 앞세우고 賢人을 임용하면〉 王者가 되고

粹는 **謂全用儒道**라

楊倞注 : 粹는 儒者의 도를 온전히 사용하는 것을 이른다.

16-116 駮(박)而霸하며 無一焉而亡[88)]이라하니 此亦秦之所短也니이다

잡되게 〈財利와 禮義를 다 고려하면서 賢人을 임용하면〉 霸者가 되며, 이런 것이 하나도 없으면 멸망한다.'라고 말하는 것입니다. 이것은 또한 秦나라의 단점입니다."

16-117 積微는 月不勝日하고 時不勝月하고 歲不勝時라

미세한 일을 쌓아가는 성과는 매월 쌓아가는 것이 매일 쌓아가는 것보다 못하고, 매철 쌓아가는 것이 매월 쌓아가는 것보다 못하고, 매년 쌓아가는 것이 매철 쌓아가는 것보다 못하다.

積微細之事는 月不如日하니 言常須日日留心於庶事하여 不可怠忽也라

楊倞注 : 미세한 일을 쌓아가는 것은 매월 쌓아가는 것이 매일 쌓아가는 것보다 못하니, 언제나 매일 모든 일에 유념하여 소홀히 해서는 안 된다는 것을 말한다.

16-118 凡人好敖慢小事하여 大事至然後興之務之라 如是면 則常不勝夫敦(퇴)比[89)]於小事者矣라

대체로 사람들은 작은 일은 소홀히 하기를 좋아하여 큰 일이 닥친 뒤에야 분발하고 노력한다. 이렇게 한다면 언제나 작은 일을 잘 다스리는 사람보다 못하다.

敦比는 精審躬親之謂라 ○ 郝懿行曰 敦는 讀如堆니 敦比者는 敦迫比近이 叢集於前也라 注似未了라 先謙案 敦比는 治也니 義具榮辱篇이라

楊倞注 : '敦比'는 정밀하게 살피고 몸소 직접 다스리는 것을 이른다.

○ 郝懿行 : 敦는 '堆(모이다)'처럼 읽어야 하니, 敦比란 핍진하고 친근한 것들이 눈앞에 쌓인다는 뜻이다. 〈楊氏의〉 주는 분명치 못한 듯하다.

---

88) 粹而王……無一焉而亡 : 〈王霸篇〉(11-84)에 보인다.

89) 比 : 다스린다는 뜻인 '庀'와 통용한다.

先謙案 : 敦比는 다스린다는 뜻이니, 이에 관한 뜻은 〈榮辱篇〉(4-52)에 갖춰져 있다.

16-119 **是何也**오 **則小事之至也數**(삭)하고 **其縣日也博**하여 **其爲積也大**나

이것은 무엇 때문인가? 작은 일이 닥쳐오는 것은 빈번하고 거기에 얽매이는 시일이 많아 그로 인해 쌓이는 성과가 크지만,

數은 **音朔**이라 **博**은 **謂所縣繫時日多也**라 **大**는 **謂積小以成大**니 **若蟻蛭然也**라

楊倞注 : 數은 음이 '朔'이다. 博은 얽매이는 시일이 많은 것을 이른다. 大는 작은 것을 쌓아 큰 것을 이루는 것을 이르니, 개밋둑과 같은 경우이다.

16-120 **大事之至也希**하고 **其縣日也淺**하여 **其爲積也小**라

큰일이 닥쳐오는 것은 드물고 거기에 얽매이는 시일이 적어 그로 인해 쌓이는 성과가 작다.

時日旣淺이면 **則所積亦少也**라

楊倞注 : 〈일에 얽매이는〉 시일이 이미 적다면 쌓은 성과도 적을 것이다.

16-121 **故善日者王**하고 **善時者霸**하며 **補漏**[90]**者危**하고 **大**(태)**荒**[91]**者亡**이라

그러므로 매일을 소중히 여기는 군주는 王者로 불려지고 매철을 소중히 여기는 군주는 霸者로 불려지며, 〈틈을 내 부족함을〉 메우는 군주는 위험하고 시간을 지나치게 헛되이 보내는 군주는 멸망하게 된다.

善은 **謂愛惜不怠棄也**라 **補漏**는 **謂不能積功累業**하고 **至於敝漏然後補之**라 **大荒**은 **謂都荒廢不治也**라

楊倞注 : 善은 소중히 여기고 아껴 폐기하지 않는 것을 이른다. 補漏는 공적을 차근차근 쌓지 못하고 결함이 생긴 뒤에야 그것을 메우는 것을 이른다. 大荒은 전부 폐기하고

---

90) 補漏 : 王天海는 게으른 어부가 사흘은 고기를 잡고 이틀은 그물을 말리듯이 무슨 일을 하다가 말다가 하여 일관성이 없다는 뜻이라고 하였다. 이에 따라 번역하였다.

91) 大(태)荒 : 大는 '太'와 통용하는 것으로, 시간을 지나치게 헛되이 보낸다는 뜻이다.

다스리지 않는 것을 이른다.

16-122 **故王者敬日**하고

그러므로 王者로 불리는 사람은 하루하루를 노력하고

敬은 謂不敢慢也라 故曰 吉人爲善하되 惟日不足[92)]이라하니라

楊倞注 : 敬은 감히 태만하지 않는 것을 이른다. 그러므로 "좋은 사람은 좋은 일을 하되 종일토록 하는데도 시간이 부족하다."라고 말하였다.

16-123 **霸者敬時**하며

霸者로 불리는 사람은 한 철 한 철을 노력하며,

動作皆不失時라 或曰 時變則懼治之不立也라하니라

楊倞注 : 움직이는 일이 모두 철을 헛되이 보내지 않는다는 것이다. 혹자는 "철이 바뀌면 다스리는 일이 확립되지 못할까 두렵다."라고 하였다.

16-124 **僅存之國**은 **危而後戚之**하고

겨우 존재하는 국가의 〈군주는〉 위험에 빠져든 뒤에야 그것을 걱정하고

戚은 憂라

楊倞注 : 戚은 걱정한다는 뜻이다.

16-125 **亡國**은 **至亡而後知亡**하고 **至死而後知死**라 **亡國之禍敗**는 **不可勝悔也**라

망국의 〈군주는〉 국가가 멸망에 이른 뒤에야 멸망하는 것을 알고 죽음에 이른 뒤에야 죽는 것을 안다. 망국의 〈군주가〉 일으키는 재앙과 실패는 후회할 일이 이루 다 거론할 수 없을 정도이다.

---

92) 吉人爲善 惟日不足 : 《書經》 〈周書 泰誓 中〉에 보이는 내용이다.

所悔之事不可勝擧는 言多甚也라

楊倞注 : 후회할 일이 이루 다 거론할 수 없을 정도라는 것은 매우 많다는 것을 말한다.

16-126 霸者之善著焉은 可以時(託)〔記〕[93]也요

霸者로 불리는 사람의 善政이 드러나는 것은 매철로 기록할 정도이고

霸者其善明著는 以其所託不失時也라 ○ 兪樾曰 託은 乃記字之譌라 言霸者之善所以明著者는 以其可以時記也라 下文云 王者之功名은 不可勝日志也는 正王者敬日과 霸者敬時之意라 記志義同이라 記譌作託하니 則時託與日志不倫矣라

楊倞注 : 霸者가 그 善政이 환히 드러나는 것은 〈仁政에〉 가탁한 그 정사가 매철을 헛되이 보내지 않기 때문이다.

○ 兪樾 : 託은 곧 '記'자의 잘못이다. 霸者로 불리는 사람의 善政이 환히 드러나는 것은 그 善政을 계절별로 기록할 만하기 때문이라는 것을 말한다. 아래 문구에 "王者之功名 不可勝日志也(王者로 불리는 사람의 공적과 명성은 매일 기록하더라도 이루 다 기록하지 못할 정도이다.)"라고 한 것은 바로 '王者敬日(王者로 불리는 사람은 하루하루를 부지런히 노력한다.)'과 '霸者敬時(霸者로 불리는 사람은 한 철 한 철을 부지런히 노력한다.)'의 뜻이다. 記와 志는 뜻이 같다. '記'가 '託'으로 잘못되었으니, '時託'과 '日志'는 서로 걸맞지 않다.

16-127 王者之功名은 不可勝日志也라

王者로 불리는 사람의 공적과 명성은 매일 기록하더라도 이루 다 기록하지 못할 정도이다.

日記識(지)其政事라 故能功名不可勝數라 ○ 王念孫曰 玩楊注면 則正文不可勝下에 當有數字라 兪樾曰 日志也上에 亦當有可以二字니 與可以時記也一例라

楊倞注 : 매일 그 정사를 기록하기 때문에 능히 공적과 명성을 이루 다 헤아릴 수 없게 된다.

---

93) (託)〔記〕 : 저본에는 '託'으로 되어 있으나, 兪樾의 주에 의거하여 '記'로 바로잡았다.

○ 王念孫 : 楊氏의 주를 음미해보면 본문의 '不可勝' 밑에 마땅히 몇 글자가 있어야 한다.

兪樾 : '日志也' 위에도 마땅히 '可以' 두 자가 있어야 하니, '可以時記也'와 같은 형식이다.

16-128 **財物貨寶**는 **以大爲重**이나 **政敎功名反是**하여 **能積微者速成**이라 **詩曰 德輶**(유)**如毛**나 **民鮮克擧之**라하니 **此之謂也**니라

재물이나 보물은 큰 것을 귀중하게 여기지만 정치와 교화, 공적과 명성은 이와는 반대여서 능히 미세한 성과를 쌓아가는 군주라야 빨리 성공할 수 있다. ≪詩經≫에 "도덕은 가볍기가 터럭 같건만, 백성 중에 이것을 드는 이 적네."라고 하였으니, 이를 두고 하는 말이다.

詩는 **大雅烝民之篇**이라 **輶**는 **輕也**라 **引之以明積微至著之功**이라

楊倞注 : ≪詩經≫은 〈大雅 烝民〉편이다. 輶는 가볍다는 뜻이다. 이것을 인용하여 미세한 것을 쌓아 드러나게 되는 공을 밝혔다.

16-129 **凡姦人之所以起者**는 **以上之不貴義**하고 **不(敬義)〔務信〕**[94]**也**라

일반적으로 간사한 사람이 생기는 것은 군주가 道義를 귀하게 여기지 않고 신의를 지키는 데 힘쓰지 않기 때문이다.

上行下效라

楊倞注 : 윗사람이 행하면 아랫사람이 본받는다.

---

94) (敬義)〔務信〕: 저본에는 '敬義'로 되어 있으나, 陶鴻慶의 설에 따라 '務信'으로 바로잡았다. 陶鴻慶이 "'敬義'는 모두 마땅히 '務信'으로 되어야 한다. '務'자가 본디 '敄'로 되어 있었기 때문에 마침내 '敬'으로 잘못 되었고, '義'자는 위아래 글과 연관되어 잘못되었을 뿐이다. 아랫글 '義爲本而信次之(道義가 근본이 되고 신의가 그 다음이다.)'·'本義務信而天下治(道義를 근본으로 삼고 신의를 지키는 데에 힘써 천하가 다스려졌다.)'·'棄義背信而天下亂(道義를 버리고 신의를 배반하여 천하가 어지러워졌다.)'·'愼禮義務忠信(禮義를 신중히 여기고 충성스러움과 신의를 지키는 데에 힘써야 한다.)'은 모두 이 '務信'을 이어받아 말한 것이다."라고 하였다. 王天海도 이 설에 동의하였다.

16-130 夫義者는 所以限禁人之爲惡與姦者也어늘 今上不貴義하고 不敬義라 如是면 則下之人百姓이 皆有棄義之志하고 而有趨姦之心矣리니 此姦人之所以起也라 且上者는 下之師也라 夫下之和上은 譬之면 猶響之應聲하고 影之像形也라 故爲人上者는 不可不順[95)]也라

대체로 道義란 사람들이 악행과 간사한 짓을 행하지 〈못하도록〉 제한하는 것인데, 오늘날 군주는 道義를 귀하게 여기지 않고 信義를 존중하지 않는다. 이렇게 되면 하부의 뭇 백성들이 모두 道義를 버리는 뜻을 지니고 간사한 쪽으로 달려갈 마음을 지닐 것이니, 이것이 곧 간사한 사람이 생기는 원인이다.

게다가 윗사람은 아랫사람의 師表이다. 아랫사람이 윗사람의 〈언행을〉 따라하는 것은, 비유하자면 메아리가 소리에 호응하고 그림자가 형체와 비슷한 경우와 같다. 그러므로 군주로 있는 사람은 道義를 신중히 여기지 않으면 안 된다.

不可不順義라 或曰 當爲愼이라하니라

楊倞注 : 〈不可不順은〉 道義를 따르지 않으면 안 된다는 뜻이다. 혹자는 "〈順은〉 마땅히 '愼'으로 되어야 한다."라고 하였다.

16-131 夫義者는 內節於人하고 而外節於萬物者也며

대체로 道義란 안으로는 사람들을 절제할 수 있고 밖으로는 만물을 절제할 수 있는 것이며,

節은 卽謂限禁也라 ○ 兪樾曰 節은 猶適也라 呂氏春秋重己篇에 故聖人必先適欲의 高注曰 適은 猶節也라하니 然則節亦猶適矣라 管子禁藏篇에 故聖人之制事也에 能節宮室하고 適車輿하여 以實藏이라하니 是節與適同義라 下文曰 上安於主하고 而下調於民者也라하니라 訓節爲適하니 則與調安相近이라 楊注非是라

楊倞注 : 節은 곧 제한하고 금지하는 것을 이른다.

○ 兪樾 : 節은 '適'과 같다. ≪呂氏春秋≫ 〈重己篇〉에 "故聖人必先適欲(그러므로 聖人은 반드시 먼저 자기의 욕망을 절제하려고 한다.)"이라 한 곳의 高誘 주에 "適은 '節'과 같다."라

95) 順 : '愼'과 통용한다.

고 하였으니, 그렇다면 '節' 또한 '適'과 같다. ≪管子≫ 〈禁藏篇〉에 "故聖人之制事也 能節宮室 適車輿 以實藏(그러므로 聖人이 정사를 행할 때 능히 宮室을 절제하고 車馬를 줄여 국가의 창고를 충만하게 한다면 〈나라가 반드시 부유해지고 권위가 반드시 높아질 것이다.〉)"이라 하였으니, 이로 볼 때 節과 適은 같은 뜻이다. 아랫글에 "上安於主 而下調於民者也(위로는 군주를 안정되게 할 수 있고 아래로는 백성들에게 협조하게 할 수 있는 것이다.)"라고 하였다. 節의 뜻을 '適'이라고 하였으니, '調'·'安'과 서로 가깝다. 楊氏의 주는 옳지 않다.

16-132 上安於主하고 而下調於民者也니

위로는 군주를 안정되게 할 수 있고 아래로는 백성들에게 협조하게 할 수 있는 것이니,

得其節이면 則上安而下調也라

楊倞注 : 그 제한하고 금지하는 일이 제대로 된다면 윗사람은 편안하고 아랫사람은 협조하게 된다.

16-133 內外上下節者는 義之情也라

안팎과 위아래가 모두 절제할 수 있게 하는 것은 道義의 본질이다.

義之情은 皆在得其節이라

楊倞注 : 道義의 본질은 모두 그 〈제한하고 금지하는〉 절제가 제대로 되는 데에 있다.

16-134 然則凡爲天下之要는 義爲本而信次之라 古者에 禹湯本義務信而天下治하고 桀紂棄義倍信而天下亂이라 故爲人上者는 必將愼禮義하고 務忠信然後可라 此君人者之大本也라

이렇게 보면 일반적으로 천하를 다스리는 핵심은 道義가 근본이 되고 信義가 그 다음이다. 옛날에 禹王과 湯王은 도의를 근본으로 삼고 신의를 지키는 데에 힘써 천하가 다스려졌고, 桀王과 紂王은 도의를 버리고 신의를 배반하여 천하가 어지러워졌다. 그러므로 군주로 있는 자는 반드시 禮義를 삼가고 충성스러움과 신의를

지키는 데에 힘써야만 하는 것이다. 이것이 군주로 있는 자의 가장 큰 근본이다.

愼은 或爲順이라

楊倞注 : 愼은 간혹 '順'으로 되어 있기도 하다.

16-135 堂上不糞이면 則郊草不瞻曠芸이요

대청 위도 쓸어내지 못했다면 야외의 잡초를 뽑을 겨를이 없을 것이고

曠은 空也니 空은 謂無草也라 芸은 謂有草可芸鋤也라 堂上猶未糞除면 則不暇瞻視郊野之草有無也니 言近者未理면 不暇及遠이라 魯連子謂田巴曰 堂上不糞者는 郊草不芸也[96]라하니라 ○ 郝懿行曰 糞者는 坌(변)之假借니 隸變作拚(변)이라 少儀曰 埽席前曰拚이라하니라 經典俱通作糞이라 王念孫曰 此言事當先其所急하고 後其所緩이라 故堂上不糞除면 則不暇芸野草也라 芸上不當有瞻曠二字니 不知何處脫文闌入此句中也라 據楊注引魯連子의 堂上不糞者는 郊草不芸也면 無瞻曠二字하니 卽其證이라 楊注又曰 堂上猶未糞除면 則不暇瞻視郊野之草有無也라하니 此則不得其解而曲爲之說이라

楊倞注 : 曠은 '空'의 뜻이니, 空은 풀이 없는 것을 이른다. 芸은 뽑아낼 풀이 있는 것을 이른다. 대청 위도 쓸어내지 못했다면 야외의 풀이 있는지 없는지를 미처 돌아보지 못한다는 것이니, 가까운 것을 다스리지 못하면 먼 것에 미쳐갈 겨를이 없는 것을 말한다. 魯連子가 田巴에게 이르기를 "堂上不糞者 郊草不芸也(대청 위를 쓸어내지 못한 자는 야외의 잡초를 뽑지 못한다.)"라고 하였다.

○ 郝懿行 : '糞'은 '坌'의 假借字이니, 隸書體가 변해 '拚'으로 되었다. ≪禮記≫ 〈少儀〉에 "좌석 앞을 쓰는 것을 拚이라 한다."라고 하였다. 經典에는 모두 일반적으로 '糞'으로 되어 있다.

王念孫 : 여기서는 일이란 마땅히 급한 것을 먼저 처리하고 급하지 않은 것을 뒤에 처리해야 한다는 것을 말한 것이므로, 대청 위의 먼지를 쓸어내지 않았다면 야외의 잡초를 미처 뽑지 못한다고 한 것이다. '芸' 위에 마땅히 '瞻曠' 두 자가 있어서는 안 되니, 어디

96) 魯連子謂田巴曰……郊草不芸也 : ≪史記≫ 〈魯仲連傳〉의 ≪史記正義≫에 보이는데, 그곳에는 '糞'이 '奮'으로 되어 있다. 魯連子는 전국시대 齊나라 魯仲連을 말하고, 田巴는 齊나라 辯士이다.

서 빠진 글이 이 문구 속으로 끼어들었는지 모르겠다. 楊氏의 주에 인용된 魯連子의 "堂上不糞者 郊草不芸也"에 의하면 '瞻曠' 두 자가 없으니, 이것이 곧 그 증거이다. 楊氏의 주에 또 "堂上猶未糞除 則不暇瞻視郊野之草有無也(대청 위도 쓸어내지 못했다면 야외의 풀이 있는지 없는지를 미처 돌아보지 못한다는 것이다.)"라고 하였으니, 이는 그 뜻을 이해하지 못해 이처럼 왜곡되게 말한 것이다.

16-136 白刃扞(한)乎胸이면 則目不見流矢요

시퍼런 칼날이 가슴에 겨누어져 있다면 그의 눈은 날아오는 화살을 보지 못할 것이고

扞은 蔽也라 扞蔽於胸은 謂見斬刺也라 懼白刃之甚하여 不暇憂流矢也라 ○ 王念孫曰 案扞蔽는 非斬刺之義니 楊說非也라 扞之言은 干也니 干은 犯也라 謂白刃犯胸이면 則不暇顧流矢也라 史記游俠傳의 扞當世之文罔은 謂犯法也라 漢書董仲舒傳의 抵冒殊扞에 文穎曰 扞은 突也라하니 突은 亦犯也라

楊倞注 : 扞은 가린다는 뜻이다. 가슴을 막아 가린다는 것은 〈가슴이 칼로〉 베이고 찌름을 당하는 것을 이른다. 시퍼런 칼날이 워낙 두려운 나머지 날아오는 화살을 미처 걱정하지 못한다는 것이다.

○ 王念孫 : 살펴보건대, 扞蔽는 베고 찌른다는 뜻이 아니니, 楊氏의 설은 틀렸다. 扞이란 말은 '干'과 같으니, 干은 범한다는 뜻이다. 시퍼런 칼날이 가슴을 범하면 날아오는 화살을 미처 돌아보지 못하는 것을 이른다. ≪史記≫ 〈游俠傳〉의 "扞當世之文罔(당대의 법망을 범하였다.)"의 〈扞은〉 법을 범하는 것을 이른다. ≪漢書≫ 〈董仲舒傳〉의 "抵冒殊扞(반항하고 법을 범한다.)"의 주에 文穎이 "扞은 '突'의 뜻이다."라고 하였으니, 突은 또한 범한다는 뜻이다.

16-137 拔戟[97]加乎首면 則十指不辭斷하리니

창을 꼬나 잡아 자기 머리를 겨누고 있다면 열 손가락이 끊어지는 것도 피하지 않을 것이니,

---

97) 拔戟 : 拔은 잡는다는 뜻인 '把'와 같다. ≪春秋左氏傳≫ 襄公 10년에 "왼손에는 방패를 잡고 오른손에는 창을 잡고서 한 부대를 이루었다.〔左執之 右拔戟 以成一隊〕"라고 하였다.

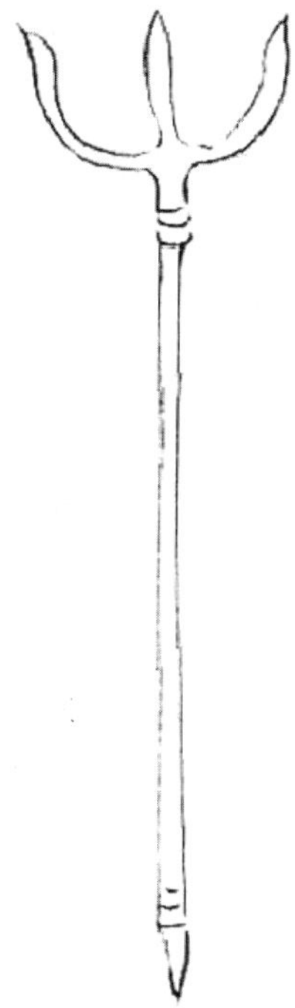

戟

言不惜十指而救首也라 拔은 或作校하고 或作枝라 ○ 郝懿行曰 拔은 讀如少儀毋拔來之拔이니 鄭注에 拔은 疾也라하고 釋文에 拔은 王本에 作校라하니라 然則此注에 拔或作校亦可라 注又云或作枝는 則非하니 古無枝戟之名이라

楊倞注 : 열 손가락을 아까워하지 않고 머리를 구하는 것을 말한다. 拔은 간혹 '校'로 되어 있기도 하고, 간혹 '枝'로 되어 있기도 하다.

○ 郝懿行 : 拔은 ≪禮記≫ 〈少儀〉의 '毋拔來(급하게 달려오지 말며)'의 '拔'처럼 읽어야 하니, 鄭玄의 주에 "拔은 빠르다는 뜻이다."라 하고, ≪經典釋文≫에 "拔은 王氏本에 '校'로 되어 있다."라고 하였다. 그렇다면 이곳의 〈楊氏〉 주에 "拔은 간혹 '校'로 되어 있기도 하다."라고 한 것도 옳다. 〈楊氏의〉 주에 또 "간혹 '枝'로 되어 있기도 하다."라고 한 것은 틀렸으니, 옛날에는 '枝戟'이란 이름이 없다.

16-138 非不以此爲務也라 疾養緩急之有相先者也니라

〈이것은 잡초를 제거하고 날아오는 화살을 피하고 열 손가락을 지키는 것을〉 중시하지 않은 것이 아니라, 아프고 가려운 정도와 그 완급 사이에 먼저 돌아보아야 할 것이 있기 때문이다.

疾은 痛也라 養은 與癢同이라 言非不以郊草流矢十指爲務라 痛癢緩急이 有所先救者也라 言此者는 明人君當先務禮義하고 然後及它事也라

楊倞注 : 疾은 아프다는 뜻이다. 養은 '癢(가렵다)'과 같다. 야외의 잡초와 날아오는 화살과 〈끊어지는〉 열 손가락을 중시하지 않은 것이 아니라, 아프고 가려운 정도와 그 완급에 따라 먼저 구해야 할 것이 있다는 것을 말한다. 이것을 말한 것은 군주는 마땅히 禮義를 먼저 힘쓰고 그런 다음에 다른 일을 하여야 한다는 것을 밝힌 것이다.

天論篇 第十七 제17편 하늘을 논하다

이 편은 荀子의 자연관과 인간관이 집중적으로 드러난 것으로, 先秦 철학사에서 가장 독창성을 구비한 학설이다.

하늘은 인간이 숭배할 대상이 아니라 상호보완적인 관계의 동등한 존재로, 하늘과 인간이 각자의 직분을 나누어 수행한다고 하면서 自然과 人爲를 구분한 '天人之分'을 강조하였다.

하늘의 직분은 만물을 생성하는 것이고 인간의 직분은 만물을 다스리는 것이며, 인생의 吉凶禍福은 하늘의 뜻이 아니라 인간의 행위에 의해 작용한다고 이해하였다. 그러므로 인간의 도리인 禮義를 따르면서 자연을 이용하여 인생의 복을 누릴 것을 주장하였다.

17-1 天行有常하니

하늘의 규율은 영구히 변하지 않으니,

天自有常行之道也라 ○ 兪樾曰 爾雅釋宮에 行은 道也라하니 天行有常은 卽天道有常이라 楊注天自有常行之道는 則道字反爲增出矣라

楊倞注 : 하늘은 본디 영구히 운행하는 도가 있다.

○ 兪樾 : ≪爾雅≫ 〈釋宮〉에 "行은 '道'의 뜻이다."라고 하였으니, 天行有常은 곧 '天道有常'이다. 楊氏의 주 '天自有常行之道'는 '道'자가 도리어 불필요하게 추가한 것이 되었다.

17-2 不爲堯存하고 不爲桀亡이라 應之[1]以治則吉하고 應之以亂則凶이라

唐堯로 인해 존재하는 것도 아니고 夏桀로 인해 없어지는 것도 아니다. 안정을

1) 之 : '天行', 곧 하늘의 규율을 가리킨다.

이루는 방법으로 이것에 응하면 길하고, 혼란을 이루는 방법으로 이것에 응하면 흉하다.

吉凶由人하니 非天愛堯而惡(오)桀也라

楊倞注 : 吉凶은 인간에 의해 생기니, 하늘이 唐堯를 사랑하고 夏桀을 미워하여 그런 것은 아니다.

17-3 彊本而節用하면 則天不能貧하고

근본에 힘쓰고 소비를 절약한다면 하늘도 그를 가난하게 하지 못하고

本은 謂農桑이라

楊倞注 : 本은 農業과 養蠶業을 이른다.

17-4 養備而動時하면 則天不能病하며

養生의 방법이 완비되고 행동을 時宜에 맞게 한다면 하늘도 그를 병들게 하지 못하며,

養備는 謂使人衣食足이라 動時는 謂勸人勤力不失時하고 亦不使勞苦也라 養生旣備하고 動作以時면 則疾疹不作也라

楊倞注 : 養備는 사람들로 하여금 衣食이 풍족하게 하는 것을 이른다. 動時는 사람들에게 부지런히 힘써 제때를 잃지 않게 하고 그러면서도 고생하지 않게 하는 것을 이른다. 養生의 방법이 이미 완비되고 활동을 時宜에 맞게 한다면 질병이 일어나지 않는다.

17-5 (修)〔循〕[2]道[3]而不(貳)〔貣〕[4]하면 則天不能禍라

하늘의 규율에 순응하여 어긋나지 않는다면 하늘도 그에게 재앙을 주지 못한다.

---

2) (修)〔循〕: 저본에는 '修'로 되어 있으나, 王念孫의 주에 의거하여 '循'으로 바로잡았다.

3) 道 : 17-1에 나오는 '天行'의 '行'과 같다.

4) (貳)〔貣〕: 저본에는 '貳'로 되어 있으나, 王念孫의 주에 의거하여 '貣(특)'으로 바로잡았다.

貳는 即倍也라 ○ 王念孫曰 案修는 當爲循字之誤也①라 循은 順也라 貳는 當爲貣이니 亦字之誤也②라 貣은 與忒同③이라 忒은 差也라 言所行皆順乎道而不差면 則天不能禍也라 下文曰 倍道而妄行이면 則天不能使之吉은 正與此相反이라 今本엔 循作修하고 貣作貳하니 則非其旨矣라 楊不知貳爲貣之誤하고 又見下文言倍道妄行하여 遂釋之曰 貳는 即倍也라하니 此望下文生義요 而非本句之旨라 群書治要에 作循道而不忒하니 足正楊本之誤라 又禮論篇에 萬物變而不亂하니 貳之則喪也의 貳도 亦當爲貣이라 貣은 差也라 言禮能治萬變而不亂하니 若於禮有所差忒이면 則必失之也라 大戴記禮三本篇에 作貸之則喪하니 是其證④이라 楊云 貳謂不一이라하니 亦失之라 又解蔽篇에 心枝則無知하고 傾則不精하고 貳則疑惑의 貳도 亦當爲貣이니 言差忒則生疑惑也라 貣則疑惑은 猶天論篇言匿則大惑也⑤라 彼以中從爲韻하고 畸爲爲韻하고 匿惑爲韻하며 此以枝知爲韻하고 傾精爲韻하고 貣惑爲韻이라 忒貣慝匿竝通이라 故貣匿竝與惑爲韻하니 貳則非韻矣⑥라

① 隸書循修相似하니 說見管子形勢篇이라
隸書體에 '循'과 '修'는 서로 비슷하니, 이에 관한 설명은 ≪管子≫ 〈形勢篇〉에 보인다.

② 凡經傳中에 貣字多誤作貳하니 說見管子勢篇이라
일반적으로 經傳 속에 '貣'자가 '貳'로 많이 잘못되어 있으니, 이에 관한 설명은 ≪管子≫ 〈勢篇〉에 보인다.

③ 管子正篇의 如四時之不貣과 史記宋世家의 二(術)〔衍〕[5] 貣은 竝以貣爲忒이라 字本作忒(특)하고 又作貸(특)하니 說見管子勢篇이라 又作慝作匿하니 說見後匿則大惑下라
≪管子≫ 〈正篇〉의 "如四時之不貣(마치 사계절이 어긋나지 않는 것과 같다.)"과 ≪史記≫ 〈宋微子世家〉의 "二衍貣(〈시초로 점을 치는 것에는〉 두 종류가 있으니, 미루어 판단하고 덧붙여 해석함으로써 〈卦象이 많이〉 변한다.)"은 모두 '貣'을 '忒'의 뜻으로 사용하였다. 이 글자는 본디 '忒'으로 되어 있기도 하고 또 '貸'으로 되어 있기도 하니, 이에 관한 설명은 ≪管子≫ 〈勢篇〉에 보인다. 또 '慝'이나 '匿'으로 되어 있기도 하니, 이에 관한 설명은 뒤의 '匿則大惑(〈이와 같은 규례에〉 어긋나면 큰 미혹을 조성할 수 있다.)' 밑에 보인다.

④ 貸見上注라

5) (術)〔衍〕: 저본에는 '術'로 되어 있으나, ≪史記≫ 〈宋微子世家〉에 의거하여 '衍'으로 바로잡았다.

'貸'은 위의 주에 보인다.

⑤ **匿**은 **與慝忒通**하니 **說見匿則大惑下**라

匿은 '慝'·'忒'과 통용하니, 이에 관한 설명은 '匿則大惑' 밑에 보인다.

⑥ **貣從弋聲**하여 **於古音屬之部**하고 **貳從弍聲**하여 **於古音屬脂部**라

貣은 弋의 聲符에 속하여 옛 음에 之部에 붙고, 貳는 弍의 聲符에 속하여 옛 음에 脂部에 붙는다.

楊倞注：貳는 곧 배반한다는 뜻이다.

○ 王念孫：살펴보건대, '修'는 마땅히 '循'자의 잘못으로 보아야 한다. 循은 '順'의 뜻이다. 貳는 마땅히 '貣'으로 되어야 하니, 이 또한 글자가 잘못되었다. 貣은 '忒'과 같다. 忒은 '差'의 뜻이다. 행하는 일이 모두 하늘의 규율에 순응하여 어긋나지 않는다면 하늘도 재앙을 주지 못하는 것을 말한다. 아랫글(17-8)에 "倍道而妄行 則天不能使之吉(하늘의 규율을 어기고 함부로 행동한다면 하늘도 그를 길하게 만들어주지 못한다.)"은 정확히 이 문구와 상반된다. 지금 판본에는 '循'이 '修'로 되어 있고 '貣'이 '貳'로 되어 있으니, 그 올바른 뜻이 아니다. 楊氏는 '貳'가 '貣'의 오자임을 몰랐고 또 아랫글에 '倍道妄行'이라 말한 것을 보고서 마침내 풀이하기를 "貳는 곧 배반한다는 뜻이다."라고 하였으니, 이는 아래 문구만 보고 대강 뜻을 짐작했던 것이고 본 문구의 뜻은 아니다. ≪群書治要≫에 '循道而不忒(하늘의 규율에 순응하여 어긋나지 않는다.)'으로 되어 있으니, 楊氏 판본의 오류를 충분히 바로잡을 수 있다. 또 〈禮論篇〉에 "萬物變而不亂 貳之則喪也(만물이 수없이 변화하더라도 혼란스럽지 않으니, 이 예법을 어기면 모든 것을 잃어버릴 수 있다.)"라고 한 곳의 '貳'도 마땅히 '貣'으로 되어야 한다. 貣은 '差'의 뜻이다. 예법은 능히 만물의 온갖 변화를 다스려 혼란스럽지 않게 하니, 만약 예법에 어긋나는 일이 있을 경우에는 반드시 모든 것을 잃어버린다는 것을 말한다. ≪大戴禮記≫〈禮三本篇〉에는 〈貳之則喪이〉 '貸之則喪'으로 되어 있으니, 이것이 그 증거이다. 楊氏는 〈〈禮論篇〉의 그 주에서〉 "貳謂不一(貳는 전일하지 않은 것을 이른다.)"라고 하였으니, 이 또한 잘못되었다. 또 〈解蔽篇〉에 "心枝則無知 傾則不精 貳則疑惑(마음이 분산되면 아는 것이 있을 수 없고 마음이 기울어지면 정밀해질 수 없고 마음이 어긋나면 의혹이 생길 수 있다.)"이라 한 곳의 '貳'도 마땅히 '貣'으로 되어야 하니, 어긋나면 의혹이 생기는 것을 말한다. 貣則疑惑은 〈天論篇〉에 "匿則大惑也(어긋나면 큰 미혹이 생겨난다.)"라고 말한 것과 같다. 저 〈天論篇〉은 '中'·'從'이 같은 운이 되고 '畸'·'爲'가 같은 운이 되고 '匿'·'惑'이 같은 운이 되며, 여기는 '枝'·'知'가 같은 운이 되고 '傾'·'精'이 같은 운이 되고 '貣'·'惑'이 같은 운이 된다. 忒·貣·慝·匿은 모두 통용하기 때문에 '貣'·

'匿'이 모두 '惑'과 같은 운이 되는 것이니, 貳(이)는 그 운이 아니다.

17-6 故水旱不能使之飢(渴)[6]하고 寒暑不能使之疾하며 祆怪不能使之凶이라

그러므로 홍수나 가뭄이 그를 굶주리게 하지 못하고, 추위나 더위가 그를 병들게 하지 못하며, 재앙과 변괴가 그를 흉하게 하지 못한다.

畜積有素라 故水旱不能使之飢渴이라 既無飢寒之患이면 則疫癘所不能加之也라 ○ 劉台拱曰 渴字衍이라 飢는 當作饑니 此承上文而言이라 彊本節用이라 故水旱不能使之饑하고 養備動時라 故寒暑不能使之疾하고 修道不貳라 故祆怪不能使之凶이라 王念孫曰 案群書治要에 無渴字하고 下文水旱未至而飢에도 亦無渴字라 注內渴字는 亦後人據已衍之正文加之라

楊倞注 : 평소에 저축해둔 곡식이 있기 때문에 홍수나 가뭄이 굶주리고 목마르게 하지 못한다. 이미 굶주림과 추위에 떠는 어려움이 없다면 전염병이 그에게 가해지지 못하는 것이다.

○ 劉台拱 : '渴'자는 잘못 덧붙여진 것이다. '飢'는 마땅히 '饑'로 되어야 하니, 이것은 윗글을 이어받아 말한 것이다. 근본에 힘쓰고 소비를 절약하기 때문에 홍수나 가뭄이 그를 굶주리게 하지 못하고, 養生의 방법이 완비되고 활동을 時宜에 맞게 하기 때문에 추위나 더위가 그를 병들게 하지 못하고, 하늘의 규율에 순응하여 어긋나지 않기 때문에 재앙과 변괴가 그를 흉하게 하지 못하는 것이다.

王念孫 : 살펴보건대, ≪群書治要≫에는 '渴'자가 없고, 아랫글(17-8) '水旱未至而飢'에도 '渴'자가 없다. 〈楊倞의〉 주 속의 '渴'자는 이 또한 후세 사람이 이미 잘못 덧붙여진 본문에 따라 더 넣은 것이다.

17-7 本荒而用侈하면 則天不能使之富하고 養略而動(罕)〔屰〕[7]하면 則天不能使之全하며

근본이 황폐해지고 소비가 사치스러우면 하늘도 그를 부유하게 하지 못하고, 養

6) (渴) : 저본에는 '渴'이 있으나, 劉台拱과 王念孫의 주에 의거하여 잘못 덧붙여진 글자로 처리하였다.

7) (罕)〔屰〕 : 저본에는 '罕'으로 되어 있으나, 兪樾의 주에 의거하여 '屰(역)'으로 바로잡았다.

生을 소홀히 하고 행동이 時宜를 거스르면 하늘도 그에게 건강을 보전하게 하지 못하며,

略은 減少也라 罕은 希也라 養略은 謂使人衣食不足也라 動希는 言怠惰也라 衣食減少而又怠惰하면 則天不能全也라 ○ 俞樾曰 上云 養備而動時하면 則天不能病이라하니 備與略義正相對나 時與罕則不倫矣라 罕은 疑屰字之誤니 屰은 卽今逆字라 說文干部에 屰은 不順也라하고 辵部에 逆은 迎也라하니 是逆爲送逆字요 其順逆字는 本作屰也라 養略而動屰은 正與養備而動時로 相對成義라

楊倞注 : 略은 줄어든다는 뜻이다. 罕은 드물다는 뜻이다. 養略은 백성으로 하여금 의식이 충분하지 못하게 하는 것을 이른다. 動希는 게으른 것을 말한다. 의식이 줄어들고 또 게으르다면 하늘이 그 건강을 보전하게 하지 못한다.

○ 俞樾 : 위(17-4)에서 "養備而動時 則天不能病(養生의 방법이 완비되고 행동을 時宜에 맞게 한다면 하늘도 그를 병들게 하지 못한다.)"이라 하였으니, '備'와 '略'은 뜻이 정확히 대가 되지만 '時'와 '罕'은 어울리지 않는다. '罕'은 아마도 '屰'자의 잘못일 것이니, '屰'은 곧 지금의 '逆'자이다. ≪說文解字≫의 〈干部〉에 "屰은 순하지 않다는 뜻이다."라 하고, 〈辵部〉에 "逆은 맞이한다는 뜻이다."라고 하였으니, 이로 볼 때 '逆'은 '送逆(보내고 맞이하다)'의 〈逆자가〉 되고, 그 '順逆(순응하고 거스르다)'의 〈逆자는〉 본디 '屰'으로 되었을 것이다. 養略而動屰은 정확히 '養備而動時'와 대구가 되어 뜻을 이룬다.

17-8 倍道而妄行하면 則天不能使之吉이라 故水旱未至而飢하고 寒暑未薄而疾하며

하늘의 규율을 어기고 함부로 행동한다면 하늘도 그를 길하게 만들어주지 못한다. 그러므로 홍수나 가뭄이 이르지 않더라도 굶주리고, 추위나 더위가 닥치지 않더라도 질병이 생기며,

薄은 迫也니 音博이라

楊倞注 : 薄은 임박하다는 뜻이니, 음이 '博'이다.

17-9 祅怪未(至)〔生〕[8]而凶이라

재앙과 변괴가 생기지 않더라도 흉하다.

○ 王念孫曰 未至二字는 與上文複이라 群書治要에 至作生하니 是也라 下文祆是生於亂이 卽其證이라 生至字相似하고 又涉上文未至而誤라

○ 王念孫 : '未至' 두 자는 윗글(未至而飢)과 중복된다. ≪群書治要≫에는 '至'가 '生'으로 되어 있으니, 그것이 옳다. 아랫글(17-70)의 "祆是生於亂(재앙은 혼란에서 생긴다.)"이 곧 그 증거이다. '生'과 '至'는 글자가 서로 비슷하고 또 윗글 '未至'와 연관되어 잘못된 것이다.

17-10 受時與治世同이나 而殃禍與治世異라 不可以怨天이니 其道[9]然也라

사람이 사계절을 만나 생활하는 점은 〈혼란한 세상이나〉 태평한 세상이 같지만 재앙을 당하는 것은 태평한 세상과 다르다. 하늘을 원망해서는 안 되니, 그 행하는 방법이 그렇게 만들었을 뿐이다.

非天降災요 人自使然이라

楊倞注 : 하늘이 재앙을 내린 것이 아니고 사람이 스스로 그렇게 만들었다는 것이다.

17-11 故明於天人之分이면 則可謂至人[10]矣리라

그러므로 하늘과 인간의 구분에 대해 분명히 안다면 至人이라 말할 수 있을 것이다.

知在人不在天이면 斯爲至人이라

楊倞注 : 〈재앙과 복을 받는 일이〉 인간에게 달려 있고 하늘에 달려 있지 않다는 것을 알면 至人이 되는 것이다.

---

8) (至)[生] : 저본에는 '至'로 되어 있으나, 王念孫의 주에 의거하여 '生'으로 바로잡았다.

9) 道 : 여기서는 '방법'의 뜻으로, '本荒而用侈(근본이 황폐해지고 소비가 사치스럽다.)'·'養略而動罕(養生을 소홀히 하고 행동이 時宜를 거스른다.)'·'倍道而妄行(하늘의 규율을 어기고 함부로 행동한다.)'을 가리킨다.

10) 至人 : 사상과 수양이 가장 높은 경지에 도달한 사람이란 뜻으로, '聖人'과 같다.

17-12 **不爲而成**하고 **不求而得**하니 **夫是之謂天職**이라

행하지 않는데도 공이 이뤄지고 구하지 않는데도 얻어지는 것이 있으니, 이것을 하늘의 직무라고 말한다.

不爲而成하고 不求而得하여 四時行焉하고 百物生焉이라 天之職任如此하니 豈愛憎於堯桀之閒乎아

楊倞注 : 행하지 않는데도 공이 이뤄지고 구하지 않는데도 얻어져서 사계절이 〈평소대로〉 운행하고 百物이 〈예전대로〉 생장한다. 하늘의 직무는 이와 같으니, 어찌 唐堯와 夏桀 사이에 누구를 사랑하고 미워하겠는가.

17-13 **如是者**는 **雖深**이라도 **其人**은 **不加慮焉**하고 **雖大**라도 **不加能焉**하고 **雖精**이라도 **不加察焉**하나니 **夫是之謂不與天爭職**이라

이와 같은 것은 意義가 深遠하더라도 至人은 염두에 두지 않고 영향이 광대하더라도 至人은 능력을 발휘하지 않고 도리가 精妙하더라도 至人은 살펴보지 않으니, 이것을 하늘과 직무를 쟁탈하지 않는다고 말한다.

其人은 至人也라 言天道雖深遠이라도 至人曾不措意測度(탁)焉하니 以其無益於理라 若措其在人者하고 慕其在天者하면 是爭職也라 莊子曰 六合之外는 聖人存而不論也라하니라

楊倞注 : 其人은 至人이다. 하늘의 규율이 비록 深遠하더라도 至人은 그것에 관해 염두에 두어 헤아리지 않는 것을 말하니, 이는 〈하늘의 규율이〉 다스리는 데에 무익하기 때문이다. 만약 인간에게 속한 직무를 내버려두고 하늘에 속한 직무를 추구한다면 이는 직무를 쟁탈하는 것이다. ≪莊子≫ 〈齊物論〉에 "六合之外 聖人存而不論也(우주 이외의 사정에 관해서는 聖人이 그대로 놓아두고 논하지 않는다.)"라고 하였다.

17-14 **天有其時**하고 **地有其財**[11]하고 **人有其治**하니 **夫是之謂能參**(삼)이라

하늘에게는 변화하는 사계절이 있고 大地에게는 간직한 자원이 있고 인류에게

11) 財 : '材'와 통용한다.

는 다스리는 능력이 있으니, 이것을 능히 天地와 어울려 셋이 된다고 말한다.

人能治天時地財而用之하니 則是參於天地라

楊倞注 : 인간은 능히 하늘의 사계절과 대지의 자원을 다스려 그것을 이용하니, 이는 천지와 어울려 셋이 된 것이다.

17-15 舍其所以參하고 而願其所參이면 則惑矣라

인간이 천지와 어울려 셋이 된 〈그 작용은〉 놓아버리고 천지와 어울려 셋이 되는 〈그 위상만〉 얻기를 바란다면 정신이 나간 짓이다.

舍人事而欲知天意면 斯惑矣라

楊倞注 : 인간의 일을 놓아버리고 하늘의 뜻을 알려고 한다면 이는 정신이 나간 짓이다.

17-16 列星隨旋하고 日月遞炤하고 四時代御하고 陰陽大化하고 風雨博施라

허공에 깔린 별들이 서로 뒤를 따라 회전하고, 해와 달이 교대로 비추고, 사계절이 번갈아 節氣를 제어하고, 陰陽이 만물을 크게 생성 발육시키고, 風雨가 대지에 널리 베풀어진다.

列星은 有列位者니 二十八宿[12)]也라 隨旋은 相隨回旋也라 炤는 與照同이라 陰陽大化는 謂寒暑變化萬物也라 博施는 謂廣博施行하여 無不被也라

楊倞注 : 列星은 배열된 자리가 있는 별이니, 곧 이십팔수이다. 隨旋은 서로 뒤를 따라 회전한다는 뜻이다. 炤는 '照(비추다)'와 같다. 陰陽大化는 추위와 더위가 만물을 변화시키는 것을 이른다. 博施는 〈風雨가〉 널리 베풀어져 〈그 혜택을〉 입지 않은 곳이 없는 것을 이른다.

12) 二十八宿 : 태양과 달이 경유하는 구역인 黃道에 따라 스물여덟으로 등분한 구획의 별자리이다. 동쪽에는 角·亢·氐·房·心·尾·箕, 북쪽에는 斗·牛·女·虛·危·室·壁, 서쪽에는 奎·婁·胃·昴·畢·觜·參, 남쪽에는 井·鬼·柳·星·張·翼·軫이 있다.

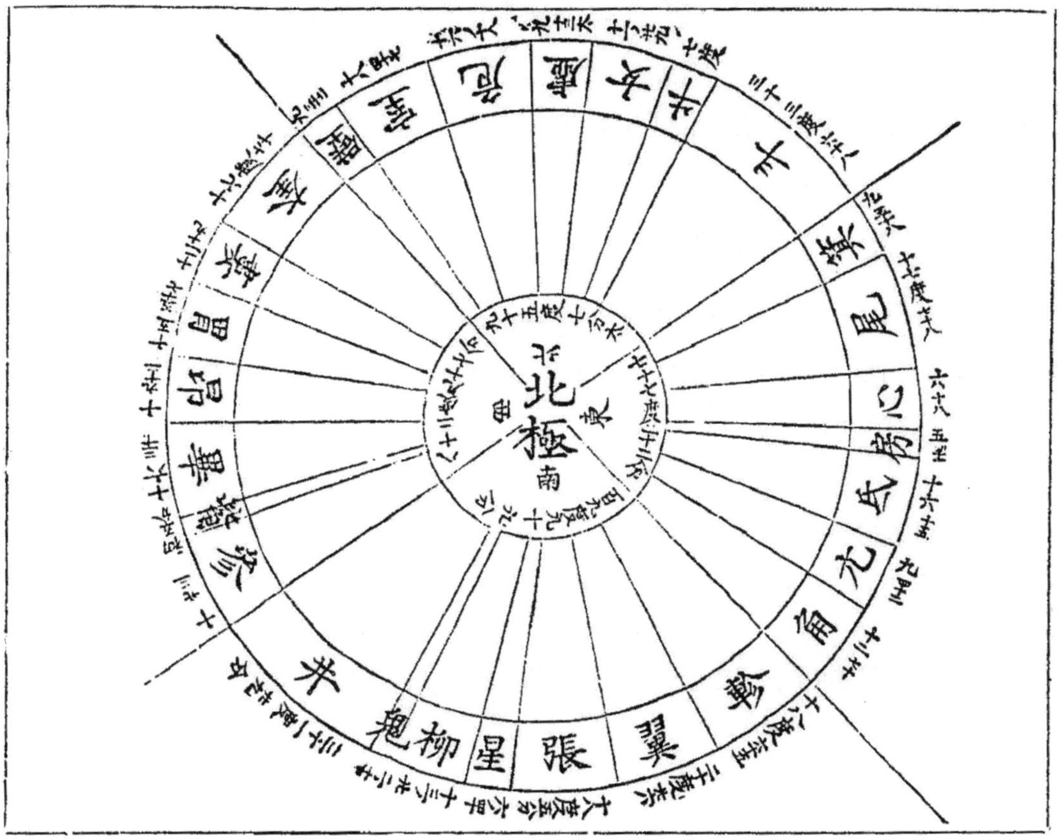

二十八宿度分方位之圖

17-17 **萬物各得其和以生**하고 **各得其養以成**이라 **不見其事**하고 **而見其功**하니 **夫是之謂神**이라

만물은 각기 陰陽이 형성한 和氣를 얻어 생겨나고 각기 風雨의 영양을 얻어 성장한다. 〈사람들은 음양이 만물을 化生하는〉 과정은 보지 못하고 그 성과만 볼 뿐이니, 이것을 신묘하다고 말한다.

和는 **謂和氣**라 **養**은 **謂風雨**라 **不見和養之事**하고 **但見成功**이 **斯所以爲神**이니 **若有眞宰然也**라

楊倞注 : 和는 和氣를 이른다. 養은 風雨를 이른다. 陰陽의 화기와 風雨의 영양이 작용하는 과정은 보지 못하고 이루어진 결과만 보는 것이 곧 〈하늘의 작용이〉 신묘한 까닭이

니, 마치 조물주〔眞宰〕가 그렇게 만든 것과도 같다.

17-18 皆知其所以[13)]成하고 莫知其無形하니 夫是之謂天〔功〕[14)]이라

사람들은 모두 陰陽이 이미 형성한 〈만물만〉 알고 형상이 없는 〈그 형성 과정은〉 알지 못하니, 이것을 하늘의 공적이라 말한다.

言天道之難知라 或曰 當爲夫是之謂天功이니 脫功字耳라하니라 ○ 王念孫曰 或說是也라 人功有形而天功無形이라 故曰 莫知其無形이니 夫是之謂天功이라하니라 天功二字는 下文凡三見이라

楊倞注 : 하늘의 규율은 알기 어렵다는 것을 말한다. 혹자는 "〈夫是之謂天은〉 마땅히 '夫是之謂天功'으로 되어야 하니, '功'자가 빠졌다."라고 하였다.

○ 王念孫 : 혹자의 설이 옳다. 인간의 공적은 형상이 있으나 하늘의 공적은 형상이 없기 때문에 "형상이 없는 〈그 생성 과정은〉 알지 못하니, 이것을 하늘의 공적이라 이른다."라고 말한 것이다. '天功' 두 자는 아랫글에 모두 세 번 보인다.

17-19 唯聖人爲不求知天[15)]이라

오직 聖人은 하늘을 알려고 하지 않는다.

旣天道難測이라 故聖人但修人事하고 不務役慮於知天也라

楊倞注 : 이미 하늘의 규율은 헤아리기 어렵기 때문에 聖人은 인간의 일만 수련하고 하늘의 규율을 아는 데에는 마음을 쓰지 않는다.

17-20 天職旣立하고 天功旣成하면 形具而神生하여 好惡(오)喜怒哀樂臧焉하니 夫是之謂天情이라

하늘의 직무가 이미 확립되고 하늘의 공적이 이미 완성되면 인간의 형체가 갖

13) 以 : 여기서는 '已'와 통용한다.

14) 〔功〕 : 저본에는 '功'이 없으나, 王念孫의 주에 의거하여 보충하였다.

15) 唯聖人爲不求知天 : 도덕과 지혜가 가장 높은 聖人은 대자연이 만물을 형성하는 원인과 과정을 탐구하지 않는다는 뜻이다.

추어지고 정신도 생겨나서 좋아하고 싫어하고 기뻐하고 성내고 슬퍼하고 즐거워하는 감정이 거기에 깃들게 되니, 이것을 하늘이 부여한 감정이라 말한다.

言人之身亦天職天功所成立也라 形은 謂百骸九竅라 神은 謂精魂이라 天情은 所受於天之情也라

楊倞注 : 인간의 몸 또한 하늘의 직무와 하늘의 공적에 의해 이루어지고 확립된 것을 말한다. 形은 온 몸과 모든 기관을 이른다. 神은 정신을 이른다. 天情은 하늘이 부여한 감정이다.

17-21 耳目鼻口形能는 各有接而不相能也니 夫是之謂天官이라

귀, 눈, 코, 입, 형태는 저마다 외물과 접촉하여 〈능력을 발휘하여〉 서로 대체하여 기능할 수 없으니, 이것을 하늘이 부여한 감각기관이라 말한다.

耳辨聲하고 目辨色하고 鼻辨臭하고 口辨味하고 形辨寒熱疾癢하니 其所能은 皆可以接物而不能互相爲用이라 官은 猶任也니 言天之所付任有如此也라 ○ 王念孫曰 楊以耳目鼻口形連讀하고 而以能字屬下讀하니 於義未安이라 余謂形能當連讀이니 能은 讀爲態라 楚辭招魂注曰 態는 姿也라하니 形態는 卽形也라 言耳目鼻口形態 各與物接而不能互相爲用也라 古字能與耐通①이라 故亦與態通이라 楚辭九章의 固庸態也 論衡累害篇에 態作能하고 漢書司馬相如傳의 君子之態 史記作能②라 易林无妄之賁의 女工多能하여 亂我政事의 能은 卽態字也③라 故以形能連文이라 正名篇에 以耳目口鼻與形體竝列하니 彼言形體는 猶此言形態라

① 說詳唐韻正[16]이라
이에 관한 설명은 ≪唐韻正≫에 자세히 보인다.

② 徐廣本如是라 今本作態하니 非라
徐廣의 판본에 이렇게 되어 있다. 지금 판본에는 〈能이〉 '態'로 되어 있으니, 이는 틀린 것이다.

③ 多態은 謂淫巧라
多態는 겉이 화려하고 정교한 것을 이른다.

---

16) 唐韻正 : 淸 顧炎武의 저술로, 모두 20권이다.

楊倞注 : 귀는 소리를 분별하고 눈은 색깔을 분별하고 코는 냄새를 분별하고 입은 맛을 분별하고 형체는 춥고 덥고 아프고 가려운 것을 분별하니, 그 기능은 모두 외물과 접촉하여 〈능력을 발휘하지만〉 서로 대체하여 쓰일 수 없다. 官은 '任'과 같으니, 하늘이 부여한 임무가 이와 같은 점이 있다는 것을 말한다.

○ 王念孫 : 楊氏는 '耳目鼻口形'을 연이어 읽고 '能'자는 아래로 붙여 읽었으니, 뜻으로 볼 때 타당하지 않다. 나의 생각에는 '形'과 '能'은 마땅히 연이어 읽어야 한다고 보니, 能은 '態'로 읽어야 한다. ≪楚辭≫ 〈招魂〉의 주에 "態는 '姿'의 뜻이다."라고 하였으니, 形態는 곧 모양이다. 귀와 눈과 코와 입과 형태가 저마다 외물과 접촉하더라도 서로 대체하여 쓰일 수 없는 것을 말한다. 옛 글자는 '能'과 '耐'는 통용하였으므로 '態'와도 통용한다. ≪楚辭≫ 〈九章〉의 "固庸態也(본디 일반적인 행태이다.)"가 ≪論衡≫ 〈累害篇〉에는 '態'가 '能'으로 되어 있고, ≪漢書≫ 〈司馬相如傳〉의 "君子之態(군자의 자태)"가 ≪史記≫ 〈司馬相如列傳〉에는 '能'으로 되어 있다. ≪易林≫ 〈无妄之賁〉의 "女工多能 亂我政事(여자들이 만들어낸 물건이 겉으로만 화려하여 우리 정사를 어지럽힌다.)"의 '能'은 '態'자이다. 그러므로 '形能'를 이어진 글로 보아야 한다. 〈正名篇〉에 '耳目口鼻'를 '形體'와 나란히 늘어놓았으니, 저쪽에서 '形體'라 말한 것은 이곳에서 '形態'라 말한 것과 같다.

17-22 心居中虛하여 以治五官하니 夫是之謂天君이라

마음은 몸의 중앙 텅 빈 가슴속에 들어앉아 다섯 가지 감각기관을 다스리니, 이것을 하늘이 부여한 주재자라 말한다.

心居於中空虛之地하여 以制耳目鼻口形之五官하니 是天使爲形體之君也라

楊倞注 : 마음은 몸의 중앙 텅 빈 곳에 들어앉아 귀와 눈과 코와 입과 형체 등 다섯 감각기관을 제어하니, 이는 하늘이 이것으로 하여금 형체의 주재자가 되게 한 것이다.

17-23 財非其類하여 以養其類[17)]하니 夫是之謂天養이라

인류는 자기의 동류가 아닌 것들을 취사선택하여 자기의 동류를 보살피니, 이것을 하늘의 양육이라 말한다.

---

17) 財非其類 以養其類 : 物雙松은 "財非其類는 초목과 금수는 모두 인간과 다른 부류라는 말이다. 養其類는 신맛으로는 피를 양육하고 매운 맛으로는 근육을 양육한다는 것이니, 모두 그 기운이 같기 때문이다."라고 하여 楊倞과 달리 이해하였다.

財는 與裁同이라 飮食衣服與人異類를 裁而用之하여 可使養口腹形體라 故曰 裁非其類하여 以養其類라하니 是天使奉養之道如此也라

楊倞注 : 財는 '裁'와 같다. 음식이며 의복같이 인간과 다른 부류들을 취사선택해 사용하여 그것으로 입과 배, 형체를 보살피게 할 수 있기 때문에 "자기의 동류가 아닌 것들을 취사선택하여 자기의 동류를 보살핀다."라고 하였으니, 이는 하늘이 〈인류에게 자기를〉 보살피게 하는 방법이 이와 같다는 것이다.

17-24 順其類者謂之福이라하고 逆其類者謂之禍라하니 夫是之謂天政이라

자기의 동류를 순응하는 것을 福이라 이르고 자기의 동류를 거스르는 것을 재앙이라 이르니, 이것을 하늘의 律令이라 말한다.

順其類[18]는 謂能裁者也라 逆其類는 謂不能裁者也라 天政은 言如賞罰之政令이라 自天職旣立已上은 竝論天所置立之事하고 已下論逆天順天之事하니 在人所爲也라

楊倞注 : 順其類는 능히 취사선택하는 것을 이른다. 逆其類는 취사선택하지 못하는 것을 이른다. 天政은 포상하고 처벌하는 정치법령과 같은 것을 말한다. 〈앞(17-20)의〉 '天職旣立'부터 그 이상은 하늘이 직무를 확립한 일을 아울러 논하고 그 이하는 하늘을 거스르고 하늘을 순응하는 일에 관해 논하였으니, 〈그 이하의 일은〉 인간이 행하는 일에 속한다.

17-25 暗其天君하고

하늘이 부여한 주재자를 어둠에 빠뜨리고,

昏亂其心이라

楊倞注 : 그 마음을 어지럽게 한다는 것이다.

17-26 亂其天官하고

18) 順其類 : 楊倞이 앞서 財非其類의 '財'를 '裁'와 같다고 풀이하였는데, 이 문구를 "謂能裁者也(능히 취사선택하는 것을 이른다.)"라고 풀이한 것으로 볼 때 楊倞은 '順其類'의 '類'를 '非其類'의 약어로 이해한 것으로 보인다.

하늘이 부여한 감각기관을 어지럽히고,

聲色臭味過度라

楊倞注：좋은 음악과 색깔과 냄새와 맛을 〈추구하기를〉 정도에 지나치게 한다는 것이다.

17-27 棄其天養하고

하늘의 양육을 포기하고,

不能務本節用이라

楊倞注：근본에 힘쓰고 소비를 절약하지 못한다는 것이다.

17-28 逆其天政하고

하늘의 律令을 거스르고,

不能養其類也라

楊倞注：자기의 동류를 보살피지 못한다는 것이다.

17-29 背其天情하여

하늘이 부여한 감정을 위배함으로써

好惡喜怒哀樂無節이라

楊倞注：좋아하고 싫어하고 기뻐하고 성내고 슬퍼하고 즐거워하는 감정이 질서가 없다는 것이다.

17-30 以喪天功하니

하늘의 공적을 잃어버리게 되니,

喪其生成之天功하여 使不蕃滋也라

楊倞注 : 생육하고 이뤄준 하늘의 공적을 잃어버려 인류를 번식하지 못하게 한다는 것이다.

17-31 **夫是之謂大凶**이라

이것을 大凶이라 말한다.

此皆言不修政違天之禍라

楊倞注 : 이는 모두 〈禮義와 謙讓, 충성스럽고 성실한 도리를〉 닦고 바르게 하지 않으며 하늘의 규율을 어김으로써 일어난 재앙을 말한 것이다.

17-32 **聖人淸其天君**하고 **正其天官**하고 **備其天養**하고 **順其天政**하고 **養其天情**하여 **以全其天功**이라 **如是**면 **則知其所爲**하고 **知其所不爲矣**[19)]리니

聖人은 하늘이 부여한 몸의 주재자인 마음을 맑게 하고, 하늘이 부여한 감각기관을 바르게 유지하고, 하늘이 인류를 양육하는 자원을 완비하고, 하늘의 律令에 순응하고, 하늘이 부여한 순진한 감정을 잘 배양함으로써 하늘의 공적이 온전히 이뤄지게 한다. 이렇게 하면 사람들이 무엇이 마땅히 해야 할 일인가를 알고 무엇이 마땅히 하지 말아야 할 일인가를 알게 될 것이니,

知務導達하고 **不攻異端**이라

楊倞注 : 마땅히 해야 할 일에 힘쓰고 異端을 공격하지 말아야 한다는 것을 안다는 말이다.

17-33 **則天地官而萬物役矣**리라

이렇게 되면 天地가 제 직무를 행하고 만물이 인류의 조종을 받게 될 것이다.

言聖人自修政하면 **則可以任天地役萬物也**라

---

19) 知其所爲 知其所不爲矣 : 其所爲는 마땅히 해야 할 일로 인간의 직무를 말하고, 其所不爲는 마땅히 하지 말아야 할 일로 하늘의 직무를 말한다. 사람들이 그 구분을 알게 된다는 뜻이다.

楊倞注 : 聖人이 스스로 〈禮義와 謙讓, 충성스럽고 성실한 도리를〉 닦고 바르게 한다면 천지가 제 직무를 행하게 하고 만물을 조종할 수 있다는 것을 말한다.

17-34 **其行曲治**하고 **其養曲適**하고 **其生不傷**[20)]하리니 **夫是之謂知天**이라

그리하여 사람들은 그의 행위가 두루 조리가 있고 그의 건강을 돌보는 일이 두루 합당하고 그의 생명이 상해를 당하지 않을 수 있을 것이니, 이것을 하늘을 안다고 말한다.

其所自修行之政이 曲盡其治하고 其所養人之術이 曲盡其適하며 其生長萬物하여 無所傷害하니 是謂知天也라 言明於人事면 則知天物하니 其要則曲盡也라

楊倞注 : 그 스스로 닦고 행하는 정사가 두루 잘 다스려지고, 사람을 돌보는 방법이 두루 합당하며, 만물을 생장시켜 상해를 끼치는 일이 없으니, 이것을 하늘을 안다고 말한다는 것이다. 인간이 해야 할 일에 밝으면 대자연의 物産을 알게 되는데, 그 핵심은 〈인간이 해야 할 일에 대해〉 두루 잘 처리하는 것이란 것을 말한다.

17-35 **故大巧在所不爲**하고 **大智在所不慮**라

이 때문에 최대의 기교는 행하지 않는 데에 있고 최대의 지혜는 생각하지 않는 데에 있다.

此明不務知天이 是乃知天也라 亦猶大巧在所不爲는 如天地之成萬物也니 若偏有所爲면 則其巧小矣라 大智在所不慮는 如聖人無爲而治也니 若偏有所慮면 則其智窄矣라

楊倞注 : 여기서는 하늘을 알려고 힘쓰지 않는 것이 곧 하늘을 아는 것임을 밝힌 것이다. 또 "'최대의 기교는 행하지 않는 데에 있다.'는 것은 天地가 만물을 생성하는 것과 같으니 만약 한쪽에 치우쳐 무엇을 행하는 일이 있다면 그 기교가 작을 것이다. '최대의 지혜는 생각하지 않는 데에 있다.'는 것은 聖人이 무엇을 하는 일이 없어도 잘 다스리는 것

20) 其生不傷 : 楊倞은 만물을 생장시켜 상해를 끼치는 일이 없다는 뜻으로 풀이하였는데, 王天海는 이 문단의 뜻은 만물을 생장시키는 것과 관계가 없다고 하였다. 그러면서 "生은 '身'과 통하고 傷은 '害'의 뜻이다."라 하고 그 몸이 침해를 받지 않는다는 말과 같다고 하였다. 王天海의 설을 참작하여 번역하였다.

과 같으니 만약 한쪽에 치우쳐 무엇을 생각하는 일이 있다면 그 지혜가 좁을 것이다."라는 말과 같다.

17-36 所[21]志於天者는 已[22]其見[23]象之可以期者矣요

하늘에 대해 알려고 하는 이유는 節氣를 예측할 천문 현상을 살펴볼 수 있기 때문이고,

志는 記識也라 聖人雖不務知天이나 猶有記識以助治道라 所以記識於天者는 其見垂象之文可以知其節候者 是也라 謂若堯命羲和하여 欽若昊天하여 曆象日月星辰하여 敬授人時者也라 ○ 兪樾曰 禮記緇衣篇曰 爲上可望而知也요 爲下可述而志也의 鄭注에 志는 猶知也라하니 所志於天者는 卽所知於天者라 下文志於地와 志於四時와 志於陰陽도 竝同이라 此卽承上文의 知其所爲 知其所不爲而言이라 楊訓志爲記識하니 非라

楊倞注：志는 기록한다는 뜻이다. 聖人이 비록 하늘을 알려고 힘쓰지는 않지만 그렇더라도 〈천문 현상을〉 기록하여 국가를 다스리는 정책을 돕는 일은 있다는 것이다. 하늘에 대해 기록하는 이유는 절기를 알 수 있는 천문 현상을 볼 수 있기 때문이라는 말이다. ≪書經≫ 〈堯典〉에 "堯命羲和 欽若昊天 曆象日月星辰 敬授人時(堯임금이 羲氏와 和氏에게 명하여 하늘의 이치를 경건하게 따라서 해와 달과 별자리가 운행하는 규율을 추산해 曆法을 제정하여 백성들에게 절기를 알려주게 하였다.)"라고 말한 것과 같은 경우를 이른다.

○ 兪樾：≪禮記≫ 〈緇衣篇〉에 "爲上可望而知也 爲下可述而志也(윗자리에 있는 사람이 〈공정하면〉 그의 외모만 바라보고도 그 마음을 알 수 있고, 아랫자리에 있는 사람이 〈충성스러우면〉 그가 말하는 것만 듣고서도 그 행위를 알 수 있다.)"라고 한 곳의 鄭氏 주에 "志는 '知'와 같다."라고 하였으니, 所志於天은 곧 所知於天이다. 아랫글의 '志於地'와 '志於四時'와 '志於陰陽'도 모두 이와 같다. 이것은 곧 윗글(17-32)의 '知其所爲 知其所不爲(무엇이 마땅히 해야 할 일인가를 알고, 무엇이 마땅히 하지 말아야 할 일인가를 알게 된다.)'를 이어받아 말한 것이다. 楊氏는 志를 기록한다는 뜻으로 풀이하였으니, 잘못되었다.

---

21) 所：윗글의 '所不爲'·'所不慮'를 이어받아 말한 것으로, '其'와 같다. 아래의 세 '所'도 모두 같다.

22) 已：'以'와 같다. 아래의 세 '已'도 모두 같다.

23) 見：살펴볼 수 있다는 뜻이다. 아래의 경우도 모두 같다.

17-37 所志於地者는 已其見宜之可以息者矣요

大地에 대해 알려고 하는 이유는 농작물을 잘 자라게 할 적합한 토질을 살펴볼 수 있기 때문이고,

所以記識於地者는 其見土宜可以蕃息嘉穀者 是也라

楊倞注 : 대지에 대해 기록하는 이유는 농작물을 잘 자라게 할 적합한 토질을 살펴볼 수 있기 때문이란 말이다.

17-38 所志於四時者는 已其見數[24)]之可以事者矣요

사계절에 대해 알려고 하는 이유는 철따라 그에 맞게 일을 할 曆數를 살펴볼 수 있기 때문이고,

數는 謂春作夏長하고 秋斂冬臧 必然之數라 事는 謂順時理其事也라 所記識於四時者는 取順時之數而令生長收臧者也라

楊倞注 : 數는 봄에는 경작하고 여름에는 생장하고 가을에는 거두고 겨울에는 저장하는 필연적인 규율을 이른다. 事는 계절에 순응하여 그에 맞는 일을 처리하는 것을 이른다. 사계절에 대해 기록한다는 것은 계절의 규율에 순응하여 기르고 거두고 저장하게 하는 뜻을 취한 것이다.

17-39 所志於陰陽者는 已其見(知)〔和〕[25)]之可以治者矣라

陰陽에 대해 알려고 하는 이유는 국가를 다스릴 和氣를 살펴볼 수 있기 때문이다.

知는 謂知其生殺也라 所以記識陰陽者는 爲知其生殺하여 效之爲賞罰하여 以治之也라 知는 或爲和라 ○ 王念孫曰 作和者是也라 上文云 陰陽大化라하고 萬物各得其和以生이라하니 是其證이라 陰陽見其和而聖人法之以爲治라 故曰 所志於陰陽者는 以其見和之可以治者矣라하니라 和與知字相似而誤라 楊前注謂知其生殺하여

24) 數 : 曆數의 약칭으로, 천체의 운행과 기후의 변화가 철을 따라서 돌아가는 순서를 말한다.
25) (知)〔和〕: 저본에는 '知'로 되어 있으나, 王念孫의 주에 의거하여 '和'로 바로잡았다.

而效之爲賞罰하여 以治之라하니 此曲說也라

楊倞注 : 知는 陰陽이 만물을 살리고 죽인다는 것을 아는 것을 이른다. 음양에 대해 기록하는 이유는 음양이 만물을 살리고 죽인다는 것을 알아 그것을 본받아서 사람들을 포상하고 처벌함으로써 국가를 다스리기 위해서이다. 知는 어떤 판본에는 '和'로 되어 있다.

○ 王念孫 : '和'로 되어 있는 것이 옳다. 윗글에 "陰陽大化(음양이 만물을 크게 생성 발육시킨다.)"라 하고, "萬物各得其和以生(만물은 각기 음양이 형성한 和氣를 얻어 생겨난다.)"라고 하였으니, 이것이 그 증거이다. 음양이 그 和氣를 드러내므로 聖人이 그것을 본받아 국가를 다스리기 때문에 "所志於陰陽者 以其見和之可以治者矣(음양에 대해 알려고 하는 이유는 국가를 다스릴 和氣를 살펴볼 수 있기 때문이다.)"라고 말한 것이다. '和'와 '知'는 글자가 서로 비슷하여 잘못된 것이다. 楊氏의 앞 주에 "음양이 만물을 살리고 죽인다는 것을 알아 그것을 본받아서 사람들을 포상하고 처벌함으로써 국가를 다스린다."라고 하였으니, 이는 왜곡된 말이다.

17-40 官人守天하고 而自爲守道也라

〈聖人은〉 다른 사람을 임용하여 하늘의 현상을 관찰하게 하고 자기는 〈자연과 세상을 다스리는〉 원칙을 준수한다.

官人은 任人이라 欲任人守天은 在於自守道也라 皆明不務知天之義也라

楊倞注 : 官人은 사람을 임용한다는 뜻이다. 사람을 임용하여 하늘의 현상을 관찰하게 하려는 것은 〈그 뜻이〉 자기는 〈자연과 세상을 다스리는〉 원칙을 준수하려는 데에 있다. 〈이 말은〉 모두 하늘의 현상을 알려고 힘쓰지 않는다는 뜻을 밝힌 것이다.

17-41 治亂은 天邪(야)아 曰 日月星辰[26]瑞曆[27]은 是禹桀之所同也나

26) 星辰 : 星은 金·木·水·火·土 등 다섯 행성을 가리키고, 辰은 항성 이십팔수를 가리킨다. 그러나 여기서는 별의 총칭으로 쓰였다.

27) 瑞曆 : 瑞에 관해 학자들의 설이 다양하다. 物雙松은 曆法을 존중하는 말이라 하고, 朝川鼎은 그의 부친의 말을 인용하여 歲자가 음이 비슷함으로 인해 잘못 표기된 것이라고 하였다. 또 張覺은 吉祥의 뜻이라고 하면서 曆書가 상서로운 것이므로 붙여진 것이라 하고, 王天海는 朝川鼎의 설에 동의하였다. 楊柳橋는 瑞曆을 절기를 가리킨다고 하였다. 번역은 郝懿行의 주를 참작하였다.

세상이 다스려지고 어지러운 것은 하늘이 조성한 것인가? 해와 달과 별들의 운행은 禹王과 桀王의 시대에도 모두 같았으나

或曰 當時星辰書之名也[28)]라 ○ **郝懿行曰 堯典**에 **曆象日月星辰**이라하니 **此瑞厤**[29)]은 **卽曆象也**라 **象**은 **謂璿璣玉衡**[30)]이니 **神其器**라 **故言瑞**라

楊倞注 : 혹자는 "당시에 별자리를 기록한 책의 이름이다."라고 하였다.

○ 郝懿行 : ≪書經≫ 〈堯典〉에 "曆象日月星辰(해와 달과 별들이 운행하는 법칙을 추산하여 曆法을 만든다.)"이라 하였으니, 이 '瑞厤'은 곧 〈≪書經≫의〉 '曆象'이다. 象은 璿・璣・玉衡을 이르니, 그 기물을 신령한 것으로 여겼기 때문에 '瑞'라고 말한 것이다.

璿璣玉衡圖

17-42 禹以治하고 桀以亂하니 治亂非天也라 時邪아 曰 繁啓蕃長於春夏하며

禹王은 천하를 다스려지게 하고 桀王은 천하를 어지럽게 하였으니, 세상이 다스려지고 어지러워지는 것은 하늘이 조

28) 當時星辰書之名也 : 瑞曆의 뜻을 풀이한 내용인데, 문장이 순조롭지 않은 것으로 보아 분명히 빠진 글이 있을 것이다.

29) 厤 : '曆'과 같다.

30) 璿璣玉衡 : 璿・璣・玉衡으로 모두 옛날에 천체의 운행을 관측하던 기계이다.

성한 것이 아니다.

그렇다면 계절이 조성한 것인가? 농작물이 봄·여름에 한꺼번에 싹이 트고 무성하게 자라며

繁은 多也라 蕃은 茂也라

楊倞注 : 繁은 많다는 뜻이다. 蕃은 무성하다는 뜻이다.

17-43 **畜積收臧於秋冬**은 **是又禹桀之所同也**나 **禹以治**하고 **桀以亂**하니 **治亂非時也**라 **地邪**아 **曰 得地則生**하고 **失地則死**는 **是又禹桀之所同也**나 **禹以治**하고 **桀以亂**하니 **治亂非地也**라

그것을 가을·겨울에 거두고 저장하는 것은 이 또한 禹王과 桀王의 시대에도 같았으나 禹王은 천하를 다스려지게 하고 桀王은 천하를 어지럽게 하였으니, 세상이 다스려지고 어지러워지는 것은 계절이 조성한 것이 아니다.

그렇다면 大地가 조성한 것인가? 〈농작물이〉 대지를 얻으면 생장하고 대지를 잃으면 죽는 것은 이 또한 禹王과 桀王의 시대에도 같았으나 禹王은 천하를 다스려지게 하고 桀王은 천하를 어지럽게 하였으니, 세상이 다스려지고 어지러워지는 것은 대지가 조성한 것이 아니다.

禹

皆言在人이요 不在天地與時也라

楊倞注 : 여기서는 모두 〈세상이 다스려지고 어지러운 것은〉 사람에게 달려 있고 하늘과 대지 및 사계절에 달려 있지 않다는 것을 말한다.

17-44 詩曰 天作高山이어늘 大王[31]荒之로다 彼作矣어시늘 文王康之로다하니 此之謂也니라

≪詩經≫에 "하늘이 높은 기산 만들었거늘 太王께서 그곳을 개척하셨네. 그분께서 기반을 닦으셨거늘 文王이 뒤를 이어 안정시켰네."라고 하였으니, 이를 두고 하는 말이다.

詩는 周頌天作之篇이라 引此以明吉凶由人이 如大王之能尊大岐山也라

楊倞注 : ≪詩經≫은 〈周頌 天作〉편이다. 이것을 인용하여 길흉이 사람으로 인해 만들어지는 것이 마치 太王이 능히 岐山을 높고 위대하게 만든 경우와 같다는 것을 밝혔다.

17-45 天不爲人之惡(오)寒也[32]輟冬하고 地不爲人之惡遼遠也輟廣하고 君子不爲小人〔之〕[33]匈匈也輟行이라

하늘은 사람들이 추위를 싫어한다고 겨울을 없애지 않고, 대지는 사람들이 멀고 아득함을 싫어한다고 광대함을 폐하지 않고, 君子는 小人들이 떠들어댄다고 德行을 멈추지 않는다.

匈匈은 諠譁之聲이니 與訩同이라 音凶이요 又許用反이라 行은 下孟反이라 ○ 盧文弨曰 三輟字上에 俗閒本엔 皆有而字하고 宋本엔 無라 先謙案 小人下에 群書治要엔 有之字라 以上文例之컨대 有之字是也라 文選答客難에 用此文하니 亦有之字라

楊倞注 : 匈匈은 크게 떠들어대는 소리이니, '訩'과 같다. 음이 '凶'이고 또 許와 用의 반절이다. 行은 〈음이〉 下와 孟의 반절이다.

○ 盧文弨 : 세 '輟'자 위에 세간의 판본에는 모두 '而'자가 있고 宋本에는 없다.

先謙案 : '小人' 밑에 ≪群書治要≫에는 '之'자가 있다. 윗글로 살펴보건대 '之'자가 있는

---

31) 大王 : 太王과 같다. 이름은 古公亶父이며 周 부족의 영수이다. 后稷의 13대손으로, 周 文王의 조부이다. 戎族과 狄族의 침범을 피해 그를 추종하는 사람들을 거느리고 豳에서 岐山 아래 周原으로 옮겨 성곽과 궁궐을 쌓고 종묘를 세우고 관리를 설치하였으며, 황무지를 개간하여 농업을 발전시켰다. 武王 때 太王으로 추존하였다.

32) 也 : '而'와 같다. 아래의 두 '也'도 마찬가지이다.

33) 〔之〕 : 저본에는 '之'가 없으나, 王先謙의 주에 의거하여 보충하였다.

것이 옳다. ≪文選≫ 〈答客難〉에 이 글을 인용하였는데, 거기에도 '之'자가 있다.

17-46 **天有常道矣**요 **地有常數矣**요 **君子有常體**[34]**矣**라 **君子道其常**이나 **而小人計其功**이라

하늘에는 일정한 규율이 있고 대지에는 일정한 이치가 있고 군자에게는 일정한 본성이 있다. 군자는 그 일정한 본성을 말하지만 소인은 功利를 헤아린다.

道는 言也라 君子常造次必守其道나 小人則計一時之功利하여 因物而遷之也라

楊倞注 : 道는 말한다는 뜻이다. 군자는 항상 잠깐이라도 반드시 그 도리를 지키지만 소인은 한때의 功利만을 헤아려 외물에 따라 마음이 옮겨간다.

17-47 **詩曰 〔禮義之不愆〕**[35]이어니 **何恤人之言兮**오하니 **此之謂也**니라

≪詩經≫에 "禮義상 내 이 몸은 잘못 없거니 남들의 비난 어찌 근심할쏘냐."라고 하였으니, 이를 두고 하는 말이다.

逸詩也라 以言苟守道不違면 何畏人之言也라 ○ 兪樾曰 何恤上에 本有禮義之不愆五字어늘 而今奪之라 文選答客難篇에 傳曰 天不爲人之惡寒而輟其冬하고 地不爲人之惡險而輟其廣하고 君子不爲小人之匈匈而易其行이라 天有常度하고 地有常形하고 君子有常行이라 君子道其常이나 小人計其功이라 詩云 禮義之不愆이어니 何恤人之言고하니라하고 李善注曰 皆孫卿子文이라하니 是其證也라 正名篇에 引此詩曰 禮義之不愆兮이어니 何恤人之言兮아하니 亦其證也라

楊倞注 : 逸詩이다. 만약 도리를 지켜 어기지 않는다면 어찌 사람들의 비난하는 말을 두려워하겠느냐는 말이다.

○ 兪樾 : '何恤' 위에 본디 '禮義之不愆' 다섯 자가 있었는데, 지금 그것이 빠졌다. ≪文

34) 常體 : 常性과 같은 것으로, 일정한 본성이라는 뜻이다. ≪呂氏春秋≫ 〈情欲〉에 "萬物之形雖異 其情一體也(만물의 형상은 각기 다르지만 살기를 바라는 정은 하나의 본성이다.)"라고 한 곳의 高誘 주에 "體는 '性'이다."라 하고, ≪文選≫ 〈答客難〉의 이 글을 인용한 곳에 '君子有常性'으로 되어 있다.

35) 〔禮義之不愆〕 : 저본에는 '禮義之不愆'이 없으나, 兪樾의 주에 의거하여 보충하였다.

選≫ 〈答客難〉편에 "옛 글에 '天不爲人之惡寒而輟其冬 地不爲人之惡險而輟其廣 君子不爲小人之匈匈而易其行 天有常度 地有常形 君子有常行 君子道其常 小人計其功 詩云 禮義之不愆 何恤人之言'이라 하였다." 하고, 李善 주에 "이는 모두 ≪孫卿子≫의 글이다."라고 하였으니, 이것이 그 증거이다. 〈正名篇〉에 이 시를 인용하여 "禮義之不愆兮 何恤人之言兮"라 하였으니, 이 또한 그 증거이다.

17-48 **楚王後車千乘**은 **非知**[36]**也**요 **君子啜菽飮水**는 **非愚也**라 **是節然也**라

楚나라 왕이 외출할 때 뒤따르는 수레가 천 대나 되었던 것은 그가 지혜로워서가 아니고, 군자가 콩잎을 먹고 맹물을 마시는 것은 그가 어리석어서가 아니다. 이는 때마침 만난 처지가 그렇게 만들었기 때문이다.

節은 **謂所遇之時命也**라 ○ **劉台拱曰 正名篇**에 **節遇謂之命**이라하니라 **兪樾曰 節**은 **猶適也**니 **說詳彊國篇**이라 **是節然也**는 **猶曰是其適然者也**라 **劉引正名篇**의 **節遇謂之命釋之**하니 **節遇之節**도 **亦當訓適**이라 **適與之遇 所謂命也**라 **楊注竝非**라 **又大略篇**에 **湯旱而禱曰政不節與**의 **節亦適也**니 **謂不調適**이라

楊倞注 : 節은 우연히 만난 時勢와 運命을 이른다.

○ 劉台拱 : 〈正名篇〉에 "節遇謂之命(때마침 만난 처지를 운명이라 이른다.)"이라 하였다.

兪樾 : 節은 '適'과 같으니, 이에 관한 설명은 〈彊國篇〉에 자세히 보인다. 是節然也는 '是其適然者也(이는 그 일이 때마침 그렇게 된 것이다.)'라고 말한 것과 같다. 劉氏가 〈正名篇〉의 '節遇謂之命'을 인용하여 이 문구를 풀이하였는데, '節遇'의 '節'도 마땅히 '適'의 뜻이 되어야 한다. 때마침 어떤 처지와 우연히 만난 것이 이른바 운명이다. 楊氏의 주는 모두 틀렸다. 또 〈大略篇〉에 "湯旱而禱曰 政不節與(商湯이 큰 가뭄으로 인해 신령에게 기도하기를 '나의 정사가 적절하지 않아서입니까?'라 하였다.)"라고 한 곳의 '節' 또한 '適'의 뜻이니, 〈'不節'은〉 적합하지 않다는 것을 이른다.

17-49 **若夫**(心)〔志〕[37]**意修**하고

마음이 닦이고

---

36) 知 : 智와 통용한다. 아래(17-50) '知慮'의 '知'도 같다.

37) (心)〔志〕: 저본에는 '心'으로 되어 있으나, 王念孫의 주에 의거하여 '志'로 바로잡았다.

○ 王念孫曰 心意는 當爲志意니 字之誤也라 荀子書에 皆言志意修하고 無言心意修者라 修身篇曰 志意修則驕富貴라하고 富國篇曰 修志意하고 正身行이라하니 皆其證이라 又榮辱篇曰 志意致脩하고 德行致厚하며 智慮致明이라하고 正論篇曰 志意修하고 德行厚하고 知慮明이라하여 皆與此文同一例니 尤其明證이라

○ 王念孫 : '心意'는 마땅히 '志意'로 되어야 하니, 글자가 잘못된 것이다. ≪荀子≫에는 모두 '志意修'라 말하였고 '心意修'라고 말한 경우는 없다. 〈修身篇〉에 "志意修則驕富貴(마음이 닦이면 富貴를 얕볼 수 있다.)"라 하고, 〈富國篇〉에 "修志意 正身行(마음을 수양하고 품행을 단정히 한다.)"이라 하였으니, 이것이 모두 그 증거이다. 또 〈榮辱篇〉에 "志意致修 德行致厚 智慮致明(마음이 지극히 닦이고 덕행이 지극히 돈후하며 지혜와 사고가 지극히 밝다.)"이라 하고, 〈正論篇〉에 "志意修 德行厚 知慮明(마음이 닦이고 덕행이 돈후하며 지혜와 사고가 밝다.)"이라 하여 모두 여기 글과 형식이 같으니, 이것들이 더욱 분명한 증거이다.

17-50 德行厚하고 知慮明하며 生於今而志乎古는 則是其在我者也라 故君子(敬)〔苟〕[38]其在己者하고

덕행이 돈후하고 지혜와 사고가 밝으며, 지금 세상에 살고 있으면서도 옛날의 도에 뜻을 두는 것은 자기에게 달려 있는 일이다. 그러므로 군자는 자기에게 달려 있는 일을 서두르고

○ 兪樾曰 敬은 當爲苟(극)이라 說文苟部에 苟은 自急敕也라하고 經典에 通作亟이라 爾雅釋詁에 亟은 疾也라하고 釋文曰 字又作苟[39]이라하니 是也라 君子苟其在己者는 猶云君子急其在己者니 正與小人錯其在己者로 相對成義라 學者罕見苟字하여 因誤爲敬耳라

○ 兪樾 : '敬'은 마땅히 '苟'으로 되어야 한다. ≪說文解字≫ 〈苟部〉에 "苟은 스스로 급하게 서두른다는 뜻이다."라 하고, 經典에 일반적으로 '亟'으로 되어 있다. ≪爾雅≫ 〈釋詁〉에 "亟은 빠르다는 뜻이다."라 하고, ≪經典釋文≫에 "이 글자는 또 '苟'으로 쓰기도 한다."라 하였으니, 이것이 〈그 증거이다.〉 君子苟其在己者는 "君子急其在己者(군자는 자기

38) (敬)〔苟〕 : 저본에는 '敬'으로 되어 있으나, 兪樾의 주에 의거하여 '苟(극)'으로 바로잡았다. 아래(17-53)의 경우도 같다.

39) 字又作苟 : ≪經典釋文≫ 〈爾雅音義上 釋詁第一〉의 '亟'자의 주에는 '急'으로 되어 있다.

에게 달려 있는 일을 서두른다.)"라는 말과 같으니, '小人錯其在己者'와 정확히 서로 대가 되어 뜻을 형성한다. 學者들이 '苟'자를 접해보는 경우가 드물기 때문에 '敬'으로 잘못된 것이다.

17-51 **而不慕其在天者**하며

하늘에 달려 있는 것을 선망하지 않으며,

在天은 謂富貴也라

楊倞注 : 하늘에 달려 있는 것은 富貴를 이른다.

17-52 **小人錯**(조)**其在己者**하고 **而慕其在天者**라

소인은 자기에게 달려 있는 일을 놓아두고 하늘에 달려 있는 것을 선망한다.

錯는 置라

楊倞注 : 錯는 놓아둔다는 뜻이다.

17-53 **君子(敬)〔苟〕其在己者**하고 **而不慕其在天者**하니 **是以日進也**하고

군자는 자기에게 달려 있는 일을 서두르고 하늘에 달려 있는 것을 선망하지 않으니 이 때문에 나날이 진보하고,

求己而不苟(구)라 故日進이라

楊倞注 : 자기에 달려 있는 일을 구하고 소홀히 하지 않기 때문에 나날이 진보하는 것이다.

17-54 **小人錯其在己者**하고 **而慕其在天者**하니 **是以日退也**라

소인은 자기에게 달려 있는 일을 놓아두고 하늘에 달려 있는 것을 선망하니 이 때문에 나날이 퇴보한다.

望徼倖而不求己라 故日退也라

楊倞注 : 요행을 바라고 자기에게 달려 있는 일을 구하지 않기 때문에 나날이 퇴보하는 것이다.

17-55 故君子之所以日進과 與小人之所以日退는 一也니

그러므로 군자가 나날이 진보하는 까닭과 소인이 나날이 퇴보하는 까닭은 동일하니,

皆有慕有不慕라

楊倞注 : 〈동일하다는 것은 군자와 소인이〉 모두 선망하는 것이 있고 선망하지 않는 것이 있다는 말이다.

17-56 君子小人之所以相縣[40)]者는 在此耳라

군자와 소인의 차이가 크게 나는 까닭이 여기에 있다.

17-57 星隊[41)]木鳴하면 國人皆恐하니

별이 떨어지고 나무가 울어대면 나라 안 사람들은 모두 두려워하니,

○ 兪樾曰 木不能鳴하고 或因風而鳴이라도 人亦不恐이어늘 而此云然者는 蓋古有社鳴之說이라 文選運命論에 里社鳴而聖人出의 李善注에 引春秋潛潭巴[42)]曰 里社明이면 此里有聖人出이라 其呴면 百姓歸하고 天辟[43)]亡이라하니 明與鳴古字通이라하니라 所謂社鳴者는 社必樹其土所宜木이라 故古文社從木作𥘵하니 社鳴은

40) 縣 : '懸'과 통용한다.

41) 隊 : 옛날 '墜'자이다.

42) 春秋潛潭巴 : 자연계의 이변 및 하늘과 인간이 서로 감응하는 도리에 관해 설명한 책으로, 작자는 알 수 없다. 原書는 오래전에 유실되었고 淸나라 黃奭이 각종 서적에서 162조항을 수집하여 그의 ≪漢學堂叢書 通緯≫와 ≪黃氏逸書考 通緯≫ 속에 끼워 넣었다. 또 ≪說郛≫ 속에 ≪春秋潛潭巴≫ 1권이 들어 있고 明나라 孫瑴의 ≪古微書≫, 淸나라 劉學寵의 ≪諸經緯遺≫, 喬松年의 ≪緯攟≫, 趙在翰의 ≪七緯≫, 馬國翰의 ≪玉函山房輯佚書≫, 王仁俊의 ≪玉函山房輯佚書續編≫에 모두 편집본이 들어 있다.

43) 天辟 : 辟은 임금이란 뜻으로, 천자를 말한다.

實卽其木鳴也라 古人蓋甚畏之라 故荀子以星隊木鳴竝言也라

○ 兪樾 : 나무는 스스로 울어대지 못하고 간혹 바람으로 인해 울어대더라도 사람들이 두려워하지 않는데, 여기서 이렇게 말한 것은 대체로 옛날에 마을의 토지 신을 모신 곳이 울어댔다는 설이 있다. ≪文選≫ 〈運命論〉에 "里社鳴而聖人出(마을의 토지 신을 모신 곳이 울어대면 聖人이 탄생한다.)"이라 한 곳의 李善 주에 인용한 ≪春秋潛潭巴≫에 "里社明此里有聖人出 其呴 百姓歸 天辟亡(마을의 토지 신을 모신 곳이 울어대면 이 마을에서 聖人이 탄생한다. 노여운 소리로 울어대면 백성들의 마음이 그에게 돌아가고 〈포악한〉 천자가 죽는다.)"이라 하였으니, '明'과 '鳴'은 옛 글자에 통용하였다. 이른바 '社鳴'이란 토지 신을 모신 곳에는 반드시 그 토양에 적합한 나무를 심기 때문에 옛 문자의 '社'는 木이 形符가 되어 '𥘶'로 되어 있으니, 마을의 토지 신을 모신 곳이 울었다는 이 말은 사실 그 나무가 울어댄 것이다. 옛사람은 그 현상을 매우 두려워하였으므로 ≪荀子≫에 별이 떨어지고 나무가 울어댔다는 것으로 아울러 말한 것이다.

17-58 曰 是何也오 曰 無何[44]也라

이는 무슨 이유인가? 별다른 이유는 없다.

假設問答이라 無何也는 言不足憂也라

楊倞注 : 질문과 대답을 가설한 것이다. 無何也는 근심할 것이 없다는 것을 말한다.

17-59 是天地之變이며 陰陽之化니 物之罕至者也라

이는 天地의 이변이며 陰陽의 변화이니, 사물 가운데 드물게 나타나는 현상이다.

星隊(추)는 天地之變이요 木鳴은 陰陽之化라 罕은 希也라

楊倞注 : 별이 떨어지는 것〔星隊〕은 천지의 이변이고, 나무가 울어대는 것〔木鳴〕은 음양의 변화이다. 罕은 드물다는 뜻이다.

44) 無何 : ≪漢書≫ 권68 〈霍光傳〉의 "明旦 上未起 何羅亡何從外入(이튿날 이른 아침 武帝가 아직 자리에서 일어나지 않았을 때 莽何羅가 별다른 이유 없이 밖에서 궁궐로 들어갔다.)"이라 한 곳의 顔師古 주에 "亡何는 별다른 이유가 없다는 말과 같다."라고 하였는데, 久保愛와 王天海는 이것을 근거로 楊倞의 주가 틀렸다고 하였다. 顔師古의 주에 따라 번역하였다.

17-60 **怪之**는 **可也**어니와 **而畏之**는 **非也**라

그것을 괴이하게 느끼는 것은 괜찮지만 두려워하는 것은 잘못이다.

以其罕至니 謂之怪異則可커니와 因遂畏懼則非라

楊倞注 : 그것이 드물게 일어나는 현상이므로 괴이하다고 느끼는 것은 괜찮지만 그것 때문에 끝내 무서워하고 두려워하는 것은 잘못이다.

17-61 **夫日月之有蝕**과 **風雨之不時**와 **怪星之黨見**(현)은

대체로 해와 달이 일식과 월식이 일어나는 것과 비바람이 불시에 몰아치는 것과 기괴한 별이 우연히 나타나는 것은

黨見은 頻見也니 言如朋黨之多라 見은 賢遍反이라 ○ 郝懿行曰 黨은 宜訓朗이라 出方言注[45]하니 不謂朋黨也라 韓詩外傳二에 黨作書하니 於義爲長[46]이라 楊注望文生訓耳라 王念孫曰 楊說甚迂라 且訓黨爲頻하니 於古無據라 惠氏定宇九經古義曰 黨見은 猶所見也라하니 訓黨爲所는 雖據公羊注나 然怪星之所見은 殊爲不詞[47]라 余謂黨은 古儻字니 儻者는 或然之詞라 怪星之黨見은 與日月之有蝕 風雨之不時對文이니 謂怪星之或見也라 莊子繕性篇에 物之儻來는 寄也의 釋文에 儻은 崔本에 作黨이라하고 史記淮陰侯傳에 恐其黨不就와 漢書伍被傳에 黨可以徼幸의 黨竝與儻同이라 韓詩外傳에 作怪星之晝見의 晝字는 恐是後人所改라 群書治要引此엔 正作怪星之儻見하니라

---

45) 黨……出方言注 : ≪方言≫ 제1에 "黨·曉·哲은 안다는 뜻이다. 楚지방에서는 '黨'이라 이른다."라 한 곳의 郭璞 주에 "黨은 밝다는 뜻이니, 이해하고 깨닫는 모양이다."라고 하였다.

46) 黨作晝 於義爲長 : 黨이 '晝'로 바뀌어 '怪星之晝見'이라 하면 '괴이한 별이 대낮에 나타났다.'는 뜻이 되므로, 괴이한 별이 많은 사람이 붕당을 지은 것처럼 많이 나타났다는 뜻이라는 楊倞의 풀이보다 그 뜻이 더 낫다는 것이다.

47) 訓黨爲所……殊爲不詞 : ≪春秋公羊傳≫ 文公 13년에 "往黨 衛侯會公于沓(갈 때 衛侯가 魯文公과 沓 지방에서 회견하였다.)"이라 한 곳의 주에 "黨 所也 所 猶時 齊人語也(黨은 '所'이다. 所는 '時'와 같으니, 齊나라 지방 사람들의 말이다.)"라고 하였다. 이를 근거로 볼 때 '怪星之所見'은 곧 '怪星之時見'으로, '괴이한 별이 이따금 나타난다.'는 뜻이 되어 일리가 있다. 그런데 王念孫은 '所'가 곧 '時'의 뜻이라는 사실을 몰랐기 때문에 매우 말이 되지 않는다고 말한 듯하다.

楊倞注 : 黨見은 자주 나타난다는 뜻이니, 朋黨이 많은 것과 같은 것을 말한다. 見은 〈음이〉 賢과 遍의 반절이다.

○ 郝懿行 : 黨은 마땅히 밝다는 뜻이 되어야 한다. 이는 ≪方言≫의 주에서 나왔으니, 붕당을 말한 것은 아니다. ≪韓詩外傳≫ 권2에 '黨'이 '晝'로 되어 있으니, 의미로 볼 때 더 낫다. 楊氏의 주는 글자만 보고 대강 뜻을 만들어낸 것일 뿐이다.

王念孫 : 楊氏의 설은 매우 오활하다. 그리고 '黨'의 뜻을 '자주'로 풀이하였는데, 옛 문헌에 근거가 없다. 惠定宇(惠棟)의 ≪九經古義≫에 "黨見은 '所見'과 같다."라고 하였으니, '黨'의 뜻을 '所'라고 한 것은 비록 ≪春秋公羊傳≫의 주에 의한 것이기는 하나 '怪星之所見'은 매우 말이 되지 않는다. 내 생각에는 '黨'은 옛 '儻'자이니, 儻이란 혹시 그럴 수도 있다는 말이다. '怪星之黨見'은 '日月之有蝕 風雨之不時'와 짝을 이루는 글이니, 괴이한 별이 어쩌다가 나타난 것을 이른다. ≪莊子≫ 〈繕性篇〉에 "物之儻來 寄也(외물이 우연히 이르러오는 것은 임시로 부쳐 있는 것과 같다.)"라 한 곳의 ≪經典釋文≫에 "儻은 崔氏 판본에 '黨'으로 되어 있다."라 하고, ≪史記≫ 〈淮陰侯傳〉에 "恐其黨不就(그가 혹시 나타나지 않을까 염려하였다.)"라 한 곳과 ≪漢書≫ 〈伍被傳〉에 "黨可以徼幸(혹시 요행히 성공할 수도 있다.)"이라 한 곳의 黨은 모두 '儻'과 같다. ≪韓詩外傳≫에 '怪星之晝見'으로 되어 있는 '晝'자는 아마도 후세 사람이 고쳤을 것이다. ≪群書治要≫에 이 문구를 인용한 곳에서는 '怪星之儻見'으로 바르게 되어 있다.

17-62 是無世而不常有之라

어느 시대나 일어나지 않은 적이 없다.

○ 先謙案 群書治要에 常作嘗하니 是也라

○ 先謙案 : ≪群書治要≫에는 '常'이 '嘗'으로 되어 있으니, 그것이 옳다.

17-63 上明而政平하면 則是雖竝世起라도 無傷也하고

군주가 현명하고 정치가 공평하면 이런 현상이 한 시대에 줄지어 일어나더라도 지장이 없고

竝世起는 謂一世之中竝起也라

楊倞注 : 竝世起는 한 시대 속에서 줄지어 일어나는 것을 이른다.

17-64 **上闇而政險**하면 **則是雖無一至者**라도 **無益也**라 **夫星之隊**와 **木之鳴**은 **是天地之變**이며 **陰陽之化**니 **物之罕至者也**라 **怪之**는 **可也**어니와 **而畏之**는 **非也**라

군주가 어리석고 정치가 험악하면 이런 현상이 한 번도 일어나는 경우가 없더라도 도움이 안 된다. 별이 떨어지는 것과 나무가 울어대는 것은 天地의 이변이며 陰陽의 변화이니, 사물 가운데 드물게 나타나는 현상이다. 그것을 괴이하게 느끼는 것은 괜찮지만 두려워하는 것은 잘못이다.

17-65 **物之已至者**에 **人祆則可畏也**라

이미 나타난 사물의 현상 가운데 사람이 만든 재앙은 두려워할 만하다.

物之既至可畏는 謂在人之祆也라

楊倞注 : 이미 나타난 사물의 현상 가운데 두려워할 만한 것은 사람이 만든 재앙에 있다는 것을 이른다.

17-66 楛(고)**耕傷稼**하고 (耘耨)〔楛**耘**〕**失**(薉)〔**歲**〕[48]하고 **政險失民**하고

거칠게 밭을 갈아 작황이 부실하고, 거칠게 김을 매어 추수가 감소하고, 정치가 험악하여 민심을 잃고,

楛耕은 謂麤惡不精也라 失薉(예)는 謂耘耨(누)失時하여 使穢也라 政險은 威虐也라 薉는 與穢同이라 ○ 盧文弨曰 耘耨失薉는 韓詩外傳二에 作枯耘傷歲라 枯與楛同하니 疑是也라 此處句法不一律이어늘 注强爲之說하니 頗難通이라 郝懿行曰 耘耨失薉는 韓詩外傳二에 作枯耘傷歲하여 與上句相儷하니 是也라 此蓋轉寫之譌니 不成文義라 王念孫曰 盧說是也라 楛耘失歲는 上對楛耕傷稼하고 下對政險失民이라 今本엔 作耘耨失薉하니 則文不成義라 歲之爲薉는 乃涉下文田(稼薉)〔薉稼〕[49]惡而誤하고 而楊所見本已然이라 故强爲之說而不可通이라

---

48) (耘耨)〔楛耘〕失(薉)〔歲〕: 저본에는 '耘耨失薉'로 되어 있으나, 王念孫의 주에 의거하여 '楛耘失歲'로 바로잡았다.

49) (稼薉)〔薉稼〕: 저본에는 '稼薉'로 되어 있으나, ≪荀子≫ 본문(17-67)에 의거하여 '薉稼'로

楊倞注 : 楛耕은 밭갈이가 거칠어 정밀하지 않은 것을 이른다. 失薉는 김을 매는 일에 적기를 놓쳐 잡초가 우거지게 한 것을 이른다. 政險은 정치가 위협적이고 학대를 가한다는 뜻이다. 薉는 '穢'와 같다.

○ 盧文弨 : 耘耨失薉는 ≪韓詩外傳≫ 권2에 '枯耘傷歲'로 되어 있다. 枯와 楛는 같으니 아마도 그 문구가 옳을 것이다. 이곳은 句法이 윗구와 같은 형식이 아닌데도 〈楊氏의〉 주에서 억지로 그와 같이 설명하였으니, 뜻이 통하기가 매우 어렵다.

郝懿行 : 耘耨失薉는 ≪韓詩外傳≫ 권2에 '枯耘傷歲'로 되어 있어 윗구와 서로 짝이 되니, 그것이 옳다. 여기에 이렇게 된 것은 옮겨 쓰는 과정에서 잘못되었을 것이니, 글이 뜻이 형성되지 않는다.

王念孫 : 盧氏의 설이 옳다. 楛耘失歲는 위로 '楛耕傷稼'와 짝이 되고 아래로 '政險失民'과 짝이 된다. 지금 판본에는 '耘耨失薉'로 되어 있으니, 글이 뜻이 형성되지 않는다. '歲'가 '薉'로 된 것은 곧 아랫글 '田薉稼惡'과 연관되어 잘못되었을 것이고 楊氏가 접해본 판본이 이미 그렇게 되어 있었을 것이다. 이 때문에 억지로 그와 같이 설명하여 뜻이 통할 수 없게 되었다.

17-67 田薉稼惡하고 **糴**(적)**貴民飢**하고 **道路有死人**하니 **夫是之謂人**祆라 **政令不明**하고 **擧錯**(조)**不時**하고 **本事不理**하고 〔**勉力不時**하고 **則**[50]**牛馬相生**하고 **六畜**[51] **作**祆하니〕[52] **夫是之謂人**祆라

농토가 황폐하여 작황이 나쁘고, 곡식 값이 비싸 백성이 굶주리고, 길가에 굶어 죽은 사람이 있으니, 이것들을 사람이 만든 재앙이라 말한다.

정책 법령이 분명치 않고, 행위와 조치가 時宜에 맞지 않고, 농사에 관해 관리하지 않고, 백성을 부리는 일이 농사철을 돌아보지 않고, 그리하여 소가 말을 낳고 말이 소를 낳고, 六畜에게 요사스러운 현상이 일어나니, 이것들을 사람이 만든 재앙이라 말한다.

바로잡았다.

50) 則 : 여기서는 '而'와 같다.

51) 六畜 : 말・소・양・닭・개・돼지 등 가축을 말한다.

52) 勉力不時……六畜作祆 : 이 13자는 저본에 아래 '其菑甚慘' 밑(17-72)에 있는데, 王念孫의 주에 의거하여 이곳으로 옮겨와 이 자리에서 번역하였다.

擧는 謂起兵動衆이요 錯는 謂懷安失於事機也라 本事는 農桑之事也라

楊倞注 : 擧는 군대를 일으키고 민중을 동원하는 것을 이르고, 錯는 백성을 보살피고 편하게 해주는 일이 그 계기를 잃은 것을 이른다. 本事는 농사짓고 누에치는 일이다.

17-68 禮義不修하며 內外無別하고 男女淫亂하며 (則)[53]父子相疑하고 上下乖離하며

禮義가 닦이지 않으며, 안팎의 구별이 없고 남녀가 음란하며, 아비와 자식이 서로 의심하고 군주와 신하의 마음이 어긋나며,

○ 王念孫曰 案內外無別二句爲一類하고 父子相疑二句爲一類니 父子上不當有則字라 群書治要엔 無則字하고 韓詩外傳에도 亦無라

○ 王念孫 : 살펴보건대, '內外無別' 두 구가 같은 부류이고 '父子相疑' 두 구가 같은 부류이니, '父子' 위에 '則'이 있는 것은 옳지 않다. ≪群書治要≫에는 '則'자가 없고 ≪韓詩外傳≫에도 없다.

17-69 寇難竝至하니 夫是之謂人祆라

외적의 침입과 내부의 어려운 일이 줄지어 일어나니, 이것들을 사람이 만든 재앙이라 말한다.

○ 先謙案 群書治要三의 謂人祆下에 竝有也字하고 下無安國下에 有矣字하며 棄而不治下에 有也字라

○ 先謙案 : ≪群書治要≫ 권3에 '謂人祆' 밑에 모두 '也'자가 있고, 아래의 '無安國' 밑에 '矣'자가 있으며, '棄而不治'(17-75) 밑에 '也'자가 있다.

17-70 祆是生於亂이라 三者錯(착)이면 無安國이라

재앙은 혼란에서 생긴다. 위의 세 가지가 뒤섞여 발생하면 편안한 국가가 있을

53) (則) : 저본에는 '則'이 있으나, 王念孫의 주에 의거하여 잘못 덧붙여진 글자로 처리하였다.

수 없다.

三者는 三人祆也라 錯(조)는 置也라 置此三祆於中國[54)]이면 則無有安也라 ○ 王念孫曰 錯은 交錯也[①]라 言此三祆交錯於國中이면 則國必危也라 楊讀錯爲措置之措하니 失之라

① 說文에 作造하고 云 迹造也라하니라
≪說文解字≫에 〈錯이〉 '造(착)'으로 되어 있고, "이리저리 뒤섞인다는 뜻이다."라고 하였다.

楊倞注 : 세 가지란 사람이 만든 세 가지 재앙이다. 錯(조)는 '置(두다)'의 뜻이다. 이 세 가지 재앙을 나라 안에 두고 있으면 편안할 일이 없다는 것이다.

○ 王念孫 : 錯(착)은 이리저리 뒤섞인다는 뜻이다. 이 세 가지 재앙이 국가 안에 뒤섞이면 국가가 반드시 위험하다는 것을 말한다. 楊氏는 錯(착)을 '措置'의 '措(조)'로 읽었으니, 잘못되었다.

17-71 其說甚爾[55)]나 其菑甚慘하니

이 〈사람이 만든 재앙에 관한〉 설은 매우 평이하지만 그 재해는 매우 참혹하니,

爾는 近也라 三人祆之說은 比星隊木鳴爲淺近이나 然其災害人則甚慘毒也라

楊倞注 : 爾는 가깝다는 뜻이다. 사람이 만든 재앙에 관한 세 가지 설은 별이 떨어지고 나무가 울어대는 것에 비하면 평이하지만 사람들에게 재해를 끼치는 점에 있어서는 매우 참혹하다.

17-72 (勉力不時 則牛馬相生 六畜作祆)[56)]

勉力은 力役也라 不時則人多怨曠[57)]하여 其氣所感이라 故生非其類也라 ○ 盧文弨

---

54) 中國 : 문세로 보아 '國中'의 잘못으로 의심된다.

55) 爾 : '邇'와 같은 글자로, 평범하다는 뜻이다.

56) (勉力不時 則牛馬相生 六畜作祆) : 저본에는 이 13자가 있으나, 王念孫의 주에 의거하여 위(17-67)의 '本事不理' 밑으로 옮기고 그곳에서 번역하였다.

57) 怨曠 : 怨女曠夫의 약어로, 남편이 없어 원망하는 여인과 아내가 없는 홀아비라는 뜻이다.

曰 宋本엔 此段在禮義不修之上하며 注首有此三句 直承其菑甚慘之下十一字하고 然後接以勉力力役也云云이라 王念孫曰 案呂本所載正文엔 此三句本在上文禮義不修之上이라 勉力不時하고 則牛馬相生하고 六畜作祆는 此是祆由人興이라 故曰 祆是生於亂이라 自錢本始依楊注하여 移置於下文可怪也而不可畏也之上[①]하고 且刪去楊注어늘 而各本及盧本從之하니 謬矣라 今錄呂本原文於左라 星隊木鳴하면 國人皆恐하니 曰 是何也오 曰 無何也라 是天地之變이며 陰陽之化니 物之罕至者也라 怪之는 可也어니와 而畏之는 非也라 夫日月之有蝕과 風雨之不時와 怪星之黨見은 是無世而不常有之라 上明而政平하면 則是雖竝世起라도 無傷也하고 上闇而政險하면 則是雖無一至者라도 無益也라 夫星之隊와 木之鳴은 是天地之變이며 陰陽之化니 物之罕至者也라 怪之는 可也어니와 而畏之는 非也라 物之已至者에 人祆則可畏也라 楛耕傷稼하고 耘耨失薉하고 政險失民하고 田薉稼惡하고 糴貴民飢하고 道路有死人 夫是之謂人祆라 政令不明하고 擧錯不時하고 本事不理 夫是之謂人祆[②]라 勉力不時하고 則牛馬相生하고 六畜作祆하고 禮義不修하고 內外無別하고 男女淫亂하고 則父子相疑하고 上下乖離하고 寇難竝至 夫是之謂人祆라 祆是生於亂이라 三者錯이면 無安邦이라 其說甚爾나 其菑甚慘하니 可怪也요 而不可畏也[③]라

① 楊注勉力不時三句云 此三句는 直承其菑甚慘之下라하고 注可怪也二句云 此二句는 承六畜作祆之下라하니라
楊氏는 '勉力不時' 세 문구에 주를 달기를 "이 세 구는 '其菑甚慘'의 뒤를 곧바로 이어받는다."라 하고, '可怪也' 두 구에 주를 달기를 "이 두 구는 '六畜作祆'의 뒤를 이어받는다."라고 하였다.

② 案此句當在下文六畜作祆之下니 乃總上之詞라 今倒在勉力不時之上하니 則文義不順이라 政令不明 擧錯不時 本事不理 勉力不時四句相連하고 牛馬相生二句는 乃總承此四句而言이니 非專承勉力不時而言이라
살펴보건대, 이 〈'夫是之謂人祆'〉 구는 마땅히 아랫글 '六畜作祆' 밑에 있어야 하니, 이는 곧 윗글을 총괄하는 말이다. 그런데 지금 뒤바뀌어 '勉力不時'의 위에 있으니, 글 뜻이 순조롭지 않다. '政令不明 擧錯不時 本事不理 勉力不時' 네 구는 서로 이어진 것이고 '牛馬相生' 두 구는 곧 이 네 구를 총체적으로 이어받아 말한 것이니, '勉力不時'만 이어받아 말한 것은 아니다.

③ 不可畏也는 當作亦可畏也라 蓋星隊木鳴은 乃天地之變이며 陰陽之化니 非人事之所招라 故曰 怪之는 可也어니와 而畏之는 非也라하니라 若牛馬相生하며 六畜作祆는 則政亂之所致니

所謂人祆也라 其說甚邇나 其菑甚慘하니 可怪也요 而亦可畏矣라 上文云 物之已至者에 人祆則可畏也는 正與此句相應하니 若作不可畏면 則與上文相反矣라 楊不知不爲亦之誤라 故欲顚倒其文耳라 外傳曰 星隊木鳴하면 國人皆恐하니 何也오 曰 是天地之變이요 陰陽之化니 物之罕至者也라 怪之는 可也어니와 畏之는 非也라 夫日月之薄蝕과 怪星之晝見과 風雨之不時는 是無世而不嘗有也라 上明政平하면 是雖竝至라도 無傷也하고 上闇政險하면 是雖無一至라도 無益也라 夫萬物之有災에 人妖最可畏也라 曰 何謂人妖오 曰 枯耕傷稼하고 枯耘傷歲하고 政險失民하고 田穢稼惡하고 糴貴民饑하고 道有死人하고 寇賊竝起하고 上下乖離하고 隣人相暴하고 對門相盜하고 禮義不循하고 牛馬相生하고 六畜作妖하고 臣下殺上하고 父子相疑는 是謂人妖니 是生於亂이라하니라 案此文與荀子略同이라 牛馬相生하고 六畜作妖는 在是謂人妖之上하니 是牛馬相生二句는 乃人妖也라 然則荀子原文은 本作政令不明 擧錯不時 本事不理 勉力不時 則牛馬相生 六畜作妖 夫是之謂人妖 明矣라

'不可畏也'는 마땅히 '亦可畏也'로 되어야 한다. 대체로 별이 떨어지고 나무가 울어대는 것은 천지의 이변이며 음양의 변화이니, 사람의 행위로 초래한 것은 아니다. 그러므로 "괴이하게 느끼는 것은 괜찮지만 두려워하는 것은 잘못이다."라고 하였다. 소가 말을 낳고 말이 소를 낳으며 六畜에게 요사스러운 현상이 일어나는 것은 정사가 어지러운 것이 초래한 것이니, 이른바 사람이 만든 재앙이다. 이 설은 매우 평이하지만 그 재해는 매우 참혹하니, 괴이하게 느낄 만하고 또 두려워할 만하다. 윗글(17-65)에 '物之已至者 人祆則可畏也(이미 나타난 사물의 현상 가운데 사람이 만든 재앙이 두려워할 만하다.)'는 말은 정확히 이 문구와 서로 호응하니, 만약 '不可畏(두려워할 만하지 않다.)'로 된다면 윗글과 반대가 된다. 楊氏는 '不'이 '亦'자의 잘못이라는 것을 몰랐기 때문에 그 문구를 뒤바꾸려고 생각했던 것일 뿐이다. ≪韓詩外傳≫에 "星隊木鳴 國人皆恐 何也 曰 是天地之變 陰陽之化 物之罕至者也 怪之 可也 畏之 非也 夫日月之薄蝕 怪星之晝見 風雨之不時 是無世而不嘗有也 上明政平 是雖竝至 無傷也 上闇政險 是雖無一至 無益也 夫萬物之有災 人妖最可畏也 曰 何謂人妖 曰 枯耕傷稼 枯耘傷歲 政險失民 田穢稼惡 糴貴民饑 道有死人 寇賊竝起 上下乖離 隣人相暴 對門相盜 禮義不循 牛馬相生 六畜作妖 臣下殺上 父子相疑 是謂人妖 是生於亂(별이 떨어지고 나무가 울어대면 온 나라 사람이 모두 두려워하니, 이 현상은 무엇 때문인가? 이는 천지의 이변이며 음양의 변화이니, 사물 가운데 드물게 나타나는 현상이다. 괴이하게 느끼는 것은 괜찮지만 두려워하는 것은 잘못이다. 대체로 해와 달이 일식과 월식이 일어나는 것과 기괴한 별이 대낮에 나타나는 것과 비바람이 불시에 몰아치는 것은 어느 시대나 일어나지 않은 적이 없다. 군주가 현명하고 정치가 공평하면 이런 현상이 줄지어 일어나더라도 지장이 없고 군주가 어리석고 정치가 험악하면 이런 현상이 한 번도 일어나는 일이 없더라도 도움이 안 된다. 대체로 만물 속에서 일어나는 재앙은 사람이 만든 재앙이 가장 두려워할 만하다. 무엇을 사람이

만든 재앙이라 말하는가? 거칠게 밭을 갈아 작황이 부실하며, 거칠게 김을 매어 추수가 감소하며, 정치가 험악하여 민심을 잃으며, 농토가 황폐하여 작황이 나쁘며, 곡식 값이 비싸 백성이 굶주리며, 길가에 굶어 죽은 사람이 있으며, 도적이 줄지어 일어나며, 군주와 신하의 마음이 어긋나며, 이웃 사람끼리 사납게 대하며, 대문을 마주 보고 서로 도둑질하며, 禮義를 따르지 않으며, 소가 말을 낳고 말이 소를 낳으며, 六畜에게 요사스러운 현상이 일어나며, 신하가 윗사람을 죽이며, 부자간에 서로 의심하는 것, 이것들을 사람이 만든 재앙이라 말하니, 이와 같은 재앙은 혼란에서 생긴다.)"이라 하였다. 살펴보건대, 이 글은 ≪荀子≫와 대략 같다. '牛馬相生 六畜作妖'는 '是謂人妖'의 위에 있으니, 이 '牛馬相生' 두 구는 곧 '人妖'이다. 그렇다면 ≪荀子≫ 원문은 본디 '政令不明 擧錯不時 本事不理 勉力不時 則牛馬相生 六畜作妖 夫是之謂人妖'로 되어 있었다는 것이 분명하다.

楊倞注 : 勉力은 부역의 뜻이다. 〈백성을 부역에 동원하는 일이〉 때를 가리지 않는다면 원망하는 여인과 아내 없는 홀아비가 많아 〈가축들까지〉 그 기운에 영향을 받기 때문에 자기의 종류가 아닌 것을 낳는 것이다.

○ 盧文弨 : 宋本에는 이 단락이 '禮義不修' 위에 있으며, 주의 첫머리에 '此三句 直承其菑甚慘之下(이 세 구는 其菑甚慘의 뒤를 곧바로 이어받는다.)'라는 11자가 있고 그 다음에 '勉力 力役也……'를 이어붙였다.

王念孫 : 살펴보건대, 呂夏卿本에 실린 본문에는 이 세 구가 본디 윗글 '禮義不修'의 위에 있다. '勉力不時 則牛馬相生 六畜作祆(백성을 부리는 일이 농사철을 돌아보지 않고, 그리하여 소가 말을 낳고 말이 소를 낳고, 六畜에게 요사스러운 현상이 일어난다.)'라고 한 이 재앙은 사람으로 인해 일어나는 것이므로 '祆是生於亂(재앙은 혼란에서 생긴다.)'이라고 말한 것이다. 그런데 錢佃本에서 비로소 楊氏의 주에 따라 〈이 세 구를〉 아랫글 '可怪也而不可畏也'의 위로 옮겨두고 또 楊氏의 주를 삭제해버렸는데, 각 판본과 盧校本은 그것을 따랐으니, 잘못된 것이다. 지금 呂夏卿本의 원문을 아래에 기록한다.

"星隊木鳴 國人皆恐 曰 是何也 曰 無何也 是天地之變 陰陽之化 物之罕至者也 怪之 可也 而畏之 非也 夫日月之有蝕 風雨之不時 怪星之黨見 是無世而不常有之 上明而政平 則是雖竝世起 無傷也 上闇而政險 則是雖無一至者 無益也 夫星之隊 木之鳴 是天地之變 陰陽之化 物之罕至者也 怪之 可也 而畏之 非也 物之已至者 人祆則可畏也 楛耕傷稼 耘耨失薉 政險失民 田薉稼惡 糴貴民飢 道路有死人 夫是之謂人祆 政令不明 擧錯不時 本事不理 夫是之謂人祆 勉力不時 則牛馬相生 六畜作祆 禮義不修 內外無別 男女淫亂 則父子相疑 上下乖離 寇難竝至 夫是之謂人祆 祆是生於亂 三者錯 無安邦 其說甚爾 其菑甚慘 可怪也 而不可畏也"

17-73 可怪也요 而(不)〔亦〕[58]可畏也라

사람들이 괴이하게 느낄 만하고 또 두려워할 만하다.

○ 盧文弨曰 宋本에 有注云 此二句承六畜作祆之下라 蓋錄之時에 錯亂迷誤하여 失其次也共二十二字나 元刻엔 已如其說移正이라 故盡刪去라

○ 盧文弨 : 宋本에 "此二句承六畜作祆之下 蓋錄之時 錯亂迷誤 失其次也(이 두 구는 '六畜作祆' 뒤를 이어받은 것이다. 〈이렇게 된 것은〉 대체로 기록할 때 어수선한 가운데 잘못되어 그 순서를 잃었을 것이다.)"라는 모두 22자의 〈楊氏〉 주가 있으나, 元刻本엔 이미 그 설대로 올바로 옮겨졌기 때문에 〈이 주는〉 모두 삭제하였다.

17-74 傳曰 萬物之怪는 書不說이라하니

옛글에 "만물 가운데 괴이한 현상은 經典에서 말하지 않았다."라고 하였으니,

書는 謂六經[59]也라 可以勸戒則明之요 不務廣說萬物之怪也라

楊倞注 : 書는 六經을 이른다. 권장하고 경계할 만하면 그것을 드러내 밝히고 만물의 기괴한 현상을 널리 말하려고 하지 않았다는 것이다.

17-75 無用之辯과 不急之察은 棄而不治라 若夫君臣之義와 父子之親과 夫婦之別은 則日切瑳而不舍也니라

쓸모없는 변론과 긴요하지 않은 관찰은 버리고 다루지 말아야 한다. 군신간의 의리와 부자간에 친애하는 정과 부부간에 구별하는 도리에 관해서는 매일 갈고 닦아 그만두지 말아야 한다.

○ 郝懿行曰 切瑳는 言務學也라 韓詩外傳二云 夫子之門內는 切瑳以孝라하니 與此義合이라 磋는 古作瑳하고 今作磋라

○ 郝懿行 : 切瑳는 배우기를 힘쓰는 것을 말한다. ≪韓詩外傳≫ 권2에 "夫子之門內 切

58) (不)〔亦〕: 저본에는 '不'로 되어 있으나, 王先謙의 주에 의거하여 '亦'으로 바로잡았다.

59) 六經 : 儒家의 최초 전적으로, ≪詩經≫·≪書經≫·≪禮經≫·≪樂經≫·≪易經≫·≪春秋≫를 가리킨다.

瑳以孝(夫子의 문하에서는 효로써 갈고 닦았다.)"라고 하였으니, 이 뜻과 부합된다. '磋'는 옛날에는 '瑳'로 썼고 지금은 '磋'로 쓴다.

17-76 雩(우)而雨하니 何也오 曰 無何也라 猶不雩而雨也라

祈雨祭를 지낸 뒤 비가 오니, 이는 무슨 이유인가? 별다른 이유는 없다. 기우제를 지내지 않아도 비가 오는 것과 같다.

雩는 求雨之禱也라 或者問 歲旱에 雩則得雨하니 此何祥也오하니 對以與不雩而雨同이라 明非求而得也라 周禮司巫에 國大旱이면 則率巫而舞雩也라하니라

楊倞注 : 雩는 비를 구하는 기우제이다. 혹자가 "해가 가물 때 기우제를 지내면 비를 얻으니, 이는 무슨 祥瑞인가?"라고 물으니, "기우제를 지내지 않아도 비가 오는 것과 같다."라고 대답한 것이다. 이는 구하지 않아도 얻는다는 것을 밝힌 것이다. ≪周禮≫ 〈司巫〉에 "국가에 큰 가뭄이 발생하면 무당들을 인솔하여 춤을 추고 기우제를 지낸다."라고 하였다.

17-77 日月食而救之[60]하고 天旱而雩하고 卜筮然後決大事는 非以爲得求也라 以文之也라

해와 달이 일식과 월식이 일어나면 〈방법을 강구하여〉 구원하고, 하늘이 가물면 기우제를 지내고, 점을 친 뒤 큰 일을 결정하는 이유는 이렇게 함으로써 원하는 〈무엇을 정말로 얻을 것이라〉 생각해서가 아니라, 그것으로 〈재해를 위급하게 여긴다는 것을 드러내 보임으로써〉 정사를 꾸미는 의식이다.

得求는 得所求也라 言爲此以示急於災害하고 順人之意하여 以文飾政事而已라

楊倞注 : 得求는 구하는 것을 얻는다는 뜻이다. 이와 같은 일을 행하여 재해를 위급하게 여긴다는 것을 드러내 보이고 사람들의 정서에 순응함으로써 정사를 꾸미는 의식일

60) 日月食而救之 : 일식과 월식이 일어나는 것에 대해 옛사람들은 天狗가 해와 달을 삼키기 때문이라고 생각하였다. 그리하여 해와 달을 구제하는 방법으로 天狗가 놀라 도망가도록 동이를 두드리고 북을 쳤다고 한다. 天狗는 요망한 流星이라는 天狗星를 말하는데, 怪獸, 또는 凶神의 이름으로도 쓰인다.

뿐이라는 것을 말한다.

17-78 **故君子以爲文**이나 **而百姓以爲神**이라 **以爲文則吉**하고 **以爲神則凶也**라

그러므로 군자는 이것들을 정사를 꾸미는 의식으로 여기지만 백성들은 신령한 것으로 여긴다. 정사를 수식하는 의식으로 여기면 길하고 신령한 것으로 여기면 흉하다.

順人之情하여 以爲文飾하면 則無害하고 淫祀求福하면 則凶也라

楊倞注 : 사람들의 정서에 순응하여 정사를 꾸미는 의식으로 생각하면 해로움이 없고 요망한 신에게 제사 지내 복을 구하면 흉하다는 것이다.

17-79 **在天者莫明於日月**하고 **在地者莫明於水火**하고 **在物者莫明於珠玉**하고 **在人者莫明於禮義**라 **故**[61] **日月不高**면 **則光暉不赫**하고 **水火不積**이면 **則暉潤不博**하고 **珠玉不睹乎外**면 **則王公不以爲寶**하고

하늘에 있는 것으로는 해와 달보다 더 밝은 것은 없고, 지상에 있는 것으로는 물과 불보다 더 밝은 것은 없고, 물건 중에는 珠玉보다 더 밝은 것은 없고, 인류에게는 禮義보다 더 밝은 것은 없다. 대체로 해와 달이 공중에 높이 걸려 있지 않으면 광채가 빛나지 않고, 물과 불이 지상에 모여 있지 않으면 불의 광채와 물의 광택이 넓지 않고, 珠玉이 겉으로 드러나 보이지 않으면 천자와 제후들이 그것을 보배로 여기지 않고,

○ 王念孫曰 不睹乎外四字는 文義不明하니 睹는 當爲晵(도)라 說文에 晵는 旦明也니 從日者聲이라하고 玉篇에 丁古切이라하니 晵之言著也라 上言日月不高면 則光煇不赫하고 水火不積이면 則煇潤不博이라하니 則此言珠玉晵乎外도 亦謂其光采之著乎外라 故上文云 在物者莫明於珠玉也라 世人多見睹하고 少見晵라 故晵誤爲睹라 夏小正傳에 蓋陽氣且晵也라하여늘 今本且晵作旦睹하니 誤與此同이라

○ 王念孫 : '不睹乎外' 네 자는 글의 뜻이 분명치 않으니, '睹'는 마땅히 '晵'로 되어야

---

61) 故 : '夫'와 같다. 아래의 경우도 같다.

한다. ≪說文解字≫에 "睹는 아침 해가 밝다는 뜻이니, 日은 形符가 되고 者는 聲符가 된다."라 하고, ≪玉篇≫에 "〈그 음이〉 丁과 古의 반절이다."라고 하였으니, 睹라는 말은 드러난다는 뜻이다. 위에서 해와 달이 공중에 높이 걸려 있지 않으면 광채가 빛나지 않고, 물과 불이 지상에 모여 있지 않으면 불의 광채와 물의 광택이 넓지 않다고 말했으니, 여기에 '珠玉睹乎外'라고 말한 것도 그 광채가 밖으로 드러난 것을 이른다. 그러므로 윗글에 "물건 중에는 珠玉보다 더 밝은 것은 없다."라고 말한 것이다. 세상 사람들이 '睹'자는 많이 보고 '睹'자는 적게 보았기 때문에 '睹'가 '睹'로 잘못된 것이다. ≪大戴禮記≫〈夏小正〉의 傳에 "蓋陽氣且睹也"라 하였는데, 지금 판본에는 이 '且睹'가 '且睹'로 되어 있으니, 그 잘못이 여기의 경우와 같다.

17-80 **禮義不加於國家**면 **則功名不白**이라 **故人之命在天**하고 **國之命在禮**라 **君人者 隆禮尊賢而**[62]**王**하고 **重法愛民而霸**하고 **好利多詐而危**하고 **權謀傾覆幽險而盡亡矣**라

禮義가 국가에 시행되지 않으면 군주의 공적과 명성이 드러나지 않을 것이다. 대체로 사람의 생명은 하늘에 달려 있고 국가의 생명은 禮義에 달려 있다. 군주가 禮義를 높이고 賢人을 존중하면 천하의 王者가 되고, 법을 중시하고 백성을 아끼면 霸者가 되고, 이익을 좋아하고 속임수가 많으면 위험해질 수 있고, 권모술수를 부려 남을 모해하며 마음이 음흉하면 여지없이 멸망한다.

幽險은 謂隱匿其情而凶虐難測也라 權謀多詐幽險三者는 盡亡之道也라 ○ 先謙案 盡字無義하니 衍文也라 彊國篇四語與此同하되 無盡字라

楊倞注 : 幽險은 자기의 본심을 숨겨 헤아리기 어려울 정도로 흉악한 것을 이른다. 權謀・多詐・幽險 세 가지는 여지없이 멸망하는 길이다.

○ 先謙案 : '盡'자는 뜻이 없으니, 잘못 덧붙여진 글자이다. 〈彊國篇〉 제4에 보이는 말이 여기와 같은데, 〈거기에는〉 '盡'자가 없다.

17-81 **大天而思之**는 **孰與**[63]**物畜而制之**며

62) 而 : '則'과 통용한다. 아래의 경우도 같다.

63) 孰與 : '豈如'와 같다.

자연을 위대하게 여겨 그것을 사모하기만 하는 것은 하늘이 생성한 만물을 저축하여 그것을 제어하는 것과 어찌 같겠으며,

尊大天而思慕之하여 欲其豐富는 孰與使物畜積而我裁制之也오하니라 ○ 王念孫曰 物畜而制之의 制는 當爲裁라 思裁爲韻하고 頌用爲韻하고 待使爲韻하고 多化爲韻이라 思裁二字는 於古音竝屬之部하고 制字於古音屬祭部하니 不得與思爲韻也라 又案 楊注云 使物畜積而我裁制之라하니 此釋正文物畜而裁之也라 正文에 作裁之어늘 而注言裁制之者는 加一制字以申明其義耳라 今正文에 作制之는 卽因注內制之而誤라

楊倞注 : 큰 자연을 높여 사모하여 그것이 풍부하기를 바라기만 하는 것은 하늘이 생성한 만물을 많이 저축되게 하여 내가 그것을 제어하는 것과 어찌 같겠느냐고 한 것이다.

○ 王念孫 : '物畜而制之'의 '制'는 마땅히 '裁'로 되어야 한다. '思'와 '裁'가 韻이 되고, '頌'과 '用'이 韻이 되고, '待'와 '使'가 韻이 되고, '多'와 '化'가 韻이 된다. '思'와 '裁' 두 자는 古音에 모두 之部에 속하고 '制'자는 古音에 祭部에 속하니, '思'와 같은 韻이 될 수 없다. 또 살펴보건대, 楊氏의 주에 "使物畜積而我裁制之(물자를 많이 저축되게 하여 내가 그것을 제어한다.)"라 하였으니, 이는 본문의 '物畜而裁之'를 풀이한 것이다. 본문에 '裁之'로 되어 있는데, 〈楊氏의〉 주에서 '裁制之'라고 말한 것은 '制'자 하나를 덧붙여 그 뜻을 분명히 밝히려고 한 것일 뿐이다. 지금 본문에 '制之'로 되어 있는 것은 곧 〈楊氏의〉 주 안에 있는 '制之'로 인해 잘못된 것이다.

17-82 從天而頌之는 孰與制天命而用之며

자연에 순종하여 그것을 칭송하기만 하는 것은 자연이 운행하는 규율을 제어하여 그것을 이용하는 것과 어찌 같겠으며,

頌者는 美盛德也라 從天而美其盛德은 豈如制裁天之所命而我用之오하니라 謂若曲者爲輪하고 直者爲桷하여 任材而用也라

楊倞注 : 칭송한다는 것은 거룩한 덕을 찬미한다는 뜻이다. 자연에 순종하여 그 거룩한 덕을 찬미하기만 하는 것은 자연이 운행하는 규율을 제어하여 내가 그것을 이용하는 것과 어찌 같겠느냐고 말한 것이다. 이는 굽은 재목은 수레바퀴를 만들고 곧은 재목은

서까래를 만드는 것처럼 재목의 특성에 따라 이용하는 것을 이른다.

17-83 **望時而待之**는 **孰與應時而使之**며

시절을 바라보고 豐作을 기다리기만 하는 것은 시절의 변화에 대응하여 내가 그것을 부리는 것과 어찌 같겠으며,

望時而待는 **謂若農夫之望歲也**니 **孰與應春生夏長之候**하여 **使不失時也**오하니라

楊倞注 : 望時而待는 농부가 풍년이 들기를 기다리기만 하는 것과 같은 것을 이르니, 〈이렇게 하는 것이〉 봄에는 싹이 트고 여름에는 자라는 절후에 순응하여 〈농작물이〉 제때를 잃지 않게 하는 것과 어찌 같겠느냐고 말한 것이다.

17-84 **因物而多之**는 **孰與騁能而化之**며

만물의 자연적인 증식에만 의존하는 것은 사람의 재능을 발휘하여 그것들이 〈사람의 재능에 따라〉 달라져 〈많아지게 하는〉 것과 어찌 같겠으며,

因物之自多는 **不如騁其智能而化之使多也**니 **若后稷之播種然也**라

楊倞注 : 만물의 자연적인 증식에만 의존하는 것은 사람의 재능을 발휘하여 그것들이 〈사람의 재능에 따라〉 달라져 많아지게 하는 것보다 못하다는 말이니, 이를테면 后稷이 곡식의 씨앗을 뿌리는 것과 같다.

17-85 **思物而物之**는 **孰與理物而勿失之也**며

만물을 얻어 자기 물건으로 삼아야겠다고 생각하는 것은 만물을 다스려 〈모든 것이 적합한 생존조건을 얻어〉 실패하지 않게 하는 것과 어찌 같겠으며,

思得萬物以爲已物은 **孰與理物皆得其宜**하여 **不使有所失喪**가하니라

楊倞注 : 만물을 얻어 자기 물건으로 삼아야겠다고 생각하는 것은 만물을 다스려 모든 것이 적합한 생존조건을 얻어 실패하는 일이 없게 하는 것과 어찌 같겠느냐고 말한 것이다.

17-86 願於物之所以生은 孰與有[64)]物之所以成이리오 故錯[65)]人而思天이면 則失萬物之情이라

만물이 생겨나는 까닭을 알려고 원하는 것은 만물이 생육하는 것을 돕는 것과 어찌 같겠는가. 그러므로 인간의 노력을 내버려두고 하늘에 희망을 기대한다면 만물의 실제 정황을 놓치는 것이다.

物之生雖在天이나 成之則在人也라 此皆言理平豐富는 在人所爲요 不在天也라 若廢人而妄思天이면 雖勞心苦思라도 猶無益也라

楊倞注 : 만물이 생겨나는 것은 하늘의 힘에 달려 있더라도 그것을 생육하게 하는 것은 인간의 행위에 달려 있다. 이 문단에서는 모두 만물을 다스리고 풍부하게 만드는 것은 인간의 행위에 달려 있고 하늘에 달려 있지 않다는 것을 말하였다. 만약 인간의 노력을 폐기하고 헛되이 하늘에 희망을 기대한다면 비록 몹시 마음을 쓰며 애를 태우더라도 도움 될 게 없을 것이다.

17-87 百王之無變은 足以爲道貫[66)]이라

역대 제왕이 바꾸지 않고 〈지켜온 것은〉 충분히 일관된 원칙이 될 수 있다.

無變은 不易也라 百王不易者는 謂禮也라 言禮可以爲道之條貫也라

楊倞注 : 無變은 바꾸지 않는다는 뜻이다. 역대 제왕이 바꾸지 않은 것은 禮義를 이른다. 禮義는 정치원칙의 규례가 될 수 있다는 것을 말한다.

17-88 一廢一起나 應之以貫이니

국가가 쇠퇴할 때도 있고 융성할 때도 있지만 군주는 이 일관된 원칙으로 그에 대응해야 하니,

---

64) 有 : '佑'와 통용한다.

65) 錯 : '措'와 통용하는 글자로, '놓다', '내버려두다'의 뜻이다.

66) 道貫 : 張覺이 "貫은 동전을 꿴 노끈을 말하니, 고금을 관통한 일반적인 규례를 가리킨다. 이것은 사실 禮義를 말한다."라고 하였는데, 이 설을 참작하여 번역하였다.

雖質文廢起는 時有不同이나 然其要歸以禮爲條貫이라 論語孔子曰 殷因於夏禮하니 所損益을 可知也며 周因於殷禮하니 所損益을 可知也라 其或繼周者면 雖百代可知也라하니라

楊倞注 : 〈국가가 추구하는 성향이〉 질박하거나 화려하거나 쇠퇴하거나 흥성하거나 하는 등 가끔 서로 다른 점이 있더라도 그 핵심은 禮義를 정치원칙의 규례로 삼았다는 것이다. ≪論語≫ 〈爲政〉에 孔子가 "殷나라는 夏나라의 예법을 계승하였으니 줄이고 늘린 내용을 알 수 있으며, 周나라는 殷나라의 예법을 계승하였으니 줄이고 늘린 내용을 알 수 있다. 장래에 혹시 周나라를 계승할 자가 있다면 백대 이후의 정황도 미리 알 수 있을 것이다."라고 하였다.

17-89 理貫不亂이라

일관된 원칙으로 다스리면 국가가 혼란해지지 않는다.

知禮則其條貫不亂也라

楊倞注 : 禮義를 알면 그 규례가 혼란해지지 않는다는 것이다.

17-90 不知貫이면 不知應變이라

이 일관된 원칙을 모르면 각종 변화에 어떻게 대응해야 할지 모른다.

不知以禮爲條貫이면 則不能應變하니 言必差錯而亂也라 ○ 郝懿行曰 逸詩云 九變復貫하니 知言之選[67]이라하니 蓋荀此語所本이라 上云 百王之無變은 足以爲道貫의 道卽禮也라

楊倞注 : 禮義로 규례를 삼을 줄을 모르면 변화에 대응하지 못하니, 반드시 어긋나고 잘못되어 혼란해질 것이라는 것을 말한다.

○ 郝懿行 : 逸詩에 "九變復貫 知言之選(아홉 번 변하는 일 끊임없이 순환하니, 그중에 좋은 것을 골라서 써야 하네.)"이라 하였으니, 이는 ≪荀子≫ 이 말의 출전일 것이다. 위(17-87)

67) 九變復貫 知言之選 : ≪漢書≫ 권6 〈武帝紀〉의 臣瓚 注에 "이는 겉모양과 실상이 같지 않고 관대함과 엄격함의 쓰임새가 다른데 이것들이 반복 순환하니 잘 가려 적절하게 써야 한다는 말이다."라고 하였다. 이 注를 참고하여 번역하였다.

에서 말한 "百王之無變 足以爲道貫(역대 제왕이 바꾸지 않고 〈지켜온 것은〉 충분히 일관된 원칙이 될 수 있다.)"의 '道'는 곧 禮義이다.

17-91 貫之大體未嘗亡也라 亂生其差하고 治盡其詳이라

이 일관된 원칙의 주요 내용은 일찍이 사라진 적이 없다. 국가가 혼란해지는 것은 그 원칙이 어긋난 데서 생기고 국가가 다스려지는 것은 그 원칙이 제대로 시행되기 때문이다.

差는 謬也라 所以亂者는 生於條貫差謬하고 所以治者는 在於精詳也라

楊倞注 : 差는 어긋난다는 뜻이다. 국가가 혼란해지는 것은 규례가 어긋난 데서 생기고 다스려지는 것은 규례가 빈틈없이 시행되는 데에 달려 있다.

17-92 故道之所善하여 中則可從이요 畸則不可爲요 匿(특)則大惑이라

그러므로 일관된 원칙으로서 완전한 것을 〈표준으로 삼아〉 거기에 부합되면 따를 수 있고, 한쪽으로 기울면 시행할 수 없고, 어긋나면 큰 미혹이 생겨난다.

畸者는 不偶之名이니 謂偏也라 道之所善이 得中則從하고 偏側則不可爲라 匿은 謂隱匿其情이라 禮者는 明示人者也니 若隱匿하면 則大惑이라 畸는 音羈라 ○ 王念孫曰 隱匿與大惑은 義不相屬이어늘 楊曲爲之說하니 非也라 匿與慝同[①]이라 慝은 差也[②]니 言大惑生於差慝也라 上文曰 亂生其差라하니 正謂此也라 道貴乎中하니 畸則偏하고 差則惑矣라 故曰 中則可從이요 畸則不可爲요 慝則大惑이라하니라 又樂論篇曰 亂世之徵은 其聲樂險하고 其文章匿而采라하니 匿은 亦讀爲慝이라 慝은 邪也니 言文章邪慝而多采飾也[③]라

① 逸周書大戒篇의 克禁淫謀하니 衆匿乃雍과 管子七法篇의 百匿傷上威는 竝以匿爲慝이라 又管子明法篇에 比周以相爲匿이라하여늘 明法解에 匿作慝하고 漢書五行志에 朔而月見東方을 謂之仄慝이라하여늘 書大傳에 慝作匿하니라

≪逸周書≫ 〈大戒篇〉의 "克禁淫謀 衆匿乃雍(능히 음란한 계책을 금지하니 많은 사람이 간교를 부리는 길이 막혔다.)"과, ≪管子≫ 〈七法篇〉의 "百匿傷上威(백관들이 간사하면 군주의 위세를 손상한다.)"는 모두 '匿'을 '慝'의 뜻으로 썼다. 또 ≪管子≫ 〈明法篇〉에

"比周以相爲匿(무리를 지어 서로 간사한 짓을 행한다.)"이라 하였는데, ≪管子≫ 〈明法解〉에 '匿'이 '慝'으로 되어 있고, ≪漢書≫ 〈五行志〉에 "朔而月見東方 謂之仄慝(초하룻날 달이 동쪽에 나타난 것을 운행이 어긋났다고 말한다.)"이라 하였는데, ≪尙書大傳≫에 '慝'이 '匿'으로 되어 있다.

② **洪範**에 **民用僭忒**이라하여늘 **漢書王嘉傳**에 **引此忒作慝**하고 **而釋之曰 民用僭差不壹**이라하며 **董仲舒雨雹對曰 無有差慝**이라하니라

≪書經≫ 〈洪範〉에 "民用僭忒(백성들이 이로 인해 참람하고 어긋나는 마음을 먹을 것이다.)"이라 하였는데, ≪漢書≫ 〈王嘉傳〉에 이것을 인용한 곳에 '忒'이 '慝'으로 되어 있고 그것을 풀이하기를 "民用僭差不壹(백성들이 그로 인해 참람하고 어긋나 통일되지 않는다는 뜻이다.)"이라 하였으며, 董仲舒의 〈雨雹對〉에 "無有差慝(어긋나고 잘못될 일이 없다.)"이라 하였다.

③ **鄘風柏舟傳**에 **曰 慝**은 **邪也**라하고 **漢書嚴安傳**에 **樂失而淫**하고 **禮失而采**라하여늘 **如淳曰 采**는 **飾也**라하니라

≪詩經≫ 〈鄘風 柏舟〉의 〈毛傳〉에 "慝은 '邪'의 뜻이다."라 하고, ≪漢書≫ 〈嚴安傳〉에 "樂失而淫 禮失而采(올바른 음악을 잃으면 음란해질 수 있고 올바른 禮義를 잃으면 꾸미는 것이 지나칠 수 있다.)"라 하였는데, 洪如淳이 "采는 꾸민다는 뜻이다."라고 하였다.

楊倞注 : 畸는 짝이 맞지 않다는 뜻의 글자이니, 한쪽으로 치우친 것을 이른다. 정치원칙 가운데 사람들이 좋다고 생각하는 것이 이 일관된 원칙에 부합하면 그대로 따를 수 있고 한쪽으로 치우면 그대로 실행할 수 없다는 것이다. 匿은 그 속마음을 숨기는 것을 이른다. 禮義란 사람들에게 분명히 드러내 보이는 것이니, 만약 그것을 숨긴다면 큰 미혹이 생겨날 것이다. 畸는 음이 '羈'이다.

○ 王念孫 : 隱匿과 大惑은 뜻이 서로 연결되지 않는데, 楊氏는 왜곡되게 설명하였으니, 틀렸다. 匿은 '慝'과 같다. 慝은 어긋난다는 뜻이니, 큰 미혹이 어긋난 데서 생긴다는 것을 말한다. 윗글에 "亂生其差(국가가 혼란해지는 것은 그 원칙이 어긋난 데서 생긴다.)"라 하였으니, 정확이 이것을 말한다. 정치원칙은 中道를 귀하게 여기니, 한쪽으로 기울면 치우치고 어긋나면 미혹이 생겨난다. 그러므로 "완전한 원칙에 부합되면 따를 수 있고 한쪽으로 기울면 시행할 수 없고 어긋나면 큰 미혹이 생겨난다."라고 말한 것이다. 또 〈樂論篇〉에 "亂世之徵 其聲樂險 其文章匿而采(혼란한 세상의 상징으로는 그 음악은 사특하고 괴벽하며 그 문장은 사특하면서도 화려하다.)"라 하였으니, 匿은 또 '慝'으로 읽기도 한다. 慝은 '邪'의 뜻이니, 문장이 사특하면서도 아름답게 꾸미는 일이 많은 것을 말한다.

17-93 水行者表深하니 表不明則陷하고

물을 건너는 사람은 푯대로 깊이를 표시하는데 이 푯대가 분명치 않으면 물에 빠져 죽을 수 있고,

表는 標準也라 陷은 溺也라 ○ 兪樾曰 水行은 當作行水라 行水者表深은 與下文治民者表道一律이라 孟子離婁篇에 如智者若禹之行水也라하니 此行水二字之證이라

楊倞注 : 表는 표준이라는 뜻이다. 陷은 물에 빠진다는 뜻이다.

○ 兪樾 : 水行은 마땅히 '行水'로 되어야 한다. '行水者表深'은 아랫글 '治民者表道'와 같은 형식이다. ≪孟子≫ 〈離婁篇〉에 "如智者若禹之行水也(지혜로운 사람이 禹임금이 물길을 터 흘러가게 한 것처럼 한다.)"라 하였으니, 이것이 '行水' 두 자의 증거이다.

17-94 治民者表道하니 表不明則亂이라 禮者는 表也라 非禮면 昬世也하고 昬世하면 大亂也라

백성을 다스리는 군주는 표준으로 정치원칙을 표명하는데 표준이 분명치 않으면 혼란해진다. 禮義는 곧 백성을 다스리는 표준이다. 禮義가 아니면 세상을 어둡게 만들고 세상을 어둡게 만들면 크게 혼란해진다.

昬世는 謂使世昬闇也라

楊倞注 : 昬世는 세상을 어둡게 만드는 것을 이른다.

17-95 故道無不明하여 外內異表하고 隱顯有常하면 民陷乃去라

그러므로 이 원칙이 분명치 않음이 없어 외부의 일과 내부의 일이 표시가 다르고 내부와 외부가 일정한 법도가 있다면 백성들이 위험에 빠질 소지가 제거된다.

道는 禮也라 外는 謂朝聘[68]이요 內는 謂冠昏이니 所表識章示各異也라 隱顯은 卽內外也라 有常은 言有常法也라 如此면 民陷溺之患乃去也라 ○ 郝懿行曰 外內는 皆謂禮也라 禮有內心有外心하니 竹箭有筠은 禮之外心也요 松柏有心은 禮之內心

68) 朝聘 : 신하가 조정에 나아가 임금을 만나는 일과 국가간에 서로 사신을 보내는 일을 말한다.

也라 注非라

楊倞注 : 道는 禮義이다. 外는 朝聘을 이르고 內는 冠禮와 婚禮를 이르니, 〈이처럼 각기 다른 禮義에 따라〉 표시하고 드러내는 형식이 각기 다르다. 隱顯은 곧 내부와 외부이다. 有常은 일정한 법도가 있는 것을 말한다. 이와 같이 한다면 백성들이 위험에 빠져드는 문제가 제거된다는 것이다.

○ 郝懿行 : 外內는 모두 禮義를 이른다. 禮義에는 內心이 있고 外心이 있으니, 대나무에 껍질이 있는 것은 禮義의 外心이고, 소나무와 잣나무에 고갱이가 있는 것은 禮義의 內心이다. 〈楊倞의〉 주는 틀렸다.

17-96 **萬物爲道**[69)]**一偏**이요 **一物爲萬物一偏**이라 **愚者爲一物一偏**이로되

만물은 道의 한 부분이고 한 가지 사물은 만물의 한 부분이다. 우매한 사람은 한 가지 사물의 한 부분만 인식하면서도

愚者不能盡一物也라

楊倞注 : 우매한 사람은 한 가지 사물에 관해서도 완전히 다 이해하지 못한다.

17-97 **而自以爲知道**하니 **無知也**라

스스로 도를 안다고 생각하니, 사실은 無知한 것이다.

以偏爲知道하니 豈有知哉아

楊倞注 : 한 부분만 아는 것을 가지고 도를 안다고 생각하니, 어찌 아는 것이 있겠는가.

17-98 **愼子有見於後**나 **無見於先**하고

愼子는 뒤에서 〈복종하는 면에〉 대해 인식한 것은 있으나 앞에서 〈인도하는 면에〉 대해서는 인식이 없고,

愼到는 本黃老之術하여 明不尙賢不使能之道라 故莊子論愼到曰 塊不失道라하니

69) 道 : 여기서는 우주가 발전하는 객관적인 규율로, 만물을 생성하는 총체적인 근원을 가리킨다.

以其無爭先之意라 故曰 見後而不見先也라하니라 漢書藝文志에 愼子著書四十二篇이라하고 班固曰 先申韓하여 申韓稱之也라하니라

楊倞注 : 愼到는 黃帝와 老子의 학술에 근본을 두고서 賢人을 숭상하지 않고 유능한 사람을 부리지 않는 도를 밝혔다. 그러므로 ≪莊子≫ 〈天下〉에서 愼到에 관해 논하기를 "塊不失道(〈저 감각이 없는〉 흙덩이처럼 되어야 도리를 잃지 않는다고 했다.)"라 하였으니, 이는 그가 〈우매한 사람들을〉 앞에서 인도할 뜻이 없었기 때문이다. 그러므로 "뒤에서 〈복종하는 면에〉 대해 인식한 것은 있으나 앞에서 〈인도하는 면에〉 대해서는 인식이 없다."라고 말한 것이다. ≪漢書≫ 〈藝文志〉에 의하면 愼子의 저서는 42편이고, 班固가 〈愼子는〉 "申不害와 韓非의 시대보다 앞서 태어나 申不害와 韓非의 찬사를 받았다."라고 하였다.

17-99 老子有見於詘이나 無見於信하고

老子는 굽혀서 〈양보하는 면에〉 대해 인식한 것은 있으나 伸張하여 〈앞으로 나아가는 면에〉 대해서는 인식이 없고,

老子

老子는 周之守藏史[70)]라 姓李요 字伯陽이며 號稱老聃하니 孔子之師也라 著五千言하니 其意多以屈爲伸하며 以柔勝剛이라 故曰 見詘而不見信也라하니라 信은 讀爲伸이라

楊倞注 : 老子는 周나라의 守藏史이다. 성은 李이고 자는 伯陽이며 老聃으로 부르니, 孔子의 스승이다. 글 5천 자를 지었는데, 그 뜻은 대부분 굽히는 것을 펴는 것으로 여기며 부드러운 것이 강한 것을 이긴다는 내용이다. 그러므로 "굽혀서 〈양보하는 면에〉 대해 인식한 것은 있으나 신장하여 〈앞으로 나아가는 면에〉 대해서는 인식이 없다."고 말한 것이다. 信은 '伸'으로 읽는다.

70) 守藏史 : 周나라 때의 관직명으로, 국가의 지도와 호적을 관장하는 史官이다.

17-100 墨子有見於齊나 無見於畸하고

墨子는 모든 사람이 평등하다는 면에 대해 인식한 것은 있으나 등급과 차별을 두는 면에 대해서는 인식이 없고,

畸는 謂不齊也라 墨子著書에 有上[71]同兼愛하니 是見齊而不見畸也라

楊倞注：畸는 평등하지 않은 것을 이른다. 墨子가 저술한 글에 〈上同〉과 〈兼愛〉편이 있으니, 이것이 곧 모든 사람이 평등하다는 면에 대해 인식한 것은 있으나 등급과 차별을 두는 면에 대해서는 인식이 없는 것이다.

墨子

17-101 宋子[72]有見於少나 無見於多라

宋子는 〈욕심을〉 적게 갖는 면에 대해서는 긍정하였으나 〈욕심을〉 많이 갖는 면에 대해서는 인식이 없었다.

宋子名鈃(견)이니 宋人也라 與孟子同時라 下篇云 宋子以人之情은 爲欲寡어늘 而皆以己之情은 爲欲多하니 爲過也라하니 據此說이면 則是少而不見多也라 鈃은 音形이며 又胡泠反이라 漢書藝文志에 有宋子十八篇하고 班固曰 荀卿道宋子에 其言黃老意라하니라 ○ 盧文弨曰 注引下篇은 元刻에 作宋子以人之情은 欲寡어늘 而皆以己之情은 欲多하니 是過也라하여 與下篇合이라 但引書不必定全依本文이라 楊氏以情欲二字相連하여 慮人不明이라 故以兩爲字間之니 不可謂衍文이라 今并下一爲字 皆從宋本이라

---

71) 上：'尙'과 통용한다.

72) 宋子：전국 때 宋나라의 宋鈃으로, 孟子(B.C. 372~B.C. 289)보다 나이가 많은 인물이다. 그 당시 이름난 학자로, 宋牼(경)・宋榮子로도 불린다. 사물을 인식할 때 먼저 先入觀을 깰 것을 주장하고 사람과 사람 사이의 모순을 제거할 것을 추구하였다. 전쟁을 반대하여 국가 간에 공격을 금지하고 군대를 철수할 것을 호소하기도 하였다.

楊倞注 : 宋子의 이름은 鈃이니, 宋나라 사람이다. 孟子와 같은 시대이다. 아래편(≪正論篇≫)에 "宋子以人之情 爲欲寡 而皆以己之情 爲欲多 爲過也(宋子는 '사람의 본성은 적은 것을 원하는데도 〈지금 사람들은〉 모두 자기 본성은 많은 것을 원하는 것으로 여기고 있으니, 이는 잘못되었다.'라고 하였다.)"라 하였으니, 이 설에 의하면 이는 〈욕심을〉 적게 갖는 면에 대해서는 긍정하였으나 〈욕심을〉 많이 갖는 면에 대해서는 인식이 없는 것이다. 鈃은 음이 '形'이며, 또 胡와 泠의 반절이기도 하다. ≪漢書≫ 〈藝文志〉에 의하면 ≪宋子≫ 18편이 있고, 班固가 "荀卿이 宋子에 관해 거론할 때 그가 黃帝와 老子의 뜻을 말했다고 했다."라고 하였다.

○ 盧文弨 : 〈楊氏의〉 주에 인용한 아래편은 元刻本에 '宋子以人之情 欲寡 而皆以己之情 欲多 是過也'로 되어 있어 아래편의 문구와 부합된다. 다만, 어떤 글을 인용할 때 반드시 그 원문을 온전히 따를 것은 없다. 楊氏는 '情欲' 두 자가 서로 연결되어 사람들이 잘 이해하지 못할까 염려되었기 때문에 두 '爲'자를 사이에 끼워 넣은 것이니, 잘못 덧붙여진 글로 생각할 수는 없다. 여기서는 아래의 '爲' 한 자까지 함께 놓아두어 모두 宋本을 따랐다.

17-102 有後而無先이면 則群衆無門하고

뒤에서 〈복종하기만〉 하고 앞에서 〈인도하는 일이〉 없다면 군중이 〈계속 앞으로 나아갈〉 門戶가 없고,

夫群衆在上之開導어늘 皆處後而不處先이면 群衆無門戶也라

楊倞注 : 대체로 군중은 윗사람이 일깨우고 인도하기에 달려 있는데, 언제나 모두 뒤로 물러나고 앞에 처해 있지 않는다면 군중이 앞으로 나아갈 門戶가 없다.

17-103 有詘而無信이면 則貴賤不分하고

굽혀서 〈양보하기만 하고〉 伸張하여 〈앞으로 나아가는 일이〉 없다면 貴賤이 구분되지 않고,

貴者伸而賤者詘하면 則分別矣라 若皆貴柔弱卑下면 則無貴賤之別也라

楊倞注 : 존귀한 사람은 신장하여 〈앞으로 나아가고〉 미천한 사람은 굽혀서 〈양보한다면〉 신분이 구별될 것이다. 그러나 만약 모든 사람이 다 부드럽고 약하고 낮추는 것만 귀하게 여긴다면 귀천의 구별이 없을 것이다.

17-104 **有齊而無畸**면 **則政令不施**하고

모두가 평등하기만 하고 등급과 차별이 없다면 정치 법령이 시행되지 않고,

夫施政令은 **所以治不齊者**라 **若上同**이면 **則政令何施也**리오

楊倞注 : 대체로 정치 법령을 시행하는 것은 평등하지 않은 사람을 다스리기 위해서이다. 만약 모든 사람이 동등할 것을 숭상한다면 정치 법령이 어떻게 시행되겠는가.

17-105 **有少而無多**면 **則群衆不化**라

〈욕심을〉 적게 갖는 것만 추구하고 〈욕심을〉 많이 갖는 일이 없다면 군중이 쉽게 감화되지 않는다.

夫欲多則可以勸誘爲善이라 **若皆欲少**면 **則何能化之**리오

楊倞注 : 대체로 욕심이 많으면 권유하여 선을 행하게 할 수 있다. 만약 모든 사람이 욕심이 적다면 어떻게 감화시킬 수 있겠는가.

17-106 **書曰 無有作好**하여 **遵王之道**하고 **無有作惡**(오)하여 **遵王之路**라하니 **此之謂也**니라

≪書經≫에 "자기 개인이 좋아하는 것에 의지하지 말고 聖王의 正道를 따라야 하며, 자기 개인이 싫어하는 것에 의지하지 말고 성왕의 정도를 따라야 한다."라고 하였으니, 이를 두고 하는 말이다.

書는 **洪範**이라 **以喩偏好則非遵王道也**라

楊倞注 : ≪書經≫은 〈洪範〉이다. 〈이것을 인용하여〉 어느 한쪽만 치우치게 좋아하면 聖王의 정도를 따르는 것이 아니라는 것을 비유하였다.

正論篇 第十八　제18편 공정함을 논하다

이 편에서는 당시에 만연한 諸家의 잘못된 주장을 조목조목 나열한 뒤에 심도 있게 비판함으로써 禮義를 높이고 법치를 중시하는 사상을 집중적으로 드러내고 堯·舜의 정치제도를 가장 이상적인 모범으로 제시하였다.

18-1 世俗之爲說者曰 主道利周[1)]라하나 是不然이라

세속의 논자는 말하기를 "군주가 국가를 다스리는 방법은 비밀스럽게 하는 것이 유리하다."라고 하지만 이것은 옳지 않다.

此一篇은 皆論世俗之乖謬하니 荀卿以正論辨之라 周는 密也니 謂隱匿其情하여 不使下知也라 世俗以爲主道利在如此也라 ○ 先謙案 楊注此一篇至辨之十七字는 應在正論篇第十八下니 傳鈔者誤入正文이라

楊倞注 : 이 한 편은 모두 세속의 잘못된 학설을 논박한 내용이니, 荀卿이 공정한 의논으로 그 잘잘못을 가린 것이다. 周는 '密'의 뜻이니, 그 속마음을 숨겨 아랫사람이 알지 못하게 하는 것을 이른다. 세속에서는 군주가 국가를 다스리는 방법으로 유리한 것은 이렇게 하는 데에 있다고 생각한다는 것이다.

○ 先謙案 : 楊氏의 주 가운데 '此一篇'부터 '辨之'까지 17자는 마땅히 '正論篇 第十八' 밑에 있어야 하니, 옮겨 쓰는 사람이 본문 속에 잘못 집어넣은 것이다.

18-2 主者는 民之唱也요 上者는 下之儀也라

군주란 백성의 先唱하는 사람이고 제왕이란 신하의 표준이다.

謂下法上之表儀也라 ○ 先謙案 周語에 儀之於民의 韋注에 儀는 準也라하고 文選東

---

1) 主道利周 : 군주가 국가를 통치하는 방법은 비밀스럽게 하는 것이 유리하다는 뜻이다. 이것을 鍾泰는 法家의 설이라 하고, 金德建은 申不害의 설을 가리킨다고 하였다.

京賦에 儀姬伯之渭陽의 薛注에 儀는 則(칙)也라하니 言上是下之準則이라

楊倞注 : 아랫사람은 윗사람의 의표를 본보기로 삼는다는 것을 이른다.

○ 先謙案 : ≪國語≫ 〈周語〉에 "儀之於民(백성의 이익을 준칙으로 삼는다.)"이라 한 곳의 韋昭 주에 "儀는 '準'의 뜻이다."라 하고, ≪文選≫ 〈東京賦〉에 "儀姬伯之渭陽(西伯 姬昌이 渭水 북쪽에서 〈賢者를 구했던 일을〉 표준으로 삼았다.)"이라 한 곳의 薛綜 주에 "儀는 '則'의 뜻이다."라 하였으니, 윗사람은 아랫사람의 표준이 된다는 것을 말한다.

18-3 **彼將聽唱而應**하며 **視儀而動**이라 **唱默則民無應也**하고 **儀隱則下無動也**하며 **不應不動**이면 **則上下無以相有**[2)]**也**라

저 백성과 신하들은 先唱하는 것을 듣고 호응하며 표준을 보고 움직일 것이다. 선창하는 사람이 침묵하면 백성은 호응이 없고 표준이 숨겨져 있으면 신하는 움직임이 없으며, 호응이 없고 움직임이 없으면 위아래가 서로 도울 수가 없다.

上不導其下면 則下無以效上하니 是不相須也라 ○ 先謙案 有는 當爲胥니 字之誤也라 據注云 是不相須也에 則正文非相有明甚이라 詩桑扈疏에 胥須는 古今字[3)]라하고 孟子萬章篇趙注에 胥는 須也[4)]라하니 是胥須字義竝同이라 故正文云 無以相胥라하고 注卽以是不相須也釋之라 胥與有는 形近致誤라

楊倞注 : 윗사람이 자기의 아랫사람을 인도하지 않으면 아랫사람이 윗사람을 본받을 수가 없으니, 이렇게 되면 서로 부합하지 않는다는 것이다.

○ 先謙案 : '有'는 마땅히 '胥'자로 되어야 하니, 글자가 잘못된 것이다. 楊氏의 주에 "是不相須也(이렇게 되면 서로 부합하지 않는다는 것이다.)"라고 말한 것을 근거로 볼 때 본문

---

2) 有 : 王天海는 '佑'와 통용하는 글자로서 돕는다는 뜻이라고 하면서 〈大略篇〉의 "友者 所以相有也(벗이란 이를 통해 서로 돕는 것이다.)"라고 한 것과, 于省吾의 "有와 右는 옛글자에 통용하였다. 右는 돕는다는 뜻이다."라는 설명을 근거로 들었다. 이에 따라 번역하였다.

3) 詩桑扈疏……古今字 : 〈桑扈〉는 ≪詩經≫ 〈小雅〉의 편명이다. "君子樂胥 受天之祜(군자라 제후들이 즐거워하니, 저 하늘의 복록을 받을 것이네.)"라는 〈桑扈〉 시구의 '胥'자에 대해 孔穎達의 疏에서 '須'자와 같다고 풀이한 것을 말한다.

4) 孟子萬章篇趙注 胥須也 : ≪孟子≫ 〈萬章〉의 "天下之士多就之者 帝將胥天下而遷之焉(천하의 선비로서 그에게 나아가는 사람이 많거늘 堯임금이 장차 천하의 인심이 그에게 돌아가는 것을 기다려 왕위를 옮기려고 하였다.)"이라 한 곳의 '胥'자에 대해 趙岐의 주에서 '기다리다'의 뜻으로 보아 '須'와 같다고 하였다.

이 '相有'가 아니라는 것은 매우 분명하다. ≪詩經≫ 〈桑扈〉의 疏에 "胥와 須는 고금의 시대에 따라 〈다르게 표기한〉 글자이다."라 하고, ≪孟子≫ 〈萬章篇〉의 趙岐 주에 "胥는 '須'와 같다."라 하였으니, 이로 볼 때 '胥'와 '須'자는 뜻이 모두 같다. 그러므로 본문에 "無以相胥"라 하고, 주에 곧 "是不相須也"로 풀이한 것이다. '胥'와 '有'는 모양이 비슷하여 잘못된 것이다.

18-4 若是면 則與無上同也니 不祥莫大焉이라 故上者는 下之本也라 上宣明則下治辨[5]矣리라

이렇게 되면 군주가 없는 것과 같을 것이니, 불길한 일이 이보다 더 클 수가 없다. 그러므로 군주는 백성의 근본이다. 군주가 마음과 행위를 공개적으로 드러내면 백성이 잘 다스려질 수 있을 것이다.

宣은 露라 辨은 別也라 下知所從하면 則明別於事也라 ○ 郝懿行曰 辨은 與辦同이니 非辨別之辨이라

楊倞注 : 宣은 '露(드러나다)'의 뜻이다. 辨은 '別(구별하다)'의 뜻이다. 아랫사람이 무엇을 따를 것인지를 알면 국사를 어떻게 처리할지 분명히 구별한다는 것이다.

○ 郝懿行 : 辨은 '辦'과 같으니, '辨別'의 辨이 아니다.

18-5 上端誠則下愿慤矣요 上公正則下易(이)直矣리라

군주가 단정하고 성실하면 백성도 성실해질 것이고, 군주가 공평하고 올바르면 백성도 순진하고 정직해질 것이다.

上公正하면 則下不敢險曲也라

楊倞注 : 윗사람이 공평하고 올바르면 아랫사람이 감히 사악한 마음을 품지 못한다.

18-6 治辨則易(이)一하고 愿慤則易使하고 易直則易知라 易一則彊하고 易使則功하고 易知則明하리니 是治之所由生也라 上周密則下疑玄矣요

5) 辨 : 〈不苟篇〉 "事起而辨(사건이 일어나면 잘 처리한다.)"이라 한 곳의 王念孫 주에 "辨은 '治'자의 뜻이다."라 하고, 이곳의 문구를 예로 들어 설명하였다. 이에 따라 번역하였다.

백성이 잘 다스려지면 통일하기 쉽고 성실하면 부리기 쉽고 순진하고 정직하면 〈그 마음을〉 알기 쉽다. 백성을 통일하기 쉬우면 국가가 강해지고 백성을 부리기 쉬우면 군주가 공을 세우고 〈백성의 마음을〉 알기 쉬우면 〈군주의 생각이〉 분명해질 것이니, 이것이 국가가 다스려지는 근본이다.

군주가 비밀이 있으면 백성은 의심하고 혼란해할 것이고

玄은 謂幽深難知라 或讀爲眩하니 惑也라 下同이라 ○ 郝懿行曰 玄은 與眩同이라 注後說是라

楊倞注 : 玄은 깊어서 알기 어려운 것을 이른다. 간혹 '眩'으로 읽기도 하니, 혼란해한다는 뜻이다. 아래의 경우도 같다.

○ 郝懿行 : 玄은 '眩'과 같다. 〈楊倞의〉 주에서 뒤의 설이 옳다.

18-7 上幽險則下漸詐矣요

군주가 음흉하면 백성은 속임수를 부릴 것이고

幽는 隱也라 險은 難測也라 漸은 進也니 如字라 又曰 漸은 浸也니 謂浸成其詐也라 子廉反이라 ○ 郝懿行曰 漸은 讀爲潛이니 潛與漸은 古音同字通이라 潛者는 深也라 潛詐者는 謂幽深而險詐也라 先謙案 漸亦詐也니 說見不苟篇이라

楊倞注 : 幽는 숨긴다는 듯이다. 險은 헤아리기 어렵다는 뜻이다. 漸은 앞으로 나아간다는 뜻이니, 如字이다. 또 漸은 '浸'의 뜻이니, 그 속임수를 차츰 형성하는 것을 이른다. 〈음은〉 子와 廉의 반절이다.

○ 郝懿行 : 漸은 '潛'으로 읽어야 하니, '潛'과 '漸'은 옛날에 음이 같아 글자가 통용되었다. 潛이란 깊다는 뜻이다. '潛詐'는 마음이 깊어 사악하고 속임수를 부리는 것을 이른다.

先謙案 : 漸 또한 '詐'의 뜻이니, 이에 관한 설명은 〈不苟篇〉에 보인다.

18-8 上偏曲則下比周矣리라 疑玄則難一하고

군주가 한편으로 치우치면 백성은 자기들끼리 파당을 지을 것이다. 백성이 의심하고 혼란해하면 통일되기 어렵고

疑(或)〔惑〕[6]不知所從이라 故難一也라

楊倞注 : 의심을 품으면 무엇을 따라야 할지 모르기 때문에 〈마음이〉 통일되기 어렵다.

18-9 漸詐則難使하고 比周則難知라

속임수를 부리면 부리기가 어렵고 파당을 지으면 〈마음을〉 알기 어렵다.

人人懷私親比면 則上不可知其情이라 禮記曰 下難知則君長勞也라하니라

楊倞注 : 사람마다 사심을 품고 파당을 지으면 윗사람이 그 속마음을 알 수 없다. ≪禮記≫ 〈緇衣〉에 "신하의 마음을 알기 어려우면 윗사람이 수고롭다."라 하였다.

18-10 難一則不彊하고 難使則不功하고 難知則不明이라 是亂之所由作也라 故主道利明不利幽며 利宣不利周라 故主道明則下安하고 主道幽則下危라

백성을 통일하기 어려우면 국가가 강해지지 못하고 백성을 부리기 어려우면 군주가 공을 세우지 못하고 〈백성의 마음을〉 알기 어려우면 〈군주의 생각이〉 분명하지 못할 것이다. 이것이 혼란이 생겨나는 근본이다.

그러므로 군주의 통치방법은 분명히 하는 것이 이롭고 어둡게 하는 것은 이롭지 않으며 공개적으로 드러내는 것은 이롭고 비밀스럽게 하는 것은 이롭지 않다. 대체로 군주의 통치방법이 분명하면 백성이 편안하고 군주의 통치방법이 어두우면 백성이 위험해진다.

下知所從則安하고 不知所從則自危也라

楊倞注 : 아랫사람이 무엇을 따를 것인가를 알면 편안하고 무엇을 따를 것인가를 모르면 위험해진다.

18-11 故下安則貴上하고 下危則賤上이라

그러므로 백성이 편안하면 군주를 존중하고 백성이 위험하면 군주를 천시한다.

---

6) (或)〔惑〕 : 저본에는 '或'으로 되어 있으나, 世德堂本에 의거하여 '惑'으로 바로잡았다.

貴는 猶愛也요 賤은 猶惡(오)也라

楊倞注 : 貴는 사랑한다는 뜻과 같고, 賤은 미워한다는 뜻과 같다.

18-12 故上易知則下親上矣요 上難知則下畏上矣리라 下親上則上安하고 下畏上則上危라

그러므로 군주의 생각을 알기 쉬우면 백성이 군주를 친애할 것이고, 군주의 생각을 알기 어려우면 백성이 군주를 두려워할 것이다. 백성이 군주를 친애하면 군주는 편안하고, 백성이 군주를 두려워하면 군주는 위험해진다.

畏則謀上이라

楊倞注 : 두려우면 윗사람을 〈거역할 것을〉 도모한다.

18-13 故主道莫惡乎難知하고 莫危乎使下畏己라 傳曰 惡(오)之者衆則危라하고 書曰 克明明德[7)]이라하며

그러므로 군주의 통치방법은 자기의 생각을 알기 어렵게 하는 것보다 더 나쁜 것이 없고, 백성에게 자기를 두려워하게 하는 것보다 더 위험한 것은 없다. 옛글에 "그를 미워하는 사람이 많으면 위험하다."라 하고 ≪書經≫에 "능히 밝은 덕을 밝히셨다."라 하였으며,

書多方曰 成湯至於帝乙히 罔不明德愼罰이라하니라

楊倞注 : ≪書經≫ 〈多方〉에 "成湯으로부터 帝乙에 이르기까지 덕을 밝혀 형벌을 삼가지 않는 일이 없었다."라고 하였다.

18-14 詩曰 明明在下라하니라

≪詩經≫에 "밝고 밝은 미덕이 밑에 있으면"이라고 하였다.

---

7) 克明明德 : ≪書經≫ 〈虞書 堯典〉에 보이는데, 지금의 〈堯典〉에는 '克明俊德(능히 큰 덕을 밝히셨다.)'으로 되어 있다.

詩는 大雅大明之篇이라 言文王之德이 明明在下라 故赫赫然著見於天也라

楊倞注 : ≪詩經≫은 〈大雅 大明〉편이다. 文王의 덕이 환하게 아래 지상에 있기 때문에 〈王者가 되라는 하늘의 명이〉 저 하늘에 빛나게 드러났다는 것을 말한다.

18-15 故先王明之니 豈特玄之耳哉아

그러므로 옛 聖王도 〈자기의 생각을〉 드러내 밝혔던 것이니, 어찌 그저 〈생각을〉 숨겨 어둡게 하기만 하였겠는가.

特은 猶直也라

楊倞注 : 特은 '直(다만)'의 뜻과 같다.

18-16 世俗之爲說者曰 桀紂有天下어늘 湯武簒而奪之라하나 是不然이라 以桀紂爲常有天下之籍(자)[8]則然하고

세속의 논자는 말하기를 "桀王과 紂王이 천하를 보유하고 있었는데, 湯王과 武王이 그들의 천하를 빼앗았다."라고 하지만 이것은 맞지 않다. 桀王・紂王이 천자의 지위를 승계한 것은 맞고

以常主天下之圖籍(적)則然이라 ○ 盧文弨曰 案常은 當爲嘗이라 籍(자)는 當爲憑藉之藉라 下文云埶籍는 爲埶力憑藉也라 有之而不能用이라 故曰 不能親有[9]라하니라

楊倞注 : 언제나 천하의 지도와 호적을 관장하고 있다는 것은 옳다는 것이다.

○ 盧文弨 : 살펴보건대, 常은 마땅히 '嘗'으로 되어야 한다. 籍는 마땅히 '憑藉'의 '藉'로 되어야 한다. 아래 글(18-23)에 '埶籍'라고 한 말은 의지할 세력이 있다는 뜻이다. 그것을 보유하고서도 사용하지 못했기 때문에 '不能親有(직접 보유하지 못했다.)'라고 말한 것이다.

18-17 親有天下之籍則(不)[10]然이나

---

8) 常有天下之籍(자) : 천자의 지위를 승계하였다는 뜻이다. 常은 '嘗'과 통하고, 籍는 자리라는 뜻의 '藉'와 통한다. 天下는 王先謙의 주(18-17)에 따라 '天子'로 간주하여 번역하였다.

9) 不能親有 : 아래 구 '親有天下之籍則不然'의 '不'을 빼지 않고 그 뜻을 축약한 말이다.

그들 자신이 천자의 지위를 보유한 것도 맞지만

躬親能有天下則不然하니 以其不能治之也라 ○ 先謙案 兩天下之籍는 竝當作天子之籍니 說見儒效篇이라 常有는 謂世相及이라 親有는 身爲天子也라 上盧說非라 則不然은 當作則然이니 說見下라

楊倞注 : 몸소 직접 천하를 보유한 것은 옳지 않으니, 그들이 천하를 잘 다스리지 못했기 때문이다.

○ 先謙案 : 두 군데의 '天下之籍'는 모두 마땅히 '天子之籍'로 되어야 하니, 이에 관한 설명은 〈儒效篇〉에 보인다. 常有는 대대로 승계한 것을 이른다. 親有는 몸이 천자가 되었다는 뜻이다. 위의 盧氏 설은 틀렸다. 則不然은 마땅히 '則然'으로 되어야 하니, 이에 관한 설명은 아래(18-18)에 보인다.

18-18 天下謂在桀紂則不然이라

천하가 桀王・紂王의 손 안에 장악되었다고 여기는 것은 맞지 않다.

○ 王引之曰 上則不然도 亦當作則然이니 親有天下之籍則然이라 天下謂在桀紂則不然者는 言桀紂雖親有天下之籍라도 而天下之人心已去桀紂而歸湯武也라 今本엔 則然이 作則不然하니 涉下句而誤耳라 下文云 有天下之後也라 執籍之所在也라하니라 則桀紂固親有天下之籍矣니 何得云不然乎아 楊曲爲之說하니 非是라

○ 王引之 : 위의 '則不然'도 마땅히 '則然'으로 되어야 하니, 자신이 천하의 지위를 보유한 것은 맞다는 것이다. '천하가 桀王・紂王의 손 안에 장악되었다고 여기는 것은 맞지 않다.'고 하는 것은 桀王・紂王이 천하의 지위를 몸소 보유하였더라도 천하의 인심은 이미 桀王・紂王을 떠나 湯王・武王에게 돌아간 것을 말한다. 지금 판본에는 '則然'이 '則不然'으로 되어 있으니, 이는 아래 문구와 연관되어 잘못된 것일 뿐이다. 아래 글(18-23)에 "有天下之後也 執籍之所在也(천하를 보유한 자의 후대로서 권세와 지위를 지니고 있다.)"라고 하였다. 그렇다면 桀王과 紂王이 사실 자신이 천하의 지위를 보유한 것이니, 어찌 맞지 않다고 말할 수 있겠는가. 楊氏는 이것을 왜곡되게 말했으니, 옳지 않다.

18-19 古者에 天子千官하고 諸侯百官이라

10) (不) : 저본에는 '不'이 있으나, 王先謙의 주에 의거하여 잘못 덧붙여진 글자로 처리하였다.

옛날에 천자에게는 천 명의 관원이 있었고, 제후에게는 백 명의 관원이 있었다.

○ 郝懿行曰 明堂位云 有虞氏官五十이요 夏后氏官百이요 殷二百이요 周三百이라하니 鄭注에 周之六卿은 其屬各六十이니 則周三百六十官也라하니라 以夏周推前後之差면 有虞氏官宜六十이요 夏后氏宜百二十이요 殷宜二百四十이니 不得如此記也라 然則依鄭此說하고 參以記文에 可知天子千官은 古未有矣라

○ 郝懿行 : ≪禮記≫ 〈明堂位〉에 "有虞氏는 관원이 50인, 夏后氏는 관원이 100인, 殷나라는 200인, 周나라는 300인이다."라 하였는데, 鄭玄의 주에 "周나라의 六卿은 그 屬官이 각 60인이니, 그렇다면 周나라는 관원이 360인이다."라고 하였다. 夏나라와 周나라의 경우를 가지고 전후 시대의 차이를 추산해보면, 有虞氏는 관원이 마땅히 60인, 夏后氏는 마땅히 120인, 殷나라는 마땅히 240인이 되어야 하니, 여기에 기록된 〈수효와〉 같을 수는 없다. 그렇다면 鄭玄의 이 설을 따르고 ≪禮記≫의 글을 참작해볼 때, 천자에게 천 명의 관원이 있었다는 것은 고대에 그런 경우가 없었다는 것을 알 수 있다.

18-20 以是千官也하여 令行於諸夏之國이면 謂之王하고

이 천 명의 관원에 의지하여 명령이 중원의 각 제후국에 행해지면 〈천하를 통치하는〉 제왕이라 말하고,

夏는 大也니 中原之大國이라

楊倞注 : 夏는 크다는 뜻이니, 중원의 대국이다.

18-21 以是百官也하여 令行於境內면 國雖不安이라도 不至於廢易遂(이추)亡하니 謂之君이라

이 백 개의 관직에 의지하여 명령이 국경 안에 행해지면 나라가 비록 안정되지는 않더라도 정사가 폐기되고 해이해지거나 무너지고 망가지는 정도까지는 이르지 않으니 이를 〈제후국의〉 군주라 말한다.

僅存之君이라 ○ 先謙案 遂는 讀爲墜니 說見王制篇이라

楊倞注 : 겨우 명맥을 유지한 군주이다.

○ 先謙案 : 遂는 '隊'로 읽어야 하니, 이에 관한 설명은 〈王制篇〉에 보인다.

18-22 聖王之子也요

〈桀王과 紂王은〉 聖王의 자손이고

子는 子孫也라

楊倞注 : 子는 자손이다.

18-23 有天下之後也라 埶籍(자)之所在也요

천하를 보유한 자의 후대로서 권세와 지위를 지니고 있고

○ 先謙案 埶籍는 猶埶位니 說見儒效篇이라

○ 先謙案 : 埶籍는 '埶位(권세와 지위)'와 같으니, 이에 관한 설명은 〈儒效篇〉에 보인다.

18-24 天下之宗室也라 然而不材不中하여

천하 사람이 존경하는 왕족이었다. 그러나 재능이 없고 행위가 법도에 맞지 않아

不中은 謂處事不當也라 中은 丁仲反이라 ○ 王念孫曰 中은 讀中正之中이라 孟子離婁篇에 中也養不中하며 材也養不材라하니 是其證이라 楊說非라

楊倞注 : 不中은 행하는 일이 도리에 맞지 않는 것을 이른다. 中은 〈음이〉 丁과 仲의 반절이다.

○ 王念孫 : 中은 '中正'의 '中'으로 읽는다. ≪孟子≫ 〈離婁篇〉에 "中也養不中 材也養不材(〈덕행이〉 법도에 맞는 사람이 법도에 맞지 않는 사람을 가르쳐야 하며, 재능을 지닌 사람이 재능이 없는 사람을 가르쳐야 한다.)"라고 하였으니, 이것이 그 증거이다. 楊氏의 설은 틀렸다.

18-25 內則百姓疾之하고 外則諸侯叛之하며 近者境內不一하고 遙者諸侯不聽하여 令不行於境內하고 甚者諸侯侵削之하고 攻伐之라 若是면 則雖未亡이라도 吾謂之無天下矣라 聖王沒에 有埶籍者罷(피)하여 不足以縣天下면

안으로는 백성들이 그를 미워하고 밖으로는 제후가 그를 배반하며, 가까이로는 경내도 통일되지 않고 멀리로는 제후들이 말을 듣지 않아 명령이 경내에 행해지지 않고, 심지어는 제후들이 천자의 땅을 침략해 빼앗고 천자를 공격하고 정벌하게 되었다. 상황이 이와 같으면 비록 멸망하지 않았더라도 나는 이를 가리켜 천하를 잃었다고 말한다.

聖王이 죽은 뒤에 저 권세와 지위를 지닌 〈후대의 왕이〉 재능과 덕이 없어 충분히 천하의 〈무게를 가늠하는〉 저울이 되지 못한다면

聖王은 禹湯也라 有埶籍(적)者는 謂其子孫也라 罷는 謂弱不任事也라 縣은 繫也니 音懸이라 ○ 先謙案 注弱不任事는 各本에 任誤在라 據宋台州本正이라 縣天下는 謂持天下之衡이니 說詳彊國篇이라 楊注非라

楊倞注 : 聖王은 禹王과 湯王이다. '有埶籍者(권세와 호적을 보유한 사람)'는 그의 자손을 이른다. 罷는 허약하여 국사를 맡지 못하는 것을 이른다. 縣은 '繫'의 뜻이니, 그 음은 '懸'이다.

○ 先謙案 : 〈楊氏〉 주의 '弱不任事'는 각 판본에 '任'이 '在'로 잘못되어 있다. 宋 台州本에 의거하여 바로잡았다. 縣天下는 천하의 〈무게를 가늠하는〉 저울을 이르니, 이에 관한 설명은 〈彊國篇〉에 자세히 보인다. 楊氏의 주는 틀렸다.

18-26 天下無君하고

천하는 군주가 없는 것과 같고,

桀紂不能治天下하니 是無君이라

楊倞注 : 桀王과 紂王은 천하를 잘 다스리지 못했으니, 이는 군주가 없는 것과 같다.

18-27 諸侯有能德明威積이면 海內之民이 莫不願得以爲君師라

제후 중에 덕이 밝고 위세를 높이 쌓은 사람이 있다면 온 천하의 백성이 그를 君長으로 삼기를 원하지 않을 수 없을 것이다.

師는 長이라

楊倞注：師는 '長(어른)'의 뜻이다.

18-28 **然而暴國獨侈**면 **安能[11)]誅之**하되

그런데도 폭군이 통치하는 나라가 유독 사치하고 방종하면 죽이되

暴國은 即桀紂也라 侈는 謂奢汰放縱이라 ○ 先謙案 以上下文義求之에 能字不當有라 此以安代則字用이니 暴國獨侈면 安誅之者는 暴國獨侈則誅之也라 此能字는 緣上下文能字而衍이라

楊倞注：暴國은 곧 桀王과 紂王이다. 侈는 사치하고 방종한 것을 이른다.

○ 先謙案：위아래 글의 뜻으로 추리해볼 때 '能'자는 마땅히 있어서는 안 된다. 여기서는 '安'을 '則'자 대신으로 사용하였으니, '暴國獨侈 安誅之'라는 말은 폭군이 통치하는 나라가 유독 사치를 자행하면 그 폭군을 죽인다는 뜻이다. 여기의 '能'자는 위아래 글의 '能'자로 인해 잘못 덧붙여진 것이다.

18-29 **必不傷害無罪之民**하며 **誅暴國之君**을 **若誅獨夫**리라

반드시 죄 없는 백성들은 해치지 않으면서 마치 외로운 일개 필부를 죽이듯이 그 포악한 나라의 군주를 죽일 것이다.

天下皆去하여 無助之者 若一夫然이라

楊倞注：천하의 인심이 모두 떠나 그를 돕는 사람이 없는 것이 마치 한 개인과 같다는 것이다.

18-30 **若是**면 **則可謂能用天下矣**리니 **能用天下之謂王**이라 **湯武非取天下也**요

이와 같으면 천하를 잘 다스린다고 할 수 있을 것이니, 천하를 잘 다스리는 자를 제왕이라 말하는 것이다. 湯王과 武王은 천하를 빼앗은 것이 아니라,

非奪桀紂之天下也라

楊倞注：桀王과 紂王의 천하를 탈취한 것은 아니라는 것이다.

---

11) 能：王先謙은 잘못 덧붙여진 글자라고 하였으나 여기서는 '得'과 같다.

18-31 **修其道**[12]하고 **行其義**하여 **興天下之同利**하고 **除天下之同害**하여 **而天下歸之也**라 **桀紂非去**[13]**天下也**요

그 정치원칙을 준수하고 그 도리를 시행하여 천하의 공동 이익을 일으키고 천하의 공동 해악을 제거하여 천하가 그들에게 돌아왔던 것이다. 桀王과 紂王은 천하를 버린 것이 아니라,

(非)〔言〕[14]天下自去也라

楊倞注 : 천하가 스스로 떠난 것을 말한다.

18-32 **反禹湯之德**하고 **亂禮義之分**하며 **禽獸之行**[15]하여 **積其凶**하고 **全其惡**하여 **而天下去之也**라 **天下歸之之謂王**하고 **天下去之之謂亡**이라 **故桀紂無天下**하고 **而湯武不弑君**을 **由此效之也**라

禹王과 湯王의 덕을 어기고 禮義의 명분을 어지럽히며 禽獸의 행위에 안주하여 끊임없이 포악한 짓을 자행하고 온갖 나쁜 짓을 다함으로써 천하 사람이 그를 버렸던 것이다.

천하 사람이 그에게 돌아온 것을 제왕이라 말하고 천하 사람이 그를 버린 것을 멸망이라 말한다. 이 때문에 桀王과 紂王은 모두 천하를 보유한 일이 없고, 湯王과 武王은 모두 군주를 시해하지 않았다는 것을 이를 통해 증명할 수 있다.

天下皆去桀紂하니 是無天下也라 湯武誅獨夫耳니 豈爲弑君乎아 由는 用也며 效는 明也니 用此論明之라 ○ 先謙案 注豈는 各本에 誤其라 據宋台州本正이라

楊倞注 : 천하가 모두 桀王・紂王을 버렸으니, 이는 천하가 없는 것이다. 湯王・武王은 일개 필부를 죽였을 뿐이니, 어찌 군주를 시해하였겠는가. 由는 '用'의 뜻이며 效는 '明'의

---

12) 修其道 : 〈王霸篇〉에는 修가 '循'으로 되어 있다. 그에 따라 번역하였다.

13) 去 : 楊倞의 주에는 '떠나다'의 뜻으로 풀이하였으나, 鍾泰는 '棄(버리다)'와 같다고 하였다. 鍾泰의 설에 따라 번역하였다.

14) (非)〔言〕 : 저본에는 '非'로 되어 있으나, 久保愛의 설에 근거하여 '言'으로 바로잡았다.

15) 禽獸之行 : 包遵信은 '禽獸之行' 위에 본디 '安'자가 있었을 것이라고 하였다. 위 두 구와 대를 이룬 문구임을 상정할 때 그의 설이 일리가 있는 것으로 보여 번역에 반영하였다.

뜻이니, 이와 같은 말로 〈그 잘못을〉 밝힐 수 있다는 것이다.

○ 先謙案 : 〈楊氏〉 주의 '豈'는 각 판본에 '其'로 잘못되어 있다. 宋 台州本에 의거하여 바로잡았다.

18-33 **湯武者**는 **民之父母也**요 **桀紂者**는 **民之怨賊也**라 **今世俗之爲說者**는 **以桀紂爲君**하고 **而以湯武爲弑**라 **然則是誅民之父母**하고 **而師民之怨賊也**니

湯王과 武王은 백성들의 부모이고 桀王과 紂王은 백성들이 원망하는 적이었다. 지금 세속의 논자들은 桀王과 紂王을 군주로 여기고 湯王과 武王을 군주를 시해한 사람으로 여기고 있다. 그렇다면 이는 백성들의 부모를 질책하고 백성들이 원망하는 적을 君長으로 받든다는 말이 되니,

師는 **長**이라

楊倞注 : 師는 '長'의 뜻이다.

18-34 **不祥莫大焉**이라 **以天下之合爲君**이라하면 **則天下未嘗合於桀紂也**라 **然則以湯武爲弑**는 **則(天下)**[16]**未嘗有說也**라 **直墮之耳**라

상서롭지 못한 일이 이보다 더 클 수는 없다. 천하 사람이 모여드는 인물을 군주라 한다면 천하 사람이 일찍이 桀王과 紂王에게 모여든 적이 없다. 그렇다면 湯王과 武王이 군주를 시해하였다는 것은 〈말이 되지 않으니,〉 일찍이 누구도 그런 말을 한 적이 없다. 이는 그저 비방하는 것에 불과하다.

自古論說에 **未嘗有此世俗之人 墮損湯武耳**라 ○ **郝懿行曰 墮者**는 **毁也**라 **言以湯武爲弑**는 **非有說也**요 **直爲妄言詆毁之耳**라 **王念孫曰 天下未嘗有說**의 **天下二字**는 **涉上文而衍**이라 **據楊注云 自古論說未嘗有此**면 **則本無天下二字明矣**라 **先謙案 天下**는 **王說是也**니 **此緣上文天下字而衍**이라 **墮之**는 **郝說是也**라 **仲尼篇云 則墮之者衆**이라하고 **富國篇云 非將墮之也**라하고 **議兵篇云 辟之**컨대 **猶以錐刀墮太**

16) (天下) : 저본에는 '天下'가 있으나, 王念孫의 주에 의거하여 잘못 덧붙여진 것으로 처리하였다.

山也라하니 與此文皆當訓爲毁라 注云墮損이라하니 其義未諦라

楊倞注 : 예로부터 논하는 설 가운데 이 세속 사람처럼 湯王·武王을 허물어뜨리는 경우는 없었다는 것이다.

○ 郝懿行 : 墮는 헐뜯는다는 뜻이다. 湯王·武王이 군주를 시해하였다는 것은 일리가 있는 설이 아니고 그저 망언으로 비방하는 것일 뿐임을 말한다.

王念孫 : '天下未嘗有說'의 '天下' 두 자는 윗글과 연관되어 잘못 덧붙여진 것이다. 楊氏 주의 '自古論說未嘗有此'라고 한 것을 근거로 보면 본디 '天下' 두 자가 없었다는 것이 분명하다.

先謙案 : 天下는 王氏의 설이 옳으니, 이것은 윗글의 '天下' 글자로 인해 잘못 덧붙여진 것이다. 墮之는 郝氏의 설이 옳다. 〈仲尼篇〉에 "則墮之者衆(그를 비방하는 자는 많다.)"이라 하고, 〈富國篇〉에 "非將墮之也(그를 비방하는 것이 아니다.)"라 하고, 〈議兵篇〉에 "辟之 猶以錐刀墮太山也(비유컨대 마치 작은 칼로 태산을 허무는 것과 같다.)"라 하였으니, 이곳의 글과 함께 다 마땅히 비방한다는 뜻으로 보아야 한다. 〈楊氏의〉 주에서는 허물어뜨리는 뜻이라고 하였으니, 그 뜻이 분명치 않다.

18-35 故天子唯其人이라 天下者는 至重也하여 非至彊莫之能任이요

그러므로 천자는 오직 그 자리에 합당한 사람이어야만 한다. 천하를 〈다스리는〉 것은 그 책임이 더할 수 없이 무거우므로 지극히 강한 사람이 아니면 그 일을 감당할 수 없고,

物之至彊者라야 乃能勝重任이라

楊倞注 : 사람들 가운데 극도로 강한 자라야 무거운 책임을 감당할 수 있다.

18-36 至大也하여 非至辨莫之能分이요

〈그 범위가〉 더할 수 없이 방대하므로 지극히 분별력이 있는 사람이 아니면 그 실상을 분별할 수 없고,

至大則難詳이라 故非小智所能分別也라

楊倞注 : 〈범위가〉 더할 수 없이 방대하면 그 실상을 자세히 알기 어렵다. 그러므로 지

혜가 작은 사람이 분별할 수 있는 대상이 아니다.

18-37 **至衆也**하여 **非至明莫之能和**라

〈그 백성이〉 더할 수 없이 많으므로 지극히 명철한 사람이 아니면 그들을 화합시킬 수가 없다.

天下之人至衆하니 非極知其情僞면 不能和輯也라

楊倞注 : 천하 사람들의 수효가 더할 수 없이 많으니, 그 진심과 허위의 속마음을 완전히 아는 사람이 아니면 그들을 화합시킬 수 없다.

18-38 **此三至者**는 **非聖人莫之能盡**이라 **故非聖人莫之能王**이라

이 세 가지 지극히 뛰어난 능력은 聖人이 아니면 누구도 다 구비할 수가 없기 때문에 聖人이 아니면 누구도 王者가 될 수 없다.

重大如此三者하니 非聖人이면 安能王乎아 王은 于況反이라

楊倞注 : 중대한 정도가 이 세 가지 말한 것과 같으니, 聖人이 아니면 어찌 王者가 될 수 있겠는가. 王은 〈음이〉 于와 況의 반절이다.

18-39 **聖人備道全美者也**니 **是縣天下之權稱也**라

聖人은 도덕이 완비되고 완전무결하여 〈나무랄 데가 없는〉 사람이니, 그는 곧 천하의 〈무게를 가늠하는〉 저울이다.

懸天下는 如權稱之懸하여 揔知輕重也라 稱은 尺證反이라

楊倞注 : 懸天下는 저울에 〈각종 물건을〉 걸어 각각의 무게를 빠짐없이 아는 경우와 같다는 뜻이다. 稱은 〈음이〉 尺과 證의 반절이다.

18-40 **桀紂者其知慮至險也**하고 **其至意至闇也**하고

桀王과 紂王은 그 智謀가 지극히 험악하고 그 의지가 지극히 어리석고

至意는 當爲志意라 ○ 先謙案 荀書에 至志通借하니 說見儒效篇이라

楊倞注 : 至意는 마땅히 '志意'로 되어야 한다.

○ 先謙案 : ≪荀子≫에 '至'와 '志'는 통용하니, 이에 관한 설명은 〈儒效篇〉에 보인다.

18-41 其行(之)[17]爲至亂也라

그 행위가 지극히 혼란한 자들이다.

○ 王引之曰 知慮志意行爲相對爲文하니 則行下不當有之字①라

① 荀子書에 行爲字는 皆作僞라 今作爲者는 後人以其所知改其所不知耳라
≪荀子≫에 '行爲'의 〈爲자는〉 모두 '僞'로 되어 있다. 그런데 이곳에 '爲'로 되어 있는 것은 후세 사람이 자기가 아는 것을 가지고 자기가 모르는 것을 고쳐 〈이렇게 된〉 것일 뿐이다.

○ 王引之 : '知慮'・'志意'・'行爲'가 서로 대를 맞춰 글이 되었으니, '行' 밑에 마땅히 '之' 자가 있어서는 안 된다.

18-42 親者疏之하고 賢者賤之하고 生民怨之하니 禹湯之後也로되 而不得一人之與라 刳比干하고 囚箕子라가 身死國亡하여 爲天下之大僇하니 後世之言惡者必稽焉이라

친근한 사람이 그들을 멀리하고 현능한 사람이 그들을 천시하고 백성들이 그들을 원망하였으니, 그들이 비록 禹王과 湯王의 후손이었지만 한 사람도 자기편을 얻지 못하였다. 〈紂王은〉 比干의 배를 가르고 箕子를 잡아가두다가 그 자신은 죽고 국가는 멸망하여 천하에 가장 치욕적인 사람이 되었으니, 후세에 포악한 사람을 말할 때는 반드시 그를 끌어다가 예로 들게 되었다.

言惡者는 必稽考桀紂하여 以爲龜鏡也라

楊倞注 : 포악에 관해 말하는 사람은 반드시 桀王과 紂王을 고찰하여 귀감으로 삼았다.

---

17) (之) : 저본에는 '之'가 있으나, 王引之의 주에 의거하여 잘못 덧붙여진 글자로 처리하였다.

18-43 **是不容妻子之數也**라

이것은 처자식도 포용하지 못하는 방식이다.

不能容有其妻子는 是如此之人數也니 猶言不能保妻子之徒也라 列子에 梁王謂楊朱曰 先生有一妻一妾不能治也라하니라 ○ 王念孫曰 楊未曉數字之意라 數는 猶道也①니 言是不容妻子之道也라 凡道有吉有凶하니 下文曰 故至賢疇四海하니 湯武是也요 至罷不容妻子하니 桀紂是也라하니라 然則如湯武者는 是疇四海之道也니 吉道也요 如桀紂者는 是不容妻子之道也니 凶道也라

① 呂氏春秋壅塞篇에 寡不勝衆은 數也라하고 高注에 數는 道數也라하니라
≪呂氏春秋≫ 〈壅塞篇〉에 "寡不勝衆 數也(적은 사람이 많은 사람을 이기지 못하는 것은 필연적인 방식이다.)"라 하고, 高誘의 주에 "數는 필연적인 방식이다."라고 하였다.

楊倞注 : 자기 처자도 포용하지 못하는 것은 이와 같은 사람이 행하는 방식이란 뜻이니, 자기 처자도 보전하지 못하는 무리라는 말과 같다. ≪列子≫에 "梁王이 楊朱에게 '선생은 한 아내와 한 첩을 두고 있으면서도 그들을 다스리지 못합니다.'라고 했다."라고 하였다.

○ 王念孫 : 楊氏는 '數'자의 뜻을 알지 못했다. 數는 '道'와 같으니, 처자식도 포용하지 못하는 방식을 말한다. 대체로 방식에는 길한 것이 있고 흉한 것이 있으니, 아랫글에 "故至賢疇四海 湯武是也 至罷不容妻子 桀紂是也(그러므로 지극히 현능한 사람은 천하를 보전할 수 있으니 湯王과 武王이 그 경우이고, 지극히 무능한 사람은 처자식도 포용하지 못하니 桀王과 紂王이 그 경우이다.)"라고 하였다. 그렇다면 湯王·武王과 같은 경우는 천하를 보전하는 방식이니 이는 길한 도리이고, 桀王·紂王과 같은 경우는 처자식도 포용하지 못하는 방식이니 이는 흉한 도리이다.

18-44 **故至賢疇四海**하니 **湯武是也**요 **至罷不能容妻子**하니 **桀紂是也**라

그러므로 지극히 현능한 사람은 천하를 보전할 수 있으니 湯王과 武王이 그 경우이고, 지극히 무능한 사람은 처자식도 포용하지 못하니 桀王과 紂王이 그 경우이다.

疇四海는 謂以四海爲疇域이라 或曰 疇與籌同하니 謂計度(탁)也라하니라 ○ 盧文弨曰 古以疇爲儔하니 楊注未是라 郝懿行曰 疇者는 匹也라 罷者는 病也니 言不能任事也라 齊語云 罷士無伍하며 罷女無家라하고 又云 人與人相疇하며 家與家相

疇라하니라 兪樾曰 疇者는 保也라 國語楚語에 臣能自壽也의 韋注에 壽는 保也라하고 晏子雜篇에 賴君之賜하여 得以壽三族의 壽三族은 卽保三族也라 管子霸言篇에 國在危亡而能壽者는 明聖也의 能壽는 卽能保也라 此文作疇者는 古字通耳라 說文土部에 㨨는 保也라하니라 凡作疇作壽는 皆㨨之叚字라

楊倞注：疇四海는 四海로 영역을 삼는 것을 이른다. 혹자는 "疇는 '籌'와 같으니, 헤아리는 것을 이른다."라고 하였다.

○ 盧文弨：옛날에는 疇를 '儔'로 사용하였으니, 楊氏의 주는 옳지 않다.

郝懿行：疇는 짝한다는 뜻이다. 罷는 병이 들었다는 뜻이니, 정사를 책임지지 못하는 것을 말한다. ≪國語≫〈齊語〉에 "罷士無伍 罷女無家(병든 병사는 대오를 함께할 사람이 없으며 병든 여인은 시집오기를 원하는 사람이 없다.)"라 하고, 또 "人與人相疇 家與家相疇(사람과 사람끼리 서로 어울리며 집안과 집안끼리 서로 어울린다.)"라 하였다.

兪樾：疇는 보전한다는 듯이다. ≪國語≫〈楚語〉에 "臣能自壽也(신은 스스로 보전할 수 있습니다.)"의 韋昭 주에 "壽는 보전한다는 뜻이다."라 하고, ≪晏子春秋≫〈雜篇〉에 "賴君之賜 得以壽三族(군왕의 은혜를 힘입어 三族을 보전할 수 있습니다.)"이라고 한 곳의 '壽三族'은 곧 三族을 보전한다는 뜻이다. ≪管子≫〈霸言篇〉에 "國在危亡而能壽者 明聖也(국가가 위급한 상황에 처해 있는데도 보전되게 할 수 있는 사람은 명철하고 슬기롭다.)"의 '能壽'는 곧 능히 보전한다는 뜻이다. 이 글에 '疇'로 되어 있는 것은 옛 글자에서 〈壽자와〉 통용한 것일 뿐이다. ≪說文解字≫〈土部〉에 "㨨는 보전한다는 뜻이다."라 하였다. 일반적으로 '疇'로 되어 있거나 '壽'로 되어 있는 것은 모두 '㨨'의 假借字이다.

18-45 今世俗之爲說者는 以桀紂爲有天下하고 而臣湯武하니 豈不過甚矣哉[18]아

지금 세속의 논자들 중에는 桀王과 紂王이 천하를 보유하고 湯王과 武王을 그들의 신하로 삼았다고 주장하는 자들이 있으니, 어찌 심한 잘못이 아니겠는가.

以桀紂爲君이어늘 以湯武爲臣而殺之하니 是過甚也라

楊倞注：桀王・紂王이 군주로 있는데 湯王・武王이 신하로 있으면서 그들을 죽였으니, 이는 잘못이 심하다는 것이다.

---

18) 豈不過甚矣哉：桀王・紂王이 천하를 보유하고 湯王・武王을 신하로 삼았다는 세속의 논자들의 주장이 매우 잘못되었다는 뜻이다. 楊倞의 주는 湯王・武王이 신하로 있으면서 그들을 죽인 일이 잘못된 것이라고 풀이하였는데, 이는 잘못된 것으로 보인다.

18-46 **譬之**컨대 **是猶傴巫跛匡**(파왕)이 **大**[19)]**自以爲有知也**라

비유하건대, 이는 마치 곱사등이 무당이나 절름발이 장애인이 지나치게 스스로 지혜가 있다고 생각하는 것과 같다.

匡은 **讀爲尪**(왕)이니 **廢疾之人**이라 **王霸篇曰 賤之如尫**(왕)이라하니 **與此匡同**이라 **禮記曰 吾欲暴尪**하니 **而奚若**고하니라 **言世俗此說**은 **猶巫尪大自以爲神異也**라 ○ **兪樾曰 大乃而之譌**라 **而大篆文相似**하여 **因而致誤**라 **注云 猶巫尪大自以爲神異**라하니 **則曲爲之說矣**라

楊倞注 : 匡은 '尪'으로 읽어야 하니, 장애를 지닌 사람이다. 〈王霸篇〉에 "賤之如尫(그를 불구자처럼 천시한다.)"이라 하였으니, 〈'尫'은〉 이곳의 '匡'과 같다. ≪禮記≫ 〈檀弓 下〉에 "吾欲暴尪 而奚若(나는 장애인을 뙤약볕에 노출시켜 〈비를〉 빌었으면 하는데 어떻겠는가?)"이라고 하였다. 세속 사람들의 이와 같은 설은 무당과 장애인이 대단하게 자기를 신령스럽고 기이하다고 여기는 것과 같다는 것을 말한다.

○ 兪樾 : '大'는 곧 '而'의 잘못이다. '而'와 '大'는 篆字體 모양이 비슷하여 이로 인해 잘못이 생긴 것이다. 〈楊氏의〉 주에 "무당과 장애인이 대단하게 자기를 신령스럽고 기이하다고 여기는 것과 같다."라 하였으니, 이는 왜곡되게 말한 것이다.

18-47 **故可以有奪人國**이나 **不可以有奪人天下**하고

그러므로 남의 국가를 빼앗는 일이 있을 수는 있으나 남의 천하를 빼앗는 일은 있을 수 없고

○ **先謙案 以下竊國竊天下例之**하면 **兩人字當衍**이라 **下文有擅國**이나 **無擅天下**의 **句例亦同**이라

○ 先謙案 : 아래의 '竊國'과 '竊天下'로 따져보면 두 '人'자는 분명히 잘못 덧붙여진 것이다. 아랫글(18-126) "有擅國 無擅天下(제후가 국가를 선양하는 일은 있어도 천자가 천하를 선양하는 일은 없다.)" 구의 형식도 이와 같다.

18-48 **可以有竊國**이나 **不可以有竊天下也**며

---

19) 大 : '太'와 같다.

일개 국가의 정권을 훔치는 일이 있을 수는 있으나 천하의 통치권을 훔치는 일은 있을 수 없으며,

一國之人易(이)服이라 故可以有竊者나 天下之心難歸라 故不可也라 竊國은 田常六卿[20]之屬是也라

楊倞注 : 일개 국가의 백성들은 쉽게 복종하기 때문에 〈정권을〉 훔치는 일이 있을 수 있으나 천하의 인심은 귀의하기 어렵기 때문에 〈천하의 통치권을 훔치는 일은〉 있을 수 없는 것이다. 국가를 훔친 경우는 田常과 六卿의 무리가 그들이다.

18-49 (可以)[21]奪之者可以有國이나 而不可以有天下하고

정권을 빼앗는 사람은 일개 국가를 보유할 수는 있으나 천하를 보유할 수 없고

○ 王念孫曰 奪之上에 不當有可以二字니 此涉上下文而衍이라

○ 王念孫 : '奪之' 위에 마땅히 '可以' 두 자가 있어서는 안 되니, 이는 위아래 글과 연관되어 잘못 덧붙여진 것이다.

18-50 竊可以得國이나 而不可以得天下라 是何也오 曰 國은 小具也라 可以小人有也요 可以小道得也요 可以小力持也라 天下者는 大具也라 不可以小人有也요 不可以小道得也요 不可以小力持也라 國者는 小人可以有之나 然而未必不亡也라

20) 田常六卿 : 田常은 春秋 때 齊나라의 陳恒을 가리킨다. 또 陳成子·田成子·田乞子라 하기도 한다. 齊 簡公 때 闞止와 함께 齊나라의 재상으로 있으면서 백성들에게 양식을 빌려줄 때 큰 말로 주고 거두어들일 때는 작은 말을 사용하여 민심을 얻었다. 簡公 4년(B.C. 481)에 闞止와 簡公을 죽이고 스스로 재상이 되어 국정을 독단하면서 힘 있는 公族을 모두 죽이고 자기 封邑을 확대하였다. 六卿은 春秋 때 晉나라의 趙氏·魏氏·韓氏·知氏·范氏·中行氏 등을 말한다. 전국시대 첫 해(B.C. 458)에 趙氏·魏氏·韓氏·知氏가 范氏와 中行氏를 축출하고 그 토지를 나눠 가졌으며 5년 뒤에는 趙氏·魏氏·韓氏가 또 知氏를 소멸시키고 그 토지를 차지하였다. 이로부터 晉나라 국토를 이들이 점거하고 정권을 장악함으로써 晉나라 군주가 도리어 이들 三家의 군주에게 조알하였다.

21) (可以) : 저본에는 '可以'가 있으나, 王念孫의 주에 의거하여 잘못 덧붙여진 것으로 처리하였다.

정권을 훔치는 사람은 일개 국가를 얻을 수는 있으나 천하를 얻을 수 없다. 이는 무엇 때문인가? 일개 국가는 작은 기구여서 〈덕과 재능이 작은〉 소인으로도 보유할 수 있고 바르지 않은 길로도 얻을 수 있고 작은 역량으로도 유지할 수가 있다. 그러나 천하는 큰 기구여서 〈덕과 재능이 작은〉 소인으로는 보유할 수 없고 바르지 않은 길로는 얻을 수 없고 작은 역량으로는 유지할 수가 없다. 일개 국가는 소인으로도 그것을 보유할 수가 있으나 반드시 망하지 않는다고 할 수는 없다.

小人旣可以有之면 則易滅亡하니 明取國與取天下殊也라

楊倞注 : 소인이 국가를 보유할 수 있으면 쉽게 멸망하니, 일개 국가를 취하는 것과 천하를 취하는 것은 다르다는 것을 밝힌 것이다.

18-51 天下者는 至大也하여 非聖人莫之能有也니라

천하는 지극히 방대한 것이어서 聖人이 아니면 누구도 그것을 보유할 수가 없다.

18-52 世俗之爲說者曰 治古無肉刑하고 而有象刑이라

세속의 논자는 말하기를 "잘 다스려졌던 고대에는 肉刑은 없고 象刑만 있었다.

治古는 古之治世也라 肉刑은 墨劓剕宮(묵의비궁)也라 象刑은 異章服하여 恥辱其形象이라 故謂之象刑也라 書曰 皐陶方施象刑하되 惟明이라하고 孔安國云 象은

皐陶明刑圖

法也라하니라 案書之象刑은 亦非謂形象也라

楊倞注 : 治古는 옛날 잘 다스려진 세상이란 뜻이다. 肉刑은 이마에 刺字하는 墨刑, 코를 베는 劓刑, 종지뼈를 베는 剕刑, 생식기를 베는 宮刑이다. 象刑은 복장을 다르게 하여 그 형상을 치욕스럽게 하기 때문에 象刑이라 이른다. ≪書經≫ 〈虞書 益稷〉에 "皐陶方施象刑 惟明(皐陶가 象刑을 시행하되 분명히 하였다.)"이라 하고, 孔安國이 "象은 '法'의 뜻이다."라 하였다. 살펴보건대, ≪書經≫의 象刑은 그 또한 形象을 말한 것이 아니다.

18-53 墨黥하고

먹물을 얼굴에 바르는 것으로 刺字하는 黥刑을 대체하고

世俗以爲古之重罪는 以墨涅(날)其面而已요 更無劓刖(월)之刑也라 或曰 墨黥은 當爲墨幪(몽)이니 但以墨巾幪其頭而已라 ○ 盧文弨曰 注幪은 俗本에 作幪이라 今從說文玉篇改正하니 下同이라

楊倞注 : 세속에서는 고대에 무거운 죄를 지은 사람은 먹물로 그 얼굴에 검정 물을 들였을 뿐이고 코를 베거나 종지뼈를 베는 형벌은 없었다고 생각한다는 것이다. 혹자는 "'墨黥'은 마땅히 '墨幪'으로 되어야 하니, 먹물을 들인 건으로 그 머리를 덮어씌울 뿐이다."라고 하였다.

○ 盧文弨 : 〈楊氏〉 주의 '幪'은 세간의 판본에는 '幪'으로 되어 있다. 여기서는 ≪說文解字≫와 ≪玉篇≫에 따라 고쳐 바로잡았으니, 아래의 경우도 같다.

18-54 〔劓〕[22]는 慅(초)嬰하고

코를 베는 劓刑은 새끼줄로 갓끈을 매는 것으로 대체하고

當爲澡嬰이니 謂澡濯其布爲纓이라 鄭云 凶冠之飾이니 令罪人服之라하니라 禮記曰 緦冠澡纓이라하고 鄭云 有事[23]其布以爲纓也라하니라 澡는 或讀爲草니 愼子에 作草纓也라

楊倞注 : 〈慅嬰은〉 마땅히 '澡嬰'으로 되어야 하니, 그 베를 표백하여 갓끈을 만든 것을

22) 〔劓〕 : 저본에는 '劓'가 없으나, 18-57에 나오는 王念孫의 설에 의거하여 보충하였다.
23) 有事 : 어떤 일이 있다는 뜻인데, 여기서는 베를 표백하는 일을 가리킨다.

이른다. 鄭玄이 "喪中에 쓰는 관의 장식이니, 죄인에게 그것을 쓰게 한다."라고 하였다. ≪禮記≫ 〈雜記 上〉에 "緦冠澡纓(緦麻服을 입는 친족의 喪冠은 표백한 麻布로 갓끈을 만든다.)"이라 하고, 鄭玄의 주에 "그 베를 표백하여 갓끈을 만든다."라고 하였다. 澡는 간혹 '草'로 읽기도 하니, ≪愼子≫에는 '草纓'으로 되어 있다.

18-55 (共)〔宮〕[24)]은 艾畢하고

생식기를 베는 宮刑은 무릎가리개를 베어버리는 것으로 대체하고

共은 未詳이라 或衍字耳라 艾는 蒼白色이라 畢은 與韠同하니 紱也라 所以蔽前이니 君以朱요 大夫素요 士爵韋라 令罪人服之라 故以蒼白色爲韠也라 ○ 盧文弨曰 注紱은 當作韍이라

楊倞注 : 共은 알 수 없다. 혹시 잘못 덧붙여진 글자인 듯하다. 艾는 회백색이다. 畢은 '韠'과 같으니, 무릎가리개이다. 이것으로 앞을 가리는 것이니, 군주는 붉은색이고 大夫는 흰색이고 士는 검붉은 빛의 가죽이다. 죄인에게 착용하게 하기 때문에 회백색으로 무릎가리개를 만든다.

○ 盧文弨 : 〈楊倞〉 주의 紱은 마땅히 '韍'로 되어야 한다.

18-56 菲[25)]는 (對)〔紨〕[26)]屨하고

종지뼈를 베는 剕刑은 풀로 엮은 신을 신는 것으로 대체하고

菲는 草屨也라 對는 當爲紨(봉)이니 傳寫誤耳라 紨은 枲(시)也니 愼子엔 作紨이라 言罪人或菲或枲爲屨라 故曰菲紨屨라 紨은 方孔反이라 對는 或爲蒯(괴)라 禮有疏屨하니 傳曰 藨(표)蒯之菲也라하니라

楊倞注 : 菲는 풀로 엮은 신이다. 對는 마땅히 '紨'으로 되어야 하니, 옮겨 쓰는 과정에

24) (共)〔宮〕: 저본에는 '共'으로 되어 있으나, 18-57에 나오는 劉台拱의 주에 의거하여 '宮'으로 바로잡았다.

25) 菲 : '剕'와 통용한다.

26) (對)〔紨〕: 저본에는 '對'로 되어 있으나, 楊倞의 주에 의거하여 '紨(봉)'으로 바로잡았다. 王天海는 '對(유)'자의 잘못으로 의심된다고 하면서 對는 '劉'와 같은 것으로, 劉屨는 신을 베는 것으로 종지뼈를 베는 형벌을 대체하는 뜻이라고 하였다.

잘못된 것이다. 紂은 모시이니, ≪愼子≫에는 '紂'으로 되어 있다. 죄인은 짚이나 혹은 모시로 신을 만들기 때문에 '菲紂屨'라고 말한 것이다. 紂은 〈음이〉 方과 孔의 반절이다. 對는 간혹 '蒯'로 되어 있기도 하다. ≪儀禮≫ 〈喪服〉에 '疏屨'가 있는데, 그 傳文에 "물풀이나 누런 띠로 엮은 신이다."라고 하였다.

18-57 **殺**은 **赭**(자)**衣而不純**(준)하니

머리를 베는 사형은 붉은 옷에 옷깃을 달지 않는 것으로 대체하였으니,

以赤土染衣라 故曰赭衣라 純은 緣也라 殺(쇄)之는 所以異於常人之服也라 純音準이라 殺는 所介反이라 愼子曰 有虞氏之誅는 以畫跪當黥하고 以草纓當劓하고 以履紂當刖하고 以艾畢當宮하니 此有虞之誅也라하고 又尙書大傳曰 唐虞之象刑은 上刑赭衣不純하고 中刑雜屨하고 下刑墨幪이라하니라 幪은 巾也라 ○ 劉台拱曰 共은 當作宮이요 菲는 當作剕며 殺은 當如字讀[27]이라 言犯墨黥之罪者는 以草纓代之하고 宮罪以艾畢代之하고 刖罪以紂屨代之하고 殺罪以赭衣不純代之라 注引尙書大傳及愼子之言하니 正可參證이라 郝懿行曰 此皆謂古有象刑也라 墨은 一名黥이라 此墨黥은 謂以墨畫代黥하고 不加刻涅이니 愼子所謂畫跪當黥也①라 慅嬰은 愼子엔 作草纓하니 草與慅는 蓋音同假借字耳라 詩之勞人草草는 卽慅慅矣라 共艾畢者의 共은 當爲宮이니 亦假借字라 愼子謂以艾畢當宮이라하니 是也②라 艾는 讀當與刈同하니 蓋斬艾其韠以代宮刑也라 對屨는 愼子에 作履紂③이라 殺赭衣而不純의 純은 緣也요 殺은 殺罪也라 今愼子엔 作布衣無領當大辟하니 布衣卽赭衣요 無領卽不緣也라 去其衣領以代死刑이라 愼子에 以爲有虞氏之誅라하고 尙書大傳에 以爲唐虞之象刑이라하여 竝與此義合이라 王念孫曰 墨黥二字는 語意未完하니 當有脫文이라 以愼子言畫跪當黥과 書大傳言下刑墨幪知之라 慅嬰上에 蓋脫劓字니 以愼子言草纓當劓知之라

① 按今本엔 作幪巾當墨이라

살펴보건대, 〈畫跪當黥이〉 지금의 ≪愼子≫ 판본에는 '幪巾當墨'으로 되어 있다.

---

27) 殺 當如字讀 : 如字는 주음 방법의 하나로, 한 글자에 두 가지 이상의 발음이 있을 때 가장 통상적인 발음으로 읽는 것을 말한다. 殺의 발음은 죽인다는 뜻인 '살(shā)'과 줄어든다는 뜻인 '쇄(shài)'가 있는데, '살'이 통상적으로 사용된다.

② 今本엔 畢作韠이라
지금의 ≪愼子≫ 판본에는 '畢'이 '韠'로 되어 있다.

③ 今作菲履하니 蓋誤라 紂은 枲履也라 對는 當爲紂이라 菲는 當爲剕라
〈履紂이〉 지금의 ≪愼子≫에는 '菲履'로 되어 있으니, 이는 잘못된 것이다. 紂은 모시로 엮은 신이다. 對는 마땅히 '紂'으로 되어야 한다. 菲는 마땅히 '剕'로 되어야 한다.

楊倞注 : 붉은 흙으로 옷에 물을 들였기 때문에 '赭衣'라 한다. 純은 옷깃이다. 그 복장의 등급을 낮추는 것은 일반인의 복장과 다르게 하기 위해서이다. 純은 음이 '準'이다. 殺는 〈음이〉 所와 介의 반절이다. ≪愼子≫에 "有虞氏之誅 以畫跪當黥 以草纓當劓 以履紂當刖 以艾畢當宮 此有虞之誅也(有虞氏 시대의 형벌은 의복에 무릎을 꿇은 모양을 그려 넣은 것으로 黥刑을 대체하고, 새끼줄로 갓끈을 매는 것으로 劓刑을 대체하고, 풀로 엮은 신은 신는 것으로 刖刑을 대체하고, 겉옷 위에 덧씌운 무릎가리개를 베어버린 것으로 宮刑을 대체하였으니, 이것이 有虞氏 시대의 형벌이다.)"라 하고, 또 ≪尙書大傳≫에 "唐虞之象刑 上刑赭衣不純 中刑雜屨 下刑墨幪(唐堯·虞舜 시대의 象刑으로는, 上刑은 붉은 옷에 옷깃을 달지 않고, 中刑은 조잡한 신을 신고, 下刑은 검은 건으로 머리를 덮어씌웠다.)"이라 하였다. 幪은 건이다.

○ 劉台拱 : 共은 마땅히 '宮'으로 되어야 하고, 菲는 마땅히 '剕'로 되어야 하며, 殺은 마땅히 如字로 읽어야 한다. 墨黥의 죄를 범한 자는 새끼줄로 갓끈을 매는 것으로 대체하고, 宮罪는 무릎가리개를 베어버리는 것으로 대체하고, 刖罪는 짚신을 신는 것으로 대체하고, 살인죄는 붉은 옷에 옷깃을 달지 않는 것으로 대체한다는 것을 말한다. 〈楊氏의〉 주에 ≪尙書大傳≫과 ≪愼子≫의 말을 인용하였으니, 〈이 말이 맞다는 것을〉 정확히 증명할 수 있다.

郝懿行 : 이 내용은 모두 고대에 象刑이 있었다는 것을 이른다. 墨은 일명 '黥'이라고도 한다. 여기서의 '墨黥'은 입는 옷에 먹물로 그림을 그린 것으로 黥刑을 대신하고 얼굴에 글자를 새겨 먹물을 들이지 않는다는 것을 이르니, ≪愼子≫의 이른바 '畫跪當黥'이다. 慅嬰은 ≪愼子≫에는 '草纓'으로 되어 있으니, '草'와 '慅'는 발음이 같은 假借字일 뿐이다. ≪詩經≫ 〈小雅 巷伯〉에 "勞人草草(수고하는 사람은 시름겹다네.)"라고 한 〈草草는〉 곧 '慅慅'와 같다. '共艾畢'의 共은 마땅히 '宮'으로 되어야 하니, 이 또한 假借字이다. ≪愼子≫에 "以艾畢當宮(겉옷 위에 덧씌운 무릎가리개를 베어버린 것으로 宮刑을 대체하였다.)"이라고 말한 것이 이것이다. 艾는 읽을 때 마땅히 'XIJ'와 같은 글자로 보아야 하니, 아마도 그 무릎가리개를 베어버린 것으로 宮刑을 대체한다는 뜻일 것이다. '對屨'는 ≪愼子≫에 '履紂'으로 되어 있다. '殺赭衣而不純'의 '純'은 옷깃이고 '殺'은 사람을 죽인 죄라는 뜻이다. 지

금의 ≪愼子≫에는 "布衣無領當大辟(베옷에 목깃이 없는 것으로 사형을 대체하였다.)"으로 되어 있으니, '布衣'는 곧 '赭衣'이고, '無領'은 곧 '不緣'이다. 그 옷의 목깃을 베어버린 것으로 사형을 대체하였다는 뜻이다. 이에 대해 ≪愼子≫에 '有虞氏之誅(有虞氏 시대의 형벌)'라 하고, ≪尙書大傳≫에 '唐虞之象刑(唐堯・虞舜 시대의 象刑)'이라 하여 모두 이곳의 뜻과 부합된다.

王念孫 : '墨黥' 두 자는 말뜻이 완전하지 않으니, 분명히 빠진 글이 있을 것이다. ≪愼子≫에 "畫跪當黥(의복에 무릎을 꿇은 모양을 그려 넣은 것으로 黥刑을 대체하였다.)"이라 말한 것과, ≪尙書大傳≫에 "下刑墨幪(下刑은 검은 건으로 머리를 덮어씌웠다.)"이라 말한 것으로 인해 알 수 있다. '慅嬰' 위에 아마도 '劓'자가 빠졌을 것이니, ≪愼子≫에 "草纓當劓(새끼줄로 갓끈을 매는 것으로 劓刑을 대체하였다.)"라고 말한 것으로 알 수 있다.

18-58 治古如是라하나

잘 다스려졌던 고대에는 이와 같았다."라고 하지만

世俗說以治古如是라

楊倞注 : 세속에서 잘 다스려졌던 고대에는 이와 같았다고 말하였다.

18-59 是不然이라 以爲治邪則人固莫觸罪니 非獨不用肉刑이라 亦不用象刑矣리라 以爲〔亂邪則〕[28] 人或觸罪矣라도 而直輕其刑이니 然則是殺人者不死하고 傷人者不刑也리라 罪至重而刑至輕하여 庸人不知惡(오)矣리니 亂莫大焉이라

이것은 맞지 않다. 고대에 잘 다스려졌다고 한다면 그 당시 사람들은 기본적으로 죄를 범하는 일이 없을 것이니, 肉刑만 사용하지 않았을 뿐 아니라 象刑도 사용하지 않았을 것이다. 혼란했다고 한다면 그 당시 사람들은 혹시 죄를 범하더라도 형벌을 다만 가볍게 적용하였을 것이니, 그렇다면 이는 사람을 죽인 자가 사형을 당하지 않고 사람을 해친 자가 형벌을 받지 않은 것이다. 죄가 매우 무거운데도 형벌은 매우 가벼워 일반 사람들이 범죄를 두려워할 줄 모를 것이니, 이보다

28) 〔亂邪則〕: 저본에는 '亂邪則'이 없으나, 包遵信의 설에 의거하여 보충하였다.

더 혼란스러운 일은 없다.

惡는 烏路反이라

楊倞注：惡는 〈음이〉 烏와 路의 반절이다.

18-60 凡刑人之本은 禁暴惡惡(오악)하며 且徵其未也라

대체로 사람들에게 형벌을 가하는 근본 목적은 폭행을 금하고 악행을 미워하며 또 그 장래를 조심하도록 하기 위한 것이다.

徵은 讀爲懲이라 未는 謂將來라

楊倞注：徵은 '懲'으로 읽는다. 未는 장래를 이른다.

18-61 殺人者不死하고 而傷人者不刑하면 是謂惠暴而寬賊也니 非惡惡也라 故象刑殆非生於治古라 竝[29]起於亂今也라

사람을 죽인 자가 사형을 당하지 않고 사람을 해친 자가 형벌을 받지 않는다면 이것을 난폭한 자에게 혜택을 주고 남을 해치는 자에게 관대하다고 말하는 것이니, 악행을 미워하는 처사가 아니다. 그러므로 象刑은 아마도 잘 다스려졌던 고대에 생긴 것이 아니라 곧 혼란한 지금 세상에서 일어난 것이다.

今之亂世에 妄爲此說이라

楊倞注：지금과 같은 혼란한 세상에서 제멋대로 이와 같은 설을 주장하였다는 것이다.

18-62 治古不然이라 凡爵列官職賞慶刑罰은 皆報也니 以類相從者也라

잘 다스려졌던 고대에는 그렇지 않았다. 모든 작위와 관직과 포상과 형벌은 모두 일종의 보답이니, 각종 행위에 대해 그에 맞는 보답이 따르는 것이다.

報는 謂報其善惡이라 各以類相從은 謂善者得其善하고 惡者得其惡也라

29) 竝：裴學海가 '乃'와 같다고 하였는데, 王天海도 그의 설에 동의하면서 어조사라고 하였다.

楊倞注 : 報는 그 선과 악에 따라 보답하는 것을 이른다. 各以類相從은 선한 사람은 거기에 맞는 좋은 것을 얻고 악한 사람은 거기에 맞는 나쁜 것을 얻는 것을 이른다.

18-63 一物失稱이면 亂之端也라

한 가지라도 그 행위에 적합하지 않으면 이것이 곧 혼란의 시발점이다.

失稱은 謂失其所稱이니 類不相從也라 稱은 尺證反이라 ○ 先謙案 稱은 權稱也라 失稱은 謂失其平이니 楊注非라

楊倞注 : 失稱은 적합하지 않은 것을 이르니, 각종 행위에 대해 적합한 보답이 따르지 않는다는 뜻이다. 稱은 〈음이〉 尺과 證의 반절이다.

○ 先謙案 : 稱은 저울로 무게를 헤아린다는 뜻이다. 失稱은 그 공평함을 잃은 것을 이른다. 楊氏의 주는 틀렸다.

18-64 夫德不稱位하고 能不稱官하며 賞不當功하고 罰不當罪면 不祥莫大焉이라 昔者에 武王이 伐有商하여 誅紂하고 斷其首하여 縣之赤旆라

그 덕행이 지위에 적합하지 않고 능력이 관직에 적합하지 않으며, 포상이 공로에 합당하지 않고 형벌이 죄에 합당하지 않다면 상서롭지 못한 일이 이보다 더 클 수가 없다. 옛날에 武王은 商나라를 정벌하여 紂王을 죽이고 그의 목을 잘라 붉은 깃발에 매달았다.

史記에 武王斬紂頭하여 懸之太白旗라하여늘 此云赤旆라하니 所傳聞各異也라 禮記明堂位에 說旗曰 殷之大白하고 周之大赤하니라하니 即史記之說非也라 ○ 謝本은 從盧校하여 作赤旂라 王念孫曰 呂本엔 作赤旂라 錢本엔 旂作旆①하고 元刻世德堂本同이라 案解蔽篇云 紂縣於赤旆라하니 則作旆者是라 先謙案 王說是라 今依錢本改赤旆라 虞王本[30]同이라

① 注旂字同이라하니라

그 주에 "〈旆는〉 旂자와 같다."고 하였다.

30) 虞王本 : 明나라 虞九章과 王震亨이 교정한 것으로, 盧文弨가 교감할 때 근거로 삼은 옛 저본 가운데 하나이다.

楊倞注 : ≪史記≫ 〈殷本紀〉에 "武王斬紂頭 懸之太白旗(武王이 紂의 머리를 잘라 크고 흰 깃발에 매달았다.)"라고 하였는데, 〈그 太白旗를〉 여기서는 '赤旆'라 하였으니, 이는 전해 들은 말이 각기 달라서이다. ≪禮記≫ 〈明堂位〉에 깃발에 관해 설명하기를 "殷之大白 周之大赤(殷나라는 크고 흰 깃발을 사용하고 周나라는 크고 붉은 깃발을 사용하였다.)"이라 하였으니, 이로 볼 때 ≪史記≫의 설은 틀렸다.

○ 謝本은 盧校本에 따라 '赤旂'로 되어 있다.

王念孫 : 〈赤旆가〉 呂本에는 '赤旂'로 되어 있다. 錢本에는 '旂'가 '旆'로 되어 있고 元刻本과 世德堂本도 그와 같다. 살펴보건대, 〈解蔽篇〉에 "紂縣於赤旆(紂의 머리가 붉은 깃발에 매달렸다.)"라 하였으니, '旆'로 되어 있는 것이 옳다.

先謙案 : 王氏의 설이 옳다. 여기서는 錢本에 의해 '赤旆'로 고쳤다. 虞·王本도 같다.

18-65 **夫征暴誅悍**은 **治之盛也**라 **殺人者死**하고 **傷人者刑**은 **是百王之所同也**로되 **未有知其所由來者也**라 **刑稱罪則治**하고 **不稱罪則亂**이라 **故治則刑重**하고 **亂則刑輕**하니

폭군을 정벌하고 원흉을 죽이는 것은 정치상의 거룩한 업적이다. 사람을 죽인 자는 사형에 처하고 사람을 해친 자는 형벌을 가하는 것은 역대 제왕들이 똑같이 해오던 일인데, 그 유래를 아는 사람이 없다. 형벌이 그 죄에 걸맞으면 다스려지고 그 죄에 걸맞지 않으면 혼란해진다. 그러므로 국가가 잘 다스려질 때에는 형벌이 무겁고 국가가 혼란할 때에는 형벌이 가벼우니,

治世刑必行하여 **則不敢犯**이라 **故重**하고 **亂世刑不行**하여 **則人易犯**이라 **故輕**이라 **李奇注漢書**[31] **曰 世所以治**는 **乃刑重**이요 **所以亂**은 **乃刑輕也**라하니라

楊倞注 : 다스려진 세상에는 형벌이 반드시 행해져 감히 법을 범하지 못하기 때문에 형벌이 무겁고, 혼란한 세상에는 형벌이 행해지지 않아 사람들이 쉽게 법을 범하기 때문에 형벌이 가볍다. 李奇가 ≪漢書≫에 주를 달기를 "世所以治 乃刑重 所以亂 乃刑輕也(세상이 다스려지는 것은 형벌이 무겁기 때문이고 혼란한 것은 형벌이 가볍기 때문이다.)"라 하였다.

---

31) 李奇注漢書 : 여기서는 ≪漢書≫ 권23 〈刑法志〉에 인용된 ≪荀子≫의 "治則刑重 亂則刑輕(국가가 잘 다스려질 때에는 형벌이 무겁고 국가가 혼란할 때에는 형벌이 가볍다.)"의 밑에 붙어 있는 李奇의 주를 말한다.

18-66 犯治之罪固重하고 犯亂之罪固輕也라

잘 다스려지는 질서를 범하는 죄는 본디 무겁고 어지러운 질서를 범하는 죄는 본디 가벼운 법이다.

治世家給人足하여 犯法者少하고 有犯則衆惡之하니 罪固當重也라 亂世人迫於飢寒하여 犯法者多하니 不可盡用重典할새 當輕也라 ○ 郝懿行曰 治期無刑이라 故重하고 亂用哀矜이라 故輕이라 注兩說前義較長이라

楊倞注 : 잘 다스려진 세상에는 집집마다 살림이 넉넉하고 사람마다 의식이 풍족하여 법을 범하는 자가 적고, 만약 범하는 자가 있을 경우에는 많은 사람이 미워하니 처벌이 당연히 무거울 수밖에 없다. 혼란한 세상에는 사람들이 굶주림과 추위에 시달려 법을 범하는 자가 많으니 그들을 모두 중벌로 다스릴 수 없으므로 처벌이 당연히 가볍다.

○ 郝懿行 : 잘 다스리는 것은 형벌이 없는 것을 목표로 하기 때문에 형벌이 무겁고 혼란할 때에는 불쌍히 여기게 되므로 형벌이 가볍다. 〈楊氏〉 주의 두 설 가운데 앞부분의 뜻이 비교적 더 낫다.

18-67 書曰 刑罰은 世輕世重이라하니 此之謂也니라

≪書經≫에 "형벌은 세상이 〈다스려졌는가 혼란한가에 따라〉 가볍기도 하고 무겁기도 하다."라고 하였으니, 이를 두고 하는 말이다.

書는 甫刑이라 以言世有治亂이라 故法有輕重也라

楊倞注 : ≪書經≫은 〈甫刑〉이다. 세상은 다스려지기도 하고 혼란하기도 하는 일이 있기 때문에 법도 그에 따라 가벼워지거나 무거워지는 일이 있다는 것을 말한다.

18-68 世俗之爲說者曰 湯武不能禁令이라 是何也오

세속의 논자는 말하기를 "湯王과 武王은 천하 사람에게 모두 그들의 법령을 복종하게 하지 못했다. 그것은 어째서인가?

言不能施禁令이라 故有所不至者라

楊倞注 : 법령을 널리 펴지 못했기 때문에 위력이 미치지 못한 곳이 있었다는 것을 말

한다.

18-69 曰 **楚越不受制**라하나 **是不然**이라 **湯武者**는 **至天下之善禁令者也**라

楚나라와 越나라가 그들의 통제를 받지 않았기 때문이다."라고 하지만 이것은 맞지 않다. 湯王과 武王은 천하에서 그들의 법령을 가장 잘 복종하게 한 사람들이다.

○ **先謙案 至**는 **猶極**이라

○ 先謙案 : 至는 '極'과 같다.

18-70 **湯居亳**(박)하고 **武王居鄗**(호)하여 **皆百里之地也**로되 **天下爲一**하고 **諸侯爲臣**하여 **通達之屬**은 **莫不振**[32)]**動從服以化順之**라

湯王은 亳에 거주하고 武王은 鄗에 거주하여 모두가 사방 백 리의 땅이었으나 천하가 통일되고 제후들이 신하가 됨으로써 인적이 닿는 지방은 모두 두려워하여 복종하고 감화를 받아 따르지 않는 일이 없었다.

振은 **與震同**하니 **恐也**라

楊倞注 : 振은 '震'과 같으니, 두렵다는 뜻이다.

18-71 **曷爲楚越獨不受制也**아 **彼王者之制也**는 **視形埶而制械用**하고

어찌 楚나라와 越나라만 그들의 통제를 받지 않을 수가 있겠는가. 저 聖王의 제도는 각지의 환경과 풍속 습관에 근거하여 기물과 용구를 만들고

卽禮記所謂廣谷大川異制니 **民生其間者異俗**이라 **器械異制**하고 **衣服異宜也**라

楊倞注 : 곧 ≪禮記≫ 〈王制〉의 이른바 "넓은 盆地와 큰 냇물이 있는 구역은 〈그 특성에 따라〉 제도를 달리하여야 하니, 그곳에서 생활하는 백성들은 풍속도 다르다. 사용하는 기물이 제도가 다르고 입는 의복이 〈재료나 양식도〉 다르다."라는 경우이다.

---

32) 振 : '震'과 통용하는 것으로, 두렵다는 뜻이다.

18-72 稱遠邇而等貢獻하니 豈必齊哉아

지역의 遠近을 헤아려 바치는 공물에 차등을 두었으니, 어찌 반드시 일률적으로 같게 하였겠는가.

稱은 尺證反이라 等은 差也라

楊倞注：稱은 〈음이〉 尺과 證의 반절이다. 等은 차등의 뜻이다.

18-73 故魯人以榶하고 衛人用柯하고 齊人用一革이라

그러므로 魯나라 사람은 榶을 바치고 衛나라 사람은 柯를 바치고 齊나라 사람은 가죽으로 만든 용기 하나를 바쳤다.

未詳이라 或曰 方言云 盌[33]은 謂之榶하고 盂[34]는 謂之柯라하니라 或曰 方言榶은 張也라하여늘 郭云 謂(彀)〔㲉〕[35]張也라하니라 ○ 盧文弨曰 案方言에 盌謂之櫂(도)라하여늘 宋本荀子注에 正作櫂라 但與正文似不合이라 盂는 宋本에 作或字나 今方言엔 作盂라 至榶은 張也之榶하여는 方言에 作搪하여 從手라 此注恐有傅會라 郝懿行曰 注引方言盌謂之榶 盂謂之柯하니 蓋楊所見古本如是라 今本엔 榶作櫂하고 宋本荀子注에 已作櫂하니 或唐以後人據方言改耳라 一革二字는 雖未能詳이나 然攷史記貨殖傳컨대 適齊하여 爲鴟夷子皮에 索隱에 引大顔[36]云 若盛酒者鴟夷也니 用之則多所容納하고 不用則可卷而懷之라하니 據此하여 知鴟夷以革爲之라 吳語에 盛以鴟鴺而投之於江의 韋注에 鴟鴺는 革囊이라하니 參以揚雄酒賦하면 則鴟夷乃酒器라 范蠡適齊而爲鴟夷子皮하니 此正齊人所用이라 與魯人以榶衛人用柯로 文義正合이라 先謙案 以用同義라 承上貢獻言하니 各以其土物也라

楊倞注：〈榶과 柯는〉 무엇인지 알 수 없다. 혹자는 “≪方言≫에 ‘盌은 榶이라 이르고, 盂는 柯라 이른다.’라 했다.”라고 하였다. 또 혹자는 “≪方言≫에 ‘榶은 張의 뜻이다.’라

---

33) 盌：아가리가 넓고 속이 깊은 주발의 일종으로, 긴 자루가 달려 있다.

34) 盂：국물이나 밥을 담는 그릇으로, 굽이 있고 두 귀가 달려 있다.

35) (彀)〔㲉〕：저본에는 ‘彀’로 되어 있으나, ≪方言≫에 의거하여 ‘㲉’로 바로잡았다.

36) 大顔：唐나라 顔師古(581～645)의 숙부 顔遊秦을 가리킨다. ≪漢書決疑≫를 저술하였다. 후세 사람들이 顔師古는 小顔, 顔遊秦은 大顔으로 불러 이들을 구분하였다.

하였는데, 郭璞의 주에 '활시위를 당긴다는 뜻이다.'라 했다."라고 하였다.

○ 盧文弨 : 살펴보건대, ≪方言≫에 "盌謂之櫂(盌은 '櫂'라 이른다.)"라 하였는데, 宋本 ≪荀子≫의 〈楊氏〉 주에는 바르게 '櫂'로 되어 있다. 다만 ≪荀子≫의 본문과는 합치되지 않는 것 같다. 盂는 宋本에 '或'자로 되어 있으나 지금의 ≪方言≫에는 '盂'로 되어 있다. '榶 張也'의 '榶'의 경우는 ≪方言≫에 '搪'으로 되어 있어 手가 形符가 된다. 〈楊氏의〉 이 주는 억지로 갖다 붙인 점이 있는 것 같다.

郝懿行 : 〈楊氏의〉 주에서 ≪方言≫의 '盌謂之榶 盂謂之柯'를 인용하였으니, 아마도 楊氏가 보았던 옛 판본에는 이렇게 되어 있었을 것이다. 지금 판본에는 '榶'이 '櫂'로 되어 있고 宋本 ≪荀子≫의 〈楊氏〉 주에 이미 '櫂'로 되어 있으니, 혹시 唐나라 이후 사람이 ≪方言≫에 의거하여 고친 것이 아닌가 싶다. '一革' 두 자의 뜻은 잘 알 수 없으나 ≪史記≫ 〈貨殖傳〉을 살펴보건대 "適齊 爲鴟夷子皮(齊나라로 가서는 자기 이름을 鴟夷子皮라고 하였다.)"라고 한 곳의 ≪史記索隱≫에 大顔의 말을 인용하여 "술을 담는 것으로 鴟夷와 같다는 뜻이니, 그것을 사용할 때는 수용하는 양이 많고 사용하지 않을 때는 둘둘 말아서 품에 간직한다."라고 하였으니, 이것을 근거로 鴟夷는 가죽으로 만들었다는 것을 알 수 있다. ≪國語≫ 〈吳語〉에 "盛以鴟鴺而投之於江(〈伍子胥의 시신을〉 鴟鴺 속에 담아 長江에 던져버리게 하였다.)"이라 한 곳의 韋昭 주에 "鴟鴺는 가죽자루이다."라 하였으니, 揚雄의 〈酒賦〉로 참조해보면 鴟夷는 곧 술그릇이다. 范蠡가 齊나라로 가서 자기 이름을 鴟夷子皮라고 하였는데, 이것은 곧 齊나라 사람들이 사용한 물건이다. '魯나라 사람은 榶을 바치고 衛나라 사람은 柯를 바쳤다.'는 것과 글 뜻이 정확히 합치된다.

先謙案 : 以와 用은 같은 뜻이다. 위의 '貢獻'을 이어받아 말한 것이니, 각 나라들이 그 지역의 토산품을 바친다는 것이다.

18-74 土地(刑)〔形〕[37)](制)〔埶〕[38)]不同者는 械用備飾이 不可不異也라 故諸夏之國은 同服[39)]同儀나

토지 환경과 풍속 습관이 다른 지역은 기물과 용구에서부터 각종 장식물들이

37) (刑)〔形〕 : 저본에는 '刑'으로 되어 있으나, 宋 浙本에 의거하여 '形'으로 바로잡았다.

38) (制)〔埶〕 : 저본에는 '制'로 되어 있으나, 包遵信의 설에 근거하여 '埶'로 바로잡았다. 王天海도 이에 동의하면서 制와 埶는 발음이 비슷하여 오류가 생긴 것이라고 하였다.

39) 服 : 久保愛는 '事'의 뜻이라고 하면서 王者에게 복종하여 섬기는 것을 말한다고 하였다. 王天海도 이 설이 옳다고 하였다. 아래의 경우도 같다.

다르지 않을 수 없다. 이 때문에 中原의 제후국은 다 같이 천자를 섬기고 제도도 같았으나

儀는 謂風俗也라 諸夏는 迫近京師하여 易一以教化라 故同服同儀也라 ○ 郝懿行曰 儀는 與義同이라 義는 古作誼하니 謂行誼也라 此言同服同儀는 猶中庸言同軌同倫이라 王念孫曰 風俗不得謂之儀라 儀는 謂制度也라 下文蠻夷戎狄之國은 同服不同制는 正與此相反이라

楊倞注 : 儀는 풍속을 이른다. 中原의 제후국은 도성과 밀접하게 가까워 일률적으로 교화되기 쉽기 때문에 다 같이 천자를 섬기고 제도도 같은 것이다.

○ 郝懿行 : 儀는 '義'와 같다. 義는 옛 문헌에 '誼'로 되어 있으니, 道義를 이른다. 여기서 '同服同儀'라고 말한 것은 ≪中庸≫에서 '同軌同倫(수레는 궤도가 같고 행동은 윤리도덕이 같다.)'이라 말한 것과 같다.

王念孫 : 풍속은 '儀'라고 말할 수 없다. 儀는 제도를 이른다. 아랫글에 말한 "蠻夷戎狄之國 同服不同制(사방의 소수민족 국가들은 다 같이 천자를 섬겼지만 제도는 같지 않았다.)"는 여기 문구와 정확히 상반된다.

18-75 蠻夷戎狄[40]之國은 同服不同制라

사방의 소수민족 국가들은 다 같이 천자를 섬겼지만 제도는 같지 않았다.

夷狄遐遠하고 又各在一方하니 雖同爲要荒之服[41]이라도 其制度不同也라

楊倞注 : 사방의 소수민족은 거리가 멀고 또 저마다 한 지역에 있으니, 비록 다 같이 禮義와 教化에 복종하거나 부정기적으로 貢物을 바치는 것으로 섬기더라도 그 제도는 같지 않다.

18-76 封內甸服하고

천자의 도성 주위 오백 리 이내에서는 천자의 농지를 경작하는 것으로 천자를 섬기고〔甸服〕,

---

40) 蠻夷戎狄 : 南蠻・東夷・西戎・北狄의 약칭으로, 사방의 소수민족을 가리킨다.

41) 要荒之服 : 要服과 荒服으로, 이에 관한 설명은 아래(18-79, 80)에 보인다.

王畿之內也라 禹貢五百里甸服에 孔安國曰 爲天子服治田也라하니라 ○ 盧文弨曰 案周語에 封은 俱作邦하니 古封邦通用이라

楊倞注 : 〈封內는〉 천자의 도성 주위 이내이다. ≪書經≫ 〈禹貢〉의 "五百里甸服(오백 리는 농지를 경작하는 것으로 섬긴다.)"이라 한 곳에 孔安國이 "천자를 위해 농지를 가꾸는 것으로 섬긴다는 뜻이다."라고 하였다.

○ 盧文弨 : 살펴보건대, ≪國語≫ 〈周語〉에 封은 모두 '邦'으로 되어 있으니, 고대에는 '封'과 '邦'이 통용되었다.

18-77 封外侯服하고

오백 리 바깥 지방은 畿內를 수비하는 책임을 맡는 것으로 천자를 섬기고〔侯服〕,

畿外也라 禹貢의 五百里侯服에 孔云 甸服之外五百里也라 侯는 候也니 斥候而服事王也라하고 韋昭云 侯服은 侯圻[42]也라하니라

楊倞注 : 〈封外는〉 도성 주위의 바깥이다. ≪書經≫ 〈禹貢〉의 "五百里侯服(甸服 밖 오백 리는 侯服이다.)"이라고 한 곳에 孔安國은 "甸服의 바깥 오백 리이다. 侯는 '候'와 같으니, 침입자의 상황을 정찰하는 것으로 천자를 섬긴다."고 하고, 韋昭는 "侯服은 '侯圻'이다."라고 하였다.

18-78 侯衛賓服하고

侯圻부터 衛圻까지는 정기적으로 공물을 바치는 것으로 천자를 섬기고〔賓服〕,

韋昭注國語曰 侯는 侯圻(기)요 衛는 衛圻라 自侯圻로 至衛圻히 其閒五圻라 圻五百里로 五五二千五百里니 中國之界也라 謂之賓服은 常以服貢[43]賓見於王이라 五圻者는 侯圻之外甸圻와 甸圻之外男圻와 男圻之外采圻와 采圻之外衛圻라 康誥曰 侯甸男采衛[44]가 是也라하니라 此據周官職方氏하니 與禹貢異制也라

---

42) 圻 : '畿'와 같다.

43) 服貢 : 견직물과 마직물 등 직물을 천자에게 바치는 것을 말한다.

44) 侯甸男采衛 : ≪書經≫ 〈康誥〉에 "侯甸男邦采衛百工 播民和見 士于周(侯·甸·男邦·采·衛 등 제후가 거느리는 사람과 周나라의 百官 및 殷나라 遺民들이 모여들어 周 왕실을 위해 봉사하였

楊倞注 : 韋昭의 ≪國語≫ 〈周語 上〉의 韋昭 주에 "侯는 侯圻이고, 衛는 衛圻이다. 侯圻부터 衛圻까지 그 사이에 五圻가 있다. 圻마다 500리로 5 곱하기 500이면 모두 2,500리이니, 중국의 경내이다. 賓服이라 말한 것은 그 지역에서는 항상 服貢하는 것으로 천자를 알현한다. 五圻란 侯圻 바깥의 甸圻와 甸圻 바깥의 男圻와 男圻 바깥의 采圻와 采圻 바깥의 衛圻이다. ≪書經≫ 〈康誥〉에 말한 '侯甸男采衛(侯·甸·男·采·衛이다.)'가 이것이다."라고 하였다. 〈韋昭의〉 이 말은 ≪周禮≫ 〈職方氏〉에 의한 것이니, ≪書經≫ 〈禹貢〉에서 말한 것과는 그 제도가 다르다.

18-79 蠻夷要服하고

동남방의 소수민족 국가들은 禮義와 敎化에 복종하는 것으로 천자를 섬기고〔要服〕,

職方氏云 衛服之外五百里曰蠻服이요 又其外五百里曰夷服이라하고 孔安國云 要는 謂要束以文教[45]라하니라 要는 一昭反이라

楊倞注 : ≪周禮≫ 〈職方氏〉에 "衛服 바깥 오백 리는 '蠻服'이라 말하고, 또 그 바깥 오백 리는 '夷服'이라 말한다."라 하고, 孔安國이 "要는 文教로 묶어두는 것을 이른다."라 하였다. 要는 〈음이〉 一과 昭의 반절이다.

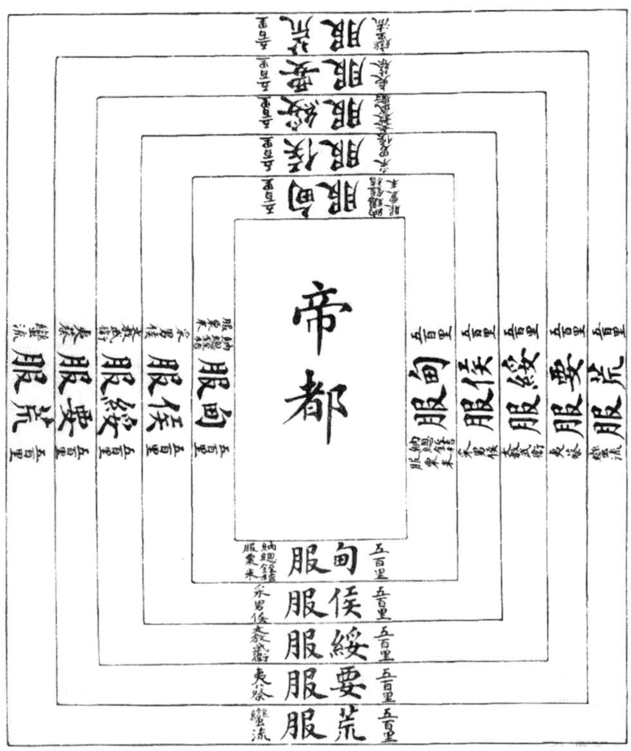

弼成五服圖

다.)"라고 한 것을 인용한 것이다.

45) 文教 : 여기서는 禮樂 法度와 文章 教化를 가리킨다.

18-80 **戎狄荒服**이라

서북방의 소수민족 국가들은 부정기적으로 공물을 바치는 것으로 천자를 섬긴다〔荒服〕.

職方氏所謂鎭服蕃服也라 **韋昭曰 各相去五百里**라 **九州之外 荒裔之地**는 **與戎狄同俗**이라 **故謂之荒**이니 **荒忽無常之言也**라

楊倞注：≪周禮≫〈職方氏〉의 이른바 '鎭服'·'蕃服'이다. 韋昭가 "각기 서로간의 거리는 오백 리이다. 九州 바깥의 변방 먼 지역은 戎狄과 풍속이 같으므로 '荒'이라 이르니, 흐릿하여 종잡을 수 없다는 말이다."라고 하였다.

18-81 **甸服者祭**하고 **侯服者祀**하고 **賓服者享**하고 **要服者貢**하고 **荒服者終王**[46)]이라

〈천자의 농지를 경작하는 것으로 섬기는〉 甸服은 〈천자의 조부와 부친에게 지내는〉 제사의 祭物을 〈매일 공급하고, 畿內를 수비하는 책임을 맡는 것으로 섬기는〉 侯服은 〈증조와 고조에게 지내는〉 제사의 제물을 〈매월 공급하고, 정기적으로 貢物을 바치는 것으로 섬기는〉 賓服은 〈먼 조상과 시조에게 지내는〉 제사의 제물을 〈매 계절에 공급하고, 禮義와 敎化에 복종하는 것으로 섬기는〉 要服은 〈天神에게 지내는〉 제사의 제물을 〈매년 공급하고, 부정기적으로 공물을 바치는 것으로 섬기는〉 荒服은 한 시대가 끝나 그 다음 천자가 즉위할 때 와서 朝謁한다.

韋昭曰 日祭는 **祭於祖考**니 **上食也**라 **近漢亦然**이라 **月祀於曾祖也**하고 **時享於二祧也**하고 **歲貢於壇墠也**라 **終**은 **謂世終**에 **朝嗣王也**[47)]라하니라 ○ **盧文弨曰 曾祖**는 **今韋注**에 **作曾高**라 **顧千里曰 終字**는 **疑不當有**라 **觀上文四句祭祀享貢**에 **不言日月時歲**에 **知此句王不言終明甚**이라 **涉下終王之屬也及楊注而衍**이라

---

46) 終王：'終'자에 대해 于省吾(1896~1984)는 終과 崇은 옛 글자에 통용하였다고 하면서 荒服 지구는 천자를 높일 줄만 알면 된다는 것을 말한다고 하였다.

47) 日祭……朝嗣王也：≪國語≫〈周語 上〉의 "祭公諫穆王征犬戎(祭公이 犬戎을 정벌하려는 穆王을 간하다.)"이라는 제목 아래 "日祭 月祀 時享 歲貢 終王"이라는 글의 매구에 붙은 韋昭의 주석이다. 그 원문은 '上食也' 위에 '謂'가 있고, '終 謂世終 朝嗣王也'는 '終 謂世終也 朝嗣王及卽位而來見'으로 되어 있다. 이 원문을 참작하여 번역하였다.

楊倞注 : 韋昭가 "日祭는 〈천자가〉 조부와 부친에게 제사 지내는 것이니, 음식을 올리는 것을 말한다. 근대 漢나라 때까지도 그러하였다. 달마다 증조에게 제사 지내고 계절마다 공덕이 큰 먼 조상과 시조에게 제사 지내고 해마다 제단을 쌓아 天神에게 제물을 올린다. 終은 한 시대가 끝나 그 다음 천자가 즉위할 때 와서 朝謁하는 것을 이른다."라고 하였다.

○ 盧文弨 : '曾祖'는 지금 판본의 ≪周禮≫ 韋昭 주에는 '曾高'로 되어 있다.

顧千里 : '終'자는 아마도 들어 있는 것이 옳지 않을 듯하다. 윗글 네 구 '祭'·'祀'·'享'·'貢'에 '日'·'月'·'時'·'歲'를 말하지 않은 점을 살펴볼 때 이 문구도 '王'에 '終'을 말하지 않았다는 것이 매우 분명하다. 아래 '終王之屬也' 및 楊氏의 주와 연관되어 잘못 덧붙여진 것이다.

18-82 **日祭**하고 **月祀**하고 **時享**하고 **歲貢**하고 〔**終王**〕[48]이라

〈이처럼 천자의 조부와 부친에게 지내는〉 제사의 제물을 매일 공급하고, 〈증조와 고조에게 지내는〉 제사의 제물을 매월 공급하고, 〈먼 조상과 시조에게 지내는〉 제사의 제물을 매 계절에 공급하고, 〈天神에게 지내는〉 제사의 제물을 매년 공급하고, 한 시대가 끝나 그 다음 천자가 즉위할 때 와서 朝謁하게 하였다.

此下當有終王二字니 **誤脫耳**라

楊倞注 : 이(歲貢) 밑에 마땅히 '終王' 두 자가 있어야 하니, 잘못되어 빠진 것이다.

18-83 **夫是之謂視形埶而制械用**하고 **稱遠近而等貢獻**이니 **是王者之**(至)〔**制**〕[49] **也**라

이것을 두고 각 지역의 환경과 풍속 습관에 근거하여 기물과 용구를 만들고 지역의 遠近을 헤아려 바치는 貢物에 차등을 두었다고 말하는 것이니, 이것이 王者가 제정한 제도이다.

至는 **當爲志**니 **所以志識遠近也**라 ○ **王念孫曰 至**는 **當爲制**라 **上文云 彼王者之制**

---

48) 〔終王〕 : 저본에는 '終王'이 없으나, 楊倞의 주에 의거하여 보충하였다.

49) (至)〔制〕 : 저본에는 '至'로 되어 있으나, 王念孫의 주에 의거하여 '制'로 바로잡았다.

也는 視形埶而制械用하고 稱遠邇而等貢獻이라하고 下文云 則未足與及王者之制也라하니 皆其證이라 楊說非라

楊倞注 : 至는 마땅히 '志'로 되어야 하니, 그것을 통해 원근의 사정을 아는 것이다.

○ 王念孫 : 至는 마땅히 '制'로 되어야 한다. 윗글(18-71, 72)에 "彼王者之制也 視形埶而制械用 稱遠邇而等貢獻(저 聖王의 제도는 각지의 환경과 풍속 습관에 근거하여 기물과 용구를 만들고 지역의 원근을 헤아려 바치는 공물에 차등을 두었다.)"이라 하고, 아랫글(18-86)에 "則未足與及王者之制也(〈이런 사람과는〉 聖王의 제도에 관해 함께 논할 가치가 없다.)"라 하였으니, 이것이 모두 그 증거이다. 楊氏의 설은 틀렸다.

18-84 彼楚越者는 且時享歲貢하며 終王之屬也니 必齊之日祭月祀之屬 然後曰受制邪아 是規磨之說也라

저 楚나라와 越나라는 제물을 매 계절에 공급하고 또 매년 공급하며 한 시대가 끝나 새 천자가 즉위할 때 와서 朝謁하는 부류에 〈지나지 않는〉 국가이니, 어찌 반드시 그들이 제물을 매일 공급하고 매월 공급하는 부류의 국가와 똑같아야만 천자의 통제를 받는다고 말하겠는가. 이것은 잘못된 설이다.

規磨之說은 猶言差錯之說也라 規者는 正圓之器나 磨久則偏盡而不圓하여 失於度程也라 文子曰 水雖平이나 必有波하고 衡雖正이나 必有差라하고 韓子曰 規有磨而水有波하니 我欲更之나 無奈之何라하니 此通於權者言也라하니라 ○ 郝懿行曰 磨는 當作摩니 古今字也라 規摩는 蓋言規畫揣摩라도 不必無失也라

楊倞注 : 規磨之說은 잘못된 설이란 말과 같다. 規는 둥근 원을 바르게 그리는 기구이지만 닳는 세월이 오래되면 어느 한쪽이 기울어져서 원이 되지 않아 원을 그리는 기능을 잃게 된다. ≪文子≫ 〈上德〉에 "수면은 平靜해도 반드시 파도가 있고 저울은 정확해도 반드시 오차가 있다."라 하고, ≪韓非子≫ 〈八說〉에 "〈이전 聖人이〉 '원을 그리는 걸음쇠는 닳아져서 〈오차가〉 있을 수 있고 수면은 〈平靜해도〉 파도가 일어날 수 있다. 내가 이와 같은 상황을 바꾸고 싶지만 방법이 없다.'라고 하였으니, 이는 임기응변에 통달한 사람의 말이다."라고 하였다.

○ 郝懿行 : 磨는 마땅히 '摩'로 되어야 하니, 고금의 시대에 따라 달리 쓰는 글자이다. 規摩는 잘 계획하고 헤아리더라도 반드시 실수가 없을 수 없다는 것을 말한다.

18-85 溝中之瘠[50]也니

〈이런 사람은〉 골짜기에 버려진 썩은 송장과 같으니,

謂行乞之人在溝壑中羸瘠者니 以喩智慮淺也라

楊倞注 : 빌어먹는 사람이 골짜기에 있으면서 몹시 야윈 것을 말하니, 지혜가 얕다는 것을 비유한 것이다.

18-86 則未足與及王者之制也라

〈이런 사람과는〉 聖王의 제도에 관해 함께 논할 수가 없다.

○ 兪樾曰 此文當在東海之樂下라 荀子原文은 蓋云 語曰 淺不足與測深하고 愚不足以謀知라 坎井之鼃는 不可與語東海之樂하고 溝中之瘠는 未足與及王者之制라하니 此之謂也리라 坎井之鼃二句는 所謂淺不足與測深也요 溝中之瘠二句는 所謂愚不足以謀知也라 傳寫誤倒在上하고 又衍兩也字와 一則字라

○ 兪樾 : 이 문구(18-85, 86)는 마땅히 '東海之樂'(18-87) 밑에 있어야 한다. ≪荀子≫의 원문은 아마도 "語曰 淺不足與測深 愚不足以謀知 坎井之鼃 不可與語東海之樂 溝中之瘠 未足與及王者之制 此之謂也(전하는 말에 '생각이 얕아 그와는 깊은 일을 함께 헤아릴 수 없고 어리석어 그와는 슬기로운 일을 함께 꾀할 수 없다. 허물어진 우물의 개구리와는 동해의 즐거움을 함께 논할 수 없고 골짜기에 버려진 썩은 송장과는 聖王의 제도에 관해 함께 논할 수 없다.'라고 하였으니, 이를 두고 하는 말이다.)"라고 되어 있었을 것이다. '坎井之鼃' 두 구는 이른바 '생각이 얕아 그와는 깊은 일을 함께 헤아릴 수 없다.'를 말하고, '溝中之瘠' 두 구는 이른바 '어리석어 그와는 슬기로운 일을 함께 꾀할 수 없다.'를 말한 것이다. 옮겨 쓰는 과정에 잘못되어 〈밑에 있어야 할 문구가〉 거꾸로 위에 있게 되었고, 또 '也' 두 자와 '則' 한 자가 잘못 덧붙여졌다.

18-87 語曰 淺不足與測深하고 愚不足與謀知라 坎井之鼃(와)는 不可與語東海

---

50) 瘠 : '胔(자)'와 같다. 〈榮辱篇〉(4-101)에 "操瓢囊爲溝壑中瘠者(동냥바가지와 자루를 들고 다니다가 골짜기에서 굶어죽은 송장이 되는 원인인 것이다.)"라 한 곳의 王念孫 주에 胔가 '瘠'으로 되어 있는 것은 假借字일 뿐이라고 하였다.

之樂이라하니 此之謂也니라

전하는 말에 "생각이 얕아 그와는 깊은 일을 함께 헤아릴 수 없고 어리석어 그와는 슬기로운 일을 함께 꾀할 수 없다. 허물어진 우물의 개구리와는 동해의 즐거움을 함께 논할 수 없다."라고 하였으니, 이를 두고 하는 말이다.

言小不知大也라 司馬彪曰 坎井은 壞井也라 鼃는 蝦蟇(하마)類也라하니 事出莊子라 坎井은 或作壇井이라 鼃는 戶媧反이라 ○ 盧文弨曰 正文의 淺不足은 宋本에 作淺不可라

楊倞注 : 작은 것은 큰 것을 알지 못한다는 것을 말한다. 司馬彪가 "坎井은 허물어진 우물이다. 鼃는 두꺼비 유이다."라 하였으니, 이 고사는 ≪莊子≫ 〈秋水〉에 나온다. 坎井은 간혹 '壇井'으로 되어 있기도 하다. 鼃는 〈음이〉 戶와 媧의 반절이다.

○ 盧文弨 : 본문의 '淺不足'은 宋本에 '淺不可'로 되어 있다.

18-88 世俗之爲說者曰 堯舜擅(선)讓[51)]이라하나

세속의 논자는 말하기를 "堯·舜은 왕위를 다른 사람에게 禪讓하였다."라고 하는 자가 있지만

擅은 與禪同하고 墠亦同義라 謂除地爲墠하여 告天而傳位也라 後因謂之禪位라 世俗以爲堯舜德厚라 故禪讓聖賢하고 後世德薄이라 故父子相繼라 荀卿言 堯舜相承은 但傳位於賢而已라 與傳子無異하니 非謂求名而禪讓也라 案書序曰 將遜于位하여 讓于虞舜이라하여 是亦有讓之說이나 此云非禪讓이라 蓋書序美堯之德이니 雖是傳位나 與遜讓無異요 非是先自有讓意也라 孟子亦云 萬章曰 堯以天下與舜이라하니 有諸잇가하니 孟子曰 天子不能以天下與人이라하고 曰 孰與之잇고하니 曰 天與之니라하며 又曰 天與賢則與賢하고 天與子則與子也라하니라

楊倞注 : 擅은 '禪'과 같고 墠도 같은 뜻이다. 땅을 다듬어서 제단을 만들어 하늘에 고하고 왕위를 전해주는 것을 이른다. 후세에 이로 인해 이것을 왕위를 禪讓하는 것이라고 말한다. 세속 사람들은 '堯·舜은 덕이 두텁기 때문에 성현에게 禪讓하고 후세에는 덕이 얇기 때문에 부자간에 서로 이어받았다.'라고 생각하였다. 그러나 荀卿은 "堯·舜이 서로

51) 擅(선)讓 : '禪讓'과 같은 것으로, 천자의 지위를 賢人에게 물려준다는 뜻이다.

이은 것은 훌륭한 인물에게 왕위를 전해줬을 뿐이다. 이는 아들에게 전해준 것이나 다름이 없으니, 명예를 구할 생각으로 禪讓한 것은 아니다."라는 뜻으로 말하였다. 살펴보건대, ≪尙書≫ 〈書序〉에 "將遜于位 讓于虞舜(장차 왕위를 사양하여 虞舜에게 禪讓하려고 하였다.)"이라 하여, 이 글에 또한 讓이라는 말이 있으나 이곳에서 〈荀子는〉 禪讓한 것이 아니라고 하였다. 아마도 ≪尙書≫ 〈書序〉는 堯의 덕을 칭송한 것이니, 비록 왕위를 전해주었으나 禪讓한 것이나 다름이 없고 애초에 스스로 禪讓할 뜻이 있었던 것은 아닐 것이다. ≪孟子≫ 〈萬章 上〉에도 萬章이 "堯께서 천하를 舜에게 줬다고 하는데 그런 사실이 있습니까?" 하니 孟子가 "천자가 천하를 다른 사람에게 주지 못하는 법이다."라 하고, "〈舜이 천하를 보유한 것은〉 누가 줬습니까?" 하니 "하늘이 준 것이다."라고 하였으며, 또 "하늘이 賢者에게 주면 賢者에게 주고 하늘이 자식에게 주면 자식에게 주는 것이다."라고 하였다.

18-89 **是不然**이라 **天子者**는 **埶位至尊**하여 **無敵於天下**어늘 **夫有誰與讓矣**리오

이것은 맞지 않다. 천자는 권세와 지위가 매우 높아 천하에 필적할 자가 없는데, 줄 만한 사람이 누가 있어 禪讓하겠는가.

讓者는 埶位敵之名이라 若上下相縣하면 則無與讓矣라 有는 讀爲又也라

楊倞注 : 禪讓이란 권세와 지위가 상호간에 필적할 때 이뤄지는 형식이다. 만약 권세와 지위의 높고 낮은 정도가 크게 차이가 난다면 상대방에게 禪讓할 수 없는 것이다. 有는 '又'로 읽는다.

18-90 **道德純備**하고 **智惠**[52] **甚明**하여 **南面而聽天下**하니 **生民之屬**이 **莫不振動從服以化順之**라 **天下無隱士**하고 **無遺善**하며

〈堯・舜은〉 도덕이 순수하게 갖추어지고 지혜가 매우 밝아 남쪽을 향해 앉아 천하를 다스리니, 백성들이 모두 두려워하여 복종하고 감화를 받아 따르지 않는 일이 없었다. 천하에는 숨어 있는 인재가 없고 버려진 좋은 사람도 없었으며,

無隱藏不用之士也라

52) 惠 : '慧'와 통용한다.

楊倞注 : 모습을 감춰 등용되지 않는 인재가 없었다.

18-91 **同焉者是也**요 **異焉者非也**니 **夫有惡擅**(오선)**天下矣**리오

〈堯·舜과 언행이〉 같은 사람은 옳았고 다른 사람은 틀렸으니, 또 무엇 때문에 천하를 禪讓하겠는가.

夫自知不堪其事면 則求賢而禪位나 今以堯舜之明聖으로 事無不理어늘 又烏用禪位哉아

楊倞注 : 대체로 천하의 정사를 감당하지 못한다는 것을 스스로 알면 훌륭한 인물을 구해 왕위를 禪讓하겠지만, 지금 堯·舜의 명철하고 성스러운 자질로 천하의 정사가 잘 처리되지 않는 일이 없는데, 또 무엇 때문에 왕위를 禪讓하겠는가.

18-92 **曰 死而擅之**라하나

논자들은 "그들이 죽은 뒤에 천하를 다른 사람에게 禪讓하였다."라고 말하기도 하지만

或者旣以生無禪讓之事라하여 因謂堯舜預求聖賢이라가 至死後而禪之라

楊倞注 : 혹자는 이미 천자가 살아 있을 때 禪讓하는 일은 없을 것이라고 하여 堯·舜이 미리 성현을 구해두었다가 죽은 뒤에 이르러 禪讓하였다고 말하기도 한다는 것이다.

18-93 **是又不然**이라 **聖王在上**하면 **(圖)〔決〕[53]德而定次**하고 **量能而授官**하여

이 또한 맞지 않다. 聖王이 윗자리에 있으면 덕을 평가하여 관직의 등급을 정하고 재능을 헤아려 관직을 줌으로써

○ 盧文弨曰 舊校云 一本에 作決德而定次라하니라 先謙案 作決者是니 說見儒效篇이라

○ 盧文弨 : 옛 교정본에 "어떤 판본에는 '決德而定次'로 되어 있다."라 하였다.
先謙案 : 〈圖는〉 '決'로 되어 있는 것이 옳으니, 이에 관한 설명이 〈儒效篇〉(8-47)에 보인다.

53) (圖)〔決〕: 저본에는 '圖'로 되어 있으나, 王先謙의 주에 의거하여 '決'로 바로잡았다.

18-94 皆使民載其事而各得其宜라 不能以義制利하고 不能以僞飾性하면 則兼以爲民이라

백성으로 하여금 모두 그 임무를 담당하되 저마다 그의 재능에 맞는 자리를 얻게 한다. 〈그들이 만약〉 도의로 사적인 利慾을 제어하지 못하고 인위적인 노력으로 자기의 품성을 단속하지 못하면 모두 일반 백성이 되게 한다.

僞는 謂矯其本性也라 無能者則兼并之하여 令盡爲民氓也라 ○ 先謙案 僞는 與爲同하니 謂作爲也라

楊倞注 : 僞는 그의 본성을 바로잡는 것을 이른다. 그렇게 하지 못하는 사람은 빠짐없이 찾아내어 모두 일반 백성이 되게 한다는 것이다.

○ 先謙案 : 僞는 '爲'와 같으니, 의식적으로 행하는 것을 이른다.

18-95 聖王已沒에 天下無聖하면 則固莫足以擅天下矣리라

聖王이 이미 죽은 뒤에 천하에 聖人이 없다면 근본적으로 천하를 禪讓할 수 없을 것이다.

固無禪讓이라

楊倞注 : 근본적으로 禪讓하는 일이 없을 것이라는 말이다.

18-96 天下有聖하고 而在後〔子〕[54]者하면 則天下不離하고

천하에 만약 聖人이 있고 그가 聖王의 후대 아들 속에 있다면 천하의 인심이 그를 배반하지 않을 것이고

有聖繼其後者면 則天下有所歸하여 不離叛也라 ○ 兪樾曰 後下當有子字라 下文云 聖不在後子而在三公이면 則天下如歸라하고 楊注曰 後子는 嗣子니 謂丹朱商均[55]이라 三公은 宰相이니 謂舜禹라하니 此說是也라 荀子之意는 謂傳賢與傳子同이라 天下有聖而在後子면 則傳之子可也요 聖不在後子而在三公이면 則傳之賢可

54) 〔子〕 : 저본에는 '子'가 없으나, 兪樾의 주에 의거하여 보충하였다.

55) 丹朱商均 : 丹朱는 堯임금의 아들이고, 商均은 舜임금의 아들이다.

也라 **故兩言天下厭然與鄉無以異也**라 **以堯繼堯**어니 **夫又何變之有矣**리오하니 **正見傳賢傳子之不異也**라 **自此文奪子字**로 **而其義不顯**하여 **楊氏遂疑後三句爲重出矣**라

楊倞注 : 聖人이 그 뒤를 잇는 일이 있다면 천하의 인심이 돌아갈 데가 있어 배반하지 않을 것이다.

○ 兪樾 : '後' 밑에 마땅히 '子'자가 있어야 한다. 아랫글(18-99)에 "聖不在後子而在三公則天下如歸(聖人이 聖王의 후대 아들 속에 있지 않고 三公 속에 있다면 천하의 인심이 돌아갈 데가 있다.)"라 하고, 楊氏의 주에 "後子 嗣子 謂丹朱商均 三公 宰相 謂舜禹(後子는 대를 이은 아들이니, 丹朱와 商均을 이른다. 三公은 재상이니, 舜과 禹를 이른다.)"라 하였으니, 이 설이 옳다. ≪荀子≫의 뜻은 '賢人에게 물려주는 것과 아들에게 물려주는 것이 같다. 천하에 聖人이 있고 그가 후대 아들 속에 있다면 아들에게 물려주는 것이 옳고 聖人이 후대 아들 속에 있지 않고 재상 속에 있다면 賢人에게 물려주는 것이 옳다.'고 생각하였다. 그러므로 두 번 "天下厭然與鄉無以異也 以堯繼堯 夫又何變之有矣(천하가 안정되어 지난날과 다를 게 없을 것이다. 이는 堯와 같은 사람으로 堯를 계승한 것이니, 또 무슨 변화가 있을 수 있겠는가.)"라고 말하였으니 여기서 賢人에게 물려주는 것과 아들에게 물려주는 것이 다르지 않다는 뜻을 정확히 볼 수 있다. 그런데 이 글에 '子'자가 빠진 것으로 인해 그 뜻이 드러나지 않아 楊氏가 마침내 이후의 세 문구를 거듭 나온 것으로 의심하였다.

18-97 **朝不易位**하며 **國不更制**하여 **天下厭然與鄉無以異也**리라

조정의 관원들은 그들의 직위를 바꾸지 않으며 국가는 이전의 제도를 바꾸지 않음으로써 천하가 안정되어 지난날과 다를 게 없을 것이다.

厭然은 **順服貌**라 **一涉反**이라 **鄉音向**이라 ○ **先謙案 厭然**은 **謝本**에 **誤厭焉**이라 **據宋台州本正**이라

楊倞注 : 厭然은 복종하는 모양이다. 〈음은〉 一과 涉의 반절이다. 鄉은 음이 向이다.

○ 先謙案 : 厭然은 謝本에는 '厭焉'으로 잘못되어 있다. 宋 台州本에 의거하여 바로잡았다.

18-98 **以堯繼堯**하니 **夫又何變之有矣**리오

이는 堯와 같은 사람으로 堯를 계승한 것이니, 또 무슨 변화가 있을 수 있겠

는가.

言繼位相承하면 與一堯無異하니 豈爲禪讓改變與他人乎아

楊倞注 : 후대가 왕위를 계승하면 한 사람의 堯와 다름없는데, 어찌 천하를 禪讓하기 위해 대상을 바꾸어 다른 사람에게 왕위를 넘기겠느냐는 말이다.

18-99 聖不在後子而在三公이면 則天下如[56)]歸하여 猶復而振之矣리라

聖人이 聖王의 후대 아들 속에 있지 않고 三公 속에 있다면 천하의 인심이 돌아갈 데가 있어 〈이미 사라진 것을 다시〉 회복하여 떨쳐 일어나게 하는 것과 같을 것이다.

後子는 嗣子니 謂丹朱商均也라 三公은 宰相이니 謂舜禹라 天下如歸는 言不歸後子而歸三公也라 復而振之는 謂猶如天下已去而衰息이어늘 今使之來復而振起也라

楊倞注 : 後子는 대를 이은 아들이니, 丹朱와 商均을 이른다. 三公은 재상이니, 舜과 禹를 이른다. 天下如歸는 〈천하의 인심이〉 후대인 아들에게 돌아가지 않고 三公에게 돌아간 것을 말한다. 復而振之는 천하의 인심이 이미 떠나 사라질 위기에 처했는데 지금 그것을 다시 회복하여 떨쳐 일어나게 하는 것과 같다는 것을 이른다.

18-100 天下厭然與鄕無以異也라 以堯繼堯하니 夫又何變之有矣리오

그래서 천하가 안정되어 지난날과 다를 게 없을 것이다. 이는 堯와 같은 사람으로 堯를 계승한 것이니, 또 무슨 변화가 있을 수 있겠는가.

疑此三句重也라

楊倞注 : 여기 세 문구는 거듭 나온 것으로 의심된다.

18-101 唯其徙朝改制爲難이라

오직 국정을 변경하고 제도를 바꾸는 일이 어려웠다.

---

56) 如 : 여기서는 '가다'의 뜻인 '往'자와 통한다.

謂殊徽號하고 異制度也라 舜禹相繼는 與父子無異하고 所難而不忍者는 在徙朝改制也라 後世見其改易하고 遂以爲擅讓也라

楊倞注 : 찬양하는 徽號을 다르게 하고 제도를 달리하는 것을 이른다. 舜과 禹가 서로 왕위를 계승한 일은 부자간과 다를 게 없고 어렵게 여겨져 차마 행하지 못하는 것은 국정을 변경하고 제도를 바꾸는 데에 있었다. 후세 사람들이 〈국정과 제도를〉 바꾼 것을 보고 마침내 왕위를 禪讓한 것으로 생각하였다.

18-102 故天子生則天下一隆하고 致順而治하고 論德而定次하고

그러므로 천자가 살아 있을 때는 천하가 하나같이 그를 존중하고 매우 순종함으로써 세상이 안정되고 덕을 평정하여 각자의 등급을 정하고,

天下一隆은 謂天下之人이 皆得其崇厚也라 致는 極也라 ○ 先謙案 一隆者는 天下之人有專尊也라 注非라 論은 當爲決이니 說見儒效篇이라

楊倞注 : 天下一隆은 천하 사람이 모두 존중하고 후대하는 그의 은혜를 얻는 것을 이른다. 致는 '極'의 뜻이다.

○ 先謙案 : 一隆이란 천하 사람이 하나같이 그를 존중하는 일이 있다는 뜻이다. 〈楊氏의〉 주는 틀렸다. 論는 마땅히 '決'로 되어야 하니, 이에 관한 설명은 〈儒效篇〉(8-47)에 보인다.

18-103 死則能任天下者必有之矣라 夫禮義之分盡矣니 擅讓惡(오)用矣哉아

천자가 죽으면 천하를 다스릴 중책을 맡을 만한 사람이 반드시 있게 마련이다. 이렇게 되면 禮義의 명분을 다한 것이니, 禪讓할 필요가 뭐가 있겠는가.

夫讓者는 禮義之名이라 今聖王但求其能任天下者傳之면 則是盡禮義之分矣니 豈復(부)更求禪讓之名哉아

楊倞注 : 대체로 禪讓이란 禮義의 명분이다. 지금 聖王이 다만 천하를 다스릴 중책을 맡을 만한 사람을 구해 그에게 왕위를 물려준다면 이로써 禮義의 명분을 다한 것이니, 어찌 다시 禪讓의 명분을 구할 필요가 있겠는가.

18-104 曰 老衰而擅이라하나 是又不然이라 血氣筋力則有衰나 若夫智慮取舍則無衰라 曰 老者不堪其勞而休也라하나 是又畏事者之議也라

논자들은 "노쇠하여 禪讓하였다."라고도 말하지만 이것도 맞지 않다. 사람의 혈기와 근력은 쇠퇴하지만 지혜와 사고, 판단하고 결정하는 능력은 쇠퇴해질 수 없다. 논자들은 "늙은 사람은 수고로움을 감당할 수 없어 물러나 쉬게 된다."라고도 말하지만 이것도 일하기를 두려워하는 자들의 이론이다.

或者自以畏憚勞苦로 以爲聖王亦然也라

楊倞注 : 어떤 사람은 자기가 수고로움을 겁내고 꺼린다는 것으로 聖王 또한 그럴 것이라고 생각한다.

18-105 天子者는 埶至重而形至佚하며 心至愉而志無所詘하니 而形不爲勞하고 尊無上矣라 衣被則服五采하고 雜閒色하며

천자란 권세가 지극히 중대하고 육체가 지극히 편안하며 마음이 지극히 즐겁고 지향하는 일은 실현되지 않는 일이 없으니, 이 때문에 〈천자로 앉아 있다 하여〉 육체가 피곤할 수 없고 그의 존귀한 위상은 더할 수 없이 높다. 입는 의복은 五色의 상의를 입고 閒色을 섞은 〈하의로 짝을 맞추며〉

衣被는 謂以衣被身이라 服五采는 言備五色也라 閒色은 紅碧之屬이니 禮記曰 衣는 正色이요 裳은 閒色也라하니라

楊倞注 : 衣被는 상의를 몸에 입는 것을 이른다. 服五采는 오색을 갖추는 것을 말한다. 閒色은 홍색・녹색과 같은 유이니, ≪禮記≫ 〈玉藻〉에 "상의는 正色이고 하의는 閒色이다."라고 하였다.

18-106 重文繡하고 加飾之以珠玉이라 食飮則重大牢[57]而備珍怪하여 期臭味라

그 위에 꽃문양의 수를 놓고 진주와 보석으로 장식을 더 보탠다. 음식은 소・

57) 大牢 : 본디 제사 때 제물로 올리는 소・양・돼지 등 세 가지 희생을 가리키는데, 여기서는 단순히 그 고기들을 말한다.

양・돼지 등의 고기를 많이 준비하고 각종 진귀한 재료를 구비하여 각종 향긋하고 맛있는 것들이 빠짐없이 다 있다.

重은 多也니 謂重多之以太牢也라 珍怪는 奇異之食也라 期는 當爲綦니 極也라

楊倞注 : 重은 많다는 뜻이니, 소・양・돼지고기 등을 많이 차리는 것을 이른다. 珍怪는 기이한 음식이다. 期는 마땅히 '綦'로 되어야 하니, '極'의 뜻이다.

18-107 曼[58]而饋하고

〈진기한 별미를〉 진열하여 음식을 내오고

曼은 當爲萬이라 饋는 進食也라 列萬舞[59]而進食이라 ○ 郝懿行曰 曼은 訓長也라 傳粢進膳하되 列人持器하여 以次遞傳이라 故曰曼也라 論語詠而饋[60]는 謂祭也①요 此云曼而饋는 謂食也라

① 論衡明雩篇이라
≪論衡≫ 〈明雩篇〉의 내용이다.

楊倞注 : 曼은 마땅히 '萬'으로 되어야 한다. 饋는 음식을 내온다는 뜻이다. 萬舞를 진열한 가운데 음식을 내온다는 것이다.

○ 郝懿行 : 曼은 길다는 뜻이다. 기장밥과 반찬을 내오되 나열한 사람들이 그릇을 들고 차례대로 전달하기 때문에 '曼'이라 말한다. ≪論語≫에 '詠而饋(노래하며 음식을 내온다.)'라는 것은 제사 지내는 것을 이르고, 여기에 '曼而饋'라고 말한 것은 밥을 먹는 것을 이른다.

18-108 (代睪)〔伐皋(고)〕[61]而食하며

---

58) 曼 : ≪說文解字≫에 "曼은 '引'의 뜻이다."라고 하였는데, 王天海가 이것을 근거로 진기한 별미를 진열하는 것을 말한다고 하였다. 이에 따라 번역하였다.

59) 萬舞 : 종묘와 산천에 제사 지낼 때 추는 춤의 이름이다. 먼저 武舞를 추고 뒤에 文舞를 추는데, 武舞는 방패와 도끼 등 무기를 들고 추고 文舞는 새의 깃을 들고 춤을 춘다.

60) 詠而饋 : ≪論語≫ 〈先進〉에 나온다. 통행본 ≪論語≫에는 '詠而歸'로 되어 있는데, ≪論衡≫에서는 '歸'를 '饋'로 보았다.

61) (代睪)〔伐皋(고)〕 : 저본에는 '代睪'으로 되어 있으나, 劉台拱과 王念孫의 주에 의거하여 '伐

큰북을 울리고 식사를 하며

皋는 未詳이나 蓋香草也라 或曰 皋는 讀爲槀니 卽所謂蘭茝(채)〔槀〕[62]本也라하고 或曰 當爲澤이라 澤은 蘭也니 旣夕禮에 茵著用茶하고 實綏[63]澤焉이라하니라 俗書에 澤字作水傍睪하니 傳寫誤遺其水耳라하니라 代睪而食은 謂焚香氣歇이면 卽更以新者代之라 ○ 盧文弨曰 案正文睪는 本作皋라 故注一云 皋는 未詳이라하고 再云 皋는 當槀니 卽所謂蘭茝槀本也라하고 三云 當爲澤이라 俗書에 澤字作水旁皋하니 傳寫誤遺其水耳라하니라 史記天官書의 其色大圜黃滜(고)는 卽黃澤이니 是其證이라 今本及宋本엔 皆脫誤라 若水旁作睪이면 乃澤字正體니 不得云俗書也라 郝懿行曰 睪는 卽皋字라 下云側載睪芷는 蓋皆謂香草也라 此云代睪고 蓋進食人更迭佩帶하여 助其馨香이라 洪頤煊曰 淮南主術訓에 鼛(고)鼓而食하고 奏雍而徹이라하여 與此上下文義同이라 鼛皋는 古字通用이라 劉台拱曰 代睪는 當爲伐皋라 主術訓注에 引詩鼓鍾伐鼛라 考工記韗人엔 作皋鼓라 王念孫曰 周官大司樂에 王大食은 三侑하니 皆令奏鍾鼓라하고 又案淮南에도 亦本作伐鼛而食하여 與奏雍而徹對文이라 淮南卽本於荀子也하고 高注에 引詩鼓鍾伐鼛하여 正釋伐鼛二字之義라 今本正文에 作鼛鼓者는 涉注文而誤라 玉海一百九에 引淮南엔 正作伐鼛而食이라

楊倞注 : 皋는 알 수 없으나 아마도 향초일 것이다. 혹자는 "皋는 '槀'로 읽어야 하니, 곧 이른바 蘭茝와 槀本 따위이다."라 하고, 혹자는 "마땅히 '澤'으로 되어야 한다. 澤은 '蘭'이다. ≪儀禮≫ 〈旣夕禮〉에 '茵著用茶 實綏澤焉(요 속에 씀바귀를 넣고 동시에 또 廉薑과 澤蘭을 집어넣는다.)'이라 하였다. 통속적인 서체에 '澤'자는 물수 변(氵)에 '睪'을 붙이니, 옮겨 쓰는 과정에 그 '水'를 빠뜨린 것이다."라고 하였다. 代睪而食은 향초를 태워 그 향기가 가시면 곧 다시 새것으로 교체하는 것을 이른다.

○ 盧文弨 : 살펴보건대, 본문의 '睪'는 본디 '皋'로 되어 있다. 그러므로 〈楊氏의〉 주에서 처음에는 '皋는 알 수 없다.'라 하고, 다음에는 "皋는 마땅히 '槀'가 되어야 하니, 곧 이른바 蘭茝와 槀本이다."라 하고, 세 번째에는 "마땅히 '澤'으로 되어야 한다. 통속적인 서체에 '澤'자는 물수 변(氵)에 '睪'을 붙이니, 옮겨 쓰는 과정에 그 '水'를 빠뜨린 것이다."라

皋'로 바로잡았다.

62) 〔槀〕 : 저본에는 '槀'가 없으나, 盧文弨의 주 '蘭茝槀本'에 의거하여 보충하였다. 蘭茝와 槀本은 모두 향초의 일종이다.

63) 綏 : '廉薑'으로, 향기 나는 채소이다. '葰'으로도 불린다.

고 하였다. ≪史記≫ 〈天官書〉의 "其色大圜黃滜(〈태백성이〉 크면서도 둥글고 색깔이 누러면서 광택이 난다.)"라고 한 〈黃滜는〉 곧 '黃澤'이니, 이것이 〈'滜'가 '澤'자라는〉 증거이다. 지금 판본과 宋本에는 모두 획이 빠지고 잘못되었다. 만약 물수 변(氵)에 '睪'으로 되어 있다면 이는 곧 '澤'자의 正體이니, 통속적인 서체라고 말할 수 없다.

郝懿行 : 睪는 곧 '皋'자이다. 아래(18-115)에 "側載睪芷(그 곁에 澤蘭과 白芷를 싣는다.)"라고 말한 〈睪와 芷는〉 아마도 모두 향초를 말할 것이다. 여기에 '代睪'라고 한 것은 아마도 음식을 내오는 사람이 이 향초를 번갈아가며 허리에 차 그 향내를 돕는다는 뜻일 것이다.

洪頤煊 : ≪淮南子≫ 〈主術訓〉에 "鼛鼓而食 奏雍而徹(군주는 식사를 하기 전에 큰북을 치고 식사를 마치고 雍 음악을 연주한 뒤에 상을 물린다.)"이라 하여, 이곳의 위아래 글 뜻과 같다. '鼛'와 '皋'는 옛 글자에 통용하였다.

劉台拱 : '代睪'는 마땅히 '伐皋'로 되어야 한다. ≪淮南子≫ 〈主術訓〉의 주에 ≪詩經≫ 〈小雅 鼓鍾〉의 "鼓鍾伐鼛(쇠북을 두드리고 큰북을 친다.)"를 인용하였다. ≪周禮≫ 〈考工記 韗人〉에는 '皋鼓'로 되어 있다.

王念孫 : ≪周禮≫ 〈春官 宗伯下 大司樂〉에 "王大食 三侑 皆令奏鍾鼓(왕이 큰 규모로 음식을 먹는 일은 한 달에 세 번 음식을 권하니, 그때마다 쇠북과 큰북으로 음악을 연주한다.)"라 하고, 또 살펴보건대, ≪淮南子≫에도 본디 '伐鼛而食'으로 되어 있어 '奏雍而徹'과 짝을 이루고 있다. ≪淮南子≫는 곧 ≪荀子≫의 이곳 글에 근간을 두었고, 高誘의 주에 ≪詩經≫의 '鼓鍾伐鼛'를 인용하여 정확히 '伐鼛' 두 자의 뜻을 풀이하였다. 지금 ≪淮南子≫ 판본의 본문에 '鼛鼓'로 되어 있는 것은 주의 글과 연관되어 잘못된 것이다. ≪玉海≫ 권109에 ≪淮南子≫를 인용한 곳에서는 바르게 '伐鼛而食'으로 되어 있다.

18-109 雍而徹乎五祀[64])하니

雍 음악을 연주하고 음식을 거두어 부엌으로 돌아와 부엌 신에게 제사를 지내니,

雍은 **詩周頌樂章名**이니 **奏雍而徹饌**이라 **論語曰 三家者以雍徹**이라하니 **言其僭也**[65])라

64) 五祀 : 戶・竈・中霤・門・行의 다섯 곳의 신에게 지내는 제사를 말하는데, 여기서는 특별히 부엌을 가리킨다. 戶・竈・中霤・門・行은 방문・부엌・방안・대문・도로의 뜻이다.

65) 雍……言其僭也 : 楊倞의 이 주가 저본에는 본문의 '雍而徹乎'의 뒤에 있으나, 劉台拱의 주에 의거하여 '雍而徹乎五祀'의 뒤로 옮겼다.

○ 劉台拱曰 此當以雍而徹乎五祀爲句라 徹乎五祀는 謂徹於竈也라 周禮膳夫職云 王卒食하면 以樂徹于造라하고 淮南主術訓云 奏雍而徹 已飯而祭竈라하니라 蓋徹饌而設之於竈하되 若祭然하니 天子之禮也라 造竈는 古字通用이라 大祝六祈에 二曰造라 故書에 造作竈라 吳語에 係馬舌하고 出火竈라하여늘 吳越春秋에 作出火於造①라 專言之則曰竈요 連言之則曰五祀니 若謂丞相爲三公하고 左馮翊爲三輔[66]也라 楊氏失其句讀하여 乃爲是多方駢枝之說이라 此言天子奉養之盛이어늘 而以祭祀爲言이면 何當乎아

① 王念孫云 史記秦本紀의 客卿竈 秦策에 作造라 管子輕重己篇의 (熯)〔墐〕[67]竈泄井이 禁藏篇에 作造라
王念孫이 "≪史記≫ 〈秦本紀〉의 '客卿竈'의 〈'竈'가〉 ≪國語≫ 〈秦策〉에는 '造'로 되어 있다. ≪管子≫ 〈輕重己篇〉의 '墐竈泄井'의 〈'竈'가〉 ≪管子≫ 〈禁藏篇〉에는 '造'로 되어 있다."라고 하였다.

楊倞注 : 雍은 ≪詩經≫ 〈周頌〉의 악장 이름이니, 雍 음악을 연주하고 제사상을 물린다는 것이다. ≪論語≫ 〈八佾〉에 "三家者以雍徹(〈孟孫氏·叔孫氏·季孫氏〉 三家가 雍 음악을 연주하고 제사상을 물렸다.)"이라 하였으니, 그것이 참람한 일이라는 것을 말한다.

○ 劉台拱 : 이 문구는 마땅히 '雍而徹乎五祀'로 한 구가 되어야 한다. 徹乎五祀는 음식을 거두어 부엌으로 돌아와 〈부엌 신에게 제사를 지내는 것을〉 이른다. ≪周禮≫ 〈膳夫職〉에 "王卒食 以樂徹于造(왕이 식사를 마치면 음악을 연주하고 부엌으로 撤床하여 〈부엌 신에게 제사를 지낸다.〉)"라 하고, ≪淮南子≫ 〈主術訓〉에 "奏雍而徹 已飯而祭竈(雍 음악을 연주한 뒤에 撤床하고 식사를 마친 뒤에는 부엌 신에게 제사를 지낸다.)"라 하였다. 대체로 撤床하여 그 남은 음식을 부엌에 진설하기를 마치 제사를 지내듯이 하는 것이니, 이는 천자의 예이다. '造'와 '竈'는 옛 글자에 통용하였다. 〈≪周禮≫ 〈春官 宗伯〉에〉 大祝이 여섯 종류의 신에게 기도하는 것을 〈설명한 것 가운데〉 "두 번째는 造라 한다."라고 하였다. 옛 글에서는 '造'를 '竈'로 쓴다. ≪國語≫ 〈吳語〉에 "係馬舌 出火竈(戰馬의 혀를 잡아 묶고 아궁이

66) 專言之則曰竈……左馮翊爲三輔 : 부엌을 한 글자로 '竈'라 하기도 하고 '五祀'라 하기도 하는 이유에 대해 두 가지의 비슷한 사례를 들어 설명한 것이다. 三公은 丞相·太尉·御史大夫인데, 丞相을 지칭할 때 단독으로 지칭하면 그냥 丞相이고 이것이 속해 있는 범주의 개념들과 연관 지어 지칭하면 三公이라 하는 경우와 같다는 뜻이다. 三輔는 左馮翊인 左內史와 右內史·主爵中尉인데 左馮翊도 丞相의 경우와 같다.

67) (熯)〔墐〕 : 저본에는 '熯'으로 되어 있으나, ≪管子≫의 본문에 의거하여 '墐'으로 바로잡았다.

에서 불을 꺼내 꺼버렸다.)"라 하였는데, ≪吳越春秋≫에는 〈出火竈가〉 '出火於造'로 되어 있다. 부엌을 단독으로 지칭할 때는 '竈'라 하고 유사한 범주의 개념들과 연관 지어 지칭할 때는 '五祀'라 하는 것이니, 이를테면 丞相을 三公이라 하고 左馮翊을 三輔라 하는 경우와 같다. 楊氏는 그 구두를 잘못 떼어 마침내 이처럼 쓸데없는 군더더기 말을 하였다. 여기서는 천자가 받는 봉양이 대단한 것에 대해 말하는 것인데 제사 지내는 것을 말하였으니, 어찌 맞겠는가.

18-110 執薦者百人侍西房이라

음식 그릇을 진열하는 자들이 백 명이나 되었고 이들이 서쪽 행랑채에서 시중을 든다.

周禮宗伯의 以血祭[68]祭社稷五祀에 鄭云 五祀는 四時迎五行之氣於四郊하여 而祭五德之帝也라하니라 或曰 此五祀는 謂礿(약)祠烝嘗及大祫(협)[69]也라하고 或曰 國語에 展禽曰 禘郊祖宗報[70]此五者는 國之祀典也라하니 皆王者所親臨之祭요 非謂戶竈中霤門行之五祀也라 薦은 謂所薦陳之物이니 籩豆[71]之屬也라 侍는 侍立也라 西房은 西廂이라 侍는 或爲待也라 ○ 劉台拱曰 天子羞用百有二十品이라 執薦者百人은 擧成數라

楊倞注 : ≪周禮≫ 〈春官 宗伯〉의 "以血祭祭社稷五祀(血祭로 社稷과 五祀에 제사를 지낸다.)"라고 한 곳에 鄭玄이 "五祀는 사계절에 사방 교외에서 五行의 기운을 영접하여 五德의 제왕에게 제사를 지내는 것이다."라 하였다. 혹자는 "이 五祀는 礿·祠·烝·嘗 및 大祫이다."라 하고, 혹자는 "≪國語≫ 〈魯語〉에 展禽이 '禘·郊·祖·宗·報 이 다섯 가지는 국가의 제사 의식이다.'라 했다."라고 하였으니, 모두 왕이 친히 임해 지내는 제사이고

68) 血祭 : 희생을 죽여 그 피를 취해 신에게 제사 지내는 것을 말한다.

69) 礿(약)祠烝嘗及大祫(협) : 왕이 종묘에 지내는 다섯 종류의 제사이다. 礿(禴)은 봄철, 祠는 여름철, 烝은 겨울철, 嘗은 가을철 제사이고, 大祫은 大祫祭로 여러 대의 조상 신주를 太祖의 사당에 옮겨놓고 함께 지내는 제사이다.

70) 禘郊祖宗報 : 국가에서 지내는 다섯 종류의 제사 의식이다. 禘는 天神, 郊는 地神, 祖는 시조, 宗은 이름을 크게 남긴 조상, 報는 국가에 큰 공을 세운 인물에게 지내는 제사이다.

71) 籩豆 : 籩은 대나무로 만든 그릇으로 과일이나 말린 고기를 담고, 豆는 나무로 굽이 높고 뚜껑이 있게 만든 그릇으로 국이나 물기가 있는 음식을 담는다. 모두 제사, 혹은 연회 때 사용한다.

戶・竈・中霤・門・行의 五祀를 말하는 것은 아니다. 薦은 진열하는 물건을 이르니, 籩・豆 등이다. 侍는 모시고 서 있다는 뜻이다. 西房은 서쪽 행랑채이다. 侍는 간혹 '待'로 되어 있기도 하다.

○ 劉台拱 : 천자가 먹는 음식은 백이십 가지를 운용한다. 음식 그릇을 진열하는 자들이 백 인이라는 것은 우수리가 없는 정수를 들어 말한 것이다.

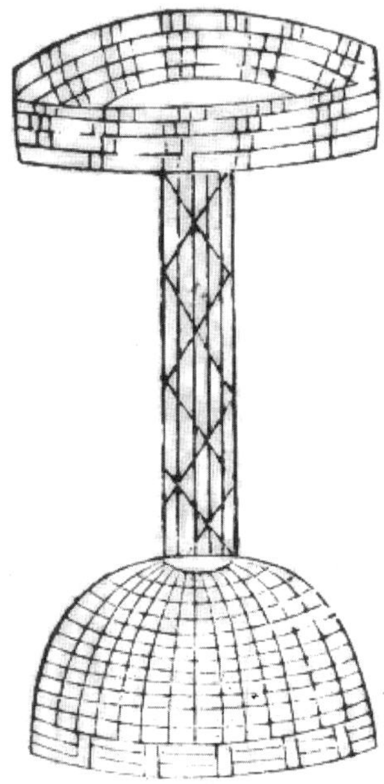

籩

豆

18-111 居則設張容하고 負依而(坐)〔立〕[72]하면 諸侯趨走乎堂下라

조정에 있을 때는 의장대를 배치하고 큰 병풍을 등지고 서면 제후들이 당 아래에서 종종걸음을 친다.

居는 安居也니 聽朝之時也라 容은 謂羽衛也라 居則設張其容儀하고 負依而坐也라 戶牖之間을 謂之依라 亦作扆(의)하니 扆依音同이라 或曰 爾雅云 容謂之防에 郭璞云 如今牀頭小曲屏風이니 唱射者所以自防隱也라하니 言施此容於戶牖閒하여 負之而坐也라하니라 ○ 盧文弨曰 注所以自防隱也는 宋本에 作所以隱見也하니 誤라

72) (坐)〔立〕: 저본에는 '坐'로 되어 있으나, 王念孫의 주에 의거하여 '立'으로 바로잡았다.

今攷正이라 郝懿行曰 張은 與帳同하니 古以張爲帳也라 容則楊注引爾雅郭注是也라 張容二物과 與負依而爲三이라 王念孫曰 坐는 當爲立이니 說見儒效篇이라

楊倞注 : 居는 평안히 머물러 있다는 뜻이니, 정사를 처리하는 때이다. 容은 의장대를 이른다. 〈천자가〉 정사를 처리할 때는 의장대를 배치하고 큰 병풍을 등지고 앉는다. 문과 창 사이를 '依'라 이른다. '扆'로 쓰기도 하니, 扆와 依는 음이 같다. 혹자는 "《爾雅》〈釋宮〉의 '容謂之防(容은 防이라 이른다.)'이라 한 곳에 郭璞이 '오늘날 평상머리에 둘러치는 작은 머릿병풍과 같은 것이니, 활쏘기 의식을 진행하는 사회자가 자기 몸을 막아 숨기 위한 것이다.'라 하였으니, 이 작은 가리개를 문과 창 사이에 설치하여 그것을 등지고 앉는 것을 말한다."라고 하였다.

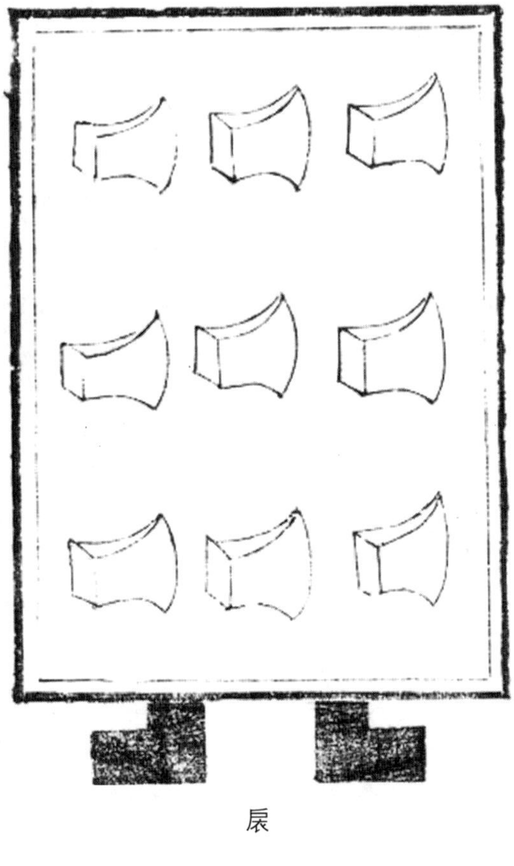

扆

○ 盧文弨 : 〈楊氏〉 주의 '所以自防隱也'는 宋本에 '所以隱見也'로 되어 있으니, 이는 잘못된 것이다. 여기서는 상고하여 바로잡았다.

郝懿行 : 張은 '帳'과 같으니, 옛날에 '張'을 '帳'으로 사용하였다. 容은 楊氏의 주에 인용된 《爾雅》의 郭璞 주가 옳다. 〈천자가 정사를 행하는 곳에 배치하는 물건은〉 張·容 두 가지와 등 뒤의 병풍까지 세 가지이다.

王念孫 : '坐'는 마땅히 '立'이 되어야 하니, 이에 관한 설명은 〈儒效篇〉(8-121)에 보인다.

18-112 出戶而巫覡有事하고

궁중의 문을 나설 때는 무당들이 상서롭지 못한 기운을 몰아내고

出戶는 謂出內門也라 女曰巫요 男曰覡이라 有事는 祓除不祥이라

楊倞注 : 出戶는 궁중의 문을 나오는 것을 이른다. 여자 무당은 '巫'라 하고 남자 무당

은 '覡'이라 한다. 有事는 상서롭지 못한 기운을 몰아내는 일이다.

18-113 出門而宗(祀)〔祝〕[73]有事라

도성의 대문을 나설 때는 大宗伯과 大祝이 〈도로의 신에게 안전을 비는〉 제사를 지낸다.

出門은 謂車駕出國門이라 宗者는 主祭祀之官이라 祀는 當爲祝이라 有事는 謂祭行神也라 國語曰 使名姓之後로 能知四時之生과 犧牲之物과 玉帛之類와 采服之儀와 彝器之量과 次主之度와 屛攝之位와 壇場之所와 上下之神祇와 氏姓之所出하여 而心帥舊典者로 爲之宗이라하니라 又曰 使先聖之後로 能知山川之號와 宗廟之事와 昭穆[74]之世와 齊敬之勤과 禮節之宜와 威儀之則과 容貌之崇과 忠信之質과 禋絜之服하여 而敬恭明神者로 爲之祝이라하고 韋昭曰 宗은 大宗伯也니 掌祭祀之禮하고 祝은 大祝이니 掌祈福祥也라하니라 ○ 盧文弨曰 注上下之神祇와 氏姓之所出은 今國語無祇字所字나 宋本有之하고 與周禮大宗伯注合이라 宗은 大宗伯也라 韋注無大字하고 又祝大祝은 舊本에 誤作禮記曰大祝이라 今皆攷正이라

楊倞注 : 出門은 수레가 도성 문을 나오는 것을 이른다. 宗이란 제사를 주관하는 관원이다. '祀'는 마땅히 '祝'으로 되어야 한다. 有事는 도로의 신에게 제사 지내는 것을 이른다. ≪國語≫ 〈楚語 下〉에 "성명을 하사받은 귀족의 후손으로서 능히 사계절에 생장하는 식물, 제사에 사용하는 희생, 옥이며 비단 등의 예물, 지위를 구분하는 채색문양의 의복, 祭器들의 용량, 신주의 선후 순서를 조정하는 기준, 병풍으로 가려 신주의 尊卑를 구분하는 위치, 제단을 세우는 장소, 天神과 地神의 이치, 종족과 성씨가 생겨난 내력에 관해 알아서 마음으로 옛 법칙을 따르는 사람으로 하여금 宗이 되게 한다."라 하였다. 또 "옛 聖王의 후손으로서 제사를 올릴 산천의 이름, 宗廟의 사무, 昭穆의 순서, 근엄하고 공경스러움에 대한 노력, 도리에 합당한 예절, 모범이 될 만한 몸가짐, 용모의 수식, 충성스럽고 성실한 마음, 정갈한 예복에 대해 잘 알고서 神明을 공경하는 사람으로 하여금 祝이 되게 한다."라 하고, 韋昭가 "宗은 大宗伯이니 제사 지내는 예를 관장하고, 祝은 大祝이니 복과 상서로움을 기원하는 일을 관장한다."라고 하였다.

---

73) (祀)〔祝〕: 저본에는 '祀'로 되어 있으나, 楊倞의 주에 의거하여 '祝'으로 바로잡았다.

74) 昭穆 : 宗廟나 祠堂에 神主를 모시는 차례이다. 始祖를 중앙의 맨 위쪽에 모시고 그 왼쪽 줄을 昭, 오른쪽 줄을 穆이라 하여, 2·4·6世를 昭에, 3·5·7世를 穆에 모신다.

○ 盧文弨 : 〈楊氏〉 주의 '上下之神祇 氏姓之所出'은 지금의 ≪國語≫에는 '祇'자와 '所'자가 없으나 宋本에는 들어 있고 ≪周禮≫ 〈大宗伯〉의 주와 부합된다. 宗은 大宗伯이다. 韋昭의 주에 본디 '大'자가 없고 또 '祝大祝'은 옛 판본에 '禮記曰大祝'으로 잘못되었다. 여기서는 모두 상고하여 바로잡았다.

18-114 乘大路[75)]하고 趨[76)]越席은 以養安[77)]하고

大路를 타고 왕골로 엮은 돗자리에 앉는 것은 그것으로 몸이 편안함을 추구하는 욕구를 충족시키고

大路는 祭天車라 禮記曰 大路는 繁纓一就라하니라 趨는 衍字耳라 越席은 結蒲爲席이라 養安은 言恐其不安하여 以此和養之라 按禮以大路越席爲質素어늘 此云養安하여 以爲盛飾하니 未詳其意라 或曰 古人以質爲重也라하니라 ○ 先謙案 史記禮書正義云 蒲草爲席하면 既潔且柔하니 潔可以祀神하고 柔可以養體也라하니라

楊倞注 : 大路는 〈천자가〉 하늘에 제사할 때 사용하는 수레이다. ≪禮記≫ 〈禮器〉에 "大路 繁纓一就(大路는 말의 뱃대끈과 가슴걸이를 오색 끈 한 벌로 장식한다.)"라 하였다. 趨는 잘못 덧붙여진 글자이다. 越席은 왕골로 엮어 만든 돗자리이다. 養安은 〈앉는 자리가〉 편안하지 않을까 염려되어 이 돗자리에 편안하게 〈앉게 하는〉 것을 말한다. 살펴보건대, ≪禮記≫에는 大路와 돗자리로 소박한 의미를 추구하였는데 여기서는 몸을 편안하게 한다고 말해 성대한 장식으로 여겼으니, 그 뜻을 알 수 없다. 혹자는 "옛사람은 질박한 것을 중시하였다."라고 하였다.

○ 先謙案 : ≪史記≫ 〈禮書〉의 張守節 ≪正義≫에 "왕골로 자리를 만들면 정갈하고 또 부드러우니, 정갈하면 신령에게 제사를 올릴 수 있고 부드러우면 몸을 보살필 수 있다."라고 하였다.

---

75) 大路 : 곧 大輅로, 천자가 타는 수레의 이름이다.

76) 趨 : 올라간다는 뜻이다.

77) 養安 : 楊倞은 "앉는 자리가 편안하지 않을까 염려되어 이 돗자리에 편안하게 앉게 하는 것을 말한다."라고 하였으나, 〈禮論篇〉에 "天子大路越席 所以養體也(천자가 大路를 탈 때 왕골로 엮어 만든 돗자리에 앉는 것은 몸의 욕구를 충족시키는 것이다.)"라 한 것에 따라 번역하였다. 아래의 '養鼻', '養目', '養耳'의 경우도 같다.

大輅(大路)

18-115 側載睪芷는 以養鼻하고

그 곁에 澤蘭과 白芷를 싣는 것은 그것으로 코의 욕구를 충족시키고

睪芷는 香草也니 已解上이라 於車上傍側載之하여 用以養鼻也라 ○ 先謙案 史記엔 作側載臭茝하고 索隱에 引劉氏云 側은 特也라 臭는 香也라 茝는 香草也라 言天子行에 特得以香草自隨也하고 其餘則否라 今以側爲邊側이라 載者는 置也라 言天子

之側常置芳香於左右라

楊倞注：睪과 芷는 향초이니, 이에 대해서는 이미 위(18-108)에서 풀이하였다. 수레 위 언저리에 이것을 실어 이를 통해 코의 욕구를 충족시키는 것이다.

○ 先謙案：≪史記≫에는 '側載臭茝'로 되어 있고, ≪史記索隱≫에 劉氏의 말을 인용하여 "側은 특별하다는 뜻이다. 臭는 향기이다. 茝는 향초이다. 천자가 길을 다닐 때 특별히 향초를 신변에 가지고 다니는 것을 말한다. 그 나머지는 그렇게 하지 않는다. 지금은 側을 곁이라는 뜻으로 쓴다. 載는 싣는다는 뜻이다. 천자 곁에는 항상 향초를 여기저기에 놓아둔다는 것을 말한다."라고 하였다.

澤蘭

白芷

18-116 **前有錯衡**(착형)[78]은 **以養目**하며

앞쪽에 꽃문양을 조각한 가로대가 있는 것은 그것으로 눈의 욕구를 충족시키며,

---

78) 錯衡(착형)：수레의 가로대에 꽃문양을 새기고 채색을 발라 아름답게 꾸민 것이다. 錯은 문양을 새기고 채색을 바른다는 뜻이고, 衡은 수레에 탄 사람이 몸을 기댈 수 있도록 수레의 앞부분에 만든 가로대이다.

詩曰 約軝錯衡이라하고 毛云 錯衡은 文衡이라하니라

楊倞注 : ≪詩經≫ 〈小雅 采芑〉에 "約軝錯衡(단단히 묶은 바퀴와 문양을 새긴 가로대)"이라 하고, 〈毛傳〉에 "錯衡은 문양을 새긴 가로대이다."라고 하였다.

18-117 和鸞之聲은 步中武象하고 騶[79]中韶護는 以養耳라

和鈴・鸞鈴이 울리는 소리는 수레가 느리게 갈 때는 武・象의 가락에 들어맞고 빨리 갈 때는 韶・護의 가락에 들어맞는 것은 그것으로 귀의 욕구를 충족시키기 위해서이다.

和鸞은 皆車上鈴也라 韓詩外傳云 鸞在衡하고 和在軾前[80]이라하니라 升車則馬動하고 馬動則鸞鳴하고 鸞鳴則和應하니 皆所以爲行節也라 許愼曰 和取其敬하고 鸞以象鳥之聲이라하니라 武象韶護는 皆樂名이라 騶는 當爲趨라 步는 謂車緩行하고 趨는 謂車速行이라 周禮大馭云 凡馭路에 行以肆夏[81]하고 趨以采齊[82]하여 以鸞和爲節이라하고 鄭云 行은 謂大寢至路門[83]하고 趨는 謂路門至應門[84]也라하니라

楊倞注 : 和鈴・鸞鈴은 모두 수레 위의 방울이다. ≪韓詩外傳≫에 "鸞在衡 和在軾前(鸞鈴은 가로대에 있고 和鈴은 가로대의 앞에 있다.)"이라 하였다. 사람이 수레에 오르면 말이 움직이고 말이 움직이면 鸞鈴이 울리고 鸞鈴이 울리면 和鈴이 그에 호응하니, 모두 수레가 길을 가는 규칙으로 삼기 위한 것이다. 許愼이 "和鈴은 그 경건한 의미를 취하고 鸞鈴은 鸞鳥의 소리를 상징한다."라고 하였다. 武・象과 韶・護는 모두 악곡의 이름이다. 騶는 마땅히 '趨'로 되어야 한다. 步는 수레가 느리게 가는 것을 이르고, 趨는 수레가 빨리 가는 것을 이른다. ≪周禮≫ 〈大馭〉에 "凡馭路 行以肆夏 趨以采齊 以鸞和爲節(대체로 왕의 玉路를 몰 때 느리게 갈 때는 肆夏를 따르고 빨리 갈 때는 采齊를 따라 鸞鈴과 和鈴이 울리는 소리로 규칙을 삼는다.)"이라 하고, 鄭玄은 "行은 大寢에서 路門까지 가는 것을 이르고, 趨는

---

79) 騶 : 趨와 통용한다.

80) 鸞在衡 和在軾前 : 이 내용이 지금의 ≪韓詩外傳≫에는 보이지 않는다.

81) 肆夏 : 고대 악곡의 이름이다. 九夏의 하나이다.

82) 采齊 : 고대 악곡의 이름이다.

83) 大寢至路門 : 大寢은 路寢으로 천자나 제후가 정사를 처리는 궁실이고, 路門은 궁실에서 가장 안쪽의 정문이다.

84) 應門 : 應門은 왕궁의 정문이다.

路門에서 應門까지 가는 것을 이른다."라고 하였다.

18-118 三公奉軛(액)持納하며

三公은 멍에를 받들고 안쪽 말의 고삐를 잡으며

軛은 轅前也라 納은 與軜同이라 軜(납)은 謂驂馬[85]內轡繫軾前者라 詩曰 鋈(옥)以觼(결)軜이라하니라 ○ 盧文弨曰 注內轡는 舊作內軜이라 今據說文改正이라

楊倞注 : 軛은 끌채의 앞부분이다. 納은 '軜'과 같다. 軜은 가로대 앞에 잡아매는 驂馬 안쪽 고삐를 이른다. ≪詩經≫ 〈秦風 小戎〉에 "鋈以觼軜(안쪽 고삐 쇠고리 도금하였네.)"이라 하였다.

○ 盧文弨 : 〈楊氏〉 주의 '內轡'는 옛 판본에 '內軜'으로 되어 있다. 여기서는 ≪說文解字≫에 의거하여 고쳐 바로잡았다.

18-119 諸侯持輪挾輿先馬라

제후는 수레의 양쪽 바퀴를 붙잡는 사람도 있고 수레의 몸통 양쪽을 경호하는 사람도 있고 말 앞에서 길을 인도하는 사람도 있다.

挾輿는 在車之左右也라 先馬는 導馬也라 或持輪者와 或挾輿者와 或先馬者라

楊倞注 : 挾輿는 수레의 좌우에 있다는 뜻이다. 先馬는 말 앞에서 길을 인도한다는 뜻이다. 수레의 두 바퀴를 붙잡는 사람과 수레의 몸통 양쪽을 경호하는 사람과 말 앞에서 길을 인도하는 사람도 있다는 것이다.

18-120 大侯編後하고 大夫次之하며

큰 나라 제후는 천자의 수레 뒤에 서고 대부는 그 뒤에 서며

大侯는 國稍大하여 在五等[86]之列者라

---

85) 驂馬 : 말 네 마리가 끄는 수레에서 바깥 양쪽 말을 가리킨다. 가운데 두 마리는 服馬라 한다.

86) 五等 : 제후의 다섯 등급인 公・侯・伯・子・男을 이른다.

楊倞注 : 大侯는 국가의 규모가 약간 커서 다섯 등급의 반열에 들어 있는 사람이다.

18-121 小侯元士次之하고

작은 나라 제후와 元士는 그 뒤에 서고

小侯는 僻遠小國及附庸也라 元士는 上士也라 禮記曰 庶(大)〔方〕[87]小侯는 入天子之國하여는 曰某人이라하니라하고 又曰 天子之元士는 視附庸也라하니라

楊倞注 : 小侯는 외지고 먼 작은 나라 및 附庸國이다. 元士는 上士이다. ≪禮記≫ 〈曲禮下〉에 "庶方小侯 入天子之國 曰某人(네 변방에 흩어져 있는 작은 제후는 천자의 畿內에 진입하면 자기를 '아무 국 사람이다.'라고 칭한다.)"이라 하고, 또 ≪禮記≫ 〈王制〉에 "天子之元士 視附庸也(천자의 元士는 부용국에 견준다.)"라 하였다.

18-122 庶士介而夾道하니

군사들은 무장하고 길 양쪽에서 경호하니,

庶士는 軍士也라 介而夾道는 被甲夾於道側하여 以禦非常也라 ○ 謝本은 從盧校하여 作坐道하고 注二夾字도 竝作坐라 王念孫曰 宋呂本에 作庶士介而夾道라 錢本及元刻에 夾道竝誤作坐道어늘 而盧本從之라 案作坐道者는 非也라 上文云 天子出則三公奉軶持納하고 諸侯持輪挾輿先馬라하니 然則庶士豈得坐道乎아 當從呂本作夾道라 周官條狼氏에 王出入則八人夾道 是也라 楊注本云 介而夾道는 被甲夾於道側하여 以禦非常也라하여늘 而今本엔 注文兩夾字亦誤爲坐矣라 先謙案王說是라 今從呂本改라

楊倞注 : 庶士는 군사들이다. 介而夾道는 갑옷을 입고 길 양쪽에 늘어서서 뜻하지 않은 사태에 대비한다는 뜻이다.

○ 謝本은 盧校本에 따라 〈夾道가〉 '坐道'로 되어 있고, 〈楊氏〉 주의 두 '夾'자도 모두 '坐'로 되어 있다.

王念孫 : 宋 呂本에 '庶士介而夾道'로 되어 있다. 錢本 및 元刻本에는 '夾道'가 모두 '坐道'로 잘못되어 있는데, 盧本은 그것을 따른 것이다. 살펴보건대, '坐道'로 된 것은 틀렸다.

---

87) (大)〔方〕: 저본에는 '大'로 되어 있으나, ≪禮記≫ 본문에 의거하여 '方'으로 바로잡았다.

윗글에 "〈천자가 밖을 나설 때는〉 三公은 멍에를 받들고 안쪽 말의 고삐를 잡으며, 제후는 수레의 양쪽 바퀴를 붙잡는 사람도 있고 수레의 몸통 양쪽을 경호하는 사람도 있고 말 앞에서 길을 인도하는 사람도 있다."고 하였으니, 그렇다면 군사들이 어찌 길가에 앉아 있을 수 있겠는가. 마땅히 呂本에 따라 '夾道'로 되어야 한다. ≪周禮≫ 〈條狼氏〉에 "王出入則八人夾道(왕이 출입할 때는 여덟 사람이 길 양쪽에 늘어서서 경호한다.)"라 하였으니, 곧 이것이다. 楊氏의 주는 본디 "介而夾道 被甲夾於道側 以禦非常也"라 하였는데, 지금 판본에는 이 주 문구의 두 '夾'자도 잘못되어 '坐'로 되어 있다.

先謙案 : 王氏의 설이 옳다. 여기서는 呂本에 따라 고쳤다.

18-123 庶人隱竄하여 莫敢視望이라 居如大神하고 動如天帝라

일반 백성들은 몸을 숨겨 감히 바라보지도 못한다. 궁궐에 머물러 있을 때는 위대한 신과 같고 움직일 때는 하느님과 같다.

言畏敬之甚也라

楊倞注 : 두려워하고 공경하는 정도가 심한 것을 말한다.

18-124 持老養衰 猶有善於是者與아 (不)〔夫〕[88]老者는 休也니 休猶有安樂恬愉如是者乎아

노년의 생활을 유지하고 노쇠한 몸을 보양하는 일이 이보다 나은 사람이 있겠는가. 대체로 늙었다는 것은 휴식을 취한다는 말이니, 그 휴식이 이처럼 안정되고 즐겁고 편안하고 유쾌한 경우가 또 있겠는가.

不老는 老也니 猶言不顯은 顯也라 或曰 不字衍耳라 夫老者는 休息之名이니 言豈更有休息安樂過此라 ○ 郝懿行曰 不老者는 不衰老也니 猶詩之言永錫難老矣라 故以天子無老申之라 楊注에 不老는 老也라하고 又曰 不字衍이라하니 二說皆非라 王念孫曰 或說是라 兪樾曰 案此當作猶有善於是者不與라 不(부)는 讀爲否니 傳寫誤

88) (不)〔夫〕 : 저본에는 '不'로 되어 있으나, 劉師培의 설에 의거하여 '夫'로 바로잡았다. 劉師培가 "不은 마땅히 '夫'로 되어야 한다. 夫와 不은 雙聲이고 자형이 또 약간 비슷하여 잘못된 것이다."라고 하였다. 王天海도 이에 동의하였다.

倒在與下라 **楊注曰 不老老也**와 **或曰 衍不字**는 **竝非**라

楊倞注 : 不老는 늙었다는 뜻이니, '不顯 顯也(不顯은 드러난 것이다.)'라는 말과 같다. 혹자는 "'不'자는 잘못 덧붙여진 것이다."라 하였다. 대체로 늙었다는 것은 휴식을 뜻하는 이름이니, 어찌 이보다 더 휴식하고 안락한 일이 있겠느냐는 말이다.

○ 郝懿行 : 不老란 노쇠하지 않았다는 뜻이니, ≪詩經≫ 〈魯頌 泮水〉에 "永錫難老(영원히 늙지 않을 복을 주었네.)"라고 말한 것과 같다. 그러므로 "天子無老(천자는 노령으로 물러나 쉬는 일이 없다.)"라는 말로 강조하였다. 楊氏의 주에 "不老는 늙었다는 뜻이다."라 하고, 또 "'不'자는 잘못 덧붙여진 것이다."라 하였으니, 이 두 설은 모두 틀렸다.

王念孫 : 혹자의 설이 옳다.

兪樾 : 살펴보건대, 이 문구는 마땅히 '猶有善於是者不與'로 되어야 한다. 不는 '否'로 읽어야 하니, 옮겨 쓰는 과정에 위치가 잘못 바뀌어 '與' 밑에 있게 된 것이다. 楊氏의 주에 "不老는 늙었다는 뜻이다."라 한 것과, 혹자가 "'不'자는 잘못 덧붙여진 것이다."라고 한 것은 모두 틀렸다.

18-125 **故曰 諸侯有老**나 **天子無老**라

그러므로 "제후는 노령으로 〈물러나 쉬는 일이〉 있으나 천자는 노령으로 〈물러나 쉬는 일이〉 없다.

諸侯供職貢朝聘[89]이라 **故有筋力衰竭**이면 **求致仕者**하니 **與天子異也**라

楊倞注 : 제후는 職貢과 朝聘을 수행하기 때문에 근력이 쇠약하고 다하면 辭職을 청하는 일이 있으니, 천자의 경우와는 다르다.

18-126 **有擅國**이나 **無擅天下**라하니 **古今一也**라

제후가 나라를 禪讓하는 일은 있어도 천자가 천하를 선양하는 일은 없다."라고 하였으니, 이는 고금이 동일하다.

讓者는 **埶位敵之名**이라 **一國事輕**하니 **則有請於天子而讓賢**이나 **天下則不然也**라

---

89) 職貢朝聘 : 職貢은 속국이나 외국이 조정에 대해 계절에 따라 조공을 바치는 것을 말하고, 朝聘은 제후가 정기적으로 천자를 알현하는 일이다.

楊倞注：禪讓이란 권세와 지위가 대등할 경우에 쓰는 명칭이다. 한 제후국의 일은 가벼우니, 천자에게 요청하여 유능한 인물에게 국가를 선양할 수 있으나 천하는 그렇지 않다.

18-127 夫曰 堯舜擅讓은 **是虛言也**니 **是淺者之傳**이요 **陋者之說也**라 **不知逆順之理**와 **小大至不至之變**[90)] **者也**라

이른바 "堯·舜이 왕위를 선양을 하였다."라고 하는 것은 헛된 말이니, 지식이 얕은 자가 전하는 말이고 고루한 자의 이론이다. 逆順의 도리, 작은 국가와 큰 천하의 위상, 지극하고 지극하지 않은 〈천자와 제후의〉 차이를 모르는 사람이다.

小는 **謂一國**이요 **大**는 **謂天下**라 **至不至**는 **猶言當不當也**라

楊倞注：小는 한 국가를 이르고 大는 천하를 이른다. 至不至는 정당하고 정당하지 않다는 말과 같다.

18-128 未可與及天下之大理者也라

그들과는 천하의 큰 도리를 논할 수 없다.

18-129 世俗之爲說者曰 堯舜不能教化라 **是何也**오 **曰 朱象**[91)] **不化**라하나 **是不然也**라 **堯舜**은 **至天下之善教化者也**라 **南面而聽天下**하니 **生民之屬**이 **莫不振動從服以化順之**라

세속의 논자는 말하기를 "堯와 舜은 사람들을 教化하지 못했다. 그것은 어째서인가? 丹朱와 象이 모두 교화되지 않았기 때문이다."라고 하지만 이것은 맞지 않다. 堯와 舜은 천하에서 교화를 가장 잘하는 사람들이다. 그들이 남쪽을 향해 앉

---

90) 逆順之理 小大至不至之變：久保愛가 "신분이 높은 사람이 낮은 사람에게 선양하는 것은 逆이고 권세와 지위가 대등한 사람끼리 선양하는 것은 順이다. 至不至는 천자는 권세가 지극히 크고 육체가 지극히 편안하며 마음이 지극히 즐겁다는 것과 제후는 그렇지 못하다는 것을 이른다. 變은 다르다는 뜻이다."라고 하였다. 이를 참고하여 번역하였다.

91) 朱象：朱는 丹朱로 堯의 아들이고, 象은 舜의 이복아우이다. 丹朱는 불초하여 堯가 舜에게 왕위를 선양하였고, 象은 성품이 거만하여 매일 舜을 죽이려고 시도하였다.

아 천하를 다스리니, 백성들이 모두 두려워하여 복종하고 감화를 받아 따르지 않는 일이 없었다.

言天下無不化라

楊倞注 : 천하에 교화되지 않은 사람이 없다는 것을 말한다.

18-130 **然而朱象獨不化**하니 **是非堯舜之過**요 **朱象之罪也**라

그러나 丹朱와 象만은 교화되지 않았으니, 이는 堯와 舜의 잘못이 아니라 丹朱와 象의 죄이다.

朱象은 乃罪人之當誅戮者니 豈堯舜之過哉아 論語曰 上智與下愚不移라하니 是也라

楊倞注 : 丹朱와 象은 곧 죄인으로서 마땅히 주륙을 당할 사람이니, 어찌 堯와 舜의 잘못이겠는가. ≪論語≫ 〈陽貨〉에 "上智與下愚不移(오직 상등의 지혜로운 자와 하등의 어리석은 자는 바꿀 수 없다.)"라 하였으니, 곧 이 경우이다.

18-131 **堯舜者**는 **天下之英也**요

堯와 舜은 천하의 영걸이고

鄭康成注禮記云 英은 謂俊選[92]之尤者라하니라

楊倞注 : 鄭康成(鄭玄)의 ≪禮記≫ 〈禮運〉 주에 "英은 우수하고 걸출한 인재 가운데 더 뛰어난 사람이다."라고 하였다.

18-132 **朱象者**는 **天下之嵬**(외)며 **一時之瑣**(쇄)**也**라

丹朱와 象은 천하의 기괴한 자이자 한 시대의 용렬한 자이다.

言嵬瑣之人은 雖被堯舜之治라도 猶不可化라 言敎化所不及이라 嵬瑣는 已解在非十二子之篇이라 先謙案 嵬瑣는 猶委瑣니 說見前이라 儒效篇云 英傑化之하고 嵬瑣

92) 俊選 : 俊士와 選士의 약칭으로, 우수하고 걸출한 인재를 가리킨다.

逃之라하여 亦以英傑嵬瑣對文이라

楊倞注：기괴하고 용렬한 사람은 비록 堯·舜의 治化를 입더라도 교화될 수 없다는 것을 말한다. 곧 교화가 미치지 않는다는 것을 말한 것이다. 嵬瑣는 이미 〈非十二子〉편에 풀이가 있다.

先謙案：嵬瑣는 '委瑣'와 같으니, 이에 관한 설명이 앞에 보인다. 〈儒效篇〉에 "英傑化之 嵬瑣逃之(영웅호걸은 감화되고 기괴하고 용렬한 자는 그를 피해 도망간다.)"라 하여 그곳에서도 英傑과 嵬瑣를 대구로 썼다.

18-133 今世俗之爲說者는 不怪朱象而非堯舜하니 豈不過甚矣哉아 夫是之謂嵬說이라

지금 세속의 논자들은 丹朱와 象을 괴이하게 여기지 않고 堯와 舜을 비난하고 있으니, 어찌 가장 중대한 잘못이 아니겠는가. 이것을 기괴한 설이라 이른다.

狂妄之說이라

楊倞注：방자하고 허망한 설이다.

18-134 羿蠭(방)門者는 天下之善射者也나 不能以撥弓曲矢中〔微〕[93)]라

羿와 蠭門은 천하에 활을 잘 쏘는 사람들이지만 뒤틀린 활과 굽은 화살로는 작은 목표물을 쏘아 맞힐 수 없다.

撥弓은 不正之弓이라 中은 丁仲反이라 ○ 陳奐曰 案中下脫微字라 撥弓曲矢不能中微는 與下文辟馬毀輿不能致遠으로 句法相同이라 儒效篇曰 輿固馬選矣로되 而不能以致遠一日而千里면 則非造父也요 弓調矢直矣로되 而不能以射遠中微면 則非羿也라하고 王霸篇曰 人主欲得善射하여 射遠中微면 則莫若羿蠭門矣요 欲得善馭하여 及速致遠이면 則莫若王良造父矣라하고 君道篇曰 人主欲得善射하여 射遠中微者하고 欲得善馭하여 及速致遠者라하고 議兵篇曰 弓矢不調면 則羿不能以中微하고 六馬不和면 則造父不能以致遠이라하니 皆中微與致遠作對文을 可證이라 小

93) 〔微〕: 저본에는 '微'가 없으나, 陳奐의 주에 의거하여 보충하였다.

雅毛傳曰 殪(에)는 壹發而死니 言能中微而制大也라하니 語本荀子라

楊倞注 : 撥弓은 바르지 않은 활이다. 中은 〈음이〉 丁과 仲의 반절이다.

○ 陳奐 : 살펴보건대, '中' 밑에 '微'자가 빠졌다. 撥弓曲矢不能中微는 아랫글 '辟馬毁輿不能致遠'과 句法이 서로 같다. 〈儒效篇〉에 "輿固馬選矣 而不能以致遠一日而千里 則非造父也 弓調矢直矣 而不能以射遠中微 則非羿也(수레가 튼튼하고 말이 우수하더라도 능히 멀리 가 하루에 천 리를 달리지 못한다면 造父가 아니고, 활이 균형이 잡히고 화살이 곧더라도 능히 멀리 쏘고 작은 것을 맞히지 못한다면 后羿가 아니다.)"라 하고, 〈王霸篇〉에 "人主欲得善射 射遠中微 則莫若羿蠭門矣 欲得善馭 及速致遠 則莫若王良造父矣(군주가 활을 잘 쏘아서 멀리 쏘고 작은 것을 맞히는 사람을 얻기를 원한다면 羿와 蠭門보다 더 좋은 사람이 없고, 수레를 잘 몰아 빨리 멀리까지 가는 사람을 얻고자 한다면 王良과 造父보다 더 좋은 사람이 없다.)"라 하고, 〈君道篇〉에 "人主欲得善射 射遠中微者 欲得善馭 及速致遠者(군주가 활을 잘 쏘아 멀리 쏘고 작은 것을 맞히는 사람을 얻기를 원하고, 수레를 잘 몰아 빨리 멀리까지 가는 사람을 얻고자 한다.)"라 하고, 〈議兵篇〉에 "弓矢不調 則羿不能以中微 六馬不和 則造父不能以致遠(활과 화살이 조절되지 않는다면 后羿라 할지라도 작은 목표물을 쏘아 맞힐 수 없고, 수레를 끄는 여섯 마리의 말이 화합하지 않는다면 造父라 할지라도 먼 곳까지 달릴 수 없다.)"이라 하였으니, 모두 '中微'와 '致遠'을 대구로 썼다는 것을 증명할 수 있다. ≪詩經≫ 〈小雅 吉日〉의 〈毛傳〉에 "殪 壹發而死 言能中微而制大也(殪는 화살 한 대를 쏘아 죽인 것이니, 능히 작은 것을 맞혀 큰 것을 제압한 것을 말한다.)"라 하였으니, 이 말은 ≪荀子≫에 근간을 둔 것이다.

18-135 王梁造父(보)者는 天下之善馭者也나 不能以辟馬毁輿致遠하고

王梁과 造父는 천하에 수레를 잘 모는 사람들이지만 절름발이 말과 부서진 수레로는 먼 곳까지 달려갈 수 없고,

辟은 與躄同하니 必亦反이라

楊倞注 : 辟은 '躄'과 같으니, 〈음이〉 必과 亦의 반절이다.

18-136 堯舜者는 天下之善教化者也나 不能使嵬瑣化라 何世而無嵬하고 何時而無瑣리오 自太皞(호)燧人莫不有也라

堯와 舜은 천하에 교화를 잘하는 사람들이지만 기괴한 자와 졸렬한 자들을 교화

시킬 수는 없다. 어느 세상인들 기괴한 자가 없고 어느 시대인들 졸렬한 자가 없겠는가. 太皞·燧人 때부터 그런 자들이 없던 적은 없다.

太皞는 伏羲也라 燧人은 太皞前帝王이니 始作火化者라

楊倞注：太皞는 伏羲이다. 燧人은 太皞 이전의 제왕이니, 맨 처음 불씨를 만들어 백성을 교화한 사람이다.

18-137 故作者不祥하고 學者受其殃이나 非者有慶이라

그러므로 그런 설을 만들어내는 자는 상서롭지 못하고 그런 설을 배우는 자는 그 재앙을 받지만 그런 설을 비난하는 자는 경사가 있는 법이다.

伏羲坐像

作嵬瑣者는 不祥也라 有慶은 言必無刑戮也라 ○ 兪樾曰 此謂作世俗之說者不祥하고 學者從而傳述之면 必受其殃이나 能非而闢之則有慶也라 下文引詩曰 下民之孼이 匪降自天이라 噂沓背憎하니 職競由人이라하니 可見荀子之意 深疾世俗之說이라 故爲此言이라 楊注未得其旨라

楊倞注：기괴하고 졸렬한 설을 만들어내는 자는 상서롭지 못하다는 것이다. 有慶은 반드시 刑戮이 없을 것이라는 것을 말한다.

○ 兪樾：여기서는 세속의 잘못된 설을 만들어내는 자는 상서롭지 못하고 배우는 자가 그 설을 따라 세상에 전파하면 반드시 그 재앙을 받지만 능히 그 설을 비난하여 배척하면 경사가 있을 것이라는 것을 이른다. 아랫글에 ≪詩經≫을 인용하여 "下民之孼 匪降自天 噂沓背憎 職競由人(저 아래 백성들이 받는 재앙은 하늘에서 내려온 것이 아니라, 만나면 떠들다가 돌아서면 미워하니 빌미를 제공한 건 다름 아닌 그들이네.)"이라 하였으니, 荀子의 마

음에 세속의 논자들을 매우 미워하였기 때문에 이런 말을 하였다는 것을 알 수 있다. 楊氏의 주는 그 뜻을 제대로 알지 못했다.

18-138 **詩曰 下民之孼**이 **匪降自天**이라 **噂**(준)**沓背憎**하니 **職競由人**이라하니 **此之謂也**니라

≪詩經≫에 "저 아래 백성들이 받는 재앙은 하늘에서 내려온 것이 아니라, 만나면 떠들다가 돌아서면 미워하니 빌미를 제공한 건 다름 아닌 그들이네."라고 하였으니, 이를 두고 하는 말이다.

詩는 小雅十月之交篇이라 言下民相爲妖孼이니 災害非從天降이라 噂噂沓沓然相對談語라가 背則相憎하니 爲此者는 蓋由人耳라

楊倞注 : ≪詩經≫은 〈小雅 十月之交〉편이다. 아래 백성들이 서로 재앙을 만든 것이니, 그 재해는 하늘로부터 내려진 것이 아니라는 것을 말한다. 좋은 낯으로 떠들면서 대화하다가 돌아서면 서로 미워하니, 그 빌미를 만든 것은 사람들 자기들로 인해서이다.

18-139 **世俗之爲說者曰 太古薄葬**하여 **棺厚三寸**이요 **衣衾三領**이며 **葬田不妨田**이라 **故不掘也**라

세속의 논자는 말하기를 "태곳적에는 간략하게 장사를 지내 관의 두께는 세 치이고 옷가지는 세 벌이며 밭에 장사 지내되 〈봉분이 없어〉 농사짓는 데 방해가 되지 않았기 때문에 무덤을 파는 일이 없었다.

此蓋言古之人君也라 三領은 三稱也라 禮記에 君陳衣於序東하되 西領(南)〔北〕[94)]上이라하니 故以領言이라 葬田不妨田은 言所葬之地不妨農耕也라 殷已前平葬하니 無丘壠之識(지)也라

楊倞注 : 이것은 대체로 고대 군주의 〈장례에 관해〉 말한 것이다. 三領은 세 벌이다. ≪禮記≫ 〈喪大記〉에 "君陳衣於序東 西領北上(군주를 〈염습할 때 쓰는〉 옷들은 동쪽 담 아래 복도에 진열하되 옷깃을 서쪽으로 향하게 하고 북쪽을 上席으로 하여 〈남쪽을 향해 차례로 배열

94) (南)〔北〕 : 저본에는 '南'으로 되어 있으나, ≪禮記≫ 〈喪大記〉에 의거하여 '北'으로 바로잡았다.

한다.〉)"이라 하였으니, 이로 인해 '領'으로 말하였다. 葬田不妨田은 시체를 묻은 땅이 농사를 짓는 데에 방해가 되지 않는다는 것을 말한다. 殷나라 이전에는 平葬을 하였으니, 봉분을 만들어 표지하지 않았다.

18-140 **亂今厚葬飾棺**이라 **故**抇(홀)**也**라하니라 **是不及知治道**하고 **而不察於**抇**不**抇**者之所言也**라

혼란한 지금은 후하게 장사 지내 보물로 관을 장식하기 때문에 〈도둑이 그 무덤을〉 파는 것이다."라고 한다. 그러나 이것은 국가를 다스리는 도리를 제대로 아는 수준에 미치지 못하고 남의 무덤을 파거나 파지 않는 이유를 제대로 살피지 못한 자들이 하는 말이다.

抇은 **穿也**니 **謂發**(冡)〔冢〕[95]**也**라 **胡骨反**이라

楊倞注 : 抇은 뚫는다는 뜻이니, 무덤을 파는 것을 이른다. 〈그 음이〉 胡와 骨의 반절이다.

18-141 **凡人之盜也**는 **必以有爲**라

대체로 사람들이 도둑질을 하는 데에는 반드시 그 이유가 있다.

其意必有所(云)[96]**爲也**라

楊倞注 : 그 의도가 반드시 그만한 이유가 있다는 것이다.

18-142 **不以備不足**이면 (足)[97]**則以重有餘也**라

자기의 부족한 재물을 채우기 위해서가 아니면 자기의 넉넉한 재물을 더 늘리기 위해서이다.

95) (冡)〔冢〕 : 저본에는 '冡'으로 되어 있으나, 抱經堂叢書本에 의거하여 '冢'으로 바로잡았다. 冡은 '蒙'의 옛 글자로 덮는다는 뜻이다.

96) (云) : 저본에는 '云'이 있으나, 문세에 의해 잘못 덧붙여진 글자로 처리하였다.

97) (足) : 저본에는 '足'이 있으나, 盧文弨의 주에 의거하여 잘못 덧붙여진 글자로 처리하였다.

○ 盧文弨曰 下足字衍이라

○ 盧文弨 : 아래의 '足'자는 잘못 덧붙여진 것이다.

18-143 而聖王之生民也는 皆使(當)〔富〕[98]厚優猶[99](不)[100]知足하고 而不得以有餘過度라

그런데 聖王이 백성들을 살게 하는 데에는 모든 사람이 풍성하고 넉넉하여 그에 만족할 줄 알게 하고 또 여유로운 정도가 도에 지나치지 않도록 한다.

當은 謂得中也라 丁浪反이라 優猶는 寬泰也라 不知足의 不字는 亦衍耳라 言聖王之養民은 輕賦薄斂하여 皆使寬泰而知足也하고 又有禁限하여 不得以有餘過度也라 ○ 王念孫曰 當厚二字不詞하니 楊說非也라 當厚는 蓋富厚之誤①라 下優猶知足은 正承富厚言之라

① 秦策에 勢位富厚라하니라
≪戰國策≫ 〈秦策〉에 "勢位富厚(권세와 지위, 부유하고 넉넉함)"라 하였다.

楊倞注 : 當은 적당한 것을 이른다. 〈그 음이〉 丁과 浪의 반절이다. 優猶는 넉넉하고 편안하다는 뜻이다. '不知足'의 '不'자는 이 또한 잘못 덧붙여진 것이다. 聖王이 백성을 양육하는 것은 賦稅를 가볍고 적게 부과하여 모든 백성이 넉넉하고 편안하여 그에 만족할 줄 알게 하고, 또 일정한 제한을 두어 여유로운 정도가 도에 지나치지 않도록 한다는 것을 말한다.

○ 王念孫 : '當厚' 두 자는 말이 되지 않으니, 楊氏의 설은 틀렸다. '當厚'는 아마도 '富厚'의 잘못일 것이다. 그 아래 '優猶知足'은 곧 '富厚'를 이어받아 말한 것이다.

18-144 故盜不竊하고 賊不刺(자)하며

그러므로 도둑이 남의 것을 훔치지 않고 강도가 남의 것을 취하지 않으며,

98) (當)〔富〕 : 저본에는 '當'으로 되어 있으나, 王念孫의 주에 의거하여 '富'로 바로잡았다.
99) 猶 : '游'와 통한다.
100) (不) : 저본에는 '不'이 있으나, 楊倞의 주에 의거하여 잘못 덧붙여진 글자로 처리하였다.

盜賊은 通名이라 分而言之면 則私竊謂之盜요 刼殺謂之賊이라 ○ 兪樾曰 楊蓋以刺爲刺殺之刺이나 實非然也라 漢書郊祀志에 刺六經中作王制의 師古注曰 刺는 采取之也라하고 又丙吉傳에 至公車[101]刺取의 注曰 刺는 謂探候之也라하니라 然則刺者는 探取之義라 盜不竊하고 賊不刺는 變文以成句耳요 非有異義也라

楊倞注 : 盜와 賊은 뜻이 같은 글자이다. 이것을 나누어 말하면 남몰래 훔치는 것을 '盜'라 하고 힘으로 억눌러 죽이는 것을 '賊'이라 한다.

○ 兪樾 : 楊氏는 대체로 '刺'를 '刺殺(찔러 죽이다)'의 '刺(척)'으로 풀이하였으나 사실은 그렇지 않다. ≪漢書≫ 〈郊祀志〉에 "刺六經中作王制(六經 속에서 관련된 내용을 채취하여 ≪王制≫를 편찬하게 하였다.)"라고 한 곳의 顔師古 주에 "刺는 그 내용을 채취한다는 뜻이다."라 하고, 또 ≪漢書≫ 〈丙吉傳〉에 "至公車刺取(公車에 이르러 소식을 채취하였다.)"라고 한 곳의 〈顔師古〉 주에 "刺는 그 소식을 정탐하는 것을 이른다."라고 하였다. 그렇다면 '刺'는 정탐하여 채취한다는 뜻이다. '盜不竊 賊不刺'는 글자를 바꿔 구를 형성한 것일 뿐이고 다른 뜻이 있는 것은 아니다.

18-145 狗豕吐菽粟이요 而農賈(고)皆能以貨財讓이라

개돼지도 〈너무 잘 먹어〉 콩과 곡식을 내뱉을 정도이고 농민이나 상인들이 모두 재물을 사양한다.

農賈庶人猶讓하니 則其餘無不讓也라 ○ 郝懿行曰 吐者는 棄也①니 此蓋極言菽粟之多耳요 非食而吐之也라 孟子言狗彘食人食이라하고 揚雄蜀都賦云 (糶)〔糴〕[102]米肥腊라하니 非聖世之事也라

① 倉頡篇이라

≪倉頡篇≫에 보인다.

楊倞注 : 농민이나 상인 등 일반 백성도 오히려 사양을 하니, 그 나머지야 당연히 사양

101) 公車 : 西漢 때 설치한 관서의 이름이다. 衛尉에 딸린 기구로, 公車令을 두어 황궁의 바깥문인 司馬門의 경비를 관장하게 하였다. 야간에 궁중을 순시하고 아울러 사방에서 올라오는 문서와 황제의 부름을 받고 入朝하는 사람들을 접대하였다.

102) (糶)〔糴〕 : 저본에는 '糶'으로 되어 있으나, 〈蜀都賦〉에는 '糴'으로 되어 있으므로 그에 따라 바로잡았다. 糴은 씻는다는 뜻인 '滌'과 발음이 비슷하여 통용한다.

하지 않는 사람이 없을 것이다.

○ 郝懿行 : 吐는 버린다는 뜻이니, 이는 대체로 콩과 곡식이 많다는 것을 극단적으로 말한 것이고, 〈개돼지가〉 먹고 그것을 도로 뱉어낸다는 뜻은 아니다. ≪孟子≫〈梁惠王上〉에 "狗彘食人食(개돼지가 사람이 먹을 것을 먹는다.)"이라 하고, 揚雄의 〈蜀都賦〉에 "糴米肥賭(씻은 쌀을 먹여 돼지를 살찌운다.)"라고 하였으니, 이는 聖王 세상의 일이 아니다.

18-146 **風俗之美**로 **男女自不取於**涂하고 **而百姓羞拾遺**라

풍속이 아름다워짐으로 인해 남녀가 저절로 길거리에서 야합하지 않고 백성들은 땅바닥에 떨어져 있는 물건을 줍는 것도 부끄럽게 여긴다.

○ 郝懿行曰 大略篇云 國法禁拾遺라하니 蓋必申商之法에 有此禁令이라 故荀擧以爲言이라

○ 郝懿行 : 〈大略篇〉에 "國法禁拾遺(국법에 남이 잃어버린 재물을 줍는 것을 금지하였다.)"라 하였으니, 아마도 申不害나 商鞅의 법에 이와 같은 금령이 있으므로 荀子가 들추어 말했을 것이다.

18-147 **故孔子曰 天下有道**면 **盜其先變乎**인저하니라

그러므로 孔子가 "천하에 도가 있으면 도둑이 먼저 변할 것이다."라고 하였다.

衣食足이면 知榮辱이라

楊倞注 : 입고 먹는 것이 풍족하면 영예와 치욕을 안다.

18-148 **雖珠玉滿體**하고 **文繡充棺**하고 **黃金充**椁하며 **加之以丹**矸(간)하고 **重之以曾靑**하며

비록 진주와 옥으로 온 시체를 꾸미고 채색무늬를 수놓은 비단으로 內棺을 채우고 황금으로 外棺을 채우며, 그 겉을 朱砂로 바르고 靑銅으로 장식하며,

丹矸은 丹砂也라 曾靑은 銅之精이니 形如珠者라 其色極靑이라 故謂之曾靑이라 加以丹矸하고 重以曾靑은 言以丹靑采畫也라

楊倞注 : 丹矸은 丹砂이다. 曾青은 질이 좋은 구리이니, 모양이 진주와 같은 것이다. 그 색깔이 매우 푸르므로 曾青이라 이른다. 그 위에 朱砂를 바르고 青銅으로 장식한다는 것은 丹青으로 채색그림을 그리는 것을 말한다.

18-149 **犀象以爲樹**하고

무소뿔과 상아로 나무를 만들어 〈壙中에 세우고〉

樹之於壙中也라

楊倞注 : 그것을 壙中에 세운다는 것이다.

18-150 **琅**玕**龍茲華覲以爲實**이라도

琅玕・龍茲・華覲으로 그 열매를 만든다 하더라도

琅玕은 **似珠**하니 **崑崙山有琅**玕**樹**라 **龍茲**는 **未詳**이라 **覲**은 **當爲瑾**이라 **華**는 **謂有光華者也**라 **或曰 龍茲**는 **卽今之龍鬚席**이라하니라 **公羊傳曰 衛侯朔屬負茲**라하고 **爾雅曰** 蓐은 **謂之茲**라하고 **史記曰 衛叔封布茲**에 **徐廣曰 茲者**는 **藉席之名**이라하고 **列女傳**에 **無鹽女謂齊宣王曰 漸臺五重**이요 **黃金白玉琅**玕**龍疏翡翠珠璣**를 **莫落連飾**하여 **萬民疲極**하니 **此二殆也**라하니라 **疑龍茲**는 **卽龍疏**니 **疏鬚音相近也**라 **曹大家**[103]**亦不解**라 **實**은 **謂實於棺椁中**이라 **或曰 茲與髭**(자)**同**이라하니라 ○ **郭慶藩曰 上言以爲樹**하고 **下言以爲實**하니 **蓋謂植樹犀象而以珠玉爲之實也**라 **上言琅**玕하고 **下言華覲**하니 **則龍茲非席明矣**라 **列女傳之龍疏**도 **亦列於珠玉之閒**하니 **不得爲席**이라 **龍疏**는 **或卽龍茲**로 **當爲珠玉名**이니 **猶左昭二十九年傳所稱龍輔爲玉名也**라 **楊訓實爲實於棺**椁하니 **失之**라

楊倞注 : 琅玕은 진주와 비슷하니, 崑崙山에 琅玕樹가 있다. 龍茲는 무엇인지 알 수 없다. 覲은 마땅히 '瑾'으로 되어야 한다. 華는 광채가 있는 것을 이른다. 혹자는 "龍茲는

103) 曹大家 : 東漢 班彪의 딸 班昭를 말한다. 그의 오라버니 班固가 ≪漢書≫를 편찬하다가 완성하지 못하고 죽자, 和帝가 그에게 그 뒤를 이어 완성하게 하였다. 曹壽에게 시집간 대학자라 하여 曹大家로 불렸다. 여기에 曹大家를 거론한 것은 그가 ≪列女傳≫의 주를 편찬했기 때문이다.

곧 지금의 龍鬚席이다."라 하였다. ≪春秋公羊傳≫ 桓公 16년에 "衛侯朔屬負玆(衛侯朔이 병을 구실로 삼았다.)"라 하고, ≪爾雅≫ 〈釋器〉에 "蓐은 '玆'라 이른다."라 하고, ≪史記≫ 〈周本紀〉의 "衛叔封布玆(衛 康叔 封이 거적자리를 폈다.)"라고 한 곳에 徐廣이 "玆는 거적의 이름이다."라 하고, ≪列女傳≫에 無鹽女가 齊 宣王에게 이르기를 "漸臺五重 黃金白玉琅玕龍疏翡翠珠璣 莫落連飾 萬民疲極 此二殆也(漸臺는 5층이나 되고 黃金・白玉・琅玕・龍疏・翡翠・珠璣 등 귀중품을 찬란하게 장식하여 백성의 고혈을 소진하였으니, 이것이 두 번째 위험입니다.)"라 하였다. 아마도 龍玆는 곧 '龍疏'일 것이니, 疏와 鬚는 발음이 서로 가깝다. 曹大家도 이 뜻을 알지 못했다. 實은 관 속에 채워 넣는 것을 이른다. 혹자는 "玆는 '髭'와 같다."라 하였다.

○ 郭慶藩 : 위에서는 '나무를 만든다〔以爲樹〕'고 하고 밑에서는 '열매를 만든다〔以爲實〕'고 하였으니, 이는 무소뿔과 상아로 나무를 만들어 심고 주옥으로 그 열매를 만든 것을 이른다. 위에서 琅玕을 말하고 밑에서 華覲을 말했으니, 龍玆는 거적자리가 아님이 분명하다. ≪列女傳≫의 '龍疏'도 주옥 사이에 나열하였으니, 거적자리가 될 수는 없다. '龍疏'는 아마도 '龍玆'로, 분명히 주옥 이름일 것이니, ≪春秋左氏傳≫ 召公 29년에 거론된 '龍輔'가 옥의 이름인 경우와 같다. 楊氏는 實의 뜻을 널 속에 채운다는 것으로 풀이하였으니, 잘못되었다.

18-151 **人猶且莫之抇也**리라 **是何也**오 **則求利之詭**[104]**緩**하고 **而犯分之羞大也**라

사람들이 남의 무덤을 파는 일은 없을 것이다. 그것은 어째서인가? 곧 이득을 추구할 욕구는 느슨해지고 자기 분수를 어기는 수치심이 크기 때문이다.

詭는 詐也라 求利詭詐之心緩也라 ○ 郝懿行曰 詭者는 責也니 言抇人冢墓以求利면 國法必加罪責也라 詭訓責은 古義也라 漢書趙充國陳湯京房尹賞王莽傳及後漢孟嘗陳重傳注에 皆以詭爲責也라 俞樾曰 詭는 疑說字之誤라 言古者民生富厚면 求利之說在所緩也라 詭說은 形似致誤라 楊注非라 先謙案 郝說是라 以犯分爲羞요 非畏罪責也라

楊倞注 : 詭는 '詐'의 뜻이다. 이득을 추구하고 남을 속이는 마음이 느슨해진다는 것

104) 求利之詭 : 王天海가 "≪說文解字≫에 '詭는 責의 뜻이다.'라고 하였는데, 여기서는 責이 욕구의 뜻이고 罪責의 責은 아니다. 곧 이득을 추구하려는 욕구를 말한다. 郝氏가 '詭'의 뜻을 責이라 한 것은 옳으나 그 설명은 틀렸다."라고 하였다. 이 설에 따라 번역하였다.

이다.

○ 郝懿行 : 詭는 '責'의 뜻이니, 남의 무덤을 파 이익을 구하면 국법으로 반드시 罪責을 가하는 것을 말한다. 詭자를 '責'의 뜻으로 이해하는 것은 옛 문헌이 그렇다. ≪漢書≫ 趙充國·陳湯·京房·尹賞·王莽의 列傳 및 ≪後漢書≫ 孟嘗·陳重의 列傳 주에 모두 '詭'를 '責'의 뜻으로 썼다.

兪樾 : 詭는 아마도 '說'자의 잘못일 것이다. 옛날에 백성들이 부유하고 넉넉하면 이득을 추구하는 말들이 느슨해진다는 것을 말한다. '詭'와 '說'은 모양이 비슷하여 잘못되었다. 양씨의 주는 틀렸다.

先謙案 : 郝氏의 설이 옳다. 자기 분수를 어기는 것을 수치스러워하는 것이지, 罪責을 당할까 두려워하는 것은 아니다.

18-152 夫亂今然後反是라 **上以無法使**하고 **下以無度行**하며 **知者不得慮**하고 **能者不得治**하고 **賢者不得使**라

혼란한 오늘날에는 이와 반대가 되었다. 군주는 無法으로 백성들을 부리고 백성들은 법도에 어긋나게 행동하며, 지혜 있는 사람은 국가 대사를 계획하지 못하고 능력이 있는 사람은 국가를 다스리지 못하고 현량한 사람은 〈관직에 들어앉아 사람을〉 부리지 못한다.

不得在位使人이라

楊倞注 : 〈不得使는〉 관직에 들어앉아 사람을 부리지 못한다는 뜻이다.

18-153 若是면 **則上失天性**[105]하고 **下失地利**하고 **中失人和**라 **故百事廢**하고 **財物詘**하여 **而禍亂起**라 **王公則病不足於上**하고 **庶人則凍餒羸瘠於下**라 **於是焉桀紂群居**하고 **而盜賊擊奪以危上矣**라

이렇게 되면 위로는 농사철을 잃을 수 있고 아래로는 토지에서 생산되는 이익을 잃을 수 있고 중간으로는 백성들의 화합을 잃을 수 있다. 그러므로 모든 일이 그릇되고 재물이 부족해 재난과 혼란이 일어난다. 천자와 제후는 위에서 재물이

105) 天性 : 天時와 같다.

부족한 것을 걱정하고 일반 백성들은 밑에서 추위에 얼고 굶주려 지치고 쇠약해진다. 그리하여 桀·紂와 같은 폭군이 무리 지어 〈각국의 군주 자리를〉 차지하고 도적들이 공격하고 약탈하여 그들의 군주를 위태롭게 하기도 한다.

言在上位者盡如桀紂也라

楊倞注 : 윗자리에 앉아 있는 자들이 모두 桀·紂와 같다는 것을 말한다.

18-154 **安**[106)] **禽獸行**하고 **虎狼貪**이라 **故脯巨人而炙**嬰**兒矣**라 **若是則有何尤**抇**人之墓**하고 **抉**(결)**人之口**하여 **而求利矣哉**아

마침내 금수처럼 행동하고 호랑이처럼 탐욕을 부리기 때문에 어른을 죽여 육포로 만들어 먹고 어린애를 구워먹는다. 이렇게 되면 또 어찌 죽은 사람의 무덤을 파고 죽은 사람의 입을 벌려 이득을 구하는 행위를 탓할 수 있겠는가.

抉은 挑也니 抉人口하여 取其珠也라 ○ 先謙案 有는 讀爲又라

楊倞注 : 抉은 벌린다는 뜻이니, 죽은 사람의 입을 벌려 그 珠玉을 취하는 것이다.
○ 先謙案 : 有는 '又'로 읽어야 한다.

18-155 **雖此倮**(라)**而薶**(매)**之**라도 **猶且必**抇**也**리니 **安得葬**薶**哉**아

〈이런 상황에서는〉 벌거숭이로 땅에 묻더라도 반드시 파낼 것이니, 어찌 매장을 할 수 있겠는가.

不可得葬薶而不發이라

楊倞注 : 〈벌거숭이로〉 묻더라도 파내지 않을 것이라 단정할 수 없을 것이다.

18-156 **彼乃將食其肉而**齕(흘)**其骨也**리라 **夫曰 太古薄葬**이라 **故不**抇**也**하고 **亂今厚葬**이라 **故**抇**也**는 **是特姦人之誤於亂說**하여 **以欺愚者而**(潮)〔淖(뇨)〕[107)]**陷**

106) 安 : 여기서는 '乃'와 같다. '이에', '마침내'의 뜻이다.

107) (潮)〔淖(뇨)〕 : 저본에는 '潮'로 되어 있으나, 盧文弨의 주에 의거하여 '淖(진창)'로 바로잡았다.

之하여 以偸取利焉이라 夫是之謂大姦이라

그들은 그 살을 뜯어먹고 그 뼈라도 씹어 먹으려 할 것이다. 이른바 "태곳적에는 간략하게 장사를 지냈기 때문에 무덤을 파는 일이 없었고, 혼란한 지금은 후하게 장사 지내기 때문에 도둑이 그 무덤을 판다."라는 말은 오직 간사한 사람들이 허튼 설에 현혹되어 어리석은 자를 속이고 수렁에 빠지게 하여 그 속에서 이득을 취하려는 것이다. 이것을 두고 크게 간사하다고 말한다.

言是乃特姦人自誤惑於亂說하여 因以欺愚者 猶於泥潮之中陷之라 謂使陷於不仁不孝也라 以偸取利는 謂偝弃死者而苟取其利於生者也라 是時에 墨子之徒說薄葬以惑當世라 故以此譏之라 ○ 盧文弨曰 潮는 當作淖라 古潮字作淖라 故淖誤爲淖어늘 又誤爲潮라

楊倞注 : 이는 곧 오직 간사한 사람이 스스로 허튼 설에 잘못 현혹되어 어리석은 자들을 속인 것이 그들을 수렁에 빠뜨리는 것과 같다는 것을 말한다. 이 말은 그들을 인자하지 않고 효성스럽지 않은 쪽으로 빠지게 한 것을 이른다. 以偸取利는 죽은 사람을 배반하여 버리고 그 이득을 살아 있는 사람에게서 구차하게 취하는 것을 이른다. 이 당시에 墨子의 무리가 薄葬하는 것을 주장하여 당시 사람들을 현혹하였기 때문에 이 말로 비평한 것이다.

○ 盧文弨 : 潮는 마땅히 '淖'로 되어야 한다. 옛날에 '潮'자는 '淖'로 표기하였다. 그러므로 '淖'가 잘못되어 '淖'가 되었는데 이것이 또 잘못되어 '潮'가 되었다.

18-157 傳曰 危人而自安하고 害人而自利라하니 此之謂也니라

전하는 말에 "남을 위태롭게 함으로써 자기는 안전하고 남을 해롭게 함으로써 자기는 이익을 얻는다."라고 하였으니, 이를 두고 하는 말이다.

危害死者하여 以利生者니 與此義同이라

楊倞注 : 죽은 사람을 위태롭고 해롭게 함으로써 살아 있는 사람을 이롭게 한다는 것이니, 여기서 말하는 뜻과 같다.

18-158 子宋子曰 明見侮之不辱이면 使人不鬭라

子宋子가 말하기를 "모욕을 당하더라도 치욕으로 여기지 않는 도리를 밝히면 사람들을 싸우지 않게 할 수 있다.

宋子는 已解在天論篇이라 宋子言若能明侵侮而不以爲辱之義면 則可使人不鬬也라 莊子說(세)宋子曰 見侮不辱하면 救民之鬬[108]라하고 尹文子曰 見侮不辱하고 見推不矜하며 禁暴息兵하면 救世之鬬라 此人君之德이니 可以爲王矣[109]라하니라 宋子는 蓋尹文弟子라 何休注公羊曰 以子冠氏上者는 著其師也라하니라 言此者는 蓋以難宋子之徒也라

楊倞注 : 宋子에 관해서는 이미 〈天論篇〉(17-101)에서 설명하였다. 宋子는 만약 상대방의 침해와 모욕을 당하더라도 치욕으로 여기지 않는 도리를 밝히면 사람들을 싸우지 않게 할 수 있다는 것을 말하였다. 莊子가 宋子에게 권유하기를 "見侮不辱 救民之鬬(모욕을 당하더라도 치욕으로 여기지 않으면 백성들이 싸우는 것을 말릴 수 있다.)"라 하고, 尹文子는 "見侮不辱 見推不矜 禁暴息兵 救世之鬬 此人君之德 可以爲王矣(모욕을 당하더라도 치욕으로 여기지 않고 추앙을 받더라도 으스대지 않으며 폭정을 금지하고 군대를 쉬게 하면 세상이 서로 싸우는 것을 말릴 수 있다. 이것이 군주의 덕이니, 이렇게 되면 왕이 될 수 있다.)"라 하였다. 宋子는 아마도 尹文子의 제자일 것이다. 何休의 ≪春秋公羊傳≫ 주에 "子를 氏 위에 놓은 것은 그의 스승임을 드러낸 것이다."라고 하였다. 〈荀子가〉 이것을 말한 것은 宋子의 학설을 따르는 무리를 책망하기 위해서일 것이다.

18-159 人皆以見侮爲辱이라 故鬬也라 知見侮之爲不辱이면 則不鬬矣리라하여 應之曰 然則亦以人之情爲不惡(오)侮乎아하니 曰 惡而不辱也라하니라

사람들은 모두 모욕을 당하는 것을 치욕으로 여기기 때문에 싸운다. 모욕당하는 것이 치욕거리가 안 된다는 것을 알면 싸우지 않을 것이다."라고 하기에, 그에 답하기를 "그렇다면 사람의 본성이 모욕당하는 것을 싫어하지 않는다고 보는가?" 하니, "싫어하지만 그것을 치욕으로 여기지는 않는 것이다."라고 하였다.

雖惡其侮라도 而不以爲辱이라 惡는 烏路反이니 下同이라

108) 見侮不辱 救民之鬬 : ≪莊子≫ 〈天下〉에 나온다.

109) 見侮不辱……可以爲王矣 : ≪尹文子≫ 〈大道 上〉에 나온다.

楊倞注 : 비록 모욕을 당하는 것을 싫어하더라도 그것을 치욕으로 여기지 않는다는 것이다. 惡는 〈음이〉 烏와 路의 반절이니, 아래의 경우도 같다.

18-160 曰 若是면 則必不得所求焉하리라

그에게 다음과 같이 말하였다.
"그렇다면 분명히 당신이 추구하는 목표에 도달하지 못할 것이다.

求不鬭라도 必不得이라

楊倞注 : 싸우지 않기를 추구하더라도 반드시 그렇게 될 수 없을 것이다.

18-161 凡人之鬭也는 必以其惡(오)之爲說하고 非以其辱之爲故也라

〈그 까닭은〉 일반적으로 사람들이 다툴 때는 반드시 자기가 모욕당하는 것을 싫어하는 것으로 이유를 삼고, 모욕을 당하는 그 자체를 이유로 삼지는 않기 때문이다.

凡鬭在於惡요 不在於辱也라

楊倞注 : 일반적으로 싸우는 이유는 〈모욕당하는 것을〉 싫어하는 데에 있고 모욕을 당하는 데에 있지 않다.

18-162 今俳優侏儒狎徒詈侮而不鬭者는 是豈鉅知見侮之爲不辱哉아

지금 광대나 난쟁이, 놀이꾼들이 남의 모욕을 당하면서도 싸우지 않는 것은 어찌 모욕당하는 것이 치욕거리가 안 된다는 것을 알았기 때문이겠는가.

狎은 戲也라 鉅는 與遽同이라 言此倡優豈速遽知宋子有見侮不辱之論哉라 ○ 謝本은 從盧校하여 注豈下無速字라 王念孫曰 豈鉅知者는 豈知也라 鉅亦豈也라 古人自有複語耳라 或言豈鉅하고 或言豈遽하고 或言庸鉅하고 或言何遽하니 其義一而已矣①라 楊讀鉅爲遽하여 而云豈速遽知하니 失之라 盧刪注速字하고 各本皆有라 先謙案 王說是라 今依各本增이라

① 說見漢書陸賈傳이라

이 설명은 ≪漢書≫ 〈陸賈傳〉에 보인다.

楊倞注 : 狎은 논다는 뜻이다. 鉅는 '遽'와 같다. 이 광대들이 어찌 갑자기 '모욕을 당하더라도 치욕으로 여기지 않아야 한다.'는 宋子의 논리를 알아서 그렇겠느냐는 말이다.

○ 謝本은 盧校本에 따라 〈楊氏〉 주의 '豈' 밑에 '速'자가 없다.

王念孫 : 豈鉅知는 '어찌 알겠느냐'는 뜻이다. 鉅 또한 '豈'의 뜻이다. 옛사람은 본디 첩어를 사용하는 일이 있다. 혹은 '豈鉅'라 말하고 혹은 '豈遽'라 말하고 혹은 '庸鉅'라 말하고 혹은 '何遽'라 말하기도 하니, 그 뜻은 하나일 뿐이다. 楊氏는 鉅를 '遽'로 읽어 '豈速遽知'라 하였으니, 잘못되었다. 盧氏는 〈楊氏〉 주의 '速'자를 삭제하였고 각 판본에는 모두 들어 있다.

先謙案 : 王氏의 설이 옳다. 여기서는 각 판본에 따라 〈'速'자를〉 추가하였다.

18-163 **然而不鬭者**는 **不惡故也**라 **今人或入其(央)〔夬〕**[110)]**瀆**(독)[111)]하여 **竊其豬彘**면

그런데도 그들이 싸우지 않는 것은 〈모욕당하는 것을〉 싫어하지 않기 때문이다. 지금 어떤 사람이 남의 집의 뚫린 구멍으로 들어가 그 집의 돼지를 훔친다고 하자,

央瀆은 **中瀆也**라 **如今人家出水溝也**라

楊倞注 : 央瀆은 중앙의 도랑이란 뜻이다. 지금의 민가에서 물을 내보내는 도랑과 같다.

18-164 **則援劒戟而逐之**하여 **不避死傷**하리니 **是豈以喪豬爲辱也哉**아 **然而不憚鬭者**는 **惡之故也**라 **雖以見侮爲辱也**라도 **不惡則不鬭**하고

그러면 주인은 창칼을 들고 그를 좇아가 죽고 다치는 것도 상관하지 않을 것이

110) (央)〔夬〕: 저본에는 '央'으로 되어 있으나, 久保愛와 王天海의 설에 의거하여 '夬'로 바로잡았다. 久保愛는 "央은 마땅히 '缺'로 되어야 하니, 글자가 잘못되었다."라 하였고, 王天海는 久保愛의 설이 옳다고 하고 더 나아가 "央은 夬의 모양이 잘못된 것이다. 夬은 缺과 통하니, '缺'자가 잘못된 것은 아니다."라고 하였다.

111) 瀆(독) : 久保愛는 "瀆은 옛 글자에 '竇(두)'와 통용한다."라 하였다.

니, 이것이 어찌 돼지를 잃은 것을 치욕으로 여기기 때문이겠는가. 그런데도 싸우기를 꺼려하지 않는 것은 〈훔쳐가는 도적이〉 밉기 때문이다. 모욕당하는 것을 치욕으로 여기더라도 도적이 밉지 않으면 싸우지 않고

不知宋子之論者也라

楊倞注 : 宋子의 논리를 모르는 사람이다.

18-165 **雖知見侮爲不辱**이라도 **惡之則必鬭**리라

모욕당하는 것이 치욕거리가 안 된다는 것을 알더라도 도적이 미우면 반드시 싸울 것이다.

知宋子之論也라

楊倞注 : 宋子의 논리를 아는 사람이다.

18-166 **然則鬭與不鬭邪**(야)는 **亡於辱之與不辱也**하고 **乃在於惡之與不惡也**라 **夫今**[112]**子宋子不能解人之惡侮**하고 **而務說**(세)**人以勿辱也**하니 **豈不過甚矣哉**아

이렇게 보면 싸우거나 싸우지 않는 것은 치욕으로 여기거나 치욕으로 여기지 않는 것과는 관계가 없고, 바로 도적을 미워하고 미워하지 않는 데에 달려 있다. 지금 宋子는 사람들이 모욕을 당하는 것을 싫어하는 것에 대해서는 알지 못하고 사람들을 향해 모욕을 치욕으로 여기지 말 것을 힘써 권유하고 있으니, 어찌 매우 잘못된 것이 아니겠는가.

解는 達也라 不知人情惡侮하여 而使見侮不辱하니 是過甚也라 解는 如字[113]라 說는

112) 夫今 : 久保愛는 순서가 바뀐 것 같다 하고, 王天海는 '夫'자는 혹시 윗구의 '也' 밑에 있는 것이 옳지 않을까 한다고 하였다.

113) 解 如字 : 如字는 한 글자에 두 가지 이상의 발음이 있을 때 가장 통상적인 발음으로 읽는 것을 말한다. 解자에는 '알다', '풀어놓다' 등의 뜻으로서 上聲 蟹韻인 jiě와 '압송하다', '교부하다' 등의 뜻으로서 去聲 卦韻인 xiè가 있다. 解의 통상적인 발음은 jiě이므로, 여기서는 이

讀爲稅라

楊倞注：解는 '達'의 뜻이다. 사람의 감정이란 모욕당하는 것을 싫어한다는 것을 알지 못해 모욕을 당하더라도 치욕으로 여기지 말도록 하였으니, 이것이 매우 잘못된 일이라는 것이다. 解는 如字이다. 說는 '稅'로 읽어야 한다.

18-167 金舌弊口[114]라도 猶將無益也리라

쇠끝처럼 날카로운 혀로 입이 헐도록 떠든다 해도 헛수고일 것이다.

金舌은 以金爲舌이라 金舌弊口는 以喩不言也라 雖子宋子見侵侮에 金舌弊口而不對하여 欲以率先이라도 猶無益於不鬬也라 揚子法言曰 金口而木舌[115]이라하니라 金은 或讀爲噤이라 ○ 盧文弨曰 上云說人以勿辱이라하니 此蓋言舌弊猶不見聽耳라 一說에 道人木鐸은 金口木舌이어늘 今卽爲之金舌하여 振之至於口弊라도 亦何益哉아 兪樾曰 金舌弊口는 謂說人이요 非謂不言이니 楊注非也라 此文當作金口弊舌이라 金讀爲唫(금)이니 說文口部에 唫은 口急也라하니라 弊는 讀爲敝라 言雖說之至於口唫舌敝라도 猶無益也라 戰國策秦策에 舌敝耳聾이라하니 此可證敝舌之義라 今作金舌弊口하니 義不可通이라 據楊注引法言金口而木舌하니 又似本作金口者하니 豈爲後人改竄故歟아

楊倞注：金舌은 쇠로 된 혀이다. 金舌弊口는 말을 하지 않는 것을 비유한 것이다. 子宋子가 상대방의 침해와 모욕을 받았을 때 쇠로 된 혀에 입이 망가진 것처럼 대꾸하지 않으면서 앞장서서 모범을 보이려 하더라도 싸우지 않는 데에는 무익하다는 것이다. 揚子

발음으로 읽는다는 것이다.

114) 金舌弊口：王天海는 "金舌은 혀가 단단하고 날카로운 것을 이르고, 弊口는 말을 많이 하여 입이 헌 것을 이른다."라고 하였다. 이에 따라 번역하였다.

115) 揚子法言曰 金口而木舌：漢나라 揚雄(B.C. 53~B.C. 18)의 ≪法言≫ 〈學行〉에 "〈하늘의 도가〉 이 儒者에게 있지 않은가. 만약 또 그들의 말을 세상에 전하려 한다면 儒者들을 쇠 입에 나무 혀가 되게 하는 것보다 좋은 방법이 없다.(〈天之道〉不在玆儒乎 如將復駕其所說 則莫若使諸儒金口而木舌)"라 하고, 汪榮寶의 ≪法言義疏≫에 "儒者들을 쇠 입에 나무 혀가 되게 하는 것은 禮樂을 제정한 聖人의 뜻을 널리 알리자는 것이니, 목탁을 흔들어 만민을 일깨우는 것과 같다."라고 하였다. 이로 볼 때 金口木舌은 목탁을 말하고 중요한 정보를 널리 알린다는 뜻이다. 楊倞이, 金舌弊口를 말을 하지 않는 것을 비유한 것이라고 하면서 그와 반대되는 뜻인 金口木舌을 소개한 이유는 그 문구에 같은 글자가 섞여 있기 때문이다.

의 ≪法言≫에 "金口而木舌(쇠로 된 입에 나무로 된 혀)"이라 하였다. 金은 간혹 '噤(입을 다물다)'으로 읽기도 한다.

○ 盧文弨 : 위에서 "사람들을 향해 모욕을 치욕으로 여기지 말 것을 권유하였다."라고 하였으니, 이는 대체로 혀가 해지도록 말해도 사람들이 들어주지 않았다는 것을 말한다. 일설에 "道人이 사용하는 木鐸은 쇠 입에 나무 혀로 되어 있는데, 지금 쇠로 된 혀를 만들어 흔들어대어 그 입이 헐 정도에 이른다 하더라도 무슨 소용이 있겠는가."라고 하였다.

兪樾 : 金舌弊口는 사람들에게 권유하는 것을 이르고, 말하지 않는 것을 이른 것은 아니니, 楊氏의 주는 틀렸다. 이 문구는 마땅히 '金口弊舌'로 되어야 한다. 金은 '唫(입을 다물다)'으로 읽어야 하니, ≪說文解字≫ 〈口部〉에 "唫은 입을 다문다는 뜻이다."라고 하였다. 弊는 '敝(해지다)'로 읽어야 한다. 비록 사람들을 권유하여 입이 다물어지고 혀가 해지는 정도에 이르더라도 무익하다는 것을 말한다. ≪戰國策≫ 〈秦策〉에 "舌敝耳聾(혀가 해지고 귀가 먹었다.)"이라 하였으니, 이것으로 혀가 해진다는 뜻임을 증명할 수 있다. 여기서는 '金舌弊口'로 되어 있으니, 뜻이 통하지 않는다. 楊氏의 주에 ≪法言≫의 '金口而木舌'을 인용한 것에 의하면 또 본디 '金口'로 되어 있었던 것 같으니, 혹시 후세 사람이 일부러 고친 것은 아닌가 싶다.

木鐸

18-168 不知其無益이면 則不知요

그렇게 권유하는 것이 헛수고라는 것을 모른다면 지혜롭지 못한 것이고

不知此說無益이면 是不知也라

楊倞注 : 이처럼 권유하는 것이 헛수고라는 것을 모른다면 이는 지혜롭지 못한 것이다.

18-169 知其無益也로되 直以欺人이면 則不仁이라 不仁不知면 辱莫大焉이라

헛수고인 줄 알면서도 일부러 그런 말로 사람들을 속이려 한다면 인자하지 못한 것이다. 인자하지 못하고 지혜롭지 못하면 치욕이 이보다 더 클 수는 없다.

發論而不仁不知면 辱無過此也라

楊倞注 : 주장을 발표하되 인자하지 못하고 지혜롭지 못하면 치욕이 이보다 더할 수는 없다는 것이다.

18-170 將以爲有益於人이라도 則與無益於人也니

혹시 사람들에게 유익할 것으로 생각하더라도 그 설은 모두 사람들에게 무익하니,

與는 讀爲預라 本謂有益於人이면 反預於無益人之論也라 ○ 盧文弨曰 注論은 宋本에 作謂라 王念孫曰 楊說甚迂라 余謂與讀爲擧①라 擧는 皆也②라 言其說皆無益於人也라

① 擧古通作與하니 說見經義述聞禮運이라
擧는 옛날에 일반적으로 '與'와 통용하였으니, 이에 관한 설명은 ≪經義述聞≫ 〈禮運〉에 보인다.

② 見左傳宣十七年注哀六年注라
≪春秋左氏傳≫ 宣公 17년의 주와 哀公 6년의 주에 보인다.

楊倞注 : 與는 '預'로 간주해 읽어야 한다. 본디 사람들에게 유익할 것으로 생각하더라도 도리어 사람들에게 무익한 논리에 동조하는 것이다.

○ 盧文弨 : 〈楊氏〉 주의 '論'은 宋本에 '謂'로 되어 있다.

王念孫 : 楊氏의 설은 매우 터무니없다. 나는 與는 '擧'로 간주해 읽어야 한다고 생각한다. 擧는 모두라는 뜻이다. 그 학설은 모두 사람들에게 무익하다는 것을 말한다.

18-171 則得大辱而退耳라 說莫病是矣리라

큰 치욕을 당하고 물러나게 될 것이다. 이보다 더 해로운 학설은 없을 것이다.

本欲使人見侮不辱이라가 反自得大辱耳라

楊倞注 : 본디 사람들에게 모욕을 당하더라도 치욕으로 여기기 않게 하려다가 도리어 스스로 큰 치욕을 얻게 된다는 것이다.

18-172 子宋子曰 見侮不辱이라하여 應之曰 凡議必將立隆正이니 然後可也라

子宋子가 말하기를 "모욕을 당하더라도 치욕으로 여기지 않아야 한다."라고 하기에 다음과 같이 답하였다.

"대체로 논변이란 반드시 中正한 표준을 세워야 하니, 그런 다음에 논리를 진행할 수 있다.

崇高正直이니 然後可也라 ○ 先謙案 隆正은 猶中正이라 下文大隆은 卽大中也니 說見致士篇이라

楊倞注 : 〈논리는〉 높고 정직해야 하니, 그런 다음에 진행할 수 있다.

○ 先謙案 : 隆正은 中正과 같다. 아랫글 '大隆'은 곧 '大中'이니, 이에 관한 설명은 〈致士篇〉(14-25)에 보인다.

18-173 無隆正則是非不分하여 而辨訟不決이라 故所聞曰 天下之大隆은 是非之封界요 分職名象之所起니 王制是也라하니라

中正한 표준이 없다면 시비가 구분되지 않아 논쟁도 결말이 나지 않을 것이다. 그러므로 들은 바에 의하면 '천하에 가장 크고 中正한 표준은 是非를 가리는 경계선이고 신분의 차등과 맡은 일의 직분, 사물에 대한 명칭과 법규 등이 생기는 근본이니, 王者의 제도가 그것이다.'라고 하였다.

名은 謂指名하고 象은 謂法象[116]이라 王制는 謂王者之舊制라

楊倞注 : 名은 지적하여 이름을 정하는 것을 이르고, 象은 法象을 이른다. 王制는 王者의 옛 제도이다.

---

116) 法象 : 자연계에 있는 모든 사물의 현상에 대한 총칭이다.

18-174 故凡言議期命은 是非以聖王爲師라

이 때문에 말을 꺼내고 논리를 세우거나 사물의 명칭을 約定하는 일은 그 시비의 표준이 聖王을 스승으로 삼는 것이다.

期는 物之所會也요 命은 名物[117]也니 皆以聖王爲法也라 ○ 王引之曰 是非는 當作莫非라 正文云 莫非以聖王爲師라 故楊注云 皆以聖王爲師라하니 皆字는 正釋莫非二字①라 今本莫非作是非하니 則義不可通이라 蓋涉上文兩是非字而誤라

① 凡本書中言莫非莫不者는 注悉以皆字釋之라
일반적으로 이 ≪荀子≫ 속에 '莫非', '莫不'이라고 말한 부분은 〈楊氏의〉 주에 모두 '皆'자로 풀이하였다.

楊倞注 : 期는 사물이 한 곳으로 모이는 것이고 命은 名物이니, 모두 聖王을 법으로 삼는다.

○ 王引之 : 是非는 마땅히 '莫非'로 되어야 한다. 본문에 "莫非以聖王爲師(聖王을 스승으로 삼지 않는 것이 없다.)"라 하였기 때문에 楊氏의 주에 "모두 聖王을 스승으로 삼는다."라고 하였으니, '皆'자는 곧 '莫非' 두 자를 풀이한 것이다. 지금 판본에 '莫非'가 '是非'로 되어 있으니, 뜻이 통하지 않는다. 이는 대체로 윗글 두 군데의 '是非'라는 글자와 연관되어 잘못되었을 것이다.

18-175 而聖王之分은 榮辱是也니

聖王이 큰 구분으로 여긴 것은 영예와 치욕이 그것이니,

聖王以榮辱爲人之大分하니 豈如宋子以見侮爲不辱哉아

楊倞注 : 聖王은 영예와 치욕을 사람들 성향의 큰 구분으로 여겼으니, 모욕당하는 것이 치욕거리가 안 된다는 宋子의 설과 어찌 같겠는가.

18-176 是有兩端矣라

이것에는 각각 두 가지가 있다.

---

117) 名物 : 사물의 명칭과 특징 등을 말한다.

榮辱各有二也라

楊倞注 : 영예와 치욕에는 각각 두 가지가 있다는 것이다.

18-177 有義榮者하고 有埶榮者하며 有義辱者하고 有埶辱者라 志意修하고 德行厚하고 知慮明은 是榮之由中出者也니 夫是之謂義榮이라 爵列尊하고 貢祿厚하며 形埶勝하여

道義의 영예가 있고 權勢의 영예가 있으며, 도의의 치욕이 있고 권세의 치욕이 있다. 마음이 수양되고 덕행이 돈후하고 지혜와 사고가 밝은 것은 영예가 마음에서 나오는 것이니, 이것을 도의의 영예라 한다. 爵位가 높고 貢物이나 俸祿이 많으며 권세와 지위가 우월하여

貢은 謂所受貢賦니 謂天子諸侯也라 祿은 謂受君之祿이니 卿相士大夫也라 形埶는 謂埶位也라

楊倞注 : 貢은 받은 공물과 세금을 이르니, 천자와 제후를 이른다. 祿은 군주의 녹을 받은 것을 이르니, 卿相과 士大夫이다. 形埶는 권세와 지위를 이른다.

18-178 上爲天子諸侯하고 下爲卿相士大夫는 是榮之從外至者也니 夫是之謂埶榮이라 流淫汙僈하며

높게는 천자와 제후가 되고 낮게는 卿相과 士大夫가 되는 것은 영예가 외부에서 오는 것이니, 이것을 권세의 영예라 한다. 행위가 방탕하고 추악하며,

汙는 穢行也라 僈은 當爲漫이니 已解在榮辱篇이라

楊倞注 : 汙는 더러운 행실이란 뜻이다. 僈은 마땅히 '漫'으로 되어야 하니, 이에 관한 설명은 이미 〈榮辱篇〉에 풀이되어 있다.

18-179 犯分亂理하며 驕暴貪利는 是辱之由中出者也니 夫是之謂義辱이라 詈侮捽(졸)搏하며

본분을 어기고 도리를 어지럽히며, 교만하고 포악하고 탐욕스러워 이익만을 도모하는 것은 치욕이 마음에서 생기는 것이니, 이것을 道義의 치욕이라 한다. 욕을 먹고 모욕을 당하고 머리채를 잡히고 두들겨 맞으며,

捽은 持頭也라 搏은 手擊也라

楊倞注 : 捽은 머리채를 잡힌다는 뜻이다. 搏은 손으로 때린다는 뜻이다.

18-180 捶(추)笞臏(빈)腳하며

杖刑을 당하고 臏刑으로 무릎뼈를 잃으며,

捶笞는 皆杖擊也라 臏은 膝骨也라 腳은 古脚字라 臏腳은 謂刖(월)其膝骨也라 郝陽曰 司馬喜는 臏腳於宋이라가 卒相中山이라하니라

楊倞注 : 捶와 笞는 모두 곤장으로 친다는 뜻이다. 臏은 무릎뼈이다. 腳은 옛날 '脚'자이다. 臏腳은 그 무릎뼈를 제거하는 것을 이른다. 郝陽이 "司馬喜 臏腳於宋 卒相中山(司馬喜는 宋나라에서 무릎뼈를 제거하는 형벌을 받았다가 결국에는 中山國의 재상이 되었다.)"이라 하였다

18-181 斬斷枯磔(책)하며

목이 잘리거나 사지가 찢겨지는 형벌을 받기도 하며,

斷은 如字라 枯는 弃市暴屍也라 磔은 車裂[118]也라 周禮에 以疈(벽)辜祭四方百物의 注에 謂披磔牲體也라하니 或者枯與疈辜義同歟아 韓子曰 楚南之地의 麗水之中生金하여 民多竊采之라 采金之禁은 得而輒辜磔이라 所辜磔甚衆이나 而民竊金不止라하니 疑辜卽枯也라 又莊子有辜人하니 謂犯罪應死之人也라 ○ 王念孫曰 後說是也라 周官掌戮에 殺王之親者辜之의 鄭注曰 辜之言은 枯也니 謂磔之라하니라

楊倞注 : 斷은 如字이다. 枯는 저잣거리에 버려져 시체가 노출되어 있다는 뜻이다. 磔

118) 車裂 : 죄인의 머리와 팔과 다리를 다섯 대의 수레에 나누어 묶고 찢어 죽이던 혹독한 형벌이다.

은 車裂의 뜻이다. ≪周禮≫ 〈春官 大宗伯〉에 "以疈辜祭四方百物(해체한 희생으로 사방과 각종 신에게 제사를 지낸다.)"이라 한 곳의 주에 "四肢를 찢은 희생의 몸을 이른다."라고 하였으니, 혹시 枯와 疈辜는 그 뜻이 같은지 모르겠다. ≪韓非子≫ 〈內儲說〉에 "楚南之地 麗水之中生金 民多竊采之 采金之禁 得而輒辜磔 所辜磔甚衆 而民竊金不止(楚나라 남부 지역의 麗水 안에서 금이 나와 많은 백성이 몰래 그것을 채취하였다. 몰래 금을 채취하는 것에 관한 禁令은 저잣거리에서 그 사람의 四肢를 말에 묶어 찢어 죽이는 것이었다. 그렇게 찢어 죽인 사람이 매우 많았지만 백성들이 금을 몰래 채취하는 일은 멈추지 않았다.)"라 하였으니, 아마도 '辜'는 곧 '枯'일 것이다. 또 ≪莊子≫ 〈則陽〉에 '辜人'이 있으니, 죄를 범하여 마땅히 사형시킬 사람을 이른다.

○ 王念孫 : 〈楊氏 주의〉 뒤 설이 옳다. ≪周禮≫ 〈掌戮〉에 "殺王之親者辜之(왕의 친족을 죽인 사람은 〈사형에 처한 뒤에〉 그 시체를 찢는다.)"라 한 곳의 鄭玄 주에 "辜라는 말은 '枯'의 뜻이니, 四肢를 찢는 것을 이른다."라고 하였다.

18-182 **藉靡舌纄**(거)는

쇠사슬에 묶이고 재갈을 물리기도 하는 것은

藉는 **見淩藉也**니 **才夜反**이라 **靡**는 **繫縛也**니 **與縻**(미)**義同**이라 **卽謂胥靡也**니 **謂刑徒之人以鐵鎖相連繫也**라 **舌纄**는 **未詳**이라 **或曰 莊子云 公孫龍口呿**(거)**而不合**하고 **舌擧而不下**라하니 **謂辭窮**이요 **亦恥辱也**라하니라

楊倞注 : 藉는 학대를 당한다는 뜻이니, 〈음이〉 才와 夜의 반절이다. 靡는 결박한다는 뜻이니, '縻'와 뜻이 같다. 곧 죄수를 이르니, 형벌을 당하는 사람들이 쇠사슬로 서로 연결된 것을 이른다. 舌纄는 알 수 없다. 혹자는 "≪莊子≫ 〈秋水〉에 '公孫龍口呿而不合 舌擧而不下(〈그 말을 들은〉 公孫龍이 입이 벌어져 닫히지 않고 혀끝이 들려 내려가지 않았다.)'라 하였으니, 할 말이 궁한 것을 이르고 또 치욕스럽다는 뜻일 수도 있다."라고 하였다.

18-183 **是辱之由外至者也**니 **夫是之謂埶辱**이라 **是榮辱之兩端也**라 **故君子可以有埶辱**이나 **而不可以有義辱**이며 **小人可以有埶榮**이나 **而不可以有義榮**이라 **有埶辱無害爲堯**하고 **有埶榮無害爲桀**이라 **義榮埶榮**은 **唯君子然後兼有之**하고 **義辱埶辱**은 **唯小人然後兼有之**라 **是榮辱之分也**라 **聖王以爲法**하고 **士大夫以**

爲道하고 **官人以爲守**하고 **百姓以(爲)**[119)]**成俗**하니 **萬世不能易也**라

치욕이 외부에서 오는 것이니, 이것을 權勢의 치욕이라 한다. 이것이 영예와 치욕의 각각 두 가지이다.

그러므로 군자에게는 권세의 치욕은 있을 수 있어도 도의의 치욕은 있을 수 없으며, 소인에게는 권세의 영예는 있을 수 있어도 도의의 영예는 있을 수 없다. 권세의 치욕이 있더라도 堯와 같은 성군이 되는 데에 아무런 방해가 되지 않고 권세의 영예가 있더라도 桀王 같은 폭군이 되는 데에 아무런 방해가 되지 않는다. 도의의 영예와 권세의 영예는 오직 군자만이 동시에 점유할 수 있고, 도의의 치욕과 권세의 치욕은 오직 소인만이 동시에 점유할 수 있다. 이것이 영예와 치욕에 관한 구분이다.

聖王은 그것을 법도로 삼고 士大夫는 그것을 원칙으로 삼고 일반 관리는 그것을 수칙으로 삼고 백성들은 그것으로 風俗을 이루는 것이니, 이것은 영원히 바뀔 수 없다.

言上下皆以榮辱爲治也라 士大夫는 主教化者요 官人은 守職事之官也라 ○ 王念孫曰 第四句는 本作百姓以成俗하여 與上三句對文이라 晉語注曰 爲는 成也[①120)]라하니 以成俗은 卽以爲俗이라 今本成上有爲字하니 乃涉上三爲字而衍이라 呂本엔 無爲字라 禮論篇에 官人以爲守하고 百姓以成俗이라하여 成上亦無爲字라

① 廣雅同이라

≪廣雅≫도 이와 같다.

楊倞注 : 위아래 사람이 모두 영예와 치욕으로 국가를 다스린다는 것을 말한다. 士大夫는 教化를 펴는 것을 맡는 사람들이고 일반 관리는 직무를 지키는 관원이다.

○ 王念孫 : 네 번째 구는 본디 '百姓以成俗'으로 되어 있어 위 세 구와 대구이다. ≪國語≫ 〈晉語〉 주에 "爲는 '成'과 같다."라 하였으니, '以成俗'은 곧 '以爲俗'과 같다. 지금 판

---

119) (爲) : 저본에는 '爲'가 있으나, 王念孫의 주에 의거하여 잘못 덧붙여진 글자로 처리하였다.

120) 晉語注曰 爲成也 : ≪國語≫ 〈晉語〉에 "黍不爲黍 不能蕃廡(기장의 종자가 기장으로 자라지 않는다면 무성해질 수 없다.)"라고 한 곳의 韋昭 주를 말한다.

본에는 '成' 위에 '爲'자가 있으니, 이는 곧 위의 세 '爲'자와 연관되어 잘못 덧붙여진 것이다. 呂本에는 '爲'자가 없다. 〈禮論篇〉에 '官人以爲守 百姓以成俗'이라 하여 '成' 위에 또한 '爲'자가 없다.

18-184 今子宋子案[121)]不然이라 獨詘容爲己하고 慮一朝而改之하니 說必不行矣리라

지금 子宋子는 곧 그렇지 않다. 유독 굴욕을 용인하는 것으로써 자기를 단속하고 생각은 하루아침에 〈영예와 치욕에 대한 사람들의 태도를〉 고치려 하고 있으니, 그 학설은 반드시 행해지지 못할 것이다.

言宋子不知聖人以榮辱爲大分하고 獨欲屈容受辱을 爲己之道하고 其謀慮는 乃欲一朝而改聖王之法이니 說必不行矣라

楊倞注 : 宋子는 聖人이 영예와 치욕을 〈사람들 성향의〉 큰 구분으로 여긴다는 것을 모르고 홀로 자기를 굽혀 모욕을 당하는 것을 자기의 원칙으로 삼으려 하고 그가 꾀하고 생각하는 것은 곧 하루아침에 聖王의 법을 바꾸려는 것이니, 그 학설은 반드시 행해지지 못할 것이라는 것을 말한다.

18-185 譬之면 是猶以塼涂(전도)塞江海也하고 以焦僥而戴太山也니

이것을 비유하자면 뭉친 진흙으로 강과 바다를 매우고 난쟁이에게 태산을 머리에 이게 하는 경우와 같으니,

塼涂는 以涂壘塼也라 焦僥는 短人長三尺者라 ○ 盧文弨曰 塼은 俗字니 荀書當本作摶이라 摶塗泥而塞江海면 必無用矣리라

楊倞注 : 塼涂는 진흙을 뭉쳐 만든 벽돌이다. 焦僥는 키가 작은 사람으로, 크기가 석 자 되는 사람이다.

○ 盧文弨 : 塼은 속자이니 ≪荀子≫에는 분명히 본디 '摶'으로 되어 있었을 것이다. 진흙을 뭉쳐 강과 바다를 메우려 한다면 반드시 소용이 없을 것이다.

---

121) 案 : '乃'와 같다.

18-186 蹎跌碎折은 不待頃矣리라

땅바닥에 넘어져 몸이 깨지고 부러지는 것은 순간의 일일 것이다.

蹎은 與顚同하니 躓也라 頃은 少頃也라 ○ 郝懿行曰 蹎者는 僵仆(강부)也라 經典엔 俱假借作顚하고 唯此是其本字라 注云 蹎은 與顚同이라하니 蓋不知顚乃假借耳라

楊倞注 : 蹎은 '顚'과 같으니, 넘어진다는 뜻이다. 頃은 잠깐 사이이다.

○ 郝懿行 : 蹎은 쓰러지고 넘어진다는 뜻이다. 經典에는 모두 假借하여 '顚'으로 되어 있고 여기서만 그 본디 글자이다. 〈楊氏의〉 주에 "蹎은 '顚'과 같다."라 하였으니, 대체로 '顚'은 곧 〈蹎의〉 假借字라는 것을 몰랐던 것이다.

18-187 二三子[122]之善於子宋子者는 殆不若止之라 將恐得傷其體也라

子宋子와 관계가 밀접한 문하의 제자들은 어쩌면 그 학설은 제지하는 것보다 더 좋은 일이 없을 것이다. 〈그렇지 않으면〉 장차 그의 몸이 상해를 당하지 않을까 걱정된다."

二三子는 慕宋子道者也라 止는 謂息其說也라 傷其體는 謂受大辱이라 ○ 盧文弨曰 得은 未詳이라 或云 古與礙通이라 梵書에 以㝵(애)爲礙하니 亦有所本이라하니라 兪樾曰 得字無義니 疑復字之誤라 復者는 反也니 猶曰將恐反傷其體也라 言子宋子之說은 非徒無益於人이요 或反以傷其體耳라

楊倞注 : 二三子는 宋子가 표방하는 도를 좋아하는 사람들이다. 止는 그 학설을 그만두게 하는 것을 이른다. 傷其體는 큰 치욕을 당하는 것을 이른다.

○ 盧文弨 : 得은 알 수 없다. 혹자는 "옛날에는 '礙'와 통용하였다. 梵書(佛經)에는 㝵가 '礙'로 되어 있으니, 이 또한 근본을 둔 곳이 있다."라 하였다.

兪樾 : '得'자는 뜻이 없으니, 아마도 '復'자의 잘못일 것이다. 復는 '反'의 뜻이니, 장차 도리어 그의 몸을 상해할까 두렵다는 말과 같다. 子宋子의 학설은 사람들에게 무익할 뿐만 아니라 어쩌면 도리어 그의 몸이 상해를 당할까 두렵다는 것을 말한다.

---

122) 二三子 : ≪論語≫ 〈八佾〉의 "二三子何患於喪乎(제군들은 어찌 〈夫子께서 관직이〉 없다는 것을 걱정할 것이 있겠는가.)"라고 한 데서 나온 것으로, 제자들을 가리키는 말이다. 제군과 같다.

18-188 子宋子曰 人之情은 **欲寡**어늘 **而皆以己之情**은 **爲欲多**하니 **是過也**라하니라

子宋子가 말하기를 "사람의 본성은 적은 것을 원하는데도 〈지금 사람들은〉 모두 자기 본성은 많은 것을 원하는 것으로 여기고 있으니, 이는 잘못되었다."라고 하였다.

宋子以凡人之情은 所欲在少요 不在多也라 莊子說宋子曰 以禁攻寢兵爲外하고 以情欲寡少爲內也[123)]라하니라 ○ 謝本은 從盧校하여 作欲爲多라 王念孫曰 人之情三字連讀하고 欲寡二字連讀이니 非以情欲連讀也라 而皆以己之情欲爲多는 呂本에 作而以己之情爲欲多하니 是也[①]라 己之情三字連讀하고 欲多二字連讀이니 謂人皆以己之情爲欲多不欲寡也라 自錢本始誤作以己之情欲爲多하니 則似以情欲二字連讀矣[②]라 天論篇注引此하여 正作以己之情爲欲多라 先謙案 王說是라 今從呂本하여 改作爲欲多라

① 錢校亦云 監本에 作情爲欲多라
錢校本에도 "監本에 '情爲欲多'로 되어 있다."라 하였다.

② 互見下條라
아래 문단과 서로 참조할 수 있다.

楊倞注 : 宋子는 대체로 사람의 본성은 바라는 욕심이 적은 데에 있지, 많은 데에 있지 않다고 생각하였다. 莊子가 宋子에게 권유하기를 "以禁攻寢兵爲外 以情欲寡少爲內(그들은 공격을 금하고 싸움을 멈추는 것을 대외활동으로 삼고, 욕심을 적게 갖는 것을 내면의 수양으로 삼는다.)"라 하였다.

○ 謝本은 盧校本에 따라 〈'爲欲多'가〉 '欲爲多'로 되어 있다.

王念孫 : '人之情' 세 자를 붙여 읽고 '欲寡' 두 자를 붙여 읽어야 하니, '情欲'을 붙여 읽는 것은 아니다. '而皆以己之情欲爲多'는 呂本에 '而以己之情爲欲多'로 되어 있으니, 이것이 옳다. '己之情' 세 자를 붙여 읽고 '欲多' 두 자를 붙여 읽어야 하니, 사람들은 모두 자기 본성은 많은 것을 원하지, 적은 것을 원하지 않는 것으로 여긴다는 것을 이른다. 처음에 錢本부터 잘못되어 '以己之情欲爲多'로 되었으니, 이는 '情欲' 두 자를 붙여 읽은 것 같다. 〈天論篇〉 주에 여기 글을 인용한 곳에서는 '以己之情爲欲多'로 바르게 되어 있다.

先謙案 : 王氏의 설이 옳다. 여기서는 呂本에 따라 '爲欲多'로 고쳤다.

123) 以禁攻寢兵爲外 以情欲寡少爲內也 : ≪莊子≫ 〈天下〉에 나온다.

18-189 **故率其群徒**하고 **辨其談說**하고 **明其譬稱**하여 **將使人知情**(欲之)〔之欲〕[124)]**寡也**라

그러므로 그의 제자들을 거느리고 〈각지에서〉 그 학설을 해명하고 그 비유를 천명하여 사람들에게 사람의 본성은 적은 것을 원한다는 것을 인식시키려 하고 있다.

稱은 謂所宜也라 稱은 尺證反이라 情欲之寡는 或爲情之欲寡也라 ○ 王念孫曰 案或本이 是也라 此謂宋子將使人知情之欲寡不欲多也라 下文云 古之人은 以人之情爲欲多而不欲寡라하고 今子宋子는 以人之情爲欲寡而不欲多也①라하니 是其證이라 楊本엔 作情欲之寡하니 非라

① 下人之情은 各本에 作是之情이라 案人之情三字는 上文凡七見하니 今據改라
아래의 '人之情'은 각 판본에 '是之情'으로 되어 있다. 살펴보건대, '人之情' 세 자는 윗글에 모두 일곱 번 보이니, 여기서는 그에 따라 고쳤다.

楊倞注 : 稱은 적절한 것을 이른다. 稱은 〈음이〉 尺과 證의 반절이다. '情欲之寡'는 어떤 판본에는 '情之欲寡'로 되어 있다.

○ 王念孫 : 살펴보건대 그 어떤 판본에 되어 있는 것이 옳다. 이 문구는 宋子가 장차 사람들에게 사람의 본성은 적은 것을 원하지, 많은 것을 원하는 것은 아니라는 것을 인식시키려 한다는 것을 이른다. 〈宋子의 주장이 이렇다는 것은〉 아랫글에 "古之人 以人之情爲欲多而不欲寡(옛사람은 사람의 본성은 많은 것을 원하지, 적은 것을 원하지 않는다고 여겼다.)"라 하고, 또 "今子宋子 以人之情爲欲寡而不欲多也(지금 子宋子는 사람의 본성은 적은 것을 원하지, 많은 것을 원하지 않는다고 여긴다.)"라 하였으니, 이것이 그 증거이다. 楊氏가 본 판본에는 '情欲之寡'로 되어 있으니, 이는 틀렸다.

18-190 **應之曰 然則亦以人之情爲**(欲)[125)]

그 주장에 대해 답하기를 "그렇다면 또한 사람의 본성이

---

124) (欲之)〔之欲〕: 저본에는 '欲之'로 되어 있으나, 王念孫의 주에 의거하여 '之欲'으로 바로잡았다.

125) (欲) : 저본에는 '欲'이 있으나, 盧文弨의 주에 의거하여 잘못 덧붙여진 것으로 처리하였다.

○ 盧文弨曰 此欲字衍이라 句當連下라 一說에 當作亦以人情爲不欲乎아라하니라 先謙案 前說是라

○ 盧文弨 : 이 '欲'자는 잘못 덧붙여진 것이다. 문구는 마땅히 아래와 이어져야 한다. 일설에는 마땅히 '亦以人情爲不欲乎'로 되어야 한다고 하였다.

先謙案 : 앞 설이 옳다.

18-191 目不欲綦[126]色하고 耳不欲綦聲하고 口不欲綦味하고 鼻不欲綦臭하고 形不欲綦佚가 此五綦者를 亦以人之情爲不欲乎아하니 曰 人之情欲是已라하니라

눈은 가장 아름다운 색깔을 원하지 않고 귀는 가장 아름다운 음악을 원하지 않고 입은 가장 맛있는 맛을 원하지 않고 코는 가장 향기로운 냄새를 원하지 않고 몸은 가장 편안한 상태를 원하지 않는다고 여기는가? 이 다섯 가지 가장 좋은 것들을 또 사람들의 본성이 과연 원하지 않는다고 여기는가?" 하니, 그가 말하기를 "사람의 본성은 그것들을 누리기를 원한다."라고 하였다.

○ 先謙案 欲是者는 欲上五綦라

○ 先謙案 : '欲是'는 위의 다섯 가지 가장 좋은 것을 원한다는 뜻이다.

18-192 曰 若是면 則說必不行矣리라 以人之情爲欲此五綦者而不欲多는 譬之하면 是猶以人之情爲欲富貴[127]而不欲貨也하고 好美而惡(오)西施也라 古之人爲之不然이라 以人之情爲欲多而不欲寡라 故賞以富厚而罰以殺(쇄)損也라

그에게 다음과 같이 말하였다.

"그렇다면 그 학설은 반드시 행해지지 못할 것이다. 사람들의 본성은 이들 다섯 가지 가장 좋은 것을 누리길 원하는데 또 동시에 많은 것을 원하지 않는다고 여기는 것은, 비유하자면 사람의 본성은 많은 재물을 원하면서도 돈을 원하지 않고,

126) 綦 : '極'과 같다.

127) 富貴 : 아래의 '賞以富厚'로 비춰볼 때 '貴'는 '厚'의 잘못이 아닐까 의심된다. 富厚로 간주하여 번역하였다.

아름다운 여인을 좋아하면서도 西施를 싫어한다고 하는 것과 같다. 옛사람은 이렇게 생각하지 않았다. 사람의 본성은 많은 것을 원하지, 적은 것을 원하지 않는다고 여겼다. 그러므로 재물을 많이 주는 것으로 포상을 하고 재물을 줄이는 것으로 처벌을 하였다.

西施

謂以富厚賞之하고 以殺損罰之라 殺는 減也니 所介反이라

楊倞注 : 재물을 후하게 주는 것으로 포상하고 재물을 줄이는 것으로 처벌한 것을 이른다. 殺는 줄인다는 뜻이니, 〈그 음이〉 所와 介의 반절이다.

18-193 是百王之所同也라 故上賢祿天下하고 次賢祿一國하고 下賢祿田邑하며 愿慤之民完衣食이라

그것은 모든 제왕이 다 같았다. 그러므로 최상의 賢者에 대해서는 천하의 稅收로 녹을 주고, 차등의 賢者에게는 한 국가의 稅收로 녹을 주고, 하등의 賢者에게는 그의 封地 안의 稅收로 녹을 주며, 성실하고 정직한 백성은 기본적인 衣食 생활을 보장해주었다.

以人之情爲欲多라 故使德重者受厚祿하고 下至愿慤之民하여도 猶得完衣食하니 皆所以報其功이라

楊倞注 : 사람의 본성은 많은 것을 원한다고 여겼기 때문에 공덕이 큰 사람은 후한 녹을 받게 하였고, 아래로 성실하고 정직한 백성들까지도 오히려 기본적인 의식 생활을 보장해주었으니, 이는 모두 그 공을 보답하기 위해서이다.

18-194 今子宋子는 以(是)〔人〕[128]之情爲欲寡而不欲多也라 然則先王以人

之所不欲者賞하고 **而以人之所欲者罰邪**(야)아 **亂莫大焉**이라

지금 子宋子는 사람의 본성은 적은 것을 원하지, 많은 것을 원하지 않는다고 여기고 있다. 그렇다면 옛 聖王은 사람들이 원하지 않는 것으로 상을 주고, 사람들이 원하는 것으로 처벌하였다는 말인가. 혼란이 이보다 더 클 수는 없다.

如宋子之說은 **乃大亂之道**라

楊倞注 : 宋子의 학설과 같은 것은 곧 크게 혼란을 야기하는 주장이다.

18-195 **今子宋子嚴然而好說**하여

지금 子宋子는 의젓하게 자기의 학설을 좋아하여

嚴은 **讀爲儼**이라 **好說**은 **自喜其說也**라 **好**는 **呼報反**이라

楊倞注 : 嚴은 '儼'으로 읽어야 한다. 好說은 스스로 자기의 학설을 좋아한다는 뜻이다. 好는 〈음이〉 呼와 報의 반절이다.

18-196 **聚人徒**하여 **立師學**하고 **成文曲**[129)]이라

문도들을 모아 〈스승과 제자 간에〉 가르치고 배우는 관계를 형성하고 문장을 이루고 있다.

文曲은 **文章也**라 ○ **王念孫曰 成文曲**은 **義不可通**이라 **曲**은 **當爲典**이니 **字之誤也**라 **故楊注云 文典**은 **文章也**①라하니라 **成文典**은 **謂作宋子十八篇也**②라 **非十二子篇云 終日言成文典**이라하니 **是其證**이라

① 今本注文도 亦誤作文曲이라
지금 판본의 〈楊氏〉 주 글도 '文曲'으로 잘못되어 있다.

② 見藝文志라
≪漢書≫ 〈藝文志〉에 보인다.

---

128) (是)〔人〕: 저본에는 '是'로 되어 있으나, 久保愛의 설에 의거하여 '人'으로 바로잡았다.

129) 文曲 : 王天海는 문장을 주관하는 별인 文曲星의 약칭이라 하면서 문장의 통칭이라 하였다. 文曲星은 곧 文昌星이다.

楊倞注 : 文曲은 문장의 뜻이다.

○ 王念孫 : 成文曲은 뜻이 통하지 않는다. 曲은 마땅히 '典'으로 되어야 하니, 글자가 잘못되었다. 그러므로 楊氏의 주에 "文典은 문장의 뜻이다."라 하였다. 成文典은 ≪宋子≫ 18편을 저술한 것을 이른다. 〈非十二子篇〉에 "終日言成文典(종일토록 하는 말이 문장을 이룬다.)"이라 하였으니, 이것이 그 증거이다.

18-197 **然而說不免於以至治爲至亂也**하니 **豈不過甚矣哉**아

그러나 그의 학설은 매우 잘 다스려진 정치를 매우 혼란한 것으로 여기고 있으니, 이 어찌 매우 잘못된 것이 아니겠는가."

〔附 錄〕

1. 參考圖版 目錄 및 出處

2. ≪荀子集解≫ 總目次 및 각 篇의 要旨

QR코드를 스캔하면 ≪荀子集解≫ 總目次 및 각 篇의 要旨를 볼 수 있습니다.

總目次

譯註者 略歷

宋基采

1949년 전남 고흥 출생
향리 龍岡齋에서 梧泉 朴壽烈 선생에게 한문 수학
蓬山 安鍾宣 · 海蓑 朴奎鉉 선생 師事
1980년 民族文化推進會 부설 국역연수원 수료
1985년 民族文化推進會 상임연구부 졸업
1985년~2006년 民族文化推進會 전문위원, 국역실장, 편찬실장, 교무처장 역임
2004년~2014년 韓國古典飜譯院 교수
2008년~2013년 成均館大學校 번역대학원 겸임교수
2015년~현재 韓國古典飜譯院 명예교수
2015년 국민훈장석류장 수훈

譯著書

譯書 ≪唐宋八大家文抄 曾鞏≫ ≪唐宋八大家文抄 柳宗元 1, 2≫
≪寒岡集≫ ≪農山世獻≫ ≪荀子集解 1, 2, 3≫
共譯 ≪孝宗實錄≫ ≪中宗實錄≫ ≪正祖實錄≫ ≪仁祖實錄≫ ≪宣祖實錄≫
≪寒水齋集≫ ≪宋子大全≫ ≪惺所覆瓿藁≫ ≪象村集≫ ≪茶山詩文集≫
≪서울金石文大觀≫ ≪農巖集≫
編著 ≪古文選讀≫

업적

1994년 漢字 고속입력법 '宋碼法' 개발
1996년 동양고전검색시스템 개발 'CD-ROM 尙友千古' 제작
2007년~현재 11개 분야 동양고전자료 1,762종 6억 3천만 자 DB화
http://www.s-sangwoo.kr/로 웹서비스

東洋古典譯註叢書 89

譯註 荀子集解 4

정가 30,000원

2017년 12월 30일 초판 발행
2018년 03월 15일 초판 2쇄

著者 荀況 集解 王先謙
譯　　註 宋基采
潤文校訂 南賢熙 李孝宰 田炳秀 咸明淑
編　　輯 東洋古典飜譯編輯委員會
發 行 人 李啓晃
發 行 處 社團法人 傳統文化硏究會
서울시 종로구 삼일대로 428 낙원빌딩 411호
전화 : (02)762-8401 전송 : (02)747-0083
전자우편 : juntong@juntong.or.kr
홈페이지 : juntong.or.kr
사이버書堂 : cyberseodang.or.kr
온라인서점 : book.cyberseodang.or.kr
등록 : 1989. 7. 3. 제1-936호

인쇄처 : 한국법령정보주식회사(02-462-3860)
총　판 : 한국출판협동조합(070-7119-1750)

ISBN 979-11-5794-159-9 94150
978-89-85395-71-7(세트)

※ 이 책은 2017년도 교육부 고전문헌 국역지원사업 지원비에 의해 초판(비매품) 간행.